# Kitábu
## o livro do saber e do espírito negro-africanos

# NEI LOPES

# Kitábu
## o livro do saber e do espírito negro-africanos

2ª edição, revista e aumentada.

malê

Todos os direitos desta edição reservados à Editora Malê.
Direção: Francisco Jorge & Vagner Amaro

Kitábu: o livro do saber e do espírito negro-africanos
ISBN: 978-65-85893-07-7
Edição: Vagner Amaro
Diagramação: Maristela Meneghetti
Capa: Dandarra Santana

Texto revisado segundo o novo Acordo Ortográfico da Língua Portuguesa.
Proibida a reprodução, no todo, ou em parte, através de quaisquer meios.

Dados internacionais de catalogação na publicação (CIP)
Vagner Amaro – Bibliotecário – CRB-7/5224

---

L864k  Lopes, Nei
　　　　　Kitábu: o livro do saber e do espírito negro-afri-
　　　　canos / Nei Lopes — 2. ed. — Rio de Janeiro: Malê, 2024.
　　　　　　482 p.

　　　　　ISBN 978-65-85893-07-7

　　　　　1. África – Religião I. Título.
　　　　　　　　　　　　　　　　　　　　　　　　　CDD 299.6

---

Índice para catálogo sistemático: 1. África – Religião 299.6

Editora Malê
Rua Acre, 83, sala 202, Centro. Rio de Janeiro (RJ)
www.editoramale.com.br
contato@editoramale.com.br

**

Com a licença dos ancestrais, na esperança de que este livro lhes acrescente força vital e lhes honre a memória.

Com a licença dos guerreiros protetores e desbravadores, para que as informações reunidas neste livro cheguem, sem obstáculos, aonde têm que chegar.

Com louvor e agradecimento a Ifá, pai do conhecimento e da sabedoria; ao meu eleri, dono da minha cabeça, e a ori, a cabeça em si mesma; bem como a todos os guias, mentores e inspiradores desta obra.

# Sumário

Prefácio ............................................................................................. 11
Ao público leitor. ............................................................................ 15
Introdução ........................................................................................ 19
Mooyo ............................................................................................... 19

## VOLUME 1
### O Antigo Legado – História e Tradições Negro-Africanas

Introdução ........................................................................................ 43
Capítulo 1   Dos congos e povos vizinhos ................................. 43
Capítulo 2   Do saber e do espírito congo ................................. 56
Capítulo 3   O universo espiritual dos ambundos* .................. 72
Capítulo 4   Congo – Provérbios .................................................. 81

## LIVRO 2
### Mina

Introdução ........................................................................................ 87
Capítulo 1   Os iorubás* ................................................................. 87
Capítulo 2   Os iorubás e os edos (ou benins) ......................... 109
Capítulo 3   Ifá e a criação do mundo ....................................... 114
Capítulo 4   O ciclo espiritual ..................................................... 120
Capítulo 5   Poder físico e poder espiritual ............................. 132
Capítulo 6   Egungum, Ogboni e Oro ....................................... 135
Capítulo 7   Os habitantes do Orum ......................................... 139
Capítulo 9   O mundo espiritual dos edos ou benins* ........... 194

Capítulo 10  Daomé e Togo*..................................................196
Capítulo 11  Os voduns de Abomé e Aladá..........................205
Capítulo 12  A magia..............................................................214
Capítulo 13  O ser humano e seu ciclo vital........................216
Capítulo 14  Os povos acãs*..................................................220
Capítulo 15  O espírito e o poder entre os acãs*................225
Capítulo 16  Os povos do Calabar*......................................250
Capítulo 17  Mina – Provérbios............................................257

## LIVRO 3
### Takrur e Senegâmbia

Introdução....................................................................................263
Capítulo 1  Os mandingas......................................................263
Capítulo 2  O mundo espiritual dos mandingas*...............267
Capítulo 3  Os povos Tenda..................................................274
Capítulo 4  O advento do Islã...............................................279
Capítulo 5  O Islã reinterpretado..........................................282
Capítulo 6  Takrur e Senegâmbia – Provérbios..................285

## LIVRO
### Etiópia

Introdução....................................................................................291
Capítulo 1  Os Sabeus............................................................291
Capítulo 2  Etiópia e regiões vizinhas – Provérbios..........294

## LIVRO
### Zambézia

Introdução....................................................................................299
Capítulo 1  História................................................................299
Capítulo 2  Tradições religiosas............................................301
Capítulo 3  Zambézia – Provérbios......................................306

# Volume 2
## O Novo Legado – História e Tradições da Diáspora Afro-Americana

## LIVRO 6
### Brasil e Rio da Prata

| | |
|---|---:|
| Introdução | 311 |
| Capítulo 1   Os africanos no Brasil | 311 |
| Capítulo 2   O culto aos orixás | 312 |
| Capítulo 3   A mina e os cultos jejes* | 321 |
| Capítulo 4   O culto malê | 328 |
| Capítulo 5   Angola | 335 |
| Capítulo 6   Catolicismo popular | 337 |
| Capítulo 7   A cabula e o omolocô | 344 |
| Capítulo 8   A jurema e os caboclos | 348 |
| Capítulo 9   Umbanda e Quimbanda | 351 |
| Capítulo 10   Candombe | 355 |

## LIVRO 7
### Caribe hispânico

| | |
|---|---:|
| Introdução | 361 |
| Capítulo 1   Caribe e Antilhas | 361 |
| Capítulo 2   Cuba | 362 |
| Capítulo 3   A Regla de Ocha | 363 |
| Capítulo 4   – Ifá Lucumí | 367 |
| Capítulo 5   Mayombe* | 369 |
| Capítulo 5   Abakuá* | 380 |
| Capítulo 6   Arará | 388 |
| Capítulo 7   Caribes negros | 394 |
| Capítulo 8   Palenque de San Basílio* | 408 |

## LIVRO
### Caribe francês

Introdução ..................................................................................... 415
Capítulo 1   Os franceses no Caribe ............................................. 415
Capítulo 2   Vodu* ....................................................................... 419

## LIVRO 9
### Suriname, Caribe Britânico e Estados Unidos

Introdução ..................................................................................... 435
Capítulo 1   Maroons .................................................................... 435
Capítulo 2   O mundo espiritual* .................................................. 436
Capítulo 3   Kumina e Rastafari ................................................... 441
Capítulo 4   Shango Cult e Shouters ............................................ 444
Capítulo 5   Os africanos nos Estados Unidos ............................. 447
Capítulo 6   Spiritual Churches* .................................................. 453
Capítulo 7   Nação do Islã ............................................................ 456
Capítulo 8   Vodu e Santería ........................................................ 461
Capítulo 9   A Filosofia Kemética ................................................ 462
Capítulo 9 – Maat. ........................................................................ 464

Posfácio ......................................................................................... 467
Guia de leitura ............................................................................... 469
Novo Legado: ................................................................................ 469
Referências bibliográficas ............................................................. 472

# Prefácio

Sinhô, um dos primeiros grandes compositores de samba, esperto em truques de autoria, costumava dizer que "samba é como passarinho, é de quem pegar". A mirada retrospectiva pode talvez dar a entender que estejamos criticando Sinhô em nome dos direitos burgueses do criador. Não é bem assim, porém. O samba que voava solto era frequentemente objeto de criação coletiva e nem sempre era uma composição pronta e acabada, mas uma estrofe, uma linha melódica ou uma frase musical que circulava na vital efervescência das rodas de dança e de improviso. O visgo passarinheiro que o capturava só assume as formas do direito de autor quando a ideia de uma subjetividade criativa individual, advinda da indústria fonográfica emergente, faz sua irrupção na história das formas. Ainda assim, desde que mantido o contato vitalista com suas fontes de origem, o passarinho-samba não se empalhava.

Nei Lopes, lídimo descendente de gente como Sinhô, Paulo da Portela, Wilson Batista e outros bambas, é sem truques. Seus sambas partem dele mesmo, como água de nascente, com recados diretos e cristalinos. Mas também as interpretações por ele oferecidas aos saberes que, como os "passarinhos" de Sinhô, batem asas nos céus do desconhecimento histórico, quando não estão dormindo nos ninhos dos arquivos ou dos segredos bem guardados. É o que acontece com a sua garimpagem filológica dos étimos bantos na língua brasileira. Ou então com a sua revelação enciclopédica das figuras atuantes na comunidade da Diáspora Negra. À margem do institucionalismo acadêmico, Nei põe, entretanto, o seu empenho criativo a serviço daquilo que essa mesma comunidade poderia chamar de "causa", configurando um bom exemplo de intelectual orgânico do povo urbano carioca, este mesmo que ainda não desesperou da ideia de nação, nem abandonou o projeto de uma pedagogia (política) capaz de aprofundar o encontro do povo com a sua própria cultura.

Este *Kitábu – O livro do saber e do espírito negro-africanos* é um passo a mais rumo a uma sistematização dos saberes dispersos sobre a gente negro-brasileira. Qual a sua proposta? "Ajudar na compreensão da espiritualidade africana e ser útil, como instrumento teórico, aos praticantes das religiões de origem afro. Seu propósito, contudo, não é o de 'ensinar o padre rezar a missa', como diziam os antigos: mas de concentrar, em dois volumes e com base na bibliografia indicada, princípios básicos das filosofias negro-africanas e seus desdobramentos religiosos, criados ou desenvolvidos nas Américas", diz Nei.

Trata-se, como se infere, de uma compilação, isto é, da coleta escrita de "textos filosóficos, sagrados e históricos da tradição negro-africana, no continente de origem e nas regiões da Diáspora", com o objetivo de guiar não apenas os fiéis, mas também os interessados na liturgia afro, nos caminhos e veredas dos cultos que incluem tanto o muito estudado paradigma jeje-ioruba quanto as menos conhecidas reinterpretações de crenças oriundas das civilizações congolesa e axanti. Compilando, o autor entrega-se a uma caçada a "passarinhos" bem mais árdua do que aquela imaginada por Sinhô: aqui não se trata apenas de capturá-los em vôo, mas sobretudo de fazê-los voar de seus recessos escritos e orais, para depois apresentá-los aos olhares exigentes dos que costumam trafegar por vias acadêmicas.

É uma tarefa tanto difícil quanto necessária, porque nos tempos globalistas que vivemos – em que as crenças ressurgem e se difundem sem reencantar o mundo, por sua exclusiva devoção às relações de valor de uso e de troca –, cultos politeístas milenares, como os de origem africana, carecem de balizas escritas, considerando-se a passagem dos mais jovens descendentes pela universidade ou então o seu repetido contato com os hipertextos no ciberespaço. Os cultos afros sempre prescindiram de súmulas teológicas, porém estiveram sempre atentos à "teologia" externa construída por observadores, tais como antropólogos, sociólogos e pesquisadores de um modo geral.

Essas construções culturais não são radicalmente estranhas ao espírito de povos africanos como os iorubas, os fons, os minas e outros, porque eles próprios refazem continuamente o mundo pela interpretação simbólica das entidades ditas "naturais". Tudo se "fabrica" simbolicamente: as divindades, os ancestrais, os humanos. Como bem observa o etnopsiquiatra iorubano-francês Tobie Nathan, para o homem ioruba, "utilizar a planta não é só servir-se de suas propriedades químicas, mas das somas de conhecimentos humanos a ela referentes. Os iorubas não utilizam a planta: eles a constroem! Utilizar a planta é, de fato, utilizar o implícito do pensamento ioruba a respeito da planta, o invisível do coletivo".

A compilação realizada em Kitábu não é, assim, o mero registro de dados em estado bruto ou "naturalmente" dispersos nas respectivas áreas geográficas, e sim a construção teórica da possibilidade de que se venha a perceber o fio sutil que liga a diversidade das tradições religiosas negro-africanas, no momento histórico em que um novo movimento pan-africanista promove a expansão das crenças, até mesmo na Europa e nos Estados Unidos. Evidentemente, essa construção escrita não pode predominar sobre o essencial na liturgia afro, que é a sabedoria advinda do vitalismo da experiência do inter-relacionamento humano, esta mesma que veicula e faz expandir o axé iorubano, assim como explica, perante os bantos, a palavra muntu, ou seja, o ser humano como energia vital realizada.

Num samba, já antigo, em que interpela o bairro carioca de Irajá, Nei Lopes fala da "sensação de, na verdade, / não ter sido nem metade / daquilo que você sonhou... / É isso aí, ê Irajá! / Meu samba é a única coisa/ que eu posso lhe dar!" Recatado, Nei fala apenas de um tipo de passarinho capturado. Mas ele tem nos revelado outras espécies de canto afinado, a exemplo deste Kitábu. Diria o coronel Ponciano de Azeredo: "Muito que bem!"

Muniz Sodré

Ossi Oba Aressá nilê Axé Opô Afonjá (Bahia)
Membro da Academia de Letras da Bahía
Professor Titular da Universidade
Federal do Rio de Janeiro

# Ao público leitor

Em suaíle, idioma do grupo banto falado principalmente na África oriental, kitábu (vocábulo paroxítono) significa "livro". Por seu caráter veicular e suprarregional, o suaíle é certamente a mais internacional das línguas africanas; por isso, o título desta obra foi concebido nesse idioma.

A proposta do presente trabalho, desde sua primeira edição, é ajudar na compreensão da espiritualidade africana e talvez ser útil, como instrumento teórico, aos praticantes das religiões de origem afro. Seu propósito, contudo, não é o de "ensinar padre a rezar a missa", como diziam os antigos; mas de concentrar, em duas partes distintas porém integradas, e com base na bibliografia indicada, princípios básicos das filosofias negro-africanas e seus desdobramentos religiosos, criados ou desenvolvidos nas Américas.

Sabemos que, por meio da religião, cada povo explica o legado recebido do Ser Supremo, suas próprias origens e o desenvolvimento de sua história. Assim, embora as religiões negro-africanas tenham suas peculiaridades, todas elas comungam de uma idéia central, segundo a qual a vontade do Ser Supremo manifesta-se por meio de heróis fundadores – elos entre os vivos e os espíritos dos antepassados.

Observe-se que no texto *Philosophie et religion des noirs*, publicado em 1950, o antropólogo francês Marcel Griaule indagava se seria possível aplicar as denominações "filosofia" e "religião" à vida interior, ao sistema de mundo, às relações com o invisível e ao comportamento dos negros. Perguntava-se, ainda, Griaule, sobre a existência de uma filosofia negra distinta da religião e de uma religião independente, de uma metafísica, enfim.

Ao final de sua indagação, o etnólogo afirmava a existência de uma ontologia negro-africana, concluindo pela antiguidade do pensamento africano, nivelando algumas de suas vertentes a concepções filosóficas asiáticas e da Antiguidade greco-romana; e ressaltando a necessidade e a importância do estudo desse pensamento. Quatro décadas depois, o padre espanhol Raul R. de Asúa Altuna (v. bibliografia), fazendo eco a Griaule, afirmava: "Basta debruçarmo-nos sobre esse conjunto de crenças e cultos para encontrar uma estrutura religiosa firme e digna."

Na contramão dessas concepções, no Brasil da década de 1940, as práticas religiosas de origem africana, vistas como retrógradas e maléficas, eram objeto de desprezo e repressão, e assim tipificadas como contravenção penal. E, para tanto, muito contribuía a indústria internacional do entretenimento, a qual, após a ocupação norte-americana do Haiti (1915-1934) moldou, no imaginário dos povos que atingia, como representação da religiosidade africana, todo um séqüito de zumbis, bonecos espetados de alfinetes etc.

Num estágio posterior, as várias vertentes religiosas de origem africana estabelecidas no Brasil, desde pelo menos o século XVIII, granjeavam, com ecos da négrophilie parisiense e a partir da Bahia, um certo status, e foram legitimadas por intelectuais e artistas, bem como folclorizadas pela indústria do entretenimento. É essa a origem das encenações "afro" no teatro de revista; a chegada ao rádio e ao disco de cânticos rituais estilizados para o consumo; os enredos das escolas de samba evocando a "África distante" etc.

Tudo isso levou à superficialização, à primazia dos aspectos exteriores em detrimento da reflexão sobre o sentido abrangente, sobre a investigação teórica do ser africano e seus desdobramentos em terra brasileira.

Os novos tempos trouxeram outro inimigo ainda mais poderoso. Montadas no cavalo do poder econômico e brandindo a lança da intransigência, as chamadas "igrejas eletrônicas", baseando-se em um livro eminentemente étnico, como é o conjunto de textos do Antigo Testamento, completaram a tarefa iniciada por Hollywood a partir do Haiti. Por isso a idéia de construção deste Kitábu. Considerando essas constatações adversas e para lhes fazermos face, compilamos neste livro textos filosóficos, sagrados e históricos da tradição negro-africana, no continente de origem e nas regiões da Diáspora. Esses textos, selecionados, traduzidos, adaptados e recriados, estão organizados por livros, capítulos e versículos, num formato que, propositadamente, lembra o da Bíblia e o do Alcorão.

Este livro surgiu, ainda, da certeza de que as tradições religiosas negro-africanas despertam grande interesse em todo o mundo. Principalmente porque um novo movimento pan-africanista tem levado parte dessas tradições a se expandir, até mesmo nos Estados Unidos e na Europa. Consideramos que essa difusão se deve, principalmente, à matriz iorubana, na qual se incluem o candomblé brasileiro e a santería cubana, bem como outras modalidades religiosas afro-caribenhas. Além da força dessa matriz oeste-africana, elementos diversos compõem o enorme caldeirão de cultos afros nas Américas, entre os quais as importantes recriações das civilizações congo e axanti.

Quanto à estrutura, esta obra divide-se em duas partes: *O Antigo Legado – História e Tradições Negro-africanas* (volume 1) – e *O Novo Legado – História e Tradições da Diáspora afro-americana* (volume 2). Ambas são introduzidas pelo capítulo intitulado "Mooyo" (termo quicongo que significa "vida", "força vital"), no qual apresentamos uma síntese das concepções filosóficas que norteiam a vida tradicional negro-africana: conceitos sobre o Universo, o tempo, o Ser Supremo e as divindades, o ser humano, a força vital, a morte, o poder da palavra, a função da arte etc.

Em *O Antigo Legado*, focalizamos, em capítulos, as seguintes regiões principais, listadas por seus nomes antigos: Congo (atuais Congo e Angola); Mina (toda a região do Golfo da Guiné); Takrur (do Nilo superior ao Atlântico); Senegâmbia (atuais Senegal, Gâmbia, Guiné) e Etiópia. Em *O Novo Legado*, abordamos a história, as sabenças e as tradições religiosas das seguintes regiões: Brasil e Rio da Prata (orixás, angola, catolicismo popular, malê, caboclo, jurema, mina etc.); Caribe hispânico (Ifá, orixás, mayombe, abakuá, tradições garífunas); Caribe francês (vodu); Antilhas britânicas e Guianas (tradições coromantis, shouters, rastafarianismo); Estados Unidos (protestantismo negro, spiritual churches, muçulmanos negros) etc. Todas essas tradições são abordadas com base em suas matrizes africanas, apresentadas em *O Antigo Legado*. Assim, com relação aos orixás iorubanos e jejes, por exemplo, o leitor vai encontrar os seus mitos de origem no capítulo sobre os povos iorubanos e daomeanos, no "Livro 2: Mina".

Sobre a grafia dos vocábulos africanos já incorporados ao léxico do portugues falado no Brasil procuramos, nesta edição, seguir o Vocabulário Ortografico da Lingua Portuguesa (ABL, 2009). Entretanto, os nomes de alguns povos, lugares, e mesmo entidades cultuadas, aparecem muitas vezes com grafias diferentes, E isto se explica pela necessidade de usar a grafia da fonte ou fontes de referência. Exemplos: Ogum, Iemanjá, Xangô (Brasil), *Ogún, Yemayá, Changó* (Cuba). Da mesma forma, os vocabulos não existentes na lingua portuguesa sao logicamente registrados com a grafia original.

Este *Kitábu* representa, então, uma tentativa de sistematização do conhecimento sobre as religiões africanas nas Américas a partir de suas matrizes – as quais, em seu conjunto, sao, desde o Congresso de Abidjan, realizado na Costa do Marfim, em 1961, são oficialmente denominadas "Religião Tradicional Africana" (cf. ALTUNA, 1993, pag,369. Desta forma, realizando uma espécie de arqueologia das raízes históricas e mitológicas, esta obra pretende – ressalvadas as limitações do autor – seguir a recomendação de Marcel Griaule. E, isso, porém, não por meio de uma tese acadêmica ou de um estudo científico; mais adequadamente – entendemos –, por meio de uma espécie de breviário ou bíblia (no sentido de livro que condensa um pensamento), abordando o continuum que se estabelece entre as tradições históricas e míticas de antigas civilizações africanas, sua espiritualidade e seu saber, e os construtores da Afro-América, tão fundamentais para a civilização planetária quanto estigmatizados pelo eurocentrismo dominante.

Finalmente, veja-se que o termo candombe, neste livro, designa antiga forma de culto praticado no atual território uruguaio. O nome "candomblé" (do culto aos orixás nagôs e voduns jejes no Brasil) surgiu fora do ambiente ritual, talvez na imprensa; pois, na fala dos antigos praticantes era referido como a "seita", a "casa", o "axé", etc.

*O Autor.*

# Introdução

Entre os povos pertencentes ao grande complexo cultural congo que compreende mais do que os povos no Brasil conhecidos como congos, mooyo é palavra que significa "vida", "energia vital". E, no mesmo universo linguístico, muntu – "homem", "indivíduo" – é a força vital realizada, existente, pulsando; é o ser, enfim.

Construtores, também, de uma civilização avançada, os povos do complexo congo constituíram, pelo volume imigrado e por sua anterioridade, o grande arcabouço da influência cultural africana nas Américas.

A eles nossa reverência e nossa homenagem com este livro, que é também iorubano, jeje, axanti, efique, mandê, árabe-africano, nilótico e ameríndio.

## Mooyo

### I – O Universo visível e o invisível

1. O Universo visível é a camada externa e concreta de um universo invisível e vivo constituído por forças em perpétuo movimento. No interior dessa vasta unidade cósmica, tudo está ligado, tudo é solidário. E o comportamento do ser humano em relação a si mesmo e ao mundo que o cerca é objeto de regras extremamente precisas.
2. A violação dessas regras pode romper o equilíbrio das forças do Universo. E esse desequilíbrio vai se manifestar por meio de diversos tipos de distúrbios.
3. A restauração do equilíbrio só se dará mediante a conveniente e correta manipulação das forças. Somente assim, será possível restabelecer a

harmonia, da qual o ser humano é o guardião, por designação do Ser Supremo. Assim disseram Hampate Bâ e outros sábios africanos.

4. No universo não existe "grande" nem "pequeno" e, sim, a harmonia entre coisas de tamanhos diferentes.
5. As relações de grandeza não têm nenhum sentido, porque não acrescentam nem diminuem nada.
6. O ser humano não é forte, porque, apesar de todas as suas máquinas, ele não pode impedir a terra de tremer e engolir milhares de seres humanos.
7. O ser humano jamais poderá impedir o Sol de atingir a Terra e comê-la, se um leve desequilíbrio se produzir no espaço. Assim falou Aladji.

## II – O tempo: passado, presente e futuro

1. O tempo é um fenômeno que se realiza em duas dimensões. A primeira é a dimensão que compreende todos os fatos que estão a ponto de ocorrer, que estão ocorrendo ou acabam de ocorrer. A segunda é a dimensão que engloba todos os acontecimentos passados que ligam o início das coisas ao presente desdobramento dos eventos no Universo.
2. O ser humano vive ao mesmo tempo em três mundos diferentes: o da realidade concreta, o dos valores sociais e o da autoconsciência que não se pode exprimir.
3. O primeiro é o mundo dos seres vivos, da natureza cósmica e dos fenômenos naturais. O segundo é o mundo dos valores que regem os processos espirituais e mentais do homem e sua comunidade. O terceiro é o dos poderes espirituais, inatingíveis e inexprimíveis.
4. O Ser Supremo está colocado acima da autoconsciência, que não se pode exprimir. Mas o ser humano não pode reunciar à vida terrena para dedicar todo o seu ser e toda a sua vida ao mundo da autoconsciência e do seriço ao Ser Supremo. Nem abandonar o mundo da autoconsciência para se dedicar apenas à realidade concreta da vida terrena.
5. A preocupação existencial do ser humano tem de se conduzir não no sentido de revolucionar o meio ambiente, e sim com o objetivo de socializar

os membros de sua comunidade para que eles respeitem sua ancestralidade e preservem a memória dos fatos passados.
6. O conceito de tempo, então, é determinado mais pela opção existencial do ser humano do que por fatores raciais ou geográficos.
7. wwO ser humano tem de acreditar na existência simultânea do passado, do presente e do futuro e orientar seu tempo dentro da harmonia dessas três variantes. O conceito de tempo linear é uma ilusão e a materialidade, uma miragem. Assim falou Kagame; e disse Obenga.

### III – O Ser Supremo e as divindades

1. O Ser Supremo é o criador de todos os seres e coisas. Mas Ele está muito distante do ser humano e só é acessível por meio de divindades secundárias. Essas divindades, intermediárias entre o ser humano e o Ser Supremo, desempenham funções protetoras especiais, ligadas aos vários aspectos da vida humana.
2. Os primeiros indivíduos do gênero humano, unindo a humanidade ao Ser Supremo, constituem o elo inicial da cadeia da vida. Esses ancestrais longevos foram os primeiros aos quais o Ser Supremo comunicou a própria força vital e o poder de fazê-la agir sobre toda a sua descendência.
3. Depois deles, estão situados os heróis civilizadores, aqueles que, por delegação do Ser Supremo, desenvolveram ações criativas decisivas no acréscimo da força vital, na organização e no aprimoramento de suas comunidades.
4. Entre essas divindades secundárias, ocupam lugar especial os espíritos dos mortos ilustres que atingiram a condição de ancestrais.
5. Abaixo dos heróis civilizadores e ancestrais, e influindo poderosamente sobre os humanos, estão os espíritos e gênios.
6. Os espíritos e gênios são divindades secundárias com atribuições diferentes daquelas dos antepassados. Por sua natureza e proximidade em relação ao Ser Supremo, podem levar até Ele louvores, súplicas e oferendas enviados pelos humanos e d'Ele obter resposta. Uma vez que essas divindades gozam de liberdade e independência, o que elas transmitem aos seres humanos não

provém necessariamente do Ser Supremo. Assim, elas podem ser agentes tanto de benefícios quanto de malefícios.

7. Alguns dos espíritos e gênios são protetores e guardiões de indivíduos, grupos e localidades, e podem habitar em objetos, sítios e lugares, de forma temporária ou permanente. Eles receberam do Ser Supremo a tarefa de vigiar e administrar certos locais, os quais só podem ser utilizados com a sua devida autorização. Nesses casos, são identificados por um nome próprio que especifica suas funções e características ou indica o lugar em que habitam. Eles têm também a responsabilidade sobre as pessoas que vivem nesses locais e podem puni-las em caso de falta ou recompensá-las a seu bel-prazer.

8. Entre os espíritos e gênios, estes últimos são, especificamente, a expressão da força vital dos fenômenos naturais, como o raio, o vento, o arco-íris, as epidemias etc.

9. Tanto o Ser Supremo quanto as divindades, os antepassados e os seres humanos, enfim, tudo o que existe no Universo, interage em obediência a regras extremamente precisas por meio de sua respectiva força vital. Assim disse Sulayman Nyang.

## IV – O ser humano: corpo, espírito e nome

1. Entre os elementos que compõem o ser humano, há o corpo físico, que desaparece após a morte e é uma exteriorização de sua riqueza interior e o receptáculo de suas sensações. Esse corpo vive acompanhado de uma sombra, que é sua irradiação para o exterior e que também se desvanece com a morte.

2. Além do corpo físico, o ser humano possui uma essência espiritual e invisível que sobrevive à morte e que se faz acompanhar de um duplo. Complementando o conjunto de seus elementos constitutivos, o ser humano tem o seu nome.

3. O nome o individualiza, situando-o no grupo, mostrando sua origem, sua atividade e sua realidade. Dar nome a alguém ou conhecer o seu nome íntimo equivale a descobrir sua natureza. Quem conhece o verdadeiro

nome de uma pessoa pode influenciá-la e dominá-la, atuando sobre sua essência.

4. Estruturado por esses elementos constitutivos – corpo, espírito e nome –, o ser humano está inserido num contexto de relações espirituais, ligado por laços indissolúveis ao Ser Supremo. Esses laços são indissolúveis porque a existência do ser humano depende essencialmente do seu Criador.
5. O ser humano deve também manter uma relação correta com as divindades secundárias. Essa relação se concretizará por intermédio do desenvolvimento das atividades cotidianas em harmonia com elas e, principalmente, com seus ancestrais.
6. Quando tratadas apropriadamente, essas forças espirituais propiciam a harmonia da vida e a segurança da comunidade; caso contrário, elas podem colocar tal equilíbrio em risco.
7. A vida é um diálogo constante com o sagrado e cada momento exige suprema devoção às forças espirituais do Alto e às mensagens religiosas proferidas por seus lábios invisíveis. É esse diálogo constante com o mundo espiritual que permite ao ser humano entender o seu papel como eixo central da Criação.
8. Existir como ser humano é pertencer a uma comunidade como um todo; e esse fato envolve participação nas crenças, cerimônias, rituais e festivais de tal comunidade.
9. Uma pessoa não pode separar-se da religião do seu grupo, pois, se proceder assim, estará divorciada de suas raízes, de seus fundamentos, de seu contexto de segurança, de suas relações de parentesco e de todo o seu povo de sua existência, enfim.
10. O ser humano existe para sua comunidade: ninguém dança sozinho, mas com sua comunidade ou na presença dela.
11. Todo ser humano tem a centelha do Ser Supremo, que é seu Criador e seu sustentáculo.
12. Cada ser humano, vivendo em comunidade, tem seu valor assegurado do nascimento até a morte. E, mesmo depois da morte, esse valor é respeitado, porque o morto continua a viver na comunidade dos ancestrais.

13. Até mesmo as divindades estão sujeitas aos interesses da comunidade humana. Se elas continuam a responder às preces e a propiciar os bens solicitados, recebem, então, o culto dos humanos e os sacrifícios. Se falham, caem no esquecimento e são desprezadas por seus seguidores.
14. O ser humano, então, não é, na sua essência, um pecador abjeto que deve se submeter ao Ser Supremo para merecer sua misericórdia na outra dimensão. Isso ocorre porque ele surgiu no Universo e nele permanece como uma manifestação do Ser Supremo; e este existe pelo ser humano e em razão dele.
15. O ser humano é a força que liga todos os seres do Universo visível às altas forças espirituais. Por isso, ele é, ao mesmo tempo, manipulador e alvo do poder espiritual.
16. O fator que explica e justifica a solidariedade humana é a vida derivada e recebida da fonte de "poder", que retorna a esse poder, é possuída por ele e dele se apossa.
17. Cada ato e cada gesto do ser humano põem em jogo as forças invisíveis da vida, que representam os múltiplos aspectos do poder de realização que, por sua vez, é, em si mesmo, um aspecto do Ser Supremo. Assim disseram Mbiti, Kagame e Obenga.

## V – O corpo humano

1. O corpo humano é um objeto cheio, por causa dos órgãos e substâncias que contém e dos quais representa o conjunto. A constante interação das partes duras, moles ou fluidas, localizadas no interior corpo, é que gera a energia produtora da vida.
2. A qualidade do sangue reflete a quantidade de energia de que o corpo dispõe. A fim de manter essa energia em seu mais alto nível, o sangue deve ser lavado, mediante a absorção de medicamentos; e, em caso de contaminação, tem de ser extraído parcialmente do corpo.
3. O sangue, bom ou mau, pode atrair sorte ou infortúnio. Ele é a materialização da energia vital e, portanto, pode ser agredido, defendido e fortalecido. O sangue possui, ainda, a propriedade unificadora, invocada

por ocasião de pactos e juramentos: trocando um pouco de seu sangue, as partes envolvidas intercambiam força vital, sob o controle dos antepassados.
4. Compartilhar o sangue como sinal de compromisso é mais importante que empenhar a palavra. E é pela absorção em comum do sangue de um animal sacrificado que aqueles que se aliam estabelecem um vínculo indestrutível de solidariedade.
5. No corpo humano, os pés representam as raízes, o fundamento ancestral, o poder que emana da ação de um chefe, porque ficam em contato permanente com a terra, morada dos antepassados, que são depositários do saber e guardiões do bom funcionamento da sociedade.
6. A cabeça, sede da inteligência, é a reprodução da pessoa em corpo e alma e também o instrumento que lhe permite vincular-se ao cosmo.
7. Mas o corpo constitui uma realidade secundária, precária, pois, na verdade, não é ele que pensa ou sonha. Quem pensa e sonha é o eu do ser humano, do qual o corpo é apenas o suporte físico.
8. O corpo é um produto da palavra e, assim, ele próprio é uma linguagem. E isso se evidencia particularmente na arte da escultura. Assim disse Bekombo Priso.

## VI – A força vital
1. Todos os seres do Universo têm sua própria força vital, e esta é o valor supremo da existência. Possuir a maior força vital é a única forma de felicidade e bem-estar.
2. A morte, as doenças, as desgraças, o aborrecimento, o cansaço, a depressão, todo o sofrimento, enfim, é conseqüência de uma diminuição da força vital, causada por um agente externo dotado de uma força vital superior. O remédio contra a morte e os sofrimentos é, portanto, reforçar a energia vital, para resistir às forças nocivas externas.
3. Todos os seres, segundo a qualidade de sua força vital, integram-se numa hierarquia. Acima de tudo está o Ser Supremo, que é a Força por si mesma e a origem de toda a energia vital.
4. Depois, vêm os primeiros ancestrais dos seres humanos, os fundadores dos

diferentes clãs, que são os mais próximos intermediários entre os humanos e o Ser Supremo.

5. Após esses fundadores, estão os mortos ilustres de cada grupo, por ordem de primogenitura. Eles são os elos da cadeia que transmite a força vital dos primeiros antepassados para os viventes. E estes, por sua vez, estão hierarquizados, de acordo com sua maior ou menor proximidade, em parentesco, com os antepassados e, consequentemente, segundo sua força vital.

6. Todo ser humano constitui um elo vivo, ativo e passivo, na cadeia das forças vitais, ligado, acima, aos vínculos de sua linhagem ascendente e sustentando abaixo de si a linhagem de sua descendência.

7. Seguindo-se às forças humanas, vêm as forças animais, vegetais e minerais, também hierarquizadas segundo sua energia. Todos esses elementos não-humanos da natureza são prolongamentos e meios de vida daqueles a que pertencem.

8. Como todas as forças estão inter-relacionadas, exercendo interações que obedecem a leis determinadas, um ser humano pode diminuir um outro na sua força vital. A resistência a esse tipo de ação só é obtida por meio do reforço da própria potência, recorrendo-se a outra influência vital.

9. A força vital humana pode influenciar diretamente animais irracionais, vegetais ou minerais.

10. Um ser racional – seja ele um espírito, seja um vivente –, atuando sobre um animal irracional, um vegetal ou um mineral é capaz de influenciar indiretamente outro ser racional.

11. A resistência a essa ação também só é obtida pelo fortalecimento da energia vital, recorrendo-se a outras forças.

12. Para se proteger contra a perda ou diminuição de energia vital por ação direta ou indireta de outros seres, a pessoa deve recorrer a forças que possam revigorar sua própria força individual. Tais forças são as energias das divindades e dos espíritos dos antepassados. Chega-se a elas por meio do culto ou ritual destinado a propiciar as graças do Ser Supremo.

13. O ser humano pode também confeccionar objetos e sacralizá-los,

dotando-os de força vital manipulável, usada como proteção e como objeto propiciatório e mesmo como instrumento de defesa e ataque. Da mesma forma, lhe é possível sacralizar objetos existentes, além de restos de animais, minerais e vegetais.

14. As práticas de todo culto ou ritual encerram o conhecimento da interação das forças naturais, tais como foram criadas pelo Ser Supremo e postas a serviço do ser humano.
15. O intercâmbio de força vital entre o ser humano e o mundo invisível é conseguido por meio de oferendas e sacrifícios de animais.
16. No sacrifício, libera-se e transmite-se a força vital concentrada no sangue. A força vital do animal sacrificado passa, por meio do sacrificador, à divindade e retorna desta ao ofertante.
17. Com a partilha do animal sacrificado, em forma de alimento, a força vital também se reparte entre os membros da comunidade.
18. Qualquer pessoa pode manter contato com as divindades mediante orações, oferendas e sacrifícios, desde que o fim, particular e restrito, não comprometa o equilíbrio social. Mas, quando essas ações objetivam resultados de alcance mais amplo, elas devem ser realizadas por especialistas. Assim falou Mulago; e disse Buakasa.

## VII – Morte, feitiço e magia

1. A morte é um estado de diminuição do ser. Mas a vida não é destruída pela morte, embora esta a submeta a uma mudança de condição. Por isso, a vida é a existência na comunidade, é a participação na vida dos ancestrais e um prolongamento da existência deles, além de uma preparação da nossa própria vida para que ela se perpetue em nossos descendentes.
2. A impotência genésica masculina e a esterilidade das mulheres representam uma ruptura da cadeia que liga os vivos e os mortos. Isso ocorre porque todo ser humano tem um destino preciso: é um viajante cósmico destinado a cruzar a fronteira que separa os vivos e os mortos e que demarca duas partes inseparáveis da totalidade do real.
3. A morte, então, não é a realidade última, mas a própria vida. Quando morre,

o indivíduo se dissolve na imortalidade coletiva que proclama a grande cadeia da existência.

4. A morte é o processo e a condição por meio dos quais o corpo físico se desintegra e a unidade da vida, corpo-espírito, se fragmenta. Mas ela não é uma aniquilação completa da pessoa, e sim uma partida. O morto se reúne aos que o precederam e a única modificação importante é a ruína do corpo físico, pois o espírito tem acesso a outro estágio da existência.

5. Os mortos levam uma existência diminuída em relação aos seres viventes, mas conservam sua mais elevada e potente força vital. Ao passarem pela agonia individual da morte, eles adquiriram um conhecimento mais profundo do mistério e do processo de participação vital que regem o Universo.

6. A morte pode ser causada por quatro fatores: feitiçaria, maldição, ação dos mortos e vontade do Ser Supremo.

7. As pessoas que morrem vitimadas por feitiçaria podem tornar-se fantasmas errantes, cujas almas nunca encontrarão repouso. A maldição, que pode provocar a morte súbita da pessoa a quem foi dirigida, ocorre quando tabus, costumes ou tradições são violados.

8. As almas dos mortos, quando descontentes com os que lhes sobreviveram na Terra, podem decidir corrigir seu procedimento, levando-lhes doenças, calamidades e mortes. As pessoas muito velhas geralmente morrem pela vontade do Ser Supremo.

9. O trabalho dos adivinhos e sacerdotes, por seu conhecimento, é usar os métodos e palavras que neutralizam o feitiço, a maldição e a ação dos mortos ofendidos e, com isso, garantir a passagem dos seres humanos, pacificamente, do reino humano para o mundo dos espíritos.

10. A magia é a manipulação das forças e pode revelar-se útil ou nociva, de acordo com o uso que dela se faz. Ela, assim como o dinheiro, não é intrinsecamente um mal ou um bem. Sua utilização é que vai torná-la boa ou má.

11. A boa magia, dos iniciados e mestres, visa à purificação dos seres, para recolocar as forças em ordem e evitar a morte. Assim expôs Mbiti.

## VIII – A palavra

1. A palavra falada, além de seu valor fundamental, possui um caráter sagrado que se associa à sua origem divina e às forças ocultas nela depositadas.
2. A tradição oral, que não se limita aos contos e lendas nem aos relatos míticos e históricos, é a grande escola da vida, recobrindo e englobando todos os seus aspectos. Nela, o espiritual e o material não se dissociam. Falando segundo a compreensão de cada pessoa, ela se coloca ao alcance de todos.
3. A tradição oral é, ao mesmo tempo, religião, conhecimento, ciência natural, aprendizado de ofício, história, divertimento e recreação. Baseada na prática e na experiência, ela se relaciona à totalidade do ser humano e, assim, contribui para criar um tipo especial de pessoa e moldar sua alma.
4. O conhecimento, ligado ao comportamento do homem e da comunidade, não é uma matéria abstrata que possa ser isolada da vida. Ele deve implicar uma visão particular do mundo e uma presença particular nesse mundo concebido como um todo, em que todas as coisas se ligam e interagem.
5. A transmissão oral do conhecimento é o veículo do poder e da força das palavras, que permanecem sem efeito em um texto escrito. O conhecimento transmitido oralmente, pelo Verbo atuante, tem o valor de uma iniciação que não está no nível mental da compreensão, porém na dinâmica do comportamento. Essa iniciação é baseada em reflexos que operam no raciocínio e que são induzidos por impulsos nascidos no fundamento cultural da sociedade.
6. Da mesma forma que, no ato da Criação, a palavra divina do Ser Supremo veio animar as forças cósmicas que se achavam estáticas, em repouso, a palavra humana anima, põe em movimento e desperta as forças que se encontram estáticas nas coisas.
7. À imagem da palavra do Ser Supremo, da qual é eco, a palavra humana põe em movimento forças latentes, que despertam e acionam algo, como ocorre quando um homem se ergue ou se volta ao ouvir chamar seu nome.
8. A palavra humana é como o fogo: pode criar a paz, assim como pode destruí-la. Uma só palavra inoportuna pode fazer estourar uma guerra, assim como uma simples fagulha pode provocar um incêndio.

9. A palavra é a marca distintiva da superioridade espiritual do ser humano sobre os elementos não-humanos do Universo e sua senha diante das portas do reino invisível do Ser Supremo. E a linguagem não é apenas meio de expressão e comunicação – ela é ação. Assim, um objeto não significa o que representa, mas o que ele sugere, o que ele cria.
10. O conhecimento transmitido oralmente pelo Verbo atuante deve ser passado, do mestre ao discípulo, por meio de sentenças curtas, baseadas no ritmo da respiração.
11. A palavra, que tira do sagrado seu poder criador e operativo, está em relação direta tanto com a manutenção quanto com a ruptura da harmonia no ser humano e no mundo que o cerca.
12. A palavra é divinamente exata e o homem deve ser exato com ela. Falar pouco é sinal de boa educação e de nobreza.
13. Sendo agente mágico por excelência e grande transmissora de força, a palavra não pode ser usada levianamente.
14. A mentira, por sua vez, é uma lepra, uma tara moral. Quem falta à própria palavra mata seu eu e se afasta da sociedade. A língua que falseia a palavra vicia o sangue daquele que mente. Quando se pensa uma coisa e se diz outra, rompe-se consigo mesmo – quebra-se a união sagrada, reflexo da unidade cósmica, criando, assim, a desarmonia dentro e em torno de si.
15. A palavra é força. O Verbo é a expressão, por excelência, da força do ser em sua plenitude.
16. A palavra é sopro animado e que anima aquilo que expressa. Ela possui a virtude mágica de realizar a lei da participação. Por sua virtude intrínseca, a palavra cria aquilo a que dá nome. Ela tem, além de poder criador, a função de preservar e destruir. É uma força fundamental que emana do próprio Ente Supremo. O que Ele diz, é. Assim falou Hampâté Ba; e disse Senghor.

## IX – A oração

1. Para que a palavra produza plenamente seu efeito, é preciso que seja recitada ritmicamente, porque o movimento tem necessidade de ritmo, já que ele mesmo é buscado no segredo dos números. É necessário que a

palavra reproduza o vaivém, que é a essência do ritmo. A palavra, cantada ou recitada, deve ser a materialização da cadência. Sua harmonia cria movimentos que mobilizam as forças que atuam sobre os espíritos, os quais são as potências da ação.
2. Quando adquire o poder de agir sobre as forças espirituais, a palavra torna-se oração. Mediante a oração, busca-se evitar o perigo, reparar ofensas, impedir a desagregação, garantir solidariedade e ajudar na obtenção de saúde, paz e prosperidade.
3. Pode-se orar falando, cantando ou dançando; e também em voz baixa ou até mesmo aos gritos. Assim disse Mveng.

## X – O saber

1. A vida não se divide em partes distintas; portanto, o conhecimento não pode ser sempre aplicado ao uso prático. O que importa é a ciência da vida.
2. O conhecimento livresco tem um valor formal e importado, enquanto o saber informal é adquirido pela experiência direta ou indireta. Os conhecimentos livrescos não conferem sabedoria.
3. Em todos os ramos do conhecimento, a cadeia de transmissão é importante. Se não há transmissão regular, o que se comunica é apenas conversa e não conhecimento. Quando emitido dentro dessa cadeia, o conhecimento torna-se uma força operante e sacramental.
4. O ensinamento tradicional deve estar unido à experiência e integrado à vida, até porque há coisas que não podem ser explicadas, apenas experimentadas e vividas.
5. As atividades humanas contêm sempre um caráter sagrado ou oculto, principalmente as que consistem em atuar sobre a matéria e transformá-la, pois cada coisa é um ser vivo.
6. Cada função artesanal deve estar ligada a um conhecimento esotérico originado numa revelação inicial e transmitido de geração a geração. Os gestos de cada ofício reproduzem, simbolicamente, o mistério da Criação primordial vinculado ao poder da palavra.

7. O que se aprende nas escolas, por mais útil que seja, nem sempre é vivido, enquanto o conhecimento herdado encarna-se em todo o ser.
8. Contudo, ninguém se torna sábio sem sair de casa. O homem que viaja descobre e adquire novas informações, registra as diferenças, as semelhanças e, assim, alarga o âmbito de sua compreensão.
9. Por todos os lugares por onde passa, o viajante entra em contato com a história e as tradições locais, ouve relatos e sempre permanece algum tempo junto a um transmissor qualificado.
10. O saber baseado no sentimento da unidade da vida e pleno de ensinamentos, ao mesmo tempo materiais, psicológicos e espirituais, é um tesouro insubstituível. Assim falou Akinjogbin.

## XI – A propriedade e o trabalho

1. A terra pertence aos antepassados, a partir daquele que tenha sido o primeiro a tomar-lhe posse. E as relações pessoais são sempre mais importantes que os bens materiais.
2. Os objetos pessoais, contudo, são uma extensão de seu dono e participam de sua personalidade. O roubo arruína a solidariedade comunitária e destrói a harmonia social.
3. Os objetos pessoais fazem parte da personalidade do dono e, assim, sempre que possível, serão enterrados juntamente com ele, que vai deles precisar na outra vida. Os bens indestrutíveis serão herdados por filhos, sobrinhos e irmãos.
4. O indivíduo deve trabalhar para viver e contribuir para a manutenção da comunidade. O vadio é um ser socialmente desprezível.
5. O preguiçoso, porém, não é o indivíduo que trabalha pouco, mas aquele que não trabalha o suficiente para sustentar sua família e contribuir para a permanência do grupo.
6. Se o trabalho for coletivo, a propriedade também o será. Se o trabalho for individual, a propriedade se individualizará também.
7. Técnicas e conhecimentos de aprendizagem e exercício complexos deverão

ser aplicados e desenvolvidos por indivíduos escolhidos entre os mais habilitados. Assim disse Obenga.

## XII – A arte e sua finalidade

1. A arte deve estar intimamente relacionada à religião. E, assim, obedecer a certos dados constantes, como a assimetria e a desproporção.
2. A assimetria serve para mostrar que nada do que existe é fixo e estático. Todo objeto, mesmo inerte, é animado por um movimento cósmico exercido segundo um ritmo que o artista deve se esforçar para expressar.
3. A desproporção serve para evidenciar que a arte é uma linguagem criadora de signos, símbolos de algo que se quer comunicar. A arte é conhecimento e não imitação da natureza.
4. A forma de uma obra de arte deve variar segundo as exigências espirituais. Assim, algumas estátuas ou máscaras serão realistas, outras abstratas; e, outras, ainda, apresentarão formas fantásticas.
5. A noção de beleza na arte deve assentar-se sempre em uma base de emoção e religiosidade, reflexo da vontade do artista de agir sobre as forças da vida.
6. O objeto de arte, refletindo, assim, dados ao mesmo tempo espirituais e plásticos, deve procurar expressar uma visão do Universo, onde o ser humano é apenas parte de um todo animado pela mesma força vital.
7. À arte cabe conciliar o estético e o espiritual, o equilíbrio e o ritmo. Ela tem de ser a expressão profunda de um pensamento, de uma concepção de mundo, de uma cultura, ou seja, de um humanismo na medida do homem.
8. A arte deve ser fonte de vida, esperança, ritmo, intuição e saber. Deve ser um diálogo permanente entre o sagrado e o profano, a vida e a morte, o humano e o divino, o prazer e o sofrimento, a alegria e a tristeza, a vida interior e o ritmo das forças cósmicas.
9. Essa dicotomia é que dará às esculturas equilíbrio dinâmico, tensão dramática e dignidade soberana. Por meio dela é que as esculturas adquirem a imagem de repouso eterno em solene calma, traduzindo, assim, a beleza terrível da morte, a obsessão do nada, o horror de não mais existir.
10. A arte não deve ser objeto de luxo, mas desempenhar sempre uma função

social – o propósito de seu ensino é ajudar cada um a encontrar o sentido da existência, a conhecer sua razão de ser. Ela expressa uma cosmogonia que traduz a situação do ser humano dentro do Universo infinito.

11. Toda sociedade e cada um de seus indivíduos devem desempenhar uma tarefa e estar em harmonia com o conjunto do mundo. Portanto, a arte tem de expressar uma ordem social.
12. A arte não deve figurar o absoluto, que é inacessível, mas o conhecimento do Universo em que o homem se situa. Isso é necessário porque tudo é animado, mesmo a matéria inerte, uma vez que o Universo, como um ser vivo, está em constante mutação.
13. A arte deve estar intimamente ligada à vida social da comunidade para ensinar como se manifestam as forças superiores das correntes cósmicas. Contudo, não para domesticá-las e dominá-las, e sim para se adequar ao seu ritmo de ação, identificando-se com elas pela palavra, pelo gesto, pela música, pelo canto, pela dança e pela escultura.
14. Mas a arte não é somente isso: ela é vida. É consciência de si e dos outros; é participação nos movimentos das forças do Universo.
15. A arte expressa a emoção do ser humano diante da realidade indivisível do Universo. É a emoção mística, mola propulsora e fermento de toda procura e de toda descoberta. Por isso, ela não deve ser um instrumento a serviço do desejo de poder, e sim uma técnica de compreensão e de conhecimento.
16. A arte deve ser o testemunho da perfeita união entre o pensar e o fazer, o sujeito e o objeto, a imagem e o símbolo. Não lhe cabe separar a essência da substância, o inteligível do sensível, o racional do irracional, o visível do invisível, o que se expressa do que é inexprimível.
17. A arte deve proceder da razão estreita, que é intuição, comunhão, participação, identificação do sujeito com o objeto, e não apenas da visão que separa o sujeito do objeto – ela precisa ser testemunha incontestável de uma cultura que se irradia para além de fronteiras meramente físicas e territoriais.
18. A arte não se destina simplesmente a satisfazer o gosto ou dar prazer

momentâneo às pessoas. Sua finalidade é expressar a importância da vida humana.
19. A arte é uma necessidade e, através dela, o ser humano restabelece o equilíbrio das forças que lhe são inerentes com os fenômenos exteriores à sua própria natureza.
20. A obra de arte mostra o homem em face da natureza; é a resposta do ser humano aos fenômenos exteriores; e é também ciência, pré-ciência, adivinhação e magia. Assim ensinaram Alioune Sène e Senghor.

**XIII – As máscaras e a estatuária**
1. Vejamos, por exemplo, uma obra de arte que representa um ancestral. O ancestral deixa uma herança espiritual na Terra. Nós o veneramos porque ele contribuiu, ao longo de sua existência, para a evolução da sociedade.
2. A figura do ancestral atesta o poder do indivíduo e nós devemos tê-lo como exemplo, imitando suas ações e assumindo, com igual consciência, as responsabilidades que nos são confiadas.
3. O ancestral, pela presença de sua herança espiritual, assegura a estabilidade e a solidariedade do grupo no tempo e sua coesão no espaço. Isso explica a importância das máscaras e estátuas que representam os ancestrais.
4. A efígie do ancestral é um símbolo que evoca os atos desse morto ilustre. E a obra de arte que o representa é o signo que manifesta sua presença espiritual entre os vivos.
5. Nossos ancestrais familiares e os dos governantes, bem como as divindades e grandes homens que realizaram ações em benefício de toda a humanidade, devem ser homenageados por meio de obras de arte.
6. As máscaras e estátuas dedicadas aos ancestrais são símbolos que expressam a dimensão da força e do poder de cada um deles.
7. Pode-se também criar uma máscara para ser usada em cerimônias e procissões. Nessas ocasiões, ela se torna uma criatura com alma, que se junta às forças do bem e exorciza as forças do mal. Naquele momento, quando seu portador se entrega ao ritmo da dança, os espíritos encarnam nela.

8. As máscaras são concebidas para existirem dentro de um espaço e de um tempo específicos. Passados esse tempo e esse espaço, elas devem ser resguardadas de olhares humanos. Os critérios estéticos de sua criação não implicam necessariamente a imitação das formas naturais.
9. Durante uma cerimônia ritual, o portador da máscara deixa de ser um homem para se transformar num avatar da divindade ou do ancestral cuja presença está invocando. É preciso, então, encontrar um signo ou um conjunto de signos para distinguir o portador em questão dos outros homens.
10. Os signos mais explícitos estão no vestuário. A indumentária sugere a presença da divindade e mostra uma realidade que está além da presença física do ser humano que a usa. A máscara é, então, utilizada como um dos principais elementos dessa transformação.
11. Ainda que exista uma forma convencional para a máscara, o que o artista procura captar ao esculpi-la é a essência oculta e não a aparência daquilo que está sendo figurado. Na máscara de um animal, por exemplo, ele vai transcender a imagem exterior para atingir o ser do animal mítico, simbolizado, em sua essência, pela forma do animal real. Além disso, o estilo do artista provém de uma certa concepção que ele retira do sistema de crenças e do quadro conceitual que norteiam sua vida e seu trabalho. E o objetivo de seu ofício é sugerir formas imateriais e não copiar diretamente a natureza.
12. A máscara é como um instante de eternidade petrificado, embora os movimentos da dança lhe dêem nova vida e a mergulhem no ritmo da existência humana.
13. As máscaras não são concebidas com um fim puramente estético. São objetos mágicos ou representações simbólicas de ancestrais ou deuses, cujo propósito é, essencialmente, desempenhar uma função. O artista deve adaptar seu estilo à função do objeto, segundo as tradições artísticas que herdou.
14. As esculturas de figuras divinas ou de animais não são representações visuais dos motivos figurados, mas seus substitutos ou evocações mágicas

de sua presença. Por isso, deve-se dar ênfase à simbolização de suas características principais.
15. Nas representações de um ser humano, a cabeça, sede do pensamento, será proporcionalmente maior em relação ao resto do corpo.
16. Quando dois personagens de categorias sociais distintas aparecem numa escultura, essa diferença é expressa no tamanho conferido às figuras.
17. As estatuetas de antepassados e divindades devem ser objetos dotados de forte poder, e sua eficácia como tal depende tanto dos ritos de sua sacralização quanto da habilidade do escultor que as confeccionou.
18. O escultor não pode limitar-se a reproduzir detalhadamente as formas consagradas da escultura, e sim usar o modelo tradicionalmente aceito como fonte de inspiração.
19. As formas e proporções de uma obra de arte não precisam expressar a percepção exata das coisas, pois elas são suportes morais e intelectuais, meios de conhecimento para uso do povo.
20. A obra de arte deve exprimir os problemas do Universo e as soluções encontradas pelo homem em diferentes fases de sua história. Veículo do pensamento, seu propósito é transmitir à humanidade as leis sociais e cósmicas que governam o mundo no momento de sua criação. E, enquanto existirem, deverão conservar tal significado.
21. O objetivo do artista é mostrar a realidade do ser vivo e não sua imagem externa. Assim, ao dissociar e associar os elementos naturais segundo suas próprias leis, ele deve tentar eternizar e realçar, no ser vivo, o permanente e não o acidental, a essência e não a aparência, o constante e não o efêmero.
22. Uma escultura que represente alguém que morreu deve ser feita à imagem, mas não à semelhança, do representado. Ela é a estrutura que substitui o corpo, cuja força vital voltou à Terra – onde o sopro de vida passará a residir. E, quando o escultor resolve dar a esse sopro uma forma diferente da anterior, é porque ele entende que o sopro não quer retomar a forma que, por cansaço ou desconforto, já abandonou.
23. Para o artista, o que deve contar não é a aparência externa, mas a essência

espiritual do ser humano. A aparência é um ornamento incorporado à vida e não um de seus elementos.

24. A arte é a obra coletiva de toda uma civilização. O artista é apenas o intermediário encarregado de expressar a visão e as crenças coletivas em termos materiais. A arte é o prolongamento da vida. E isso ocorre porque ela está impregnada de uma vida que lhe é própria. Assim expôs Ola Balogum.

## XIV – A música e a dança

1. A música não deve ser somente uma arte do espírito e da alma, mas também uma arte do corpo. No corpo, o ritmo da respiração e da circulação, bem como o estado de vigília e o do sono, mantêm a vida, religando-os aos ritmos primordiais do cosmo.
2. À música cabe expressar, no plano humano, a harmonia dos vastos ritmos do Universo. Assim, a dança deve ser um estado em que o dançarino se vista das forças vitais que gravitam em torno dele para estar de acordo com os ritmos do cosmo, identificando-se com eles e participando da ordem universal.
3. A música não é um luxo, mas um modo de vida. Por meio dela o ser humano expressa, nas festas, sua alegria de viver; nas ocasiões solenes, seu orgulho e refinamento; nos rituais religiosos, sua fé e sua contrição; em tudo, seu amor; no trabalho, seu vigor; no lar, sua simplicidade; e, na guerra, sua coragem.
4. A música deve ser o exemplo vivo do patrimônio cultural de um povo. Ela concentra toda uma série de associações sociais e culturais e não pode ser abstraída do seu contexto.
5. A música tem de utilizar sons rigorosamente modulados para expressar ideias e sentimentos ligados a um certo ritual ou função, transformando-os, assim, numa experiência nova e de outro nível, aumentando nosso prazer e nossa compreensão.
6. Por intermédio do chamado aos espíritos ancestrais e entidades superiores, a música cria um vínculo entre o mundo dos vivos e o dos mortos e das

divindades. Ela acompanha também a transmissão oral da história, do saber e dos contos e as várias formas de recitação poética.
7. A música é um veículo de difusão de conhecimentos e, por conseguinte, de educação. Tem de estar presente em todas as etapas do trabalho. Atividades como cultivo da terra, caça e pesca e preparo de bebidas, entre outras, devem sempre ser realizadas ao som de uma música específica.
8. Existe uma música para cada etapa da vida humana: nascimento, infância, puberdade e idade adulta; e também para casamentos e funerais e para a sucessão após a morte. Por meio da música e da dança transmitem-se as tradições que cercam o nascimento de uma criança e que começam ainda na gestação, quando se pede ao adivinho o anúncio de um parto feliz.
9. Durante a infância, os passatempos musicais são preciosos elementos educativos e estímulos para a criatividade. A puberdade é uma fase solene que se celebra com música e dança. Os ritos de iniciação que se cumprem nesse período proporcionam ao jovem, com o indispensável auxílio da música, uma instrução sistemática, destinada a ajudá-lo a passar da infância para a idade adulta e a transmitir-lhe os costumes e os ideais considerados importantes para o bem-estar permanente da comunidade.
10. Os rituais de casamento são sempre momentos de grande intensidade dramática e musical. A música que acompanha os ritos funerários, por sua vez, é sempre triste e pungente, ao contrário das alegres danças e músicas rituais com que se celebram a entronização de um herdeiro.
11. A música está presente na vida humana, do berço à sepultura, como parte viva de uma cultura que transcende e transforma a experiência cotidiana. No Universo, todas as coisas dançam uma mesma música cósmica, cujos ritmos e melodias traduzem as palavras das forças espirituais. Assim falou Mbabi-Katana.

## XV – O teatro e as diversas formas de arte

1. As diversas formas da arte não devem servir meramente ao objetivo de diversão e lazer. A dança, por ocasião de festividades e rituais específicos, por exemplo, só raramente deve ter a finalidade de puro entretenimento.

2. A única grande exceção a essa regra é a arte do contador de histórias ou a do menestrel errante, cujo objetivo é divertir os ouvintes mediante remuneração. Mas, mesmo nesse caso, a finalidade principal dos contos e epopeias deve ser a exposição de princípios morais ou o relato de episódios importantes do passado.
3. Todo ser humano, seja rei ou escravo, senhor ou servo, é capaz de fruir a arte pura. No teatro, por exemplo, todos podem apreciar uma peça e experimentar uma satisfação estética, baseada em sua filosofia de vida.
4. Contudo, no palco, o mais importante é o homem e não o que ele interpreta. Assim, deve-se ver a encenação como manifestação artística e não como imitação servil da realidade.
5. Não se devem levar ao palco objetos ou elementos reais – tais como uma casa ou um automóvel –, mas representações teatrais dessas coisas. Assim expôs Demas Nwoko.

## XVI – Adivinhação e profetismo

1. Um ser humano pode manter contato com divindades ou espíritos dos antepassados por intermédio de sonhos, de práticas de adivinhação ou de revelações proféticas.
2. A adivinhação só pode ser praticada por uma pessoa dotada de poderes especiais desenvolvidos por meio de um processo iniciático.
3. Muitos adivinhos também profetizam, mas o dom do profetismo é mais profundo que o da adivinhação.
4. O adivinho utiliza técnicas aprendidas quando da iniciação e o profeta exerce um dom recebido diretamente do mundo espiritual.
5. O adivinho pode, interpretando o oráculo, indicar fatos futuros, além de descobrir causas de doenças, malefícios e outros eventos. Mas o profeta é capaz de prever acontecimentos e, entrando em contato direto com os espíritos, conhecer o significado profundo dos sonhos e de outros sinais.
6. O profeta tem a capacidade de ouvir vozes que as outras pessoas não percebem e de ver o que normalmente é invisível. Assim disse Mbiti; e falou Kagame.

# VOLUME 1
# O Antigo Legado –
# História e Tradições
# Negro-Africanas

## LIVRO 1
## CONGO

# Introdução

Congo, Guiné Meridional ou Guiné Inferior eram, à época da escravidão negra, os nomes usados para designar toda a região limitada a oeste pelo oceano Atlântico, formada pela escarpa ocidental do planalto da alta África, do cabo Lopes, ao norte, para além do Cabo Frio, na atual Namíbia.

## Capítulo 1   Dos congos e povos vizinhos

### I – O povo Bacongo

1. Na Antigüidade, não havia ninguém na região do baixo Congo. Os primeiros habitantes vieram do norte, da região de Kayinga, terra de altos capinzais, onde antes também não havia ninguém.
2. Lá, os primeiros migrantes já teciam os panos que vestiam e forjavam suas ferramentas e armas de defesa.
3. Os ancestrais desses migrantes lá chegaram nos primeiros anos da Era Cristã, vindos das savanas de Adamauá, abaixo do Saara, de onde empreenderam duas grandes migrações. Uma delas contornou a floresta equatorial e alcançou a região dos grandes lagos, local em que parte dos migrantes se fixou; e outra parte seguiu até a porção mais austral do continente.
4. Mas, um dia, uma terrível seca se abateu sobre Kayinga. Os capinzais secaram, lavouras e árvores frutíferas morreram, a fome se instalou, enfim.
5. Depois de muito sofrimento e incapazes de suportar a fome, os mais velhos

resolveram ir para Banda-Mpútu. Se conseguissem atravessar a parede impenetrável da floresta, chegariam lá. E lá reconstruiriam suas vidas.

6. Foi assim que, descendo direto para o sul, esses novos migrantes atravessaram a floresta equatorial e se espalharam pela bacia do rio Nzaidi, Zaire ou Congo.
7. Foi essa leva de migrantes que deu origem ao povo quicongo. Ao atravessarem o rio Zaire, seu comandante, tendo encontrado um ótimo local para a prática da agricultura, água abundante, caça e pesca, instalou-se com sua gente na região e deu-lhe o nome de Kongo-dia-Ntotila.
8. Depois de instalado, o rei iniciou um bem-sucedido movimento de conquistas em várias direções, entregando o governo de cada uma das regiões dominadas a um parente seu.
9. Formaram-se, assim, os vários subgrupos quicongos: vilis, iombes, cacongos, oios, sorongos, muxicongos, sossos, zombos, iacas, sucos, pombos, luangos, guenzes, pacas, batas, súndis e cojes.
10. No princípio do século XV, o rei do Congo (intitulado Muene-e-Kongo ou Manicongo) tinha autoridade sobre os reinos de Ngoyo, Cacongo e Luango, entre outros, até o atual Gabão; e o rei do Ndongo também estava a ele submetido. No momento da chegada dos portugueses, sua capital já era Mbanza-Kongo.

**II – Fundação do Luango**

1. Contam outros mais-velhos que, um dia, o grande soberano de Angoio mandou seus filhos cruzarem o rio Zaire para fundarem os reinos de Cacongo e Luango. Esse rei, dotado de grande poder e força de vontade, teve um terceiro filho com uma escrava branca, o qual seria o antepassado da dinastia dos chamados Condes de Sonho, ou Soio.
2. O rei de Cacongo, antes de assumir o trono, devia casar-se com uma princesa de sangue real do Congo, enquanto o rei do Luango devia desposar uma princesa de Cacongo. Seus povos eram nômades e se expandiram por extensas franjas da África, ocupando os atuais territórios de Angola, do Congo-Brazzaville e do Congo-Kinshasa. Em uma dessas

peregrinações, esses povos cruzaram o rio Lulondo, limite natural do reino de Cacongo, também chamado Mbele por causa de um recife em forma de faca que adentra suas águas.

3. Os nove clãs descendentes do rei do Congo se originaram de Vua Li Mabene, a rainha dos nove seios. Ela amamentou os sobrinhos do rei, que puderam atravessar o rio com a força que lhes deu sua mãe-de-leite, fortalecendo, por sua vez, os seus descendentes. Por isso é que, entre congos, angolas e descendentes, o número nove tem caráter sagrado.

4. Um desses sobrinhos do rei do Congo era Makongo, que tinha um fiel escravo chamado Lencha. Sua grande habilidade era extrair vinho e azeite das palmeiras. O dendê e o vinho faziam do rei um homem feliz. Certa ocasião, Lencha deixou o vinho fermentar durante três dias e o levou ao rei, que o bebeu com satisfação e sem limites, desconhecendo os efeitos desse vinho mais forte.

5. O rei caiu num profundo sono e, como seus sobrinhos também não conheciam os efeitos das libações excessivas, pensaram que o escravo o havia matado. Os sobrinhos, então, dizem uns, enforcaram Lencha no galho de um baobá; dizem outros que o queimaram vivo. O certo é que o monarca, ao voltar a si, enfurecido com a ação dos sobrinhos, mandou matá-los. Mas eles escaparam cruzando o rio Zaire e Makongo distribuiu suas terras, formando nove reinos.

6. Com o agora também rei Makongo viajava sua irmã, chamada Mangoio. Ela insistiu para que lhe permitissem viver perto do mar, Kalunga, que tanto adorava. Depois de muito discutir, seu irmão deixou com ela escravos e soldados e lhe entregou um inquice (conjunto de objetos sacralizados representativos de uma determinada divindade) protetor, dentro de um cesto (ntande). Ao entregá-lo, advertiu que nunca o colocasse no chão, e assim asseguraria sua proteção para sempre.

7. Mangoio e seu séquito partiram para a longa viagem até o mar. Ao chegarem a seu destino, muito cansados, colocaram sua bagagem na terra e se deitaram na areia para dormir. Quando acordou, Mangoio percebeu que não podia levantar o cesto que continha o inquice e chamou seu irmão,

o rei, que a recriminou por seu descuido e lhe disse que, dali em diante, o pequeno bosque onde haviam acampado se chamaria Nto Ntande ("vale do cesto") e seria o limite de suas terras, ponto de reunião de ambos e o lugar para tratar dos problemas dos reinos.

### III – Os bantos do Oriente – Lubas e lundas

1. Dos povos que vieram do norte, da região abaixo do Saara, tangidos pela seca, outra parte foi, em nova e progressiva migração, da bacia do Zaire para nordeste, avançando até as margens dos lagos Kisale e Upemba através do rio Lualaba. Entre esses povos, que trabalhavam o ferro e o cobre, alguns tinham contatos com mercadores árabes estabelecidos na costa suaíle, no oceano Índico.
2. No século XV, o clã dos Bassonguês, liderado por Kongolo, representante da serpente do arco-íris, fundou o primeiro reino luba. Por volta de 1585, Ilunga Mbili assassinou o rei Dugolo, seu sobrinho, e fundou o segundo reino luba. Grande conquistador, Ilunga Mbili expandiu seu império até o rio Buchi Mai, a oeste; para o norte, até Maniema; e, na direção leste, até o rio Luvua.
3. O décimo imperador dessa dinastia, que reinou por volta do século XVIII, foi Kumvimbu Ngombe, grande administrador e estrategista militar, que, guerreando sem cessar, estendeu as fronteiras de seu império até a margem ocidental do lago Tanganica e conquistou toda a parte setentrional e central da região de Catanga. Os lubas são famosos como escultores e dançarinos.
4. De seu berço primitivo, em Capanga, no atual Congo-Kinshasa, o império lunda expandiu-se de Sandoadilolo até Angola e estendeu sua influência até o Cuílo. O nome "lunda" significa "amizade" e, mais que designar uma etnia, remete aos laços que uniram entre si diversos povos. Um dos primeiros soberanos (intitulados iala-muata) eleitos pelo povo lunda foi uma mulher, a Rainha Lueji, que ostentava o título de suana-mulunda, "mãe do povo lunda". Durante seu reinado, ela estendeu as fronteiras de seu império na direção nordeste, graças à conquista do país bateque.
5. Mas o verdadeiro consolidador do poder lunda foi o muata Yamwo, que

reinou de 1660 a 1675, e que, pela força das armas, estendeu o império para oeste, até Kasai; na direção sul, até o curso superior do Zambeze; e, para leste, além do rio Lufira.

6. Um de seus generais, Musiri, submeteu todos os povos estabelecidos de Lubudi até o rio Luapula, impondo chefes lundas – chamados muata, muenge ou cazembe – e a obrigação do pagamento de tributos a todos eles.
7. Entre os lundas, o imperador era sagrado e obedecido com um respeito religioso. O cerimonial imperial e as restrições feitas ao poder absoluto do monarca assemelhavam-se aos dos bacubas, com quem os lundas sempre mantiveram relações estreitas.
8. As cidades lundas eram fortificadas e cercadas de fossos com cinco a seis metros de profundidade. Mas em razão de seus contatos com portugueses, vindos do Congo, e árabes, provenientes do Índico, o comércio escravo se estabeleceu e se propagou. Então, no final do século XIX, quando vencidos pelos quiocos, os lundas já não eram nem sombra do que foram no passado.

## IV – Os quiocos

1. No nordeste do que é hoje Angola, vivem os quiocos. Antes, eles ocupavam um pequeno território próximo às nascentes do Kasai e do Cuango. Mas, enérgicos caçadores, comerciantes, usurpadores e aventureiros, eles chegaram até o país dos ovimbundos, ao sul. Atacando caravanas e aldeias, faziam prisioneiros e escravos.
2. Quando em terras alheias, eles ficavam durante algum tempo sob a autoridade dos chefes locais. Porém, logo que surgia uma oportunidade, submetiam os legítimos proprietários.
3. Foi assim que os quiocos tomaram o poder dos lundas e estenderam sua influência até o mais extremo oeste, sendo reconhecidos como criadores de arte refinada, notadamente no campo da escultura.

## V – Os bacubas

1. O clã principal dos bacubas, os buxongos, levava o nome do sabre de arremesso, sua arma principal e por eles manejada com impressionante

habilidade. Era um povo de artistas profundamente ligados aos costumes e tradições ancestrais. Um funcionário real, guardião das lendas – o moaridi, espécie de griô –, tinha situação privilegiada na corte.
2. O reino de Bakuba foi particularmente florescente no início do século XVII. O rei vivia numa residência artisticamente decorada, envolta por uma alta muralha e dividida internamente em vários aposentos. Suas vestes cerimoniais, guarnecidas de búzios, pesavam cerca de 75kg.
3. Os nobres do clã Buxongo tinham apurado senso artístico e um dos reis inaugurou a estatuária de madeira, fazendo esculpir sua própria figura.
4. Seu rei mais conhecido foi Xamba Bolongongo, 93º soberano de uma dinastia iniciada no século V. Ele proibiu o uso do sabre de arremesso, introduziu a cultura do tabaco e do milho, o trabalho com ráfia e a transformação desse material em tecido. Seus sucessores, Mbongo Lengu e Mbomboxe, expandiram as fronteiras do reino e criaram um exército permanente.

## VI – Mbanza-Kongo

1. No final do século XIV, Nimi-a-Lukeni, nobre dissidente do Império luba, desceu da região de Catanga para fundar Mbanza-Kongo, a capital do seu reino, celebrando uma aliança com os bacongos e bundos da região. Foi quando recebeu o título de muene-e-Kongo (senhor do Congo), expressão que está na origem do termo "manicongo". Ele é o ferreiro que dá ao seu povo as armas de guerra e os utensílios agrícolas: é o Ngangula-a-Kongo, forjador do Estado e da nação do Congo.
2. Nimi-a-Lukeni era filho de Nimi-a-Nima, simples chefe de aldeia na região de Kurimba, e de Lukeni-lua-Nanzi, filha de Nessa-ku-Kilau.
3. Jovem ainda, Nimi-a-Lukeni estabeleceu-se às margens do rio Cuango, cobrando pedágio dos viajantes que o atravessavam.
4. Uma vez, sua tia reclamou isenção do tributo, com o argumento de ser irmã do velho chefe. Considerando aquela reivindicação uma afronta, Nimi-a-Lukeni mandou que abrissem o ventre da tia, que estava grávida, o que causou a cólera do pai da criança em gestação.

5. Os membros jovens da família tomaram o feito brutal como uma demonstração de intrepidez e puseram-se do lado de Nimi-a-Lukeni. À frente deles, Nimi-a-Lukeni assumiu o título de rei (ntinu), e marchou na direção oeste, numa expedição de conquista.
6. O país que ele ia invadir era habitado por um povo formado por numerosos pequenos clãs, chefiados por régulos independentes.
7. Descendo, então, do baixo Congo, vindo do norte de Maiombe, Nimi-a-Lukeni chegou a Nsundi. Naquela região, celebrou aliança com o chefe do clã Nsaku, que o curou de uma doença nervosa, aspergindo-lhe, com uma cauda de búfalo, um preparado de ervas.
8. Nessa aliança, a povoação dos Nsaku, chamada Mbata, foi anexada, fato que marcou a fundação do Reino do Congo.
9. O reino compreendia, no início, as províncias de Mbemba, Mbata, Mbamba, Soio, Nsundi e Mpangu. Tinha, então, como vassalos, os reinos litorâneos de Angoio, Cacongo e Luango, localizados ao norte do rio Zaire.
10. Numa sucessão de conquistas, Nimi-a-Lukeni fundou Mbanza-Kongo, a capital de seu reino, sobre um rochedo situado no território do chefe Ngangula Muana Mbangala, o senhor dos mbangalas, que derrotara.
11. A capital compreendia, ao norte, uma floresta sagrada, onde eram enterrados os reis; por esse motivo, o corte de árvores naquele local era rigorosamente proibido. Ao sul, ficava Mbazi-a-Nfumu, a grande praça, na qual, debaixo de um imenso baobá, o rei julgava as questões que lhe eram submetidas. Diante do rei, as pessoas se prosternavam e jogavam terra na cabeça, antes de lhe pedirem a bênção. Em ocasiões especiais, o rei levantava-se do trono e executava uma dança solene junto com as demais autoridades.
12. Ampliando suas conquistas até o rio Cuanza, ao sul, Nimi-a-Lukeni nomeou seu tio para a província de Mbata e confiou vastos territórios a outros de seus seguidores e restituindo ao filho do Muana Mbangala algumas terras.
13. Auxiliado pelo grande Nganga Angoio, enviou os filhos através do rio Zaire

e foram eles os fundadores dos reinos de Cacongo e Luango. Um terceiro filho seu fundou o Soio.
14. Por isso é que o rei do Cacongo, antes de assumir o trono, era obrigado a desposar uma princesa de sangue real do Congo, enquanto o rei do Luango devia casar-se com uma princesa de Cacongo.
15. Durante essas guerras de conquista, alguns membros da família de Nimi-a-Lukeni, descontentes com um homicídio que vitimou um de seus integrantes, emigraram do Kongo-dia-Ntotila para outras regiões, inclusive Cabinda. Por isso é que nas regiões conquistadas os habitantes se referem a Kongo-dia-Ntotila como Ki Nkaka, "terra dos avós".

## VII – Ndongo-a-Ngola

1. Ndongo, terra dos ambundos, era uma região comandada por vários chefes, o que facilitou, mais tarde, sua conquista e anexação pelo Kongo-dia-Ntotila.
2. Um dia, um desses chefes recebeu de uma divindade conhecimentos que o tornaram um ferreiro muito hábil e talentoso, capaz de fabricar as melhores ferramentas e armas de caça e de guerra.
3. A arte do ferreiro é uma dádiva das divindades, pois é ele quem fabrica os instrumentos necessários à abertura dos caminhos e ao cultivo do solo. E, assim, todo ferreiro é um intermediário entre sua comunidade e os espíritos dos antepassados.
4. O chefe ambundo, então, tornou-se conhecido pela habilidade com que manejava as ferramentas e por sua forma prestativa de socorrer todas as pessoas em suas necessidades. Por isso, os outros chefes do Ndongo proclamaram-no chefe supremo, com o título de ngola, que significa "poderoso". E seu nome passou a ser Ngola-Musudi ou Ngola-Ngangula, "o rei que trabalha o ferro". Ele foi chamado ainda Ngola-Inene, o "grande ngola".
5. Ngola-Musudi teve, com sua Ngana-Inene – a grande senhora, dona de sua casa e sua mulher principal – três filhas, entre elas Zunda-dia-Ngola e Tumba-dia-Ngola, mas nenhum filho homem.

6. Quando ficou velho, já pensando em fazer de Zunda sua sucessora, nomeou um escravo como seu vice-rei.
7. Um dia, estando Zunda nos campos, cumprindo o ritual de lançar as primeiras sementes nas lavras, o escravo vice-rei espalhou o boato de que inimigos do velho Ngola-Musudi tinham vindo para matá-lo.
8. Aproveitando-se da confusão, e a pretexto de salvá-lo, o escravo carregou o rei ancião para dentro da floresta e lá o assassinou a facadas.
9. Voltando com a notícia de que o rei tinha sucumbido aos inimigos, o escravo vice-rei assumiu as insígnias do poder, convencendo Zunda-dia-Ngola de que, por conhecer os segredos do governo, conservaria o poder para ela até que chegasse seu tempo de assumir o trono.
10. Mas o usurpador, castigado pelas divindades, foi vítima de morte repentina e Zunda-dia-Ngola assumiu finalmente o poder.
11. A nova rainha governou sabiamente, conquistando a estima de seu povo, mas também envelheceu sem filhos. E esse fato despertou a cobiça de Ngola-Kilwanji-Kisama, soba (governante) de Kisama, marido de sua irmã, Tumba-dia-Ngola. Ele almejava o poder central para um de seus dois filhos.
12. Precavendo-se contra um golpe, Zunda pediu a Tumba que lhe enviasse os sobrinhos à corte para iniciá-los nos misteres do governo. Mesmo desconfiado, Ngola-Kilwanji-Kisama enviou um dos filhos; e este, assim que chegou à sede do reino, foi assassinado, juntamente com seus acompanhantes, à exceção de um.
13. O sobrevivente da chacina, voltando a Kisama, informou ao soba o acontecido, o que provocou a invasão da corte, e Zunda foi morta pela irmã.
14. Proclamada rainha, Tumba-dia-Ngola entregou o governo ao marido, que o recusou, dizendo-se satisfeito em ser seu escravo e seu mulumi (favorito).
15. Diante da insistência de Tumba, ambos concordaram que seu filho Ngola-Kilwanji-Kia-Samba assumisse o trono, o que logo ocorreu.
16. No poder, Ngola-Kilwanji-Kia-Samba teve diversos filhos com várias de suas mulheres. Aumentando muito seus domínios, em vitoriosas guerras de conquista, entregou aos filhos o governo de vários sobados. Seus herdeiros tornaram-se, então, chefes das principais linhagens de seu povo.

17. Ndambi-a-Ngola, filho preferido de Ngola-Kilwanji-Kia-Samba, sucedendo seu pai, mostrou-se um soberano despótico e violento. Matou quase todos os irmãos, à exceção de dois. Um deles refugiou-se no Libolo e o outro, em Matamba, em um local bem distante.
18. O sucessor de Ndambi-a-Ngola foi Ngola-Kilwanji-kia-Ndambi, herói dos ambundos, que levou suas conquistas muito longe. Bravo, liberal e generoso, adorado por seu povo, tornou-se, após a morte, o principal ancestral dos ambundos.
19. Rei militar, Ngola-Kilwanji-kia-Ndambi tingiu de sangue as margens dos rios Dande, Zenza, Lucala e Cuanza, onde, na ilha de Ensandeira, plantou uma árvore que até hoje marca o local de seu culto.
20. Morrendo sem deixar filhos, Ngola-Kilwanji-kia-Ndambi foi sucedido por Jinga-Ngola-Kilombo-kia-Senda, que deu lugar a Mbandi-a-Ngola-Kilwanji, um dos mais despóticos entre os reis do Ndongo.
21. Esse rei tirânico foi sucedido por um de seus filhos, Ngola-Mbandi, e este por sua irmã Nzinga-Mbandi, a célebre Rainha Jinga de Matamba. Política e diplomata consumada, comandante hábil, ela travou uma luta sem quartel contra os portugueses pela independência de sua gente e pela sobrevivência do seu reino. Jinga de Matamba viveu na atual Angola, de 1582 a 1663.
22. Durante longo tempo, ela resistiu aos ataques dos invasores portugueses em busca de escravos.
23. Um século antes de Jinga, em 1482, o português Diogo Cão chegou ao estuário do rio Congo. Poucos anos depois, com a devolução de reféns capturados tanto por portugueses quanto por forças do reino, estabeleceram-se relações diplomáticas entre o Congo e Portugal.
24. Em 1491, depois de a primeira missão diplomática conguesa ter sido enviada à Europa, o manicongo Nzinga Nkuyu é batizado na fé católica e Mbanza-Kongo recebe, dos portugueses, o nome de São Salvador.
25. Não obstante, o fim de século XV assinalou o apogeu do reino do Congo que, estendendo-se para o norte até o rio Ogué (no Gabão atual), para o sul até o rio Cuanza e para o leste até o rio Cuango, subdividia-se em seis províncias principais: Mbamba, Mbata, Mpangu, Nsundi e Sonio. Cada

uma dessas províncias tinha seu governante e estendia seu poder aos reinos vassalos de Ndongo, Matamba, Luango, Angoio e Cacongo.
26. A monarquia era eletiva e a organização social e política baseava-se nos clãs (kanda), cujos chefes escolhiam o manicongo.
27. O rei tinha ministros para guerra e relações exteriores, entre outros, além de um exército numeroso e bem organizado, bem como funcionários encarregados da coleta de tributos.
28. Em 1508, foi entronizado um novo manicongo, Nzinga Mbemba, cujo filho, dez anos depois, viria a se tornar o primeiro bispo africano. Sob esse rei, Portugal intensificou sua influência na região, o tráfico de escravos generalizou-se, aumentaram as guerras com os reinos vassalos e a produtividade decresceu assustadoramente.
29. Em 1555, o rei (ngola) do Ndongo rompeu a relação de vassalagem com o manicongo e a guerra foi declarada. Os governadores das províncias passaram a capturar prisioneiros e a vendê-los, por conta própria, como escravos, incentivados, principalmente, pelos mercadores portugueses estabelecidos em São Tomé.
30. A partir daí, o reino experimentou uma rápida decadência, acelerada pela invasão dos jagas, ou imbangalas.

## VIII – Os jagas
1. Durante o reinado de Ngola-Kilwanji-Kia-Ndambi, quando no Kongo-dia-Ntotila reinava um soberano do clã Mpanzu inteiramente dominado por Portugal, os jagas invadiram Mbanza-Kongo, a capital do outrora grande reino.
2. Em meados do século XVI, os jagas chegaram ao Congo, comandados pelo chefe Zimbo, que tomou a capital do reino e dividiu seus exércitos em grupos que subjugaram as diversas regiões.
3. Um desses grupos, chefiado por Temba Ndumba, atingiu a Serra Leoa. Outro, comandado por Kisuva, seguiu em direção a Moçambique e foi abatido pelos portugueses em Tete.

4. Zimbo, indo em socorro de Kisuva, acabou por se estabelecer às margens de Cunene.
5. Um dia, Temba Ndumba, a grande mãe dos jagas, resolveu restaurar, entre seu povo, as leis estabelecidas por seus antepassados. Para assegurar o sucesso na guerra, ela impôs a quijila – um conjunto de leis que estabelecia tabus, como o de comer carne de porco, de elefante e de serpente.
6. Pelas leis quijila, os jagas eram obrigados também a manter vários preceitos de caráter guerreiro e religioso.
7. Temba Ndumba restabeleceu, ainda, a instituição do quilombo, organização social altamente militarizada, acampamento quase permanente, onde não podiam viver crianças.
8. Os jagas nada faziam sem antes realizar seus sacrifícios aos inquices (divindades) e antepassados. Antes do nascer do sol, o chefe tomava seu lugar com muita pompa, a cabeça enfeitada de penas de pavão, ladeado por dois ritualistas.
9. O chefe cercava-se de quarenta ou cinquenta mulheres que, dispostas em círculo à sua volta, cantavam e dançavam, tendo nas mãos rabos de zebra.
10. No centro do círculo, acendia-se uma grande fogueira sobre a qual se colocava pó de pemba (argila branca) dentro de um vaso de barro.
11. Os ritualistas, entoando as palavras e cânticos propícios, pintavam seguidamente a testa, a fronte, o peito e a barriga do chefe.
12. Depois, entregavam-lhe o seu casengala (uma espécie de machado), dizendo-lhe que ele agora estava pronto para enfrentar seus inimigos.
13. No fim do século XVI, os portugueses, exercendo domínio sobre o manicongo, consideravam-se já senhores do reino. Contudo, as revoltas populares espocavam, o que acabou levando à deposição do monarca e à retirada dos portugueses para a região vizinha, a futura Angola.

## IX – O nascimento do sincretismo

1. Em 1491, o manicongo Nzinga Nkuyu recebeu o batismo católico e o nome cristão de João, ao mesmo tempo em que Mbanza-Kongo passou a se chamar São Salvador. Enquanto isso, travava-se viva luta sucessória,

como reflexo do antagonismo entre a religião tradicional e o cristianismo europeu.

2. A Nzinga Nkuyu sucedeu Afonso I, nascido Nzinga Mbemba, cujo filho tornou-se, em 1518, o primeiro sacerdote católico africano. Sob esse rei, o catolicismo combateu o culto aos inquices e antepassados, proibindo, sob pena de morte, que alguém conservasse inquices em casa ou os portasse.

3. Tempos depois, na região de Ilamba, Francisco Cazola, antigo quimbanda (sacerdote) batizado na Igreja Católica, proclamando-se filho do Deus dos portugueses e, utilizando alguns atributos cristãos, conquistou grande fama como curandeiro e ritualista. Entretanto, seu nome tornou-se conhecido do Santo Ofício que, em 1632, resolveu levá-lo a julgamento, o que não conseguiu, pois Cazola embrenhou-se no mato e nunca mais foi visto.

4. Mais tarde, após a Páscoa de 1704, a velha Mafuta, de nome cristão Apolônia, afirmou a um padre capuchinho ter visto a Virgem católica, suada e exausta, dizendo que seu filho Jesus Cristo estava muito aborrecido e que, por isso, o monte Quibando, onde residia o manicongo, iria arder e desabar se o rei não abandonasse o local imediatamente. A notícia da visão e da profecia da Mafuta espalhou-se e criou o ambiente para o surgimento de Kimpa Vita.

5. Batizada com o nome de Beatriz, Kimpa Vita era também curandeira e ritualista (nganga). E foi assim que começou a incorporar o espírito de Santo Antônio, da Igreja Católica, e fundou a seita chamada antonianismo.

6. Segundo Kimpa Vita, o Deus católico queria a entronização de um novo rei, mas as disputas pelo poder provocavam a cólera divina. Assim, os pretendentes deveriam reunir-se na igreja de São Salvador, onde uma coroa desceria do céu na cabeça do escolhido.

7. Usando como símbolo de santidade uma coroa de fibras da casca da mulemba ou do baobá, os sacerdotes antonianos combatiam o catolicismo e não adotavam a cruz cristã, por a considerarem um símbolo de morte. Segundo eles, o Deus cristão estava indignado com os seres humanos e era preciso apaziguá-lo, rezando-se o rosário pela manhã, ao meio-dia e à noite. Mas era necessário também pedir misericórdia a Jesus, Maria

e Nkadiankema ou Nkadiapemba. Além disso, era preciso purificar-se, tomando banhos de chuva.
8. Em 1706, Kimpa Vita foi queimada no fogo da Inquisição.
9. Independente ainda por cerca de duzentos anos, o Reino do Congo finalmente sucumbiu às investidas colonialistas no século XIX, quando suas terras foram repartidas entre França, Bélgica e Portugal.

## Capítulo 2   Do saber e do espírito congo

### I – O grande saco da existência

1. A Terra, nosso planeta, é um fútu, um grande saco em que Kalunga (a divindade suprema) colocou tudo o que torna possível a vida e depois fechou, com um nó bem apertado. Esse saco contém tudo de que a vida precisa para existir: alimentos para a nutrição, bebidas para aplacar a sede, remédios para curar o corpo, matérias-primas para utensílios e ferramentas. Os remédios consistem em substâncias químicas – umas conhecidas e outras, não.
2. Todo fútu tem grande valor para seu dono – é nele que são guardados seus materiais de utilidade e objetos pessoais e até mesmo seus segredos, como os símbolos de seus pactos e juramentos secretos. Alguns fútus são relíquias de família e passam de geração a geração. Outros são atestados de competência, simbolizando a obtenção de um grau dentro de uma hierarquia.
3. A Terra, nosso planeta, é um fútu de muito valor para nós, seres humanos.
4. Um fútu sempre contém um inquice. Sem inquice, o fútu é apenas um saco destituído de valor. O inquice é o poder oculto da vida que o fútu encerra. E, como tal, pode ser ao mesmo tempo uma defesa ou um perigo para seu dono e usuário.
5. A Terra – o fútu que nos foi preparado por Kalunga – também tem seu inquice, seu poder vital oculto. Não é possível compreender inteiramente esse poder em sua complexidade, porque não fomos nós, seres humanos, que preparamos o fútu e o fechamos com um nó tão apertado.

6. Esse nó é um código, um sistema oculto feito para isolar e proteger o mistério da vida. Quem prepara um fútu sempre o lacra no final, com um nó bem apertado, para ocultar e proteger o poder secreto de sua criação. E quem procura desatar esse nó, abrir essa tampa ou retirar esse selo, sem estar devidamente preparado, sofre sérias consequências.
7. O ser humano, nos tempos atuais, tem se prejudicado muito em suas tentativas de desfazer impropriamente os nós para penetrar nos mistérios da vida.
8. Só quem sabe e pode desatar esses nós é Kalunga, o Incriado, aquele que foi feito por si mesmo. Ele é a personificação da energia total. Energia da qual emanam o mooyo, a vida, e o Universo (luyalungunu).
9. Kalunga é a fonte universal que fez, faz e fará as coisas acontecerem ontem, hoje e, acima de tudo, amanhã. Essa força total é a vida em si mesma – é a própria vida. A ciência não pode explicá-la, porque nasceu depois que o mooyo já existia na Terra, no fútu diakanga Kalunga, "no saco preparado e fechado por Kalunga".
10. Nenhuma interpretação é capaz de recriar perfeitamente as condições primitivas que deram origem à vida na Terra no começo dos tempos. Essas condições são um mistério e permanecerão como tal, porque são energias de segredos encerrados por Kalunga no Universo em geral e na Terra em particular.
11. O planeta Terra, como fútu, como recipiente, foi criado antes de a vida aparecer em todas as suas formas. Antes da existência das plantas, dos animais irracionais e dos seres humanos.
12. O mooyo é a força vital e passou a existir na Terra depois que o fútu foi completado e lacrado – quando o fútu e seu conteúdo já estavam prontos para assegurar a vida.
13. O mooyo é a matéria universal. É algo que está dentro e fora. Ele é o que é. É a vitalidade da existência. É a chave do quibanto, modo de vida banto, sua filosofia. Kimooyo, a religião dos congos, é um vitalismo, e não um animismo.
14. O mooyo não é a vida material (luzíngu), nem é o meio pelo qual a vida

material é vivida (nzingúlu), nem, ainda, a duração da vida (zíngu). A vida, o modo de viver e a trajetória de vida só são possíveis por intermédio do mooyo, a força vital que faz as coisas crescerem e estarem vivas.

15. O mooyo, como matéria universal, está presente em tudo, até mesmo nas pedras. A espécie de mooyo oculta nas pedras, plantas e animais tem um importante papel a desempenhar no mooyo do ser humano e é sua principal fonte de medicamentos.

16. A Terra, vista como um fútu, representa ao mesmo tempo força (lendo), energia (ngolo), radiações (minienie), medicamentos (bilongo), alimentos (madia), sais (múngua), água (maza), óleo (mafuta), luz (minika), venenos (yímbua) e bebidas (ndwíndu).

17. A Terra é um corpo que abriga toda espécie de substâncias conhecidas e desconhecidas. Todas elas são importantes para a vida porque são parte do conteúdo de um corpo ao qual foi dada a vida. Tudo o que está oculto sob o solo é para a vida – isto é, para nós –, esteja em força tangível ou intangível, como sólido, líquido, energia ou gás. É importante saber como tudo isso nos afeta e compreender a razão de ser dessas coisas. Essas formas e significados devem ser respeitados, pois são parte da vida na Terra.

18. Todos os povos têm seu mooyo. Portanto, incorporar símbolos, ritos, crenças e valores de outros povos pode significar aumento do nosso próprio mooyo. Quando escolhemos esse caminho, não precisamos abandonar nossas crenças originais. Desde que proporcionem saúde, fecundidade, estabilidade, harmonia e prosperidade, todas as experiências são bem-vindas. Somente quando produzem efeitos contrários é que devemos evitá-las.

## II – Nzâmbi e as divindades

1. Nzâmbiampúngu, o Grande Nzâmbi, é a Força Suprema, inacessível e nunca materializada. E por isso não recebe nenhum culto, sacrifício ou oferenda. Ele só pode ser objeto de devoção abstrata, pois não é passível de qualquer abordagem humana. Assim, é por meio das divindades menores que as pessoas organizam o curso de seus destinos.

2. Nzâmbiampúngu, o Altíssimo Nzâmbi – pois assim se traduz seu nome –, é aquele que faz o que bem lhe parece. É a grande força inabalável, tão inacessível que não tem representação material.
3. O grande caminho, o da morte, não é feito pelos homens. É Nzâmbi que o traça. E esse é um caminho bastante suave.
4. Nzâmbi vê tudo e tudo comanda. Em última instância, Sua vontade é sempre cumprida e a ordem do mundo continua sempre a se estabelecer segundo Seus desígnios.
5. Ele deu aos homens as leis fundamentais. É Dele, então, que emana toda a força, desde a origem dos tempos, pois são Dele a lei e o poder absolutos.
6. É Ele que impõe os castigos mais graves, diante dos quais o homem não tem nenhum recurso. Ele reprime e não recompensa: os ancestrais é que escolhem aqueles que serão acolhidos, após a morte, na cidade subterrânea.
7. Nzâmbi rege a ordem do mundo e o curso das vidas. Ele é a própria imagem do destino. Por isso é que as vicissitudes, as desgraças e a sorte que permeiam a existência humana não alteram o Projeto Divino. Ao contrário, elas servem para restabelecer a força que vai permitir aos humanos executarem esse projeto.
8. A Criação é o sistema de forças que manifesta e sustenta toda a vida. E nenhuma vida se perde, pois encontra um outro lugar no Universo, que está sempre em movimento.
9. O mundo dos espíritos é o mundo das forças que Nzâmbi liberou por seu ato criador. Nele, no primeiro escalão, estão os banquitas, seres do começo da Criação, ancestrais das origens, heróis mortos em combate. Eles são muito fortes e intervêm por meio do quimpânsi (segredo, coisa secreta), que lhes é especialmente consagrado, e dão vida a um grande número de outros fetiches muito poderosos.

### III – Os antepassados

1. Os bakúlus, grandes anciãos, são os membros falecidos do clã. Seu domínio é o seio da terra, onde moram, o interior das florestas e os cursos d'água. Nesses locais, eles formam aldeias semelhantes às dos vivos e se relacionam

em perfeita harmonia, porque o domínio dos bakúlus é um lugar onde não existe o mal.
2. Os bakúlus são extremamente ligados aos vivos, porque, desde o momento de sua formação, o clã constitui uma unidade permanente. Embora invisíveis, eles estão sempre presentes, participando dos atos de seus descendentes. E dispõem do poder de desfavorecê-los ou criar obstáculos a seus projetos.
3. Eles devem ser honrados regularmente em um dos quatro dias da semana que lhes é consagrado. Suas ordens, transmitidas principalmente por intermédio dos sonhos, têm que ser prontamente acatadas. Seu apoio deve sempre ser invocado antes de qualquer empreendimento. E é a eles que se pede paz para a aldeia quando a discórdia e a morte a acometem.
4. As cerimônias em honra dos bakúlus deverão ser sempre solenes e faustosas. Nelas, eles receberão a homenagem de todos os adultos de seu sangue e de todos os afins, pois ninguém pode viver sem sua terra nem longe de seus mortos.
5. Na cabana dedicada à veneração dos ancestrais, deve haver sempre um fogo aceso. Nela se guarda o cesto de relíquias do ancestral (o gonga).
6. Além de se reservar um dia da semana para homenagear o ancestral, uma vez por ano, no início da estação seca, deve-se celebrá-lo, em seu túmulo, com bebidas e comidas, pedindo-lhe que propicie a fertilidade das pessoas e dos campos.
7. Os soberanos, ao falecerem, assumem imediatamente a condição de ancestrais de seu povo. E o receptáculo de sua alma passa a ser a estátua que o representa.

## IV – Espíritos malévolos

1. Contudo, nem todos os mortos figuram entre os ancestrais. À entrada da Cidade Subterrânea, existem uma barreira e uma bifurcação. Lá, os mais velhos julgam os que se apresentam e os maus não são admitidos.
2. Esses espíritos maus ficam vagando, aterrorizando os vivos com suas aparições e também em sonhos. Eles enfeitiçam as pessoas, causando

a doença e a morte, o insucesso e a desgraça. E são usados como intermediários pelos feiticeiros.
3. Esses proscritos são os matebos (aparições, fantasmas), espíritos que, se fixados em um suporte material, podem servir para realizar qualquer trabalho maléfico.
4. As forças em processo na Criação não são evidentemente associadas apenas aos seres humanos. Elas trabalham no seio da natureza e por sua própria vontade. Existem, por exemplo, espíritos das águas, da terra ou das florestas – os bassímbis.
5. Alguns animais revestem-se de caráter sagrado. Outros servem também como emblema distintivo ou como meio de diferenciar condições individuais.

## V – Os nkúyus e os calundus

1. Os gênios (nkúyu e calundu) são mensageiros que levam a Nzâmbi os pedidos e oferendas dos seres humanos e têm poder para substituí-lo. Eles têm nome, personalidade, gostos e antipatias. Por isso, devem, igualmente, receber sacrifícios e oferendas, pois também podem provocar malefícios.
2. Rios, fontes, lagos, bosques, árvores, rochas e o fundo da terra são os locais onde vivem, segundo suas preferências. Podem assumir formas fantásticas e mesmo possuir o corpo de seres humanos.
3. E também se manifestam no ar, na chuva, nos momentos de caça, pesca, semeadura, colheita, viagens e doenças.
4. Assim, não se pode entrar em certos lugares ou realizar determinadas atividades sem pedir permissão ao gênio tutelar daquele lugar ou daquela atividade.

## VI – Inquices (ou inquitas)

1. Todas as técnicas religiosas e mágicas destinam-se a atuar sobre esses seres-forças. Utilizam-se imagens de madeira ou de pedra, além de substâncias especiais, para que nelas eles sejam fixados. Cada um desses objetos ou substâncias recebe o nome de inquice (nkisi) ou inquita (nkita).

2. O inquice, ou muquixe, é o objeto no qual foi fixada a força, a potência de um espírito ou o gênio. Por extensão de sentido, o nome designa também o espírito nele fixado. Da mesma forma, o termo onganga, "força", "potência", passou a nomear o inquice como objeto.
3. Por estar individualmente ligado a um tipo de força natural ou mesmo a uma parte do corpo humano, cada inquice se ocupa da prevenção ou da disseminação de determinado mal.
4. Alguns desses inquices são muito conhecidos. É o caso do Inkôssi, considerado o principal entre eles, e representado sob a forma de um casal. O macho mora em uma estatueta de forma humana e a fêmea, em um saco contendo vários ingredientes.
5. Inkôssi infunde medo e protege contra o roubo de bens e de almas por meio da feitiçaria. E intervém no ritual de iniciação ao kimpânzi, ou kimpási, aos rituais secretos do cultos aos inquices.
6. Os outros inquices dividem-se em um número restrito de categorias com os seguintes fins: proteção da saúde, garantia de êxito, manutenção da fecundidade das mulheres e da fertilidade da terra, luta contra os feiticeiros (endoques) e defesa contra a violência e o roubo.
7. Kúnya, que tem forma humana, protege contra os feiticeiros. Mpíndi, que tem a estatura de um homem, trata doenças nervosas. Nkôndi, que tem somente um metro de altura, descobre ladrões e ajuda a encontrar objetos perdidos. Mavema, que é um cão com dentes compridos e afiados, afasta os sedutores. Ntádi, o guardião, manifesta-se por meio dos sonhos para alertar sobre o perigo. Nvúnji ajuda a descobrir os feiticeiros e as causas das doenças e é como uma arma que mata tudo.
8. Outros, entre os numerosos inquices, são: Luango, Inkita, Ngombo, Matamba, Lemba, Mbambi, Nsumbo, Mbumba, Nâmbu (provedor da caça), Kibúku.
9. Existem inquices ligados pessoalmente a indivíduos, além de outros que, por serem objetos de adoração coletiva, são cultuados por intermédio de um sacerdote. Estes últimos é que determinam as proibições. Os primeiros agem como protetores da pessoa, como seus anjos da guarda.

10. Entretanto, essa ação multiforme sobre as forças que condicionam toda a existência nem sempre logra sucesso completo. O mal, a doença, a desordem e até mesmo a morte são provas disso.

**VII – Feiticeiros**
1. Embora os desígnios de Nzâmbi e a vontade dos ancestrais tracem o limite das possibilidades humanas, é evidente que o homem pode alterar a ação de certas forças. Contudo, agindo assim ele perturba a ordem estabelecida, espalha o mal e esteriliza a natureza.
2. É isso que a feitiçaria, através do endoque, ocasiona. Ela provoca a ação destrutiva que faz reaparecer o caos e anula o progresso da civilização.
3. Por isso é que um endoque é capaz de modificar a própria aparência, de viver tanto sob o aspecto humano quanto na forma de um animal, de confundir a fronteira entre as criações do homem e as da natureza.
4. Da mesma forma, os fatos insólitos, acidentais, os acontecimentos que rompem o estabelecido são obras de forças maléficas, que precisam ser destruídas. Uma seca anormal, um incêndio, uma morte por raio, uma epidemia etc. não são obras do acaso, e sim dessas forças que agem a serviço dos endoques.

**VIII – Doença e morte**
1. A morte (lúfua) ocorre quando a alma sensível – duplo, sombra e princípio da percepção – abandona o corpo. O cadáver (mvúmbi) não é um simples corpo morto, porque ele ainda tem uma alma. Ele é o veículo que permite ao defunto chegar à cidade subterrânea e só será abandonado no túmulo no momento em que o falecido se tornar um nkúlu, um ancestral, um ser de aparência esbranquiçada, que, entretanto, conservará sua vida terrena, seu lugar e sua personalidade.
2. Na cerimônia do sepultamento, depois da limpeza e da preparação, o cadáver deverá ser envolto em panos e agasalhos (quanto mais elevada for a posição social do morto, maior será a quantidade dessas peças), pois ele

estará exposto em uma choupana especial, onde a fumaça espessa que sai da lareira vai ajudar na mumificação.
3. As viúvas e quaisquer outras mulheres devem ficar lá durante todo o tempo. Os membros do clã e outros parentes virão, sucessivamente, honrar o defunto em sua morada provisória.
4. As mulheres chorarão e entoarão os cantos da casa dos mortos e os de lamento. Os homens executarão em grupo os cantos fúnebres (mbembo), acompanhados por tambores, sinos e trompas de marfim.
5. Por vários meses – tempo em que o cadáver seca e se organiza a sucessão –, essas manifestações prosseguirão na aldeia enlutada.
6. Tudo consumado, o túmulo será escavado em uma elevação. E, então, finalmente, um cortejo conduzirá o cadáver que levará consigo novos bens e utensílios, como cobertores, lençóis, peças de tecido e tapetes. Quanto mais numerosos forem esses bens, maior será a satisfação do espírito do morto.
7. Com o corpo, levado à sepultura, coberto de objetos pessoais e de dinheiro, estará, então, assegurada a viagem subterrânea do falecido. Os parentes próximos, finalmente, entregarão a ele dinheiro e provisões, inclusive vinho-de-palma, e lhe confiarão a seguinte mensagem: "Para lá, aonde tu vais, leve notícias nossas aos ancestrais; para que aqui, onde ficamos, sejamos sempre prósperos". O fim da viagem é o país dos ancestrais e o objetivo, alcançar a vida eterna.
8. Os mortos estão melhor que os vivos. Aqueles estão fora do tempo e em meio às maiores riquezas. E dispõem de um poder que lhes permite comandar a natureza e os homens. De sua aldeia, situada sob o leito dos rios ou no fundo dos lagos, eles podem sair para se misturar aos vivos, sem serem vistos, e orientar o curso dos acontecimentos.
9. Os ancestrais mais próximos de suas origens são os mais poderosos. E os vivos mais próximos dos ancestrais são os melhores intercessores. Os chefes dos clãs e das linhagens estão entre estes últimos. O grande sacerdote do culto aos ancestrais, porém, é o Muene-e-Kongo, o chefe de toda a nação.
10. Os sacerdotes-chefes, por força de sua proximidade com os bakúlus, distribuem bênçãos, predizem o que deve acontecer e gozam de grande autoridade.

11. As pessoas que moram na aldeia de um desses grandes chefes devem lhe dar a conhecer tudo o que fazem ou devem fazer. E ele, por sua vez, indicará quando tais e tais coisas devam ser feitas.
12. A morte causada por feitiçaria é tratada com os inquices e com a invocação de espíritos.
13. A preparação dos inquices é uma atribuição do nganga, que conhece os segredos e propriedades das plantas e dos restos de animais.
14. As doenças tidas como naturais são curadas com os recursos das plantas e o tratamento pode ser ministrado por qualquer pessoa que conheça as propriedades curativas das folhas, cascas e raízes.
15. Quando há alguém doente em uma comunidade, o chefe tem a obrigação de levar a comunicação oficial (ditamba) para os familiares.
16. Recebida a ditamba, os familiares devem se reunir para juntar algum dinheiro e, depois, irem até o lúmbu, onde se encontra o doente e lá proclamarem ao chefe: "Pai, ouvimos a tua ditamba e viemos esfregar ndêmbu na ditamba".
17. Faz-se, então, uma invocação aos ancestrais da aldeia e do clã do doente: o tuba sâmbu.
18. Em seguida, entrega-se a quantia recolhida e cada um dos contribuintes afirma não ter nenhuma relação com a doença – quem mentir morrerá dentro de poucos dias.
19. A quantia é, então, colocada embaixo do travesseiro do doente e, se ele não melhorar, tudo deverá se repetir.
20. Se o doente vier a falecer, a notícia é levada a todos os familiares e as exéquias têm início. Faz-se uma espécie de capela mortuária onde se coloca o cadáver (diyemba) velado por um grupo de carpideiras (mi nkalânsi) que chorarão e entoarão as canções adequadas.
21. Enquanto não chegarem representantes das famílias da mãe, do pai e da avó, o cadáver não será enterrado.
22. No local do sepultamento devem ser feitas oferendas. Ao chegar ao local, onde já estão alguns membros da família, o visitante bate três palmas ajoelhado, conta que soube da notícia e veio honrar o morto, recita sua genealogia e faz a entrega do seu donativo ao tio materno do defunto.

23. Ainda antes do sepultamento, as oferendas e os donativos são divididos, indo uma parte para a cova e outra, para os parentes.
24. Depois do enterro, os familiares reúnem-se para falar da genealogia do defunto e das causas de sua morte.
25. Os presentes despedem-se e vão embora, ficando apenas as carpideiras, que permanecerão por cerca de um mês até que se levante o luto. Então, elas darão banho na viúva, se for o caso, ou, caso se trate de um viúvo, mandarão um homem fazê-lo.
26. O cônjuge sobrevivente, que já terá cortado o cabelo em sinal de luto e estará devidamente purificado, entoará canções em louvor do morto e sua vida voltará ao normal.
27. Toda doença é devida à ação direta ou indireta de um endoque. A única morte normal é a que encontra o velho em seu leito, depois que ele teve tempo de cuidar de seus afazeres e realizar o que fosse preciso.
28. Diante de uma doença, após exorcizar a casa e seu entorno com folhas de saco-saco (*Haumania liebrechtiana*) e outras ervas, é preciso consultar um nganga. Ele indicará as preces que deverão ser feitas e o tratamento a adotar.
29. Se nada se faz ou se a pessoa morre apesar das providências tomadas, os membros de sua família deverão vir jurar que nada têm a ver com a morte.
30. De qualquer forma, e sobretudo se o falecido for alguém procminente, será necessário descobrir a causa e o causador da morte.
31. Após o falecimento, entretanto, o primeiro cuidado é fechar os olhos do cadáver; e se ele os abrir de novo será um mau sinal.
32. Depois, as mulheres deverão lavá-lo, ungi-lo com óleo de palma e até com tacula (*Pterocarpus tinctorius*), tapando-lhe as narinas com rodelas de palmito.
33. Em seguida, deve-se expor o cadáver no quintal, ou mesmo em frente da casa, protegido por um abrigo de folhas de palmeira que deverá ser grande o suficiente para abrigar o defunto e as carpideiras.
34. O cadáver deverá ser enrolado em tantas cobertas quanto a família possa ter. Depois, ele será deixado com as carpideiras, suas parentas ou amigas, as quais, de torso nu, vestidas somente de farrapos ou de folhas de palmeiras, o rosto pintado de branco, cantarão as lembranças do morto.

35. Pais e parentes devem raspar a cabeça. Quanto mais importante for o morto, mais tempo vão durar as homenagens.
36. O defunto será colocado sobre um estrado embaixo do qual uma valeta receberá os humores que caem de seu corpo por um canalete colocado entre as cobertas.
37. De cada lado, plantas odoríferas são queimadas.
38. O túmulo é cavado perto da aldeia, no cemitério da família. Os chefes e outros homens proeminentes podem ser enterrados dentro da própria casa, mas as habitações das pessoas comuns devem ser queimadas após sua morte para que as almas não queiram frequentá-las e provocar doenças e outros malefícios à comunidade.
39. O morto deve ser enterrado na posição fetal. E as crianças pequenas devem ser sepultadas a pouca profundidade, bem perto da casa, para que a mãe possa conceber logo novamente.
40. Os cadáveres dos feiticeiros e malfeitores devem ser queimados. Isso é necessário porque os bruxos, os criminosos e os malfeitores, em geral, transformam-se em mortos-vivos (malebos). Da mesma forma, o endoque é um malfeitor que, após a morte, transforma-se num vampiro.
41. Os túmulos das pessoas muito importantes devem ser secretos, para que os feiticeiros de outros clãs ou de outras tribos não possam tentar se apoderar de seus espíritos e, consequentemente, de sua sabedoria e do seu poder.
42. O luto começa logo após os funerais e dura de um a três anos, conforme a importância da família e também de acordo com o tempo que ela levará até reunir o necessário para a cerimônia de suspensão do luto.
43. Esse período deve ser marcado por um certo número de proibições alimentares e pelo impedimento de cortar de novo o cabelo (que foi raspado no dia da morte) e de trocar de roupas.
44. Ao fim do luto, deverá se realizar uma grande festa da família e do clã chamada maláki ou matanga (um maláki simplificado) –, que começa por uma purificação de todos os enlutados. Também nesse dia, a viúva deverá casar-se com seu cunhado ou ir morar com ele, que, por isso, devolverá o dote que havia pago à sua família.

## IX – As etapas da morte

1. Após a morte, o indivíduo, mais tarde, reencarna em seus descendentes, em geral netos e bisnetos. Mas, mesmo enquanto isso não ocorre, o descendente não é excluído da comunidade, continuando a ser o verdadeiro proprietário da terra.
2. Por isso, antes de serem iniciados os trabalhos agrícolas e de mineração, a caça e a pesca, devem-se pedir a autorização e a proteção dos antepassados.
3. Porque foram eles que fecundaram a terra e abriram para os descendentes as entranhas das montanhas.
4. Contudo, só se torna espírito protetor de uma comunidade o morto que passou por todos os escalões sociais e cujo corpo foi submetido a todas as cerimônias indispensáveis.
5. Além disso, a efetiva morte se dá em duas etapas. Durante a primeira etapa, a alma fica provisoriamente morando em rios e lagos.
6. A transformação definitiva só acontecerá quando o cônjuge viúvo casa-se de novo ou quando o nome do morto é dado a um recém-nascido.
7. Então, termina o período de luto e celebram-se as festas de purificação, maláki ou matanga.
8. Somente depois disso é que o espírito do morto transforma-se em nkúlu e, apaziguado, contempla com benevolência o mundo de seus descendentes e passa a protegê-los.
9. As pessoas que morrem em decorrência de uma causa violenta transformam-se em bankitas, inquices que causam dores e doenças e que, tomando forma de morcegos ou andorinhas, vagam sem destino certo.
10. Os espíritos dos primeiros ancestrais, que por muitas vezes morreram e reencarnaram, vão descansar finalmente em rochas, florestas, rios e outros lugares dos quais se tornam protetores.
11. Um defunto não deve ser enterrado antes que se descubra o causador de sua morte e antes de terem sido cumpridos todos os requisitos cerimoniais.
12. Um morto sepultado sem essas formalidades torna-se um morto-vivo, um zumbi.

## X – Casamento e nascimento – O nome

1. Quando uma criança nasce, depois de cortado o cordão umbilical, um parente mais velho deve encher a boca de água, borrifar a criança e dizer: "Ouve teu pai e ouve tua mãe; e ouve até mesmo os de fora".
2. A criança que nasce em circunstâncias excepcionais deve receber um nome que identifique essa circunstância.
3. Se é portadora de alguma anormalidade, vai se chamar genericamente Símbi, recebendo um nome próprio de acordo com a anormalidade.
4. A criança que nasce enrolada no cordão umbilical deve receber o nome de Nzinga. Quando ela nasce, os presentes devem ralhar com ela, mandando-a tirar aquilo que a enfeia; então, o cordão cai.
5. O que nasce pelos pés se chamará Nsunda; o que nasce pela mão, Kilombela; com lábio leporino, Nzau; o que nasce com dentes receberá o nome de Mpanana e aquele cuja mãe tenha menstruado até o último mês da gravidez terá o nome Mavakala.
6. O albino é chamado Ndundo; os gêmeos do sexo feminino, Nsímba e Nzúzi; e os do sexo masculino, Kôsi e Makânzu; e o que nasce após gêmeos se chamará Nlându.
7. Quando a criança já está maiorzinha e pode sair à rua, um nganga virá prepará-la, colocando-lhe no peito um mantulo (talismã), e amarrando-lhe outros nos pulsos e nos tornozelos. Para a mãe, o nganga preparará uma panela contendo defesas contra malefícios.
8. Como um recém-nascido é sempre a reencarnação de um antepassado, o casamento de seus pais é um ato religioso que deve ser realizado na presença dos ancestrais. Por isso, deve ser acompanhado de sacrifícios, bênçãos, rituais propiciatórios e amuletos protetores.

## XI – Religião e magia – O nganga

1. A religião e a magia interpenetram-se e são inseparáveis. Através de processos mecânicos e fórmulas fixas, o nganga, ou quimbanda, trabalhando para uma pessoa determinada, vai estabelecer a comunicação

entre o mundo dos vivos e o dos espíritos, em busca do equilíbrio da comunidade, dentro das leis universais e inflexíveis criadas por Nzâmbi.

2. Só quando é usada para provocar malefícios, a magia afasta-se da religião e a profana. Ela só é eficaz porque integra o jogo das forças vitais. É um dom de Nzâmbi, que beneficia e conserva a ordem divina. Assim, o feiticeiro é um modelo de tudo aquilo que um verdadeiro homem não deve ser.

3. O nganga, por sua vez, é o mestre, aquele que, em sua atividade, ocupa-se da proteção e da promoção do bem-estar de toda a sociedade em que vive.

4. Ele não é necessariamente um mago ou um indivíduo com poderes mágicos e religiosos.

5. O nganga é uma pessoa que detém grandes conhecimentos nos campos da anatomia, do uso das plantas medicinais, da geografia, da história de seu povo e da psicologia social.

6. Uma pessoa pode adquirir força para realizar intervenções espetaculares na natureza, iniciando-se com a ajuda e orientação de um nganga especializado nesse ofício.

7. Os trabalhos espirituais e psicológicos são tão importantes, por exemplo, quanto os de metalurgia, tecelagem e agricultura, uma vez que essas diferentes atividades comunicam-se para formar uma cultura.

8. Tais trabalhos não se restringem ao acúmulo de conhecimentos, mas envolvem também o desenvolvimento de técnicas com base em uma dinâmica, pois seu objetivo é inspirar e regular o comportamento social, de modo individual ou coletivo.

9. Para satisfazer suas necessidades biológicas, materiais e espirituais, o ser humano mobiliza determinado número de procedimentos, técnicas e métodos. O conjunto desses procedimentos representa a síntese de sua visão geral de mundo, a sua cultura, enfim.

## XII – O ferro e a arte do ferreiro

1. A arte do ferreiro é um presente das divindades. É assim considerada porque é o ferro que abre os caminhos e rasga o chão para que este receba as sementes.

2. Ngola-Musudi ou Ngola-Ngangula, primeiro soberano dos ambundos,

recebeu esse dom do Alto e foi escolhido rei pela habilidade com que manejava as ferramentas e as armas.
3. Munjumbo, rei dos lungas, do povo quioco, foi temido e respeitado pelo uso de armas de ferro com poderes sobrenaturais. Munjumbo possuía uma faca, chamada Muela, que tinha poder de sair sozinha da bainha e ir, voando, atacar os inimigos de seu dono.
4. Muela falava e chorava com voz humana. Um dia, revoltou-se contra os malefícios que Munjumbo causava e o matou.
5. Quando morre um ferreiro, deve-se depor sobre o túmulo seus instrumentos de trabalho, martelos, foles e bigornas, colocando-se sobre eles uma coroa, símbolo da nobreza de sua arte.
6. O trabalho de forja constitui um ritual que exige a evocação de muitos espíritos. E o ferro é usado em vários rituais.
7. Quando alguém jura em falso, deve-se recorrer a um ferreiro para, com o fole, insuflar ar na pessoa, purificando-a para receber a vida e afastar o castigo da morte.
8. Nos julgamentos, o suspeito de um crime deve beber da água em que se lavou um martelo de ferro e dizer: "Que esta água me faça morrer, se o que digo é mentira".
9. O kilumbo, juramento da verdade, consiste em por à prova o acusado, passando-se um ferro em brasa sobre sua pele.

## XIII – Crenças e tabus
1. As chuvas torrenciais, incessantes e com violentos trovões, são presságio da morte de alguém importante.
2. Tocar ou simplesmente saudar uma mulher menstruada causa impotência.
3. Deve jogar-se fora cuidadosamente, se possível na água corrente, restos de cabelo, unhas cortadas, dentes arrancados, para que eles não sirvam para o preparo de feitiços contra o dono.
4. A loucura pode ter duas causas: não se suportar a interação dos vários gênios cujas forças foram invocadas ou punição determinada pelos espíritos dos ancestrais por se ter infringido uma proibição.

5. A lepra é considerada punição a todo tipo de má conduta, como roubo e feitiçaria.

### XIV – A água e as plantas
1. As cidades onde moram os espíritos ficam nas profundezas de rios e lagos. Essas águas, banhando as pessoas, a cabeça das mulheres antes do casamento, o corpo dos parentes no final do luto, as ferramentas de trabalho, os utensílios do cotidiano e até mesmo as moedas são fator e veículo de saúde, fortaleza, paz e prosperidade.
2. A noz-de-cola, por ser um meio tonificante e estimulante, é um componente imprescindível nas oferendas aos espíritos.
3. O tabaco é também importante, principalmente a primeira fumaça.
4. A árvore da figueira (nzanda) serve para os julgamentos e todo tribunal deve funcionar embaixo dela.
5. A bananeira é importante no parto. O recém-nascido é posto em uma de suas folhas e debaixo da árvore enterra-se a placenta.
6. No dia do nascimento, deve ser plantada uma bananeira, que representa a vida do novo ser.
7. Bananas e vinho-de-palma são requisitos indispensáveis nas oferendas aos ancestrais.

## Capítulo 3   O universo espiritual dos ambundos*

### I – Os espíritos
1. Os espíritos são antigos seres humanos que, sobre a face da Terra, aprenderam hábitos e dominaram, de diversas maneiras, as múltiplas práticas da vida cotidiana.
2. Após a morte, eles passaram ao mundo espiritual, de onde se comunicam com os viventes por meio dos xinguiladores – que são os médiuns e

intermediários, e dos quimbandas – indivíduos devidamente preparados para a revelação do presente, do passado e do futuro. Entretanto, qualquer pessoa, principalmente parentes e amigos, pode ser inspirada pelos espíritos dos mortos, os quais acompanham os humanos em todos os atos da vida diária, motivando-os a ações boas ou más.

3. Os espíritos malvados (cazumbis) divertem-se provocando diabruras, bebedeiras, roubos e assassinatos. As doenças também são resultados de sua ação malévola; e as dores físicas nada mais são do que chicotadas que eles infligem aos corpos humanos, entre risos de escárnio e deboche.

4. Caprichosos, invejosos, vingativos, os espíritos maus muitas vezes lutam entre si. E os vencedores se comprazem em levar a cabo suas intenções. Dos espíritos, então, é que vêm o bem e o mal.

## II – O quimbanda

1. O quimbanda, versado na ciência da umbanda – arte da cura e da adivinhação – é o ritualista que adivinha acontecimentos futuros e desvenda os mistérios do passado. É ele que, interpretando os sinais que vêm do mundo espiritual, sabe prescrever os remédios para as doenças e os conjuros para os malefícios. O quimbanda está capacitado a promover a felicidade entre os casais, apaziguar a fúria dos mortos e prevenir o mal.

2. Existem duas maneiras para uma pessoa se tornar um quimbanda. A primeira delas é ter um quimbanda como antepassado e dele receber a umbanda. Por meio de um sonho, o antepassado mostra ao sucessor o campo, a floresta (muxito), onde estão os remédios e indica as encruzilhadas, os lugares exatos para cada um dos tratamentos, além de ministrar todos os ensinamentos necessários.

3. Outra forma de se tornar quimbanda é trabalhando com um deles na condição de cabanda, auxiliar. Contudo, como os mestres viventes sempre escondem alguns segredos, a umbanda recebida em sonho é sempre mais forte.

4. O quimbanda é o médico do corpo e da alma. Ele sabe também afastar os espíritos perturbadores às vezes apenas batendo de leve na cabeça da

pessoa, jogando um pouquinho de água e pedindo ao espírito que se afaste. Portanto, sempre que houver qualquer inquietação ou decisão importante a tomar, deve-se consultar um quimbanda.

## III – Muzambo, a adivinhação

1. Para proceder à adivinhação, o quimbanda irá se acomodar numa esteira, na qual colocará seus instrumentos. Esses apetrechos são o muxacato – uma tabuinha feita de um pedaço da árvore mafumeira (ocá) – e o mona – um pauzinho que será esfregado no muxacato. O mona pode deslizar livremente, em sinal negativo, ou emperrar, em resposta positiva. Esses dois objetos terão sido previamente sacralizados – amarrados e postos em contato com terra de sepultura e raízes, como mandioca e gengibre. Assim, adquirem o poder de comunicação com os espíritos.
2. Tirando, então, da samba – a sua bolsa de utensílios rituais – um saquinho com pemba, o quimbanda riscará os sinais preliminares do muzambo. Primeiro, traçará cruzes nas costas das mãos e, depois, uma cruz no mona; no muxacato, ele fará um risco longitudinal e três transversais.
3. Em seguida, sentado com as pernas estiradas, o quimbanda esfregará o mona no muxacato, ao longo do corpo do consulente, fazendo perguntas sobre o problema que aflige a pessoa. Se a consulta for interrompida por qualquer motivo, o quimbanda não a retomará sem antes soprar pemba no ambiente e no consulente.
4. Quando, depois de uma pergunta, o mona emperra na superfície do muxacato, é sinal de resposta positiva. Então, o quimbanda desimpedirá o instrumento de adivinhação, polvilhando o muxacato com cinza e batendo-a depois com os dedos. E, assim, prosseguirá, pacientemente, formulando indagações coerentemente encadeadas para obter as respostas desejadas.

## IV – O pedido aos espíritos

1. Ao consultar-se com um quimbanda, pedindo aos espíritos que ponham um xico, ou seja, deem-lhe um "remédio", a pessoa deverá levar um ovo,

pedras de pemba branca e ucusso (pemba vermelha), folhas de dormideira, ou tuzequeto (*Mimosa pudica*), um graveto de mubilo (*Adenia lobata*), um ramo de mussequenha (cucurbitácea) e uma garrafa de vinho.

2. Fora de casa, no quintal, próximos ao portão, quimbanda e consulente vão se sentar no chão. Com uma faca, o quimbanda abrirá um pequeno buraco no solo, no qual jogará raspas da pemba e do ucusso, num traçado em forma de cruz.

3. Depois, preparará uma rodilha com a mussequenha, colocando-a no buraco. Então, contando até nove, riscará, com as pedras vermelha e branca, traçados rituais no ovo, posicionando-o de pé sobre a rodilha. Em seguida, conversará com o ovo, sujeitando-o à sua vontade e à do consulente.

4. Finalmente, cravará o graveto de mubilo ao lado do ovo, queimará a folha de dormideira deixando cair a cinza sobre o conjunto; e, aspergindo, com a boca, vinho sobre ele, pronunciará o pedido ritual aos espíritos, no sentido de que o xico surta os efeitos desejados.

## V – O xinguilamento

1. O xinguilamento é a comunicação com os espíritos por intermédio do transe. Quando um espírito está querendo se manifestar por meio de uma pessoa, os familiares, percebendo os sintomas, deverão chamar imediatamente um quimbanda.

2. Chegado o quimbanda, a esteira de praxe será estendida no quintal. O ritualista pegará um banquinho, o riscará com pemba e o colocará sobre a esteira. Então, segurará firmemente a pessoa pelos dois braços fazendo-a acocorar-se e levantar-se, repetidamente, por nove vezes. Em seguida, a sentará no banquinho, colocando à sua frente o prato das almas, no qual terá riscado, previamente, os signos necessários. Esse prato é o principal instrumento de invocação dos espíritos. E nele, agora, o quimbanda despejará vinho de caju (maluvo), cerveja de milho (quitoto), vinho português e água.

3. Com uma faquinha, ele remexerá a mistura, chamando o espírito e incitando os presentes a cantar, ao som de palmas, a cantiga de invocação.

4. Ocorrendo o transe, o quimbanda verificará sua autenticidade, passando pela língua do paciente uma agulha e uma brasa ardente. Depois, pondo a agulha no prato e a brasa no chão, ele perguntará ao espírito seu nome.
5. Poderão manifestar-se calundus – espíritos de ancestrais, que atuam principalmente como curadores – e divindades tutelares, como Dinhanga, dono da caça, violento e vingativo; Capita, da adivinhação; Ngombo, da verdade; Mutacalombo, dos animais aquáticos; Mutanjínji, dos animais terrestres; e Vúnji e Muene-Congo, que administram a justiça.
6. Muene-Congo tem grande poder e age com extrema rapidez. E só se recorre a ele em casos excepcionais, devendo-se invocar preferencialmente o Senhor Vúnji.
7. São essas divindades que, por escolha própria, conferem a uma pessoa os conhecimentos da umbanda e os seus calundus. Por meio delas é que um simples médium pode se tornar um quimbanda.
8. São elas também que indicam aos quimbandas aqueles que podem se tornar mucuambambas, pessoas dotadas de poderes para derrotar os feiticeiros (mulôjis). A força do mucuambamba está em sua muxinga, chicote pintado de tacula, enfeitado com tiras de pano e búzios miúdos (jimbambas) em forma de cruzes, em cujo centro estará sempre uma bolinha feita de plantas nascidas em sepulturas. Essa bolinha, quando esfregada na testa, confere poderes extraordinários ao mucuambamba.

**VI – O Senhor Vúnji**
1. Quando uma criança nasce para servir a Vúnji, a fim de evitar o risco de morte prematura e conservar sua saúde, o quimbanda deve, além de compor para ela a quinda (cesta contendo objetos sacralizados), preparar-lhe a lagoa do Senhor Vúnji.
2. Trata-se de uma vasilha de barro com água, na qual serão imersos vários ingredientes e com a qual a criança deverá ser banhada por certo tempo. O Senhor Vúnji é uma divindade muito próxima e destemperada.
3. Então, as pessoas devem ter bastante cuidado para que ele não ouça seus

desejos ou lamentações, interprete-os de forma errada e saia imediatamente querendo resolvê-los atabalhoadamente, o que pode resultar em problemas.
4. O Senhor Vúnji aprecia óleo de rícino, mel, azeite-de-dendê, miçangas brancas, tacula e lenços vermelhos. Em troca dessas oferendas, ele garante saúde, paz e prosperidade.

## VII – Ritos pré-nupciais

1. Duas semanas antes de um casamento, o quimbanda deverá ser chamado à casa da noiva para propiciar harmonia à união e também para impedir os maus partos e a morte prematura dos filhos.
2. Uma vez no local, depois dos cumprimentos de praxe, o quimbanda extrairá de sua samba a bolsa tradicional, pemba e ucusso, riscando com elas um traçado em forma de cruz no chão do aposento onde ocorrerá o ritual.
3. Então, estenderá no chão uma esteira virgem, repetindo o traçado sobre ela. Em seguida, segurará vigorosamente a nubente pelos dois braços e, contando até nove, a fará acocorar-se e levantar-se. Depois, a sentará na esteira, colocará em uma das mãos dela um tijolo de barro e, na outra, um pau de tacula.
4. Ajoelhando-se, o quimbanda segurará, então, as mãos da nubente para ajudá-la a esfregar a tacula no tijolo, contando de um até nove. A partir desse momento, ela terá de recolher-se, ficando em reclusão completa por oito dias, e só poderá ter contato com crianças ou moças virgens.
5. Para os ritos finais, que ocorrerão dali a nove dias, a família deverá providenciar: para Ngonga, entidade propiciadora da harmonia conjugal, um galo vermelho com cinco dedos; para a dliemba (rito de consagração a Lemba, entidade da procriação), uma galinha e um tecido brancos; para Ndembo, entidade da força física e que protege o corpo, um pano azul.
6. Além disso, será necessário providenciar: carne de vaca e de porco (na falta desta última podem ser usados chouriço e toucinho); bagre e pargo (cacusso); guando e feijão-fradinho (macunde); farinha de mandioca (fubá de bombó); mel e azeite-de-dendê; vinho e comidas de branco, como queijo, passas e figos.

7. Na clausura, onde, em termos de higiene corporal, só poderá cuidar da boca e do rosto, a noiva, cumprindo prescrição do quimbanda, deverá fazer, pela fricção da tacula no tijolo de barro, oito bolinhas.
8. No dia da cerimônia, enquanto as mulheres preparam as comidas, o quimbanda, auxiliado por seu acólito, o cabanda, aprontará o inquice (muquixe) de Ngonga. Para tanto, cortará as pontas de uma garra e de uma pena do galo, um bocado de pão e queijo, e colocará tudo, juntamente com uma moeda, num saquinho de palha.
9. Feito isso, ele preparará um cordão fino feito de lascas da casca de baobá (micunga). Em seguida, aprontará os panos de Lemba e Ndembo, enfeitando-os com fita vermelha e búzios miúdos.
10. Pronta a comida, o quimbanda estenderá uma esteira nova no chão do quarto da reclusa, cobrindo-a com um pano cru, virgem também. As mulheres levarão as vasilhas com os alimentos rituais e as colocarão ao lado.
11. Com todos a postos, o quimbanda mandará a noiva se aproximar. Então, depois de lhe apresentar os objetos rituais e explicar-lhe o significado de cada gesto e o nome de cada coisa, a envolverá, por cima das vestes e da cintura para baixo, com o pano branco da Lemba. Com o pano de Ndembo, de cor azul, a envolverá das axilas até a cintura.
12. Por fim, ele passará a micunga pela cintura da nubente e pendurará o muquixe sobre o peito dela. Recomendando-lhe que use sempre os trajes rituais nas manhãs de domingo e nos dias de lua nova, ele, então, pegará um pouco de cada iguaria, que o cabanda terá posto numa vasilha, e, com as pontas dos dedos, dará de comer um bocadinho à noiva. Ato contínuo, riscará sinais em seu peito, pronunciando as fórmulas de esconjuro.
13. Fechando a cerimônia, o quimbanda, depois de misturar, numa quenga de coco, pó de tacula com azeite-de-dendê, esfregará a pomada nos braços e em parte do tronco da nubente.

## VIII – Coroamento da iniciação

1. A pior maldição que pode existir para a mulher é a condição de mbaco, isto é, ser estéril. Isso significa anular e estacionar a vida.

2. Diante da esterilidade, o homem procurará outra companheira para que possa reproduzir-se. Por isso, antes do casamento, é preciso pedir a proteção de Ngonga, Ndembo e Lemba, nos rituais que se concluem com as festas da iniciação.
3. No primeiro dia da festa, que deverá se estender por oito dias, a jovem, ricamente vestida e agora ostentando a condição de quicúmbi (noiva), percorrerá as vizinhanças de sua casa, com uma alegre comitiva, cantando e dançando.
4. Em casa, com a recém-iniciada sentada em uma cadeira, as danças se estenderão, em meio a grande alegria. Durante esse tempo, a madrinha recolherá dinheiro para compra dos presentes.

## IX – O casamento
1. Cumpridos os rituais preparatórios e depois de submetida a noiva ao tradicional exame de castidade, realizado com um ovo de pomba, a concretização da união se dará, agora, mediante a simples mudança da noiva para a casa de sua nova família.
2. Ela fará a mudança usando turbante, jóias e roupa especialmente feita para a ocasião. Em sua companhia estarão quatro damas de honra.
3. O séquito cantará canções tradicionais em louvor a Mama Ngana, a mãe da noiva, e em homenagem aos nubentes.

## X – Nascimento de gêmeos
1. Quando de um casal nascem filhos gêmeos, esse acontecimento deve ser saudado com cânticos festivos. Cantando, batendo palmas e os pés no chão, três pares de gêmeos, conduzidos por uma mulher mais velha, deverão dirigir-se ao campo para colher mussequenha e mulembuíji (*Corchorus olitorius*), plantas sagradas com as quais saudarão seus irmãos espirituais, rogando pela sua sobrevivência feliz e saudável.
2. No lugar da colheita, a oficiante verterá no chão, de uma garrafa, enquanto pronuncia as palavras rituais, a mistura de maluvo (vinho de caju), cerveja de milho (quitoto) e vinho com que se homenageia os ancestrais. Então, ela

jogará uma moeda no mato e começará a tirar os ramos de mussequenha e mulembuíji. As crianças cantarão animadamente em coro as cantigas apropriadas em louvor aos gêmeos, chamados mangongo ou mabaça.

3. Colhidos os ramos, deles o grupo fará corpetes e grinaldas com que se vestirão e adornarão. Assim enfeitados e brandindo galhos verdes, seguirão todos em direção à casa dos recém-nascidos, cantando e dançando.

4. Lá chegando, serão recebidos pela família, que lhes dará as boas-vindas, oferecendo vinho e moedas e pedindo fartura e proteção. A oficiante da cerimônia e comandante do grupo de gêmeos despejará um pouco de vinho no chão e, com a espécie de lama que se formará, untará os familiares dos recém-nascidos na testa, no pescoço e na nuca. Então, serão entregues à família os arbustos colhidos, que são as roupas simbólicas e os enfeites do quarto dos gêmeos, encerrando-se, assim, a cerimônia.

## XI – Os guardiões da calunga e o culto a Quianda

1. O chefe de cada grupamento ambundo é o Lemba-dia-Angúndu, que é o homem mais velho da linhagem mais antiga. Ele representa o fundador da aldeia e, por isso, deve guardar consigo a pemba e a tacula – das quais vêm a força para a comunicação com os ancestrais e as divindades – para atrair as chuvas, as boas colheitas, a boa caça e a fertilidade das mulheres. Ele é também o dono da mulemba, à sombra da qual deliberam os macotas, os anciãos do grupo.

2. Os caçadores, assim como os quimbandas, adivinhos e curandeiros, formam grupos iniciáticos que se reconhecem entre si por sinais secretos e são recebidos por seus pares, em toda parte, com respeito e reverência.

3. Alguns dos chefes antigos foram também guardiões da lunga, ou calunga, boneca de madeira que vive num determinado curso d'água. Outros, ainda, foram guardiões da ngola, um instrumento de ferro que simboliza sua força.

4. A Quianda, uma entidade de águas marinhas, lagos, rios e fontes, é metade mulher e metade peixe. Sua morada predileta é a baía de Luanda, onde recebe oferendas e banquetes, constantes de alimentos e presentes.

5. Ela gosta de vinho doce, pentes, espelhos e enfeites, que devem ser

depositados sobre esteiras de papiro (luando), ao som de toques de tambor (engoma). Suas festas devem durar de quinze dias a um mês, tempo em que nenhum pescador deverá entrar no mar.

### XII – A Rainha Nzinga e a Igreja Católica

1. A Rainha Nzinga Mbandi recebeu sua iniciação religiosa dentro da tradição dos jagas.
2. Em seu longo reinado, ela governou por meio de um conselho secular e de outro, religioso, consultando frequentemente o mais apropriado entre os dois antes de tomar qualquer atitude.
3. Durante o reinado de Nzinga, a ilha Ndambi-na-Kisasa, no curso do rio Cuanza, tinha grande importância ritual, pois nela estavam sepultados muitos dos ancestrais reais dos ambundos. E era lá que os monarcas iam invocar a proteção dos antepassados.
4. Nzinga aprendeu que a riqueza e o poder dos europeus estavam associados às bênçãos de suas divindades.
5. Em 1622, em Luanda, na presença do governador e de autoridades civis, militares e religiosas, a rainha foi batizada na fé católica, adotando o nome de Ana de Souza. Mas nunca perdeu o vínculo com sua religião ancestral.

## Capítulo 4   Congo – Provérbios

1. Se você não pisar no rabo de um cachorro, ele não morderá você.
2. Quando a videira entrelaça seu telhado, é hora de cortá-la.
3. Quem faz perguntas não pode dar respostas.
4. A enchente leva para dentro; a maré baixa leva para fora.
5. É tentando muitas vezes que o macaco aprende a pular da árvore.
6. Coração de sábio mente tranquilo como córrego límpido.
7. O saber é melhor que a riqueza.
8. A chuva não cai num telhado só.

9. O que se diz em cima de um leão morto não se diz a ele vivo.
10. A criança é a recompensa da vida.
11. Estar bem vestido não impede ninguém de ser pobre.
12. As bananas crescem pouco a pouco.
13. Quanto mais cheio o rio, mais ele quer crescer.
14. Não jogue fora o rabo de um grande macaco antes de ver se ele está mesmo morto.
15. Amor é como criança: precisa muito de carinho.
16. Os dentes estão sorrindo, mas o coração está?
17. Não se ensinam os caminhos da floresta a um gorila velho.
18. Um pouco de delicadeza é melhor que muita força.
19. O homem é igual a vinho de dendê: quando novo, é doce mas sem força; quando velho, é forte mas rascante.
20. Quem quiser unir pessoas deve dizer a elas para brigarem.
21. Os amigos dos nossos amigos são nossos amigos.
22. O tronco fica dez anos na água, mas nunca será um crocodilo.
23. A morte não emite som de trombeta.
24. Quando a abelha entra na sua casa, deixe-a beber sua cerveja: você pode querer visitar a casa dela um dia.
25. Não importa se a noite é longa, pois o dia sempre vem.
26. Quem não tem defeitos, tem vida eterna.
27. Um bracelete só não retine no braço.
28. O sono é primo da morte.
29. Carne de bicho novo, gosto sem graça.
30. Os ausentes estão sempre errados.
31. Carne, para que os amigos cheguem! Calúnia, para que fujam!
32. Montei num elefante, os amigos chegaram; morreu o elefante, os amigos se foram.
33. Montados num elefante ou montados num tambor, os amigos estão sempre ao redor.
34. O elefante não sente o peso da própria tromba.
35. Uma das mãos lava a outra, as duas lavam o rosto.

36. Quem come à mesa tem que usar camisa limpa.
37. O importante é a fala e não a tosse.
38. Entre o parente e o amigo, confia em quem dá abrigo.
39. A paciência alimenta, a preguiça não sustenta.
40. A fama do feiticeiro se faz no próprio terreiro.
41. Quem se coça, cedo ou tarde, vai ter ferida que arde.
42. Barba de homem de respeito se puxa com jeito.
43. Quem nunca teve desgosto não pranteia o mal dos outros.
44. Dá esteira ao linguarudo, mas não lhe franqueie tudo.
45. Ave no cano da arma é difícil alvejar.
46. Quem sofre na casa-grande se desforra na senzala.
47. Mais vale a prudência que o feitiço.
48. A cabra come o capim que lhe apetece.
49. Ao bom dançador o que faz dançar é o tambor.
50. O que o coração guarda a boca não fala.

# LIVRO 2
## Mina

# Introdução

Costa da Mina era o nome que designava, à época da escravidão, a região litorânea que se estende do Cabo de Palmas, na atual fronteira de Costa do Marfim e Libéria, até o cabo Lopes, no Gabão. Compreendia todo o golfo da Guiné, e seu nome se devia ao castelo de El Mina localizado no território da moderna Gana.

## Capítulo 1   Os iorubás*

### I – Localização e instituições

1. Na porção noroeste do continente africano – abaixo do Saara, ao sul; a sudoeste e a sudeste da confluência do rio Níger com o Benué ou nas proximidades –, vivem os povos hoje conhecidos como iorubás, bem como seus vizinhos edos, ibos e nupês, entre outros.
2. Essencialmente agricultores, eles desenvolveram, há milhares de anos, instituições políticas baseadas em laços e tradições familiares.
3. Suas aldeias, habitadas por várias linhagens, tinham governantes escolhidos pela idade ou pela proximidade de parentesco com o grande ancestral comum. Um pequeno grupo dessas aldeias já formava uma cidade-estado chefiada por um líder – olu, obá ou alojá, entre os iorubás – saído de uma das famílias proeminentes, mas que deveria ter antes servido em outros postos de comando.
4. Esse governante – em geral o homem mais rico de sua comunidade – controlava, entre outras coisas, o mercado, que era instalado em frente à sua casa, no centro da aldeia principal.

## II – Origem dos iorubás

1. No início dos tempos, há muitos e muitos anos, entre os que hoje são conhecidos como iorubás, havia apenas o povo de Ifé (ou Ilê-Ifé). Depois é que vieram os de Oió, Savé (ou Sabé), Queto, Ifonyin ou Efã, Egbá, Ijebu, Ondô, Ijexá e Equiti.
2. Os hauçás costumam dizer que o povo de Ifé originou-se de alguns descendentes de Canaã, da tribo de Nimrod, que teriam sido retirados da Arábia por um príncipe, Ya-ruba, e migrado para seu atual território, deixando parte de seu povo para trás.
3. Outros dizem que Odudua, o pai de todos aqueles que depois se chamaram iorubás, era filho de um rei árabe, e que, por resistir ao Islã, teria sido expulso pelos fiéis muçulmanos.
4. Segundo essa versão, Odudua, atravessando o Saara, perseguido pelos inimigos, chegou ao Níger com suas divindades e sua gente; e, nas florestas da futura terra dos iorubás, fundou Ilê-Ifé. Contudo, essa genealogia parece ter nascido da confusão do nome de Meca, a cidade santa dos muçulmanos, com o de Meko, uma cidade iorubana.
5. Os baribas – nome pelo qual os de Oió conheciam os bornus – e alguns povos das margens do Níger e do Benué contam histórias de um herói cavaleiro, chamado Quisra, semelhantes à saga de Odudua. Em alguns lugares, os descendentes desse herói são tidos como fundadores de reinos.
6. Outros dizem que os primeiros habitantes de Ilê-Ifé vieram da terra dos nupês ou da terra dos hauçás. Há também a versão de que teriam vindo de um lugar do outro lado de uma vasta extensão de água, no meio da qual criaram solo firme.
7. Os nossos mais-velhos dizem que os primeiros iorubás nasceram em Ifé. E não só eles, mas também a Terra e os primeiros seres humanos foram criados em Ifé.

## III – Desavenças entre Odudua e Obatalá

1. Contam alguns antigos que, quando da criação do mundo, invejosas da perfeição da obra, as entidades malévolas resolveram semear a discórdia

entre Obatalá e Odudua. Por isso, difundiram a seguinte versão para o primeiro ato da vida no Universo:

2. No início dos tempos, as divindades viviam no Orum, abaixo do qual havia apenas a imensidão das águas. Olofim, que é também Olodumarê e Olorum – o senhor do Orum, o Céu –, deu a Obatalá, o senhor das vestes brancas, uma corrente, uma porção de terra numa casca de caracol e uma espécie de galinha de cinco dedos, ordenando-lhe que descesse e criasse a Terra. Entretanto, ao se aproximar do portão do Orum, Obatalá viu que algumas divindades faziam uma festa e parou para cumprimentá-las. Elas ofereceram-lhe vinho de palmeira, mas ele bebeu demais e, embriagado, adormeceu. Odudua, seu irmão mais novo, por acaso ouviu as instruções dadas por Olorum e, ao ver que Obatalá dormia, pegou os apetrechos e foi para a beira do Orum, acompanhado de um camaleão. Naquele local, jogou a corrente, pela qual, então, desceram. Lá embaixo, Odudua lançou a porção de terra na água e colocou a galinha de cinco dedos em cima dela. A galinha começou a ciscar a terra, espalhando-a em todas as direções, para muito longe, até o fim do mundo. Depois, Odudua mandou o camaleão verificar se o solo era firme. Então, Odudua pisou no chão de Idio, local onde fez sua morada e onde hoje se localiza, em Ifé, seu bosque sagrado. Quando Obatalá despertou da embriaguez e descobriu que o trabalho já havia sido concluído, percebeu o quanto o vinho de palmeira era perigoso. Assim, proibiu que seus filhos o bebessem por todo o sempre. Em seguida, Obatalá desceu à Terra e a reclamou como sua, porque havia sido enviado por Olodumarê para criá-la e reinar sobre ela por direito, uma vez que era mais velho que seu irmão Odudua – a quem acusou de lhe ter roubado o saco da Criação.

3. Odudua insistia em ser o verdadeiro dono da Terra, uma vez que a criara. Os dois irmãos começaram a brigar. E as divindades que os acompanharam até a Terra dividiram-se em dois grupos, cada um tomando o partido de um deles. Do lado de Odudua, ficaram Obocum (também conhecido por Ajacá), Oraniã, Obameri, Essidalê, Ossãin (o médico de Odudua), Aguemã e Obalufã. Tomaram o partido de Obatalá Orixaquirê, Alaxé, Tecô e Ijubé.

Entre as duas facções ficou Aranfé, o senhor do trovão em Ifé. Foi no alto do Oquê Orá (o monte Orá), a poucos quilômetros a nordeste de Ifé, que Odudua e seus companheiros tiveram a primeira morada na Terra. Dali saíram para dar combate aos seus parentes ibos, liderados por Obatalá e Oreluerê. Quando Olorum soube da disputa, chamou Obatalá e Odudua de volta ao Orum para que cada qual contasse sua versão do acontecido e terminassem com aquela disputa. Depois de ouvir as duas partes, Olorum conferiu a Odudua, criador da Terra, o direito de possuí-la e de reinar sobre ela; e ele se tornou o primeiro rei de Ifé. A Obatalá deu o título especial de Orixalá, o grande orixá, e o poder de moldar os corpos humanos; e ele se tornou o criador da humanidade. Olorum então os enviou de volta à Terra acompanhados de Oramfé, para manter a paz entre eles; além de Ifá, o senhor do destino; e de Elexijé, o senhor da saúde.

## IV – Cegueira e morte de Odudua

1. A divergência entre Odudua e Obatalá não passa de invencionice das entidades malévolas. O que é certo e verdadeiro, segundo os mais velhos dos Mais Velhos, é que, um dia, já bem idoso, Odudua ficou cego. Então, mandou que cada um de seus 16 filhos, e um de cada vez, fosse até o oceano buscar água salgada, conforme lhe fora prescrito como remédio. Cada um que retornava chegava sem sucesso, levando-lhe apenas água doce; até que Obocum, o mais novo, finalmente obteve êxito. Odudua lavou os olhos com a água salgada e recuperou a visão.
2. Entre os filhos de Odudua, que tinha a pele mais clara que a de seus conterrâneos e por isso era visto como "branco", estão: Ocambi, Ogum, Obameri, Euí, Essidalê, Obalufã, Alaiemorê, Oni e Obocum, o mais novo. O primogênito foi Ocambi, que, por sua vez, teve sete filhos, de ambos os sexos; estes reinaram, respectivamente, em Ilexá Owu, Sabé, Popô, Ilá, Ibinin e Queto.
3. Quando ficou cego, Odudua quis indicar Ogum como regente de Ifé. Obameri e Essidalê não concordaram com a idéia. Para evitar a disputa, Odudua entregou a Ogum o governo de Irê.

4. Com o objetivo de desestimular qualquer tipo de divergência, Odudua dividiu igualmente todo o país iorubá entre os filhos. Contudo, esqueceu-se justamente de Obocum, que estava ausente, pois fora buscar água do mar para curar a cegueira do pai. Exatamente nesse momento, Odudua tomou conhecimento de que todos os seus outros filhos, exceto Obocum e Oni, haviam roubado suas propriedades e suas coroas, deixando apenas a que ele usava no dia-a-dia. Assim, quando Obocum voltou com a água que devolveu a visão ao pai, foi o primeiro legitimamente contemplado – recebeu a espada cerimonial, símbolo de sua autoridade como ouá ilexá, o rei do país dos ijexás.

5. Durante uma das muitas guerras em que se empenhou, Ogum capturou uma bela mulher chamada Lacanjê e a tornou sua concubina. De volta da guerra, escondeu-a de todos, principalmente de seu pai. Um dia, entretanto, Odudua viu a moça e se apaixonou por ela. Perguntando a Ogum de quem se tratava, este negou que ela fosse sua amante. Odudua, então, a desposou e, nove meses depois, ela deu à luz um belo menino, Oraniã, que era metade branco – porque Odudua era claro – e metade preto. Oraniã, então, é meio neto e meio filho de Odudua; da mesma forma que é meio-irmão e meio-filho de Ogum.

## V – A saga de Oraniã

1. Após a morte de Odudua, Oraniã sucedeu-o no mando. Grande caçador e guerreiro, resolveu empreender, junto com os irmãos, uma expedição. No caminho, houve briga e os irmãos separaram-se. Oraniã prosseguiu até as margens do Níger, onde se defrontou com a oposição dos nupês, que não o deixaram atravessar o rio. Voltou-se para oeste e chegou a Bornu; e ali, um rei bariba, a quem consultara sobre onde deveria fixar-se, enfeitiçou uma jibóia e recomendou a Oraniã que a seguisse. Onde quer que ela parasse por sete dias, para depois desaparecer, o povo de Ifé deveria construir a nova aldeia. E assim foi. A serpente conduziu-o até uma montanha. Lá, exatamente no lugar onde seu cavalo escorregou, Oraniã ergueu a cidade a que deu o nome de Oió, ou "lugar escorregadio".

2. Após a fundação de Oió, de onde se tornou o primeiro alafim (título que literalmente significa "senhor do palácio"), Oraniã, que desposara Moremi, uma princesa nupê, renunciou ao trono e partiu para sua saga de desbravador e fundador. Assim estabeleceu uma dinastia entre os edos de Ibinin, o Antigo Benin, da qual se tornou o primeiro obá, e outra em Oió, onde se tornou o primeiro alafim. Quando se encaminhava para Ijebu, Oraniã soube que Obalufã morrera e que Alaiemorê, seu outro irmão, havia usurpado o trono de Ifé. Oraniã voltou, expulsou Alaiemorê e reconduziu Obalufã ao posto de oni (governante) de Ifé. Retomando sua saga, chegou ao Antigo Benin, lugar em que entronizou seu filho mais velho, Euecá, como obá. Outro de seus filhos, Adecá, foi entronizado como alafim em Oió.
3. Voltando a Ifé, chamado por seu povo para pôr cobro a outra tentativa de usurpação, Oraniã exasperou-se. Entrando no meio da multidão, girou no ar seu bastão com tanta violência que acabou matando um grande número de inocentes. Voltando a si e arrependido de sua fúria assassina, arremessou seu cajado à distância e internou-se na floresta. O cajado de Oraniã permanece até hoje como objeto de adoração nos arredores de Ifé.
4. Após esse acontecimento, Oraniã mudou-se para Okô, a terra de sua mulher, Moremi, onde, depois de reinar por vários anos, faleceu. Seguindo um costume iorubá adotado quando alguém morre fora de sua terra natal, restos dos cabelos e unhas de Oraniã foram levados a Ifé e lá enterrados sob o seu cajado transformado em obelisco, o Opá Oraniã.

**VI – O oni de Ifé**
1. Os descendentes de Odudua foram, então, os fundadores dos primeiros reinos iorubás. Entre esses reinos, que deram origem a outros tantos, estão Owu, Queto, Ibinin (ou Benin), Ilá, Sabé, Popó, Oió, Ijebu-Odé, Ilexá, Ondô, Aquê, Acurê e Adô Equiti. É por esse motivo que, nos rituais de entronização de novos obás, todos esses estados reafirmam suas ligações com Ifé. Paramentos e insígnias devem ser enviados ao oni de Ifé para serem reconsagrados com o axé, a força vital divina, de Odudua: ao ascender ao

poder, o novo soberano envia um mensageiro ao oni para comunicar-lhe a morte do antecessor e pedir-lhe que o confirme como rei. Isso ocorre porque o oni de Ifé é o primeiro entre todos os reis dos iorubás e o pai de todos eles – como o alaquê de Abeocutá; o olowu de Owu; o obá de Edo (Ibinin); o ouá de Ilexá; o orangum de Ilá; o olossi de Ossi; os sete reis de Equiti (o orê de Otum; o olojudô de Idô; o ajerô de Ijerô; o alará de Ará; o elecolê de Icolê; o alaiê de Efã; e o euí de Adô Equiti). Esses são os reis que podem usar a coroa com franjas de contas, cobrindo a face, denominada adê.

2. O oni, escolhido por um conselho de chefes liderado pelo ouá, governante dos ijexás, representa tanto a comunidade quanto as divindades: quando ele morre, vai juntar-se aos orixás. Assim, ele não é um simples sacerdote ou ritualista, mas o símbolo da unidade e a cabeça que conduz o corpo político de seu povo. Os representantes do oni são os emessés, que não usam nenhum tipo de gorro e distinguem-se pelo corte de cabelo, meio raspado da fronte até a nuca. No palácio de Ifé, vivem também as oloris, grandes senhoras, responsáveis pela cabeça do rei e, em geral, viúvas de onis. No entanto, houve em Ifé duas mulheres que reinaram com plenos poderes: Oloú e Teboiê.

3. Por pertencer à linhagem de Odudua, o oni de Ifé recebe homenagens de todos os outros obás. Isso ocorre porque Ifé é, segundo esta tradição, o lugar onde o mundo foi criado, onde nasceram os primeiros humanos e de onde eles se dispersaram para todos os cantos do mundo.

4. O oni de Ifé detém os poderes religiosos que confirmam e sacramentam a entronização de cada um dos obás, os quais, periodicamente, vão até sua presença para as obrigações rituais que confirmam seus laços com os eborás, ancestrais primevos, violentos e perigosos. Até mesmo o alafim de Oió, quando assume o poder, envia a espada-símbolo de sua realeza (o agadá) a Ifé para lá receber o axé de Odudua.

5. O poder do oni é a emanação do poder espiritual dos eborás, maior e mais forte do que qualquer tipo de poder físico. Assim, um oni, depois de consagrado, passa a ocupar a posição de senhor do axé (alaxé),

imediatamente abaixo dos eborás; e, quando morre, passa a integrar o panteão dos eborás.

6. Quando Oraniã saiu de Ifé para fundar Oió, deixou seu servo Adimu encarregado dos assentamentos (conjuntos de objetos sagrados; representações materiais) dos eborás. De tempos em tempos, Oraniã enviava os materiais necessários, bem como riquezas para o tesouro real. Adimu consolidou sua posição como obadiô – chefe do corpo de sacerdotes no culto aos orixás e eborás – e guardião dos tesouros. Ele alcançou essa posição apesar de sua origem humilde – era filho de uma mulher condenada a morrer em sacrifício a Obatalá, mas que, por estar grávida, foi poupada da execução até o nascimento da criança, justamente Adimu, que foi, então, consagrado a Obatalá. Quando o povo quis saber quem era o encarregado dos altares e tesouros, foi-lhe dito que era o "filho da vítima do sacrifício" (omo oluô ni). Assim, originou-se o termo oni. Mais tarde, quando a sede do governo foi transferida para Oió, os assentamentos dos orixás e eborás da nação ficaram em Ifé e Adimu e seus sucessores foram os principais sacerdotes. Oraniã, então, nunca reinou em Ifé, embora tenha sido o primeiro alafim, e suas insígnias sejam lá preservadas e respeitadas.

## VII – Expansionismo de Oió

1. Quando Oraniã chegou ao Antigo Benin, Euí, seu tio, que o acompanhava, estabeleceu-se também entre os edos. Entretanto, ao se desentender com Oraniã, partiu na direção noroeste, instalando-se em diferentes lugares até falecer. Após Euí sucederam-se vários chefes, que tomaram seu nome como título e prosseguiram na peregrinação. Um deles, o euí Auamarô, fixou-se na localidade de Adô, nos montes rochosos e difíceis de Equiti, cujo povo acolheu gentilmente os recém-chegados e acabou sendo subjugado.

2. Os descendentes de Auamarô procuraram ampliar os limites do pequeno reino até serem detidos pela expansão do Antigo Benin. Euarê era o obá dos benins, quando, na segunda metade do século XV, as tropas do euí ameaçaram Iquerê, uma cidade que ficava poucos quilômetros ao sul de Adô. O povo de Iquerê pediu ajuda aos benins e estes foram em seu auxílio.

Os exércitos benins avançaram sobre Equiti, subjugaram Adô e passaram a exigir tributo. O chefe de Iquerê foi substituído por um edo, Ogogá, e a cidade tornou-se um dos pontos estratégicos no domínio do Antigo Benin sobre o Equiti.

3. Ainda naquele tempo, a nordeste de Adô, a poucos quilômetros dali, Ogum, o segundo filho mais velho de Odudua, após subjugar Irê e executar seu rei, em cujo lugar pôs seu filho Ogundaunsí, prosseguiu em suas expedições militares.

4. Apesar de filho de Odudua, Ogum não usava o adê. Por isso é que seu descendente, o rei de Irê (onirê), até hoje porta um simples diadema, uma espécie de elmo (acorô).

5. Aganju, um filho de Obocum (ou Ajacá), que domava cobras venenosas, leopardos e outros animais ferozes, reinou por muito tempo. Ele declarou guerra ao obá de Ogboro e derrotou essa cidade-estado que ficava a oeste de Oió e detinha a supremacia na região, pois seu rei dizia-se irmão mais velho de Orania. Aganju foi sucedido por Cori, que ainda estava no ventre da mãe, Ijaium, quando o alafim morreu. A rainha foi, então, a regente até a maioridade do filho.

6. Continuando a política expansionista de Oió, mas, no final, rejeitado pelos súditos e obrigado a tomar veneno, Cori foi quem mandou fundar, às margens do rio Oxum, a cerca de 130km ao sul da capital, a cidade de Edé, e nela entronizou um rei vassalo, cuja principal obrigação era defender Oió contra os ataques ijexás. No fim do século XV, ascendeu ao poder Oluassô, que construiu 44 palácios, o principal deles com 120 torres.

7. Por essa época, os nupês, ou tapas, formavam vários pequenos reinos governados por chefes denominados etsus. Alguns desses reinos pagavam tributo aos igalas. Embora reconhecendo a primazia do atá, o rei (igala) de Uidá, confederaram-se sob a liderança do etsu de Nku.

8. 8. Contudo, o herdeiro do rei de Uidá, numa estada em Nku, teve um filho com uma princesa dessa cidade. De volta ao país igala, tornou-se mais tarde o atá, o soberano. Seu filho, de nome Tsoedê, ou Edigui, criou-se entre os nupês e, ao atingir a idade adulta, foi incluído na cota anual de escravos

que esse povo dava como tributo a Uidá. Lá chegando, foi reconhecido pelo pai que carinhosamente o mandou de volta a Nku, para que reinasse sobre os nupês, concedendo-lhe, então, as insígnias do poder, entre elas uma canoa de bronze. Tsoedê subiu o rio na canoa e, após uma sequência de batalhas, unificou sob seu comando todos os tapas.

9. Além de grandes cavaleiros, os tapas eram exímios navegantes. Com seus cavalos e canoas, atuavam como intermediários no comércio entre os iorubás, ao sul, e os hauçás, ao norte. Esse comércio incluía grandes contingentes de escravos, presentes em todas as camadas da sociedade tapa, que serviam não só como trabalhadores subalternos mas também, ao lado do rei, como soldados, ferreiros e tecelões. Os escravos eram usados, ainda, como moeda humana, principalmente na aquisição de cavalos, que os tapas iam buscar no Bornu e nas cidades hauçás.

10. Os tapas, porém, não eram absolutos nesse comércio – e a concorrência de Oió, especialmente, incomodava-os bastante. Então, na primeira metade do século XVI, aproveitando-se da ausência do exército de Oió, em campanha fora de seu território, os tapas invadiram a cidade. Sem possibilidade de resistência, o alafim Onigbogui refugiou-se entre os baribas.

## VIII – Baribas e tapas contra Oió

1. Localizados a noroeste de Oió e a norte do Daomé, os baribas possuíam um reino de estrutura feudal, estabelecida pelo primeiro governante, que entregou a cada um de seus filhos a chefia de uma cidade. Os descendentes dos fundadores ostentavam, como emblema real, principalmente os quatro barabacarus, tambores cerimoniais dotados de axé e símbolos maiores do poder.

2. Tais tambores – dois grandes e dois pequenos – mantidos sob a guarda do grande músico cerimonial (tufarô), só saíam do palácio nas grandes solenidades, tais como nas entronizações e nos funerais dos soberanos. Quando da morte do rei, rompiam-se as peles dos tambores e ninguém podia olhá-los.

3. Os baribas eram o povo da mulher principal de Onigbogui, mãe de seu

filho Ofinrã, por isso esse soberano obteve boa acolhida entre eles. Morto Onigbogui no exílio, Ofinrã desentendeu-se com seus parentes baribas e resolveu retornar a Oió, fixando-se antes em Cossô, onde se iniciou nos mistérios de Ifá (nome que designa tanto o orixá quanto a técnica da adivinhação por ele presidida) e no culto aos egunguns (antepassados) de origem tapa.

4. Ofinrã, porém, morreu antes de realizar seu desejo de retornar a Oió e recuperar o poder. Mesmo assim, seu corpo, eviscerado, embalsamado e costurado dentro de um couro de burro, foi levado, por seu filho Egugu-oju para ser sepultado em sua terra natal. No caminho, Egugu-oju fundou a cidade de Igboho, que cercou com uma gigantesca muralha para protegê-la tanto dos inimigos tapas quanto dos baribas.
5. A guerra não cessava. Assim, esse neto de Onigbogui também não chegou a Oió – ele morreu e foi sucedido por Orampotô, que governou por vinte anos, nos quais se destacou como estrategista e combatente, criando um corpo de cavalaria tão eficiente quanto o de seus inimigos.
6. Depois de Orampotô, assumiu o poder Ajiboiedé (Xopassã), que conseguiu vencer os tapas, preparando o caminho para o alafim Abipá, que, cerca de setenta anos depois, finalmente levou a corte de volta para Oió.

## IX – O alafim de Oió

1. Durante o exílio de Onigbogui e sua linhagem, dinastias tapas e baribas alternaram-se no poder em Oió. Contudo, todos os governantes persistiram no culto a Xangô, ora associado, por uma estirpe, ao carneiro, ora representado montado em um lindo cavalo.
2. A partir da ascensão de Abipá, os soberanos de Oió tornaram-se reclusos, recebendo, então, o título de alafim, que significa "senhor do palácio".
3. O alafim governava ouvindo não apenas os chefes das grandes linhagens, mas também os próprios orixás e eborás. Isso ocorria porque as leis, em Oió e também em Ifé, eram elaboradas como expressão da vontade do Orum, a morada divina – nada se cumprindo sem a aprovação dos orixás, dos quais o alafim é companheiro e a cujo panteão vai juntar-se após a morte.

4. Ele detém o axé com que atua sobre a natureza como sacerdote supremo do culto a Xangô e dos demais cultos. Juiz supremo, só o alafim pode decretar a morte de um indivíduo, uma vez que ele é o "senhor dono do axé" (alaxé-oluá) e o "dono da terra" (onilé).

## X – Eleição e coroação do alafim

1. O alafim deve ser eleito por três membros da família real, os quais são por isso chamados de "os pais do rei": o onã-ixocum, o onã-acá e o onã-olá. Entretanto, o baxorum, primeiro-ministro, é quem dará a palavra final sobre a escolha.
2. Eleito o alafim, a cerimônia de sua entronização começará com um sacrifício, levado da casa do onã-ixocum por um grupo de homens chamado omã-ninãri. Eles tocarão o futuro alafim com a tigela ou cabaça do sacrifício – tal gesto significa que ele está sendo chamado para assumir o trono.
3. Nessa noite, o eleito, vestido todo de preto e usando na cabeça o ori-coguê-ofo, gorro alto, garantia de sua força, dormirá na casa do onã-ixokum; a noite seguinte ele passará na casa do sacerdote de Xangô (otum iuefá), onde deverá, simbolicamente, comer o coração de seu antecessor.
4. No primeiro dia da terceira lua nova após a morte do alafim, o novo soberano será coroado. Nesse dia, ele irá inicialmente ao mausoléu real (bara), cuja sacerdotisa responsável é a iá-mandé e onde estão sepultados todos os falecidos reis de Oió.
5. Feitos os sacrifícios aos ancestrais e enviadas as partes das oferendas para o baxorum, o eleito se dirigirá, no quinto dia, a Cossô, onde será coroado no assentamento de Xangô. A iaquerê, a "pequena mãe", colocará a coroa na cabeça dele e, em torno do seu pescoço, o colar ritual. Então, já sem as vestes de luto e envergando seus trajes reais, o novo alafim deverá ir até a casa do chefe da Sociedade Egungum (alapini) para ser aclamado rei.
6. Passados cinco dias, ele se dirigirá ao assentamento de Oraniã, onde será colocada em suas mãos a espada da justiça, símbolo do poder de Ifé.
7. Na semana seguinte, ou seja, depois de mais cinco dias, o novo alafim

irá até o assentamento de Ogum para oferecer, em sacrifício, um boi, um carneiro e um cachorro.
8. Finalmente, entrará no palácio pela primeira vez. Já na condição de alafim, com todas as prerrogativas do cargo real, será conduzido ao quarto de Aganju por uma porta aberta especialmente para ele, enquanto a anterior é lacrada. Lá, oferecerá os últimos sacrifícios, e os animais mortos deverão, agora, ser enterrados sob a porta.

## XI – Os ministros do alafim

1. O alafim, por ser um rei sagrado, encarnação de Xangô, só aparece aos súditos algumas vezes por ano e sempre com o rosto coberto pelas franjas de seu adê. Nos tempos antigos, embora recluso em seu palácio, ele mantinha a cidade e todo o reino, mais tarde transformado em império, sob absoluto controle.
2. Esse poder regulava-se por um conselho de Estado, o oió missí, integrado por sete aristocratas chefes de linhagens. O principal deles, o ibá oxorum ou baxorum, o primeiro-ministro, estava encarregado de assumir a regência toda vez que o trono vagasse.
3. O poder do baxorum era tanto que ele podia ordenar o suicídio de um alafim apenas lhe mandando ovos de papagaio de presente. Todo ano, no festival Orum, era ele o encarregado de jogar os obis, as nozes de cola partidas em quatro, para saber quais sacrifícios seriam oferecidos aos eborás. O festival Beeré tinha-o como paraninfo, o comandante supremo.
4. Os festivais Orum e Beeré, assim como o de Ifá, consistiam nas únicas ocasiões em que o alafim podia aparecer em público durante o dia. Os outros ministros do alafim eram o agbaquim, responsável pelo culto a Oraniã, fundador de Oió; o alapini, chefe da Sociedade Egungum, investido de poderes tanto seculares quanto religiosos; o axipá, ou ojuá, encarregado de distribuir os presentes recebidos pelo oió missi; o iagunã, chefe do culto a Ocô, o orixá da agricultura; o xamum e o aquinicu, conselheiros civis.
5. Abaixo do oió missi situava-se o conselho militar (omã exó), liderado pelo arê-onã-cacanfô, identificado pelas 201 incisões que levava na testa, pela

pena vermelha de papagaio (ecodidé) e pelo rabo de porco que levava na mão.

## XII – As sacerdotisas e os dignitários

1. O palácio do alafim era servido por um numeroso corpo de sacerdotisas (ilaris), entre as quais se incluíam: a mãe do soberano (iá-obá) – cujo cargo, após sua morte, era ocupado por uma sacerdotisa que a simbolizava; a mãe pequena ou substituta (iá-querê), encarregada de colocar a coroa na cabeça do rei e de cuidar de suas vestes e paramentos; a responsável pelo culto a Xangô (iá-nassô); a assistente da iá-nassô (iá-manari), uma das que deviam morrer junto com o alafim; a assistente da iá-nassô e responsável pelos carneiros de seu sacrifício (iá-finicu); a iá-labã; a oruncumefum; e a areorité.
2. As aiabás, sacerdotisas consideradas esposas do alafim eram: a responsável pelo culto à cabeça, ou ori, do rei (ialê-ori); a encarregada do culto a Ifá (ialê-manlê); a iá-Orixalá, responsável pelo culto a Orixalá; a iá-Iemanjá, responsável pelo culto a Iemanjá; a chefe do culto a Ossum (iá-Olossum); a iafim-ossum; a iafim-eri; e a iafim-orum-fumi, "senhoras do palácio", cada uma com sua atribuição. Outras mulheres importantes da corte eram: a iá-mandê; a acum-ianguá; a odé, responsável pelo culto a Oxóssi; a obá-guntê; a eni-ojá, chefe do culto a Exu; a ialê-agbô.
3. Além das mulheres, o alafim tinha a seu serviço um grupo de dignitários, entre os quais estavam aqueles considerados seus pais (onã-ixocum, onã-acá e onã-olá), bem como todos os seus irmãos (mangaji-iaji, olussami, arolê-obá, atinguissi, agum-popô, arolê-iá-obá e aremã).
4. Em Oió, a administração do palácio do alafim era dirigida por três eunucos – o que cuidava do culto a Xangô em seu santuário de Cossô (otum iuefá); o responsável pelas finanças (ossi iuefá); e o que substituía o rei nos julgamentos do reino e do império afora (onã iuefá). Nas cidades, governadas cada uma por um obá, o alafim era representado pelo assoju obá, ou ajelê, e este se servia de um corpo de ilaris, homens e mulheres identificados pelas marcas tribais (ilás) que tinham nas cabeças raspadas.

5. Além desses servidores, havia os aroquins, griôs e genealogistas da corte; tetus (guardas), carrascos e sacrificadores; e o responsável pelos estábulos e cavalariças do palácio (olocô-exim). Integravam também o corpo de funcionários da corte aqueles que deviam suicidar-se quando da morte do rei, para continuar a servi-lo no além – os abobacus, que desempenhavam várias funções e eram altamente considerados.

## XIII – Os obás, balés e o baxorum

1. Cada cidade-estado tributária de Oió era governada por um obá. Os obás tinham direito a usar na cabeça o acorô, semelhante ao adê do alafim, mas sem as franjas de contas que cobriam o rosto do soberano. Os obás desempenhavam também funções nos campos da religião e da justiça.
2. Contudo, só o alafim detinha o poder absoluto, inclusive o de resolver, por intermédio do onã iuefá, querelas e contendas entre os obás, além de questões mais complexas.
3. Os chefes das cidades menores, os balés, gozavam também de grande autonomia. Não podiam, porém, envolver-se em guerras nem condenar ninguém à pena máxima sem ouvirem a palavra do alafim de Oió, pois este era, como ainda é, o próprio Xangô reencarnado.
4. Antes do exílio de Onigbogui e da retomada de Oió por Abipá, o alafim estava sempre à frente de seus exércitos. Depois que os soberanos de Oió tornaram-se reclusos, o comando geral dos exércitos de Oió passou ao baxorum, o primeiro-ministro. Esse comando era exercido por meio de chefes militares criteriosamente escolhidos (exós), os quais, em número de setenta, lideravam os corpos de cavalaria e de artilharia ligeira dos arqueiros.
5. Os arqueiros, embora sempre bem adestrados, eram soldados eventuais e retornavam aos seus trabalhos agrícolas depois de cada campanha.
6. Os esquadrões de cavalaria – de início formados por escravos baribas, nupês e hauçás, e armados com lanças e espadas – constituíam-se, porém, em guerreiros em tempo integral e foram os grandes responsáveis pelo apogeu militar de Oió e por sua expansão, da floresta, na direção sudoeste, até quase o litoral.

7. Na ocasião das guerras, os obás e balés também contribuíam com tropas por eles mesmos chefiadas ou reunidas sob a liderança de um deles, em geral o oni de Icoií.
8. Mais tarde, os contingentes formados pelas tropas dos obás passaram a ser comandados por um chefe nomeado pelo alafim e denominado arê-onã-cacanfô.

## XIV – Oió amplia seus domínios

1. Por volta de 1610, depois de o alafim Abipá finalmente vencer os tapas e os baribas, Oió começou a submeter os obás das pequenas cidades vizinhas e a ampliar seus domínios nas direções norte, oeste e leste.
2. No leste, as tropas do alafim esbarraram no poder dos edos do Antigo Benin; e, no país ijexá, foram barradas pelo terreno montanhoso e pela densidade da floresta. Na terra dos egbás, conseguiram dominar por infiltração gradativa e não por confrontos militares diretos. Dessa mesma forma penetraram no território dos nagôs, ou anagôs, a oeste.
3. Confiante em sua cavalaria, o alafim não se interessou pelas armas de fogo européias.
4. O exército de Oió só não conseguiu estender seu domínio a Ifé, pois o oni desse reino era descendente de Odudua.

## XV – O declínio de Ifé

1. No decurso do século XVII, Ifé, embora conservasse sua importância religiosa, foi perdendo poder político. Esse enfraquecimento ocorreu por ocasião da morte do oni Awotokolokin.
2. Morto o oni, seu camareiro, Lajuwa, liderando outros cortesãos, resolveu ocultar o acontecimento. Vestiu os trajes reais e, o rosto oculto sob a cortina do adê, passou a governar. Para as audiências públicas, o usurpador fez confeccionar uma estátua em tamanho natural e a sentou no trono, protegida pela semi-obscuridade da sala.
3. Como nas audiências o oni não falava – sua comunicação com os súditos dava-se por meio de um porta-voz –, durante muito tempo ninguém

notou a farsa. Descoberto o engodo, um novo oni assumiu o poder e mandou matar todos os escultores. Data desse período o quase total desaparecimento da grande estatuária naturalista de Ifé, que, não obstante, até hoje causa admiração em museus e exposições mundo afora.

4. Com o declínio do poder político de Ifé, os obás, reivindicando para si também o poder sagrado, tentaram desqualificar o oni. Espalharam a notícia de que ele não descendia de Odudua, mas sim de Adimu, simples escravo de Oraniã, que ficara em Oió quando os príncipes dispersaram-se para fundar os novos reinos e cidades. Exigiram para si as homenagens devidas ao alaxé, o primeiro logo abaixo dos orixás.

5. Em Oió, o alafim passou a avocar sua condição de irmão mais velho entre todos os obás. Toda pessoa mais velha devia receber reverência e ser obedecida pelos mais jovens simplesmente pelo fato de deter, em razão da idade, poderes espirituais superiores.

## XVI – Os ijebus e povos aparentados

1. Os ijebus vivem a sudoeste de Ifé. E seu território outrora chegava até quase o mar. Ijebu significa "o alimento das profundezas", ou seja, das águas do mar. Seu povo descende de indivíduos que o obá do Antigo Benin mandava sacrificar a Olocum, o oceano.

2. Seu ancestral mais remoto, Obanitá, foi sacrificado a Olocum pelo rei de Owu. Entretanto, apesar de gravemente ferido e dado como morto, Obanitá arrastou-se durante a noite para o interior da floresta, e lá conseguiu sobreviver, alimentando-se dos frutos que colhia e dos animais que caçava.

3. Quando outros homens chegaram ao lugar onde ele vivia, escolheram-no como chefe, tanto por seu heroísmo como por ser ele o mais idoso de todos.

4. Os ijebus formavam vários reinos, entre os quais os mais importantes eram Ijebu-Odé e Ijeburemã, cujos respectivos soberanos, o Avujalé e o Acarigbô, exerciam, respectivamente, influência espiritual e poder político sobre os demais.

5. Todo ano, o Acarigbô realizava oferendas rituais ao Avujalé, da mesma

forma que o povo de Ijeburemã possuía, em Ijebu-Odé, um altar, onde o Avujalé fazia oferendas para a prosperidade do povo irmão.

6. Ijebu-Odé era um grande centro de comércio, no qual se vendiam e compravam não só mercadorias lá produzidas e fabricadas como também produtos de fora.

7. Os ijebus eram excelentes agricultores e artesãos. Seus tecidos seguiam, inclusive, para Ajudá, de onde eram exportados para o Brasil, como os apreciados panos-da-costa. Ijeburemã, por sua vez, foi constantemente atacado e saqueado pelos povos de Egbá e Ibadã.

8. Provenientes de Ifé a partir do século XVI, os equitis e seus parentes ouós, ondôs e efãs habitam o sudeste do território iorubano.

9. Os equitis, naturais das montanhas rochosas a nordeste de Ifé, agrupavam-se em cerca de 16 pequenas cidades-estado, entre as quais Adô, cujo soberano era intitulado eleuí; Otum, governada pelo ouorê; Ijerô, cujo chefe era o jerô; Icolê, dirigida pelo elecolê; Acurê, pelo deji; Idanrê, por um ouá; e Irê, pelo onirê.

10. O único acesso a Idanrê, localizada a quase mil metros, no ponto mais alto do monte Orossum, era uma escadaria de cordas praticamente vertical. No entanto, isso não impediu a invasão do exército do obá do Antigo Benin, que manteve o povo equiti sob o domínio dos edos por muito tempo.

11. Bem menos protegido, porém, estava o povo de Ouó, a sudeste dos equitis, já quase nos limites do Antigo Benin. Assim, o reino, cujo palácio real possuía mais de cem pátios internos, também teve de colocar, durante um bom tempo, parte de sua imensa riqueza à disposição dos edos.

12. Isso não ocorreu com os ondôs, povo que, chefiado pelo oxemaue, ou obá, vive até hoje a sudoeste de Ouó, a noroeste do Antigo Benin e a nordeste dos ijebus. Ondô foi o centro a partir do qual se irradiou o culto a Ogum. Entre outros eborás lá cultuados está Aranfé, que propicia a fertilidade.

13. Uma das mulheres de Obocum (ou Ajacá), filho de Odudua, deu à luz um casal de gêmeos — o que, então, em Ifé, era muito mais uma maldição que uma bênção.

14. Abandonados na floresta, a mãe e os filhos foram dar nas montanhas de

Ondô. Passado o tempo, o rapaz fundou Epê. E sua irmã, de nome Pupupu, tornou-se a primeira oxemaue (governante) de Ondô, fazendo de seu filho, Airô, seu sucessor. Embora os governantes seguintes tenham sido homens, um conselho feminino, liderado pela liçá-labum, a mulher de posição mais alta, sempre os entroniza e assessora em algumas de suas decisões.

15. Habitantes do noroeste de Ifé, os equitis do grupo efã foram também conhecidos como "caras queimadas", porque os ilás em seus rostos são até hoje feitos com riscos horizontais tão próximos, que dão a impressão de uma mancha preta em cada face. O governante dos efãs tem o título de olufã.

## XVII – Os ijexás

1. Ao norte de Ondô e a nordeste de Ifé, habitam os ijexás. Os primeiros deles descendiam de antigos escravos que ali eram mantidos e cuidados como se fossem gado e se destinavam ao sacrifício. Daí o nome ijexá, "alimento dos orixás, ou eborás".
2. Assim, o número de ijexás foi se reduzindo em tal proporção que, atendendo aos reclamos do primeiro de seus soberanos, Odudua mandou reunir um grande feixe de varas e as transformou em homens. Por isso, os ijexás são também chamados omo igi, ou seja, "filhos dos gravetos".
3. Seu primeiro rei, ou ouá, foi Ajacá, Obocum, ou Ajibogum, filho de Odudua com a irmã de uma de suas esposas.
4. Ajacá foi aquele que fez a longa viagem até o litoral, a fim de buscar água salgada para dar alívio aos olhos de Odudua, cego na velhice. Durante sua demorada ausência, os outros príncipes, seus irmãos, receberam a herança do pai e partiram de Ifé para fundar os novos reinos, cabendo a Ajacá apenas uma espada.
5. Regressando Ifé, ele foi recebido com a exclamação "O wa!" ("Ah, está de volta!"), à qual respondeu: "Mo b'okun" ("Eu trouxe água do mar"). É essa a origem do título do rei dos ijexás, ouá, e do novo nome pessoal que Ajacá adotaria, Obocum. Lavando os olhos de Odudua e lhe devolvendo a visão, recebeu do pai a espada, símbolo do seu poder.

6. Entretanto, quando retornou mais uma vez a Ifé, Ajacá confundiu o pai, que tinha o rosto coberto pela coroa de franjas, com um dos irmãos. Brandiu a espada para matá-lo mas, por intervenção do destino, cortou as franjas do adê e, assim, viu o rosto de Odudua. Foi perdoado, mas, como lembrança de seu açodamento, recebeu por coroa um adê diferente do usado pelos outros reis, sem franjas na frente.
7. De Ifé, Ajacá-Obocum caminhou com um grupo de seguidores até Ibadã, onde terminou seus dias. Seu filho, o ouá Oquê Oquilê, indo mais além, fixou-se em Ilouá. Sob o comando do rei seguinte, os ijexás tomaram Ilemurê, cujo nome trocaram para Ibocum. Consumada a conquista, arrancaram o adê que o soberano deposto havia recebido de Ifé, fazendo o mesmo com o alarê que governava a cidade vizinha, Ilarê.
8. Durante o reinado de Oguê, os ijexás fixaram-se finalmente em Ilexá e lá fundaram a capital do reino. Ilexá, mais tarde célebre por ter tido cinco mulheres como soberanas, já era então famosa por sua cerâmica. Desse fato originou-se seu nome Ilê Ixá, "a cidade dos cântaros". Na região, havia também um rico senhor, chamado Onilá, o "dono dos quiabos", por causa da vasta plantação que mantinha. O ouá submeteu-o, mas o manteve como seu segundo e "grande senhor", com o título de obá-nlá.

## XVIII – Os egbás

1. Acima do país ijebu, viviam os egbás. Seus domínios estendiam-se do rio Oba, no sentido norte-sul, até Ebute-Metá; e, de leste a oeste, do rio Oxum ao rio Ieuá.
2. No passado, os egbás formavam várias cidades-estados unidas numa confederação de três províncias – Egbá Agurá, parte mais ao norte, fronteiriça a Oió; Egbá Oquê Onã, a sudoeste e abrangendo, entre outras, a cidade de Ocô; e Egbá Agbeiín. Nesta última província, localizava-se a cidade de Aquê, que deu origem a Abeocutá, fundada em 1830 com a chegada dos egbás, desalojados de seu habitat na floresta por inimigos de Oió. O nome da cidade, Abeocutá, firmemente fortificada e de difícil acesso, significa "sobre as rochas".

3. Cada uma das cidades egbás era governada por um obá. De todos eles, entretanto, só três tinham direito de usar o adê: o obá de Agurá; o oxilê, ou olocô, que era o obá de Ocô; e o alaquê, ou soberano de Aquê.
4. Cada um deles exercia influência espiritual sobre os demais obás da província a que pertenciam. Todos zelavam especialmente pelo culto ao orixá Orô, por meio da sociedade Oxugbô.
5. A maioria dos chefes egbás descendia de uma família de Oió. Sob o comando de um meio-irmão do alafim, essa família, durante quatro migrações sucessivas, ocupou a região. Primeiro, dominaram Agurá; depois, Oquê Onã; e, em seguida, Agbeíín.
6. Na última leva, partiu de Ifé o maior grupo de todos conduzido por um filho ou neto de Odudua, que foi o primeiro alaquê. Ele acompanhou Xopassã e Oraniã na migração de Ifé para o oeste. A aldeia de Ibadã, fundada por Laguelu de Ifé, foi o quartel general do exército confederado que derrotou Owu no início do século XIX.
7. Os egbadôs, que habitam o noroeste de Abeocutá, são egbás provenientes do sudoeste, sendo seu rei (olu) também vassalo de Oió. Um dos grupos egbadôs, o dos ilobis, saiu de Ifé para estabelecer o pequeno reino de Ilobi, ao sul de Ilarô. Outros fundaram, próximo dali, o reino de Queto, cujo soberano tinha o título de alaqueto. O primeiro desses soberanos foi entronizado por Odudua.
8. Os anagôs, por sua vez, são um povo que partiu de Oió para se fixar também em Abeocutá. Seu nome designa igualmente outros grupos vizinhos.
9. Em sua migração de Ifé para o oeste, Xopassã atravessou, com seu povo, o rio Ogum. Após a travessia, o grupo dividiu-se: uma parte foi para o norte e fundou Oió; os demais rumaram na direção noroeste e, depois, para o sul, onde fundaram Sabé.
10. Os que permaneceram sob as ordens de Xopassã ergueram uma aldeia no monte conhecido como Oquê Oiã, de onde, depois, deslocaram-se para Arô, mais a oeste. Após a morte de Xopassã, seu sobrinho, Ouê, assumiu o comando do grupo.

## XIX – O êxodo do povo de Queto

1. Depois de muitos anos sob o domínio de Xopassã – lider dos Egbás – Edê, o quinto governante depois de Ouê, ao verificar que naquelas terras exauridas de Arô não tinha mais condições de alimentar seu povo, já que a população de seu reino aumentara muito, decidiu partir.

2. Mais uma vez, os descendentes de Odudua dividiram-se, agora em três grupos. O primeiro, sob o comando de Idofá, valente caçador, fundou, às margens do rio Ieuá, a aldeia que recebeu seu nome. O segundo grupo fundou Igbô Orã, ao norte de Abeocutá. E o terceiro contingente, composto por 120 famílias, sob a liderança do próprio Edê e guiado pelo seu filho mais velho, o caçador Alalumã, chegou à atual região de Queto, onde ergueu cabanas em torno de um pé de iroco. Alalumã, logo na primeira noite na aldeia, coabitou com uma princesa do lugar.

3. Os primitivos habitantes de Queto eram antepassados dos ajás, ou fons. Expulsos de seu território pelos exércitos de Oió, eles migraram na direção oeste, fixando-se, primeiro, em Tadô, de onde alguns grupos se dispersaram. Um dos contingentes, seguindo na direção sudeste, fundou Aladá. Outra parte foi para o sul, estabelecendo-se em Ajudá e Popô. Os demais rumaram em direção ao leste, fixando-se entre os rios Monô e Volta, região em que deram origem ao povo Evê.

4. Os integrantes do grupo de Xopassã que, após a travessia do rio Oxum, não o seguiram nem a Oraniã, marcharam para noroeste. Seu chefe, Salubê, conduziu seu povo inicialmente até o país bariba, onde morreu. Sua gente, então, migrou para Tchauru e, depois, para Kilibo, região em que permaneceu por nove reinados.

5. Finalmente, para fugir à pressão dos baribas, rumaram para o sul. Chegando às montanhas de Sabé, próximo à confluência dos rios Uemê e Okpara, estabeleceram-se definitivamente.

6. A expansão de Oió na direção sudoeste contou com a cooperação dos aliados de Savé e de Queto, mais ao sul. Por meio deles, Oió, principalmente sob o domínio do alafim Ajagbô, ainda no século XVII, começou a estabelecer sua opressão sobre os povos de língua fon, chamados jejes.

Os fons de Abomé eram inimigos ferrenhos dos iorubás de Queto, por eles chamados de nagôs.
7. Assim, por essa cooperação e pela localização de seu território, e apesar de terem sua cidadela rigorosa e inteligentemente fortificada, os habitantes de Queto foram duramente atacados pelos fons em 1789.
8. Essa investida, durante o reinado de Akebioru, o quadragésimo alaqueto, precipitou a queda de Oió na primeira metade do século seguinte. A partir daquele momento, um grande número de habitantes de Queto, feitos prisioneiros, foram embarcados como escravos em Ajudá e Cotonu, principalmente para a Bahia.

## Capítulo 2   Os iorubás e os edos (ou benins)

**I – Antecedentes**
1. O povo Edo habita a leste do rio Níger e das terras iorubanas. Em seus domínios cobertos de florestas, desenvolveram-se, ao longo dos séculos, numerosos pequenos estados, entre eles o dos benins.
2. Os benins, um subgrupo dos edos aparentado aos equitis iorubanos, assim como todos os edos, devotam grande respeito ao seu rei, o obá de Benin.
3. No início, o grande reino do Benin era apenas um dos numerosos miniestados edos. Seus primeiros chefes, os que mandaram construir suas primeiras muralhas, tinham o título de "rei do céu" (oguissô).
4. O primeiro deles foi Igodô, cujo filho, Erê, foi o criador da espada cerimonial e de todos os outros símbolos do poder do obá e da realeza.
5. Após Igodô, trinta e um oguissôs sucederam-se no poder, entre os quais alguns do sexo feminino. O último deles, Ouodô, foi deposto porque, além de ser fraco e mau administrador, cometeu o sacrilégio de ordenar a execução de uma mulher grávida.
6. Seguiu-se um período de anarquia e turbulência. Então, os senhores em luta recorreram a Odudua, o grande líder de Ifé, pedindo-lhe que mandasse um

governante. Para saber se os que lhe pediam um príncipe eram capazes de cuidar dele com carinho, Odudua enviou aos edos sete piolhos, dos quais deviam tomar conta por três anos e, depois, devolver a Ifé.

7. Os senhores cumpriram o que fora determinado, mas Odudua não chegou a lhes mandar o príncipe que queriam, pois veio a falecer. Entretanto, seguindo instruções de Odudua, seu filho e sucessor, Obalufã, enviou Oraniã para organizar os edos e governá-los.

## II – O obá e seus ministros

1. Homem e divindade ao mesmo tempo, símbolo do poder e da prosperidade de seu reino, o obá de Benin reinava numa corte pomposa, num Estado muito bem estruturado. Seu governo apoiava-se em 48 ministros, os egaevbos: do palácio (egaevbos n-ogê) e da cidade (egaevbos n-orê).
2. Entre eles estavam o primeiro-ministro (iaxé), que assumia o lugar do rei na sua ausência; o ministro da guerra (ejemo, ou ojumo); o ministro da justiça (eru); os responsáveis pela entronização e coroação do rei (olirras, ou ujmas); o encarregado de reunir o povo para as grandes festas e solenidades (oguifá); o comandante da guarda real (iuebo); o que designava os governadores das províncias, escolhidos entre irmãos mais novos do rei (abiogbé); o responsável pelos sacrifícios (irrobe); o ritualista e adivinho (iuaxé); o zelador do palácio e acompanhante do rei nas cerimônias externas (iuegué); e o responsável pelo suprimento de mulheres e escravos ao rei (ibirre). Ao lado desses altos dignitários estavam os mensageiros do obá (ucobás).
3. Outros dignitários da corte representavam as partes do corpo e do espírito do obá, chamados eji-ebés, a saber: orramba, o que simbolizava a cabeça; arô, os olhos; errana, os pés; eralonvê, o tronco; e essá, o ventre. Os egi-egbés, como partes do corpo do soberano, não podiam sobreviver ao obá, devendo, então, morrer com ele.
4. Os olihas, ou ujmas, foram criados pelo obá Euecá. Intitulavam-se, respectivamente, edorrém, ejemo, erô, errolo-norê, olotom e edaiquem.
5. A mãe do obá podia ser entronizada junto com seu filho, recebendo o título

de iobá. Neste caso, porém, ela ficava ritualmente impedida de vê-lo e devia ir morar em um palácio exclusivo na aldeia de Uxelu, a nordeste da cidade.

6. Escolhido o obá, no momento de sua investidura, ele ajoelhava-se e era proclamado rei. Em seguida, levantava-se, prestava agradecimentos e recebia os paramentos reais, para, então, sentar-se no trono e receber reverências de cada um dos dignitários da corte. Terminadas as cerimônias, o obá passava a residir, temporariamente, em Oseboe e só entrava no Benin em caráter definitivo depois de feitos os sacrifícios no túmulo de seu antecessor.

7. Uma vez entronizado, o obá dedicava-se não somente a praticar os afazeres de governo, mas também a presidir e conduzir as cerimônias rituais.

8. Entre essas cerimônias, as mais importantes eram a do ugioro e a do uguigum, realizadas uma vez por ano. Ao longo dos dez dias de sua execução, purificavam-se e consagravam-se os colares de miçangas do rei, pedindo-se aos orixás que concedessem sabedoria ao soberano e o livrassem de malefícios. Nesses dias, o obá, vestido de branco, presidia os sacrifícios aos antepassados da família real.

## III – O obá e o axé de Xangô

1. Quando morria um obá, seu falecimento devia ficar em segredo por três meses, período em que o iaxé ocupava seu lugar. Nos funerais, o corpo do obá, enfeitado de pérolas e jóias, era enterrado em uma sepultura no próprio palácio. Após a cerimônia, o herdeiro do trono deixava sua antiga morada, em Uxelu, cruzando uma ponte na estrada de Itsequíri – travessia que simbolizava sua chegada ao poder.

2. No sétimo dia de sua jornada, ele devia manter um combate simbólico com um dos chefes e sua vitória representava o triunfo de Oraniã. Contudo, antes de ser efetivamente entronizado no palácio, o novo obá cumpria um rito de iniciação durante três dias no campo de Ecó Aiê.

3. Contam os mais-velhos que, certo dia, Xangô, ainda criança, pediu ao obá de Benin que lhe desse seu trono. Embora tenha achado graça da pretensão do menino, o rei sentiu-se ofendido e mandou que o afogassem

num rio. Logo depois de ser afogado, porém, o menino ressuscitou e foi de novo pedir o trono ao obá. Ainda mais ofendido e irritado, o rei ordenou, então, que suas mulheres o levassem para bem longe, para o interior da floresta, e lá o enforcassem. Feito isso, embaixo da árvore que serviria de forca, as mulheres cavaram um buraco para que, cortada a corda, o corpo nele caísse. Contudo, Xangô caiu vivo e fagueiro. Sabendo dessa segunda ressurreição, o obá resolveu ir à floresta ver com seus próprios olhos o que lhe fora contado. Entretanto, não encontrando o menino, retornou ao palácio, onde, surpreso, viu Xangô sentado em seu trono. Então, vencido, cedeu-lhe seu trono e sua realeza. Por isso é que o obá de Benin é também detentor do axé de Xangô.

4. Segundo outro relato dos mais-velhos, o sexto obá do Antigo Benin, Oguola, pediu ao oni de Ifé, por volta de 1280, que lhe mandasse um mestre fundidor. Esse mestre foi quem ensinou aos artistas do reino a fundir o bronze, lançando os fundamentos de uma arte na qual Ifé e Benin foram imbatíveis.

## IV – Oraniã e Ogum no Benin

1. Oraniã, acompanhado de vários camaradas, entre os quais o sábio curandeiro Oguiefá, partiu para a terra dos edos, que, então, chamava-se Igodomigodô. Lá, instalou-se fora da cidade, em Usamá, onde desposou Erinuindê, filha de um chefe edo.
2. Entretanto, diante da oposição que teve de enfrentar, Oraniã, depois de algum tempo, renunciou ao poder e abandonou o país, execrando-o e chamando-o de "terra do ódio" (ilê ibinu). Essa foi, então, a origem do nome Ibinin.
3. Declarando que só um filho da terra poderia governar aquele país, Oraniã partiu de volta a Ifé, deixando no trono seu filho que lá nascera, Euecá, cujo preceptor era o sábio Oguiefá. Oraniã também deixou com Euecá, além de armas poderosas e muitos cavalos, o adê característico dos onis de Ifé.
4. A Euecá sucederam Erimiem, Euedô, Oguola e, entre outros, Ogum, que, em nova encarnação terrena, adotou o nome de Euarê.

5. O obá Euarê introduziu novos símbolos reais, substituindo por contas de coral as contas coloridas do adê de Oraniã e instituindo, no traje de obá, o ojá (faixa de pano) vermelho que amarrava à cintura.
6. Após conferir a seu filho mais velho a condição de herdeiro real, com o título de edaiquem, e instalá-lo fora da cidade, na aldeia de Usamá, Euarê reaparelhou seu exército, reconstruiu a capital e mudou o nome de seu reino para Edo, em homenagem a um escravo que lhe salvara a vida. Depois, partiu para a conquista de cidades-estado importantes, como Acurê e Ouô.
7. Ouô, cidade habilmente fortificada e extremamente segura, ficava entre Ifé e Benin. Seu primeiro rei foi Ojugbelu, ou Assunlolá, também neto de Odudua, que construiu para si e seus sucessores um palácio com mais de cem pátios internos, cercado de muralhas com mais de quinze metros de altura, impermeabilizadas com azeite de dendê.
8. Nas guerras de conquista, o sucessor de Euarê, o obá Oluá, entronizou, como olu dos itsequíris, seu filho mais velho, que deu ao país itsequíri o nome de Uarri. Morto Oluá, os edos permaneceram sem rei até que Ozoluá, chegado do exílio, assumiu o poder. Foi sucedido por Essiguiê, este, sim, o verdadeiro consolidador da obra de Euarê.

**V – As guerras**
1. Em 1698, a cavalaria de Oió invadiu o reino de Aladá, também chamado Aradá e Arará, ao sul de Abomé. Nesta época, as guerras que alimentavam o tráfico de africanos já estavam bem avançadas e escravos iorubás eram exportados de Ajudá.
2. Oió, o maior e mais poderoso entre os reinos iorubás, enviou sua cavalaria para atacar o reino ajá-fon de Abomé na década de 1720. A partir de então, o rei de Abomé (arrossu) passou a pagar um imposto anual ao alafim de Oió.
3. As interrupções desse pagamento levaram Oió a invadir Abomé repetidas vezes, interferindo em seus negócios internos e externos. Também Aladá pagou tributo a Oió durante muito tempo.
4. Em 1789, o exército de Abomé, no qual se destacavam célebres amazonas, atacou Queto, que ficava próximo à sua fronteira, fazendo muitos mortos

e levando mais de dois mil prisioneiros. Seu grande objetivo era tomar Abeocutá e chegar a Oió, mas não obteve sucesso.

5. No fim do século XVIII, Oió estava no auge do poder, gozando do longo reinado do alafim Abiodum. Contudo, fatos que ocorriam no norte influenciariam profundamente a história dos iorubás e seus vizinhos.

6. Os muçulmanos fulânis, tidos como pacíficos pastores nômades, partiram do noroeste, sob o comando do xeique Usman dan Fodio, e estenderam até Oió sua guerra religiosa (jihad).

7. Em Ilorin, o obá Afonjá declarou sua independência em relação a Oió e convidou Alimi, outro chefe fulâni, a unir-se a ele.

8. Por intermédio de Alimi, Afonjá estimulou grupos de guerreiros fulânis e hauçás a se juntarem, em Ilorin, aos escravos hauçás do alafim, que se rebelaram e fugiram.

9. A jihad dos fulânis converteu ao islamismo milhares de iorubanos que se aliaram aos exércitos conquistadores. Nos primeiros anos do século XIX, os fulânis conquistaram os hauçás e, em seguida, os tapas.

10. Arogangã, sucessor do alafim Abiodum, iniciou seu revide atacando Afonjá em Ilorin. Entretanto, Afonjá, mais rápido, sitiou Oió, forçou Arogangã a cometer suicídio e fez milhares de prisioneiros, vendidos como escravos, no último capítulo do tráfico de africanos para as Américas.

## Capítulo 3    Ifá e a criação do mundo

### I – Olofim cria o Universo

1. Segundo o livro sagrado de Ifá, o Santíssimo Sábio, no princípio só existia a escuridão total, onde morava Exu-Elegbá. Dentro dela, havia um núcleo de luz, ar e água, onde morava Olofim. Então, Olofim resolveu fazer o tempo caminhar, dando origem, assim, a um número infinito de baixas vibrações para tecer o Universo.

2. Depois, soprou com força; e das partículas de seu hálito formaram-se

as estrelas e os sistemas planetários. Quando Olofim criou as estrelas, a escuridão total iluminou-se.

3. Então, Exu-Elegbá perguntou a Olofim quem Ele era. "Eu sou Olofim," respondeu o Ser Supremo. "E vi que a escuridão que nos rodeia não fornece a base para a plenitude da existência. Assim, resolvi criar a luz para que a vida possa florescer e ficar bonita".
4. Exu-Elegbá, embora reclamando por ter perdido o espaço que ocupava, concordou com Olofim e resolveu colaborar em Sua tarefa, ajudando a formar, fazer crescer, transformar, comunicar, desenvolver, mobilizar, resolver todos os impasses, achar todos os caminhos necessários e auxiliar os seres humanos e as entidades espirituais em suas atribuições.
5. Em seguida, Olofim criou Olodumarê e Olorum, entregando ao primeiro o domínio dos espaços e, ao segundo, o domínio da energia. Esses dois tornaram-se, então, os senhores do Universo, que compreende nosso sistema solar, a Terra e a Lua.
6. Olofim é, assim, o aspecto criador por excelência, causa e razão de todas as coisas, a personificação da divindade, aquele que se relaciona diretamente com os orixás e os homens.
7. Olodumarê é o Universo com todos os seus elementos, a manifestação material e espiritual de tudo quanto existe na natureza.
8. Olorum é o Ser Supremo – força vital e energia impulsionadora do Universo, manifestada através do Sol que aquece e ilumina.
9. Então, Olofim criou Odudua, Obatalá e Ifá, que seriam os benfeitores da futura humanidade. Depois, fez com que as coisas fossem separadas umas das outras – à frente, atrás, em cima e embaixo – e, assim, estabeleceu a noção de espaço.
10. Como se sentia só, criou, de si mesmo, um número infinito de seres para distribuí-los por todo o espaço, durante todo o tempo. Ele fez isso misturando diversas vibrações para diferenciar os seres uns dos outros, de modo que cada um tivesse suas próprias características.
11. Continuando, Olofim assoviou à direita para criar os irumalês, divindades primordiais. E assoviou à esquerda para criar os orixás, divindades ligadas

às forças da natureza e às atividades da futura humanidade, dando a cada uma delas uma atribuição.
12. Por fim, emanou miríades de pequenas vibrações individualizadas e manteve a emanação vital permanente. Essas pequenas vibrações, os espíritos, expandiram-se pelo espaço, deambulando sem ordem nem propósito. Então, Olodumarê fixou-lhes uma morada, numa dimensão próxima à Terra, que recebeu o nome de Ifé Orê, a cidade dos espíritos.
13. Nesse último momento da Criação, Olofim fixou as leis dos movimentos; deu cores às vibrações pela ordem, originando a luz; estabeleceu o equilíbrio, a comparação e a hierarquia das coisas; fez com que a Lua competisse com o Sol pelo domínio das influências no planeta.
14. Feito isso, Olofim foi descansar, deleitando-se na contemplação da grande aventura universal.

## II – Os irumalês e orixás completam a Criação

1. Depois que Olofim foi descansar, os irumalês e orixás, em grupos de sete, desceram à Terra para completar a obra da Criação.
2. Olocum moldou os abismos para dar lugar aos oceanos; Orixá Ocô levantou as terras do fundo dos mares; Xangô criou a atmosfera e as nuvens com suas cargas elétricas; Ogum elaborou os minerais e trabalhou as montanhas; Iemanjá moldou as porções litorâneas, cuidando do equilíbrio entre a terra e o mar; Oxum fez nascer os rios, mananciais e todas as águas doces; Orungan dominou o fogo no interior da esfera terrestre e assumiu o controle dos vulcões.
3. Outros grupos de irumalês e orixás foram criando as estações do ano segundo a posição planetária, bem como as rotações da Terra e da Lua, dando origem às marés, aos dias e às noites. Outros, ainda, tomando diversos elementos das pedras, das águas e do ar, fizeram surgir os seres vivos, plantas e animais, a partir da natureza existente.
4. À medida que iam criando plantas e animais, irumalês e orixás estabeleciam a correlação entre eles: as plantas nutriam-se da terra; e os animais deslocavam-se pelo ar, pela água e pelo solo para se alimentarem dos vegetais.

5. Assim, a água permitia a vida material; o ar constituía o equilíbrio entre as plantas e os animais e era o veículo do alento de Olofim; o fogo assumia a tarefa de destruidor e revitalizador, sob o poder de Olorum e da energia vital que dele emana.
6. Desceram, então, à Terra, Odudua, Ifá e Obatalá para criarem a humanidade. Nessa tarefa, primeiro Ifá modelou corpos fluídos, semimateriais. Instruídos por Odudua, cada um dos espíritos habitantes de Ifé Orê ocupou um deles. No entanto, como os corpos eram semimateriais, essas novas criaturas começaram a vagar como fantasmas.
7. Obatalá, então, começou a realizar o objetivo que tinha definido. Misturando e combinando vários elementos, criou o arquétipo humano: duas pernas, para o ser sustentar-se de pé com firmeza; dois braços fortes, para dominar as outras espécies; um coração grande e um peito poderoso; uma cabeça no alto, para observar e perceber as coisas a distância; e um complexo mecanismo de nervos, fluidos e músculos.
8. Odudua completou seu trabalho dando a cada um dos seres recém-criados um espírito com seu respectivo corpo astral, para fortalecer seus sentidos e desenvolver seu instinto.
9. Finalmente, Olofim concedeu ao ser humano recém-criado o seu sopro vital, seu espírito (emi). Por isso, Olofim é chamado também de Elemi, o dono do sopro vital. O ser humano também recebeu dele a sua personalidade (ori).

## III – Obatalá corrige os erros

1. Esses seres, assim como os outros animais superiores carregavam, cada um, em um só corpo, os princípios masculino e feminino; reproduziam-se por si mesmos e dotavam de um novo espírito cada novo corpo assim originado. Por esse motivo, estavam à altura das divindades criadoras.
2. Ciumentos de todo esse poder, os irumalês e orixás manifestaram, de forma violenta, desaprovação a Odudua, Ifá e Obatalá, desencadeando a ira das forças da natureza e colocando em perigo o equilíbrio do planeta. Foi assim

que Obatalá veio novamente à Terra para corrigir os erros da Criação e, principalmente, consolidar as diferenças entre os sexos.
3. A partir de então, dos antigos andróginos, começaram a nascer seres com características sexuais distintas e complementares: os masculinos, dotados principalmente de força, coragem, agilidade e capacidade empreendedora; e os femininos, destacados, primordialmente, pelo dom de gerar filhos e pela maior resistência ao sofrimento. Os andróginos, perdendo a capacidade reprodutora, foram-se tornando uma espécie rara, até sua total extinção.
4. Finalmente, Obatalá criou o amor entre os sexos, fundado no desejo instintivo de complementaridade, como se cada um buscasse a parte que lhe faltava. Contudo, algumas entidades espirituais partidárias do androginismo dotaram, sorrateiramente, corpos masculinos de espíritos femininos e vice-versa, fazendo com que certas pessoas nasçam com características sexuais que não são de seu agrado.

## IV – Ifá determina as posições na escala de valores
1. Como primeira atribuição, coube a Ifá organizar o inventário de toda a Criação e determinar a cada ser criado sua posição na grande escala de valores do Universo.
2. Nessa escala, Ifá colocou Olofim no patamar 21; Olodumarè e Olorum no degrau 17; e atribuiu a si, juntamente com Odudua e Obatalá, o degrau 16, posicionando, entretanto, Odudua no cimo do degrau, governando a trilogia.
3. O degrau 12 coube aos irumalês da direita; o 8, aos orixás; o 7, aos ancestrais divinizados; o 5, aos seres humanos; o 4, aos animais e plantas; e o 3, aos seres inanimados.
4. No espaço entre um degrau e outro, Ifá estabeleceu sete níveis de diferenciação. Para o ser humano, fez com que no meio desse espaço, ficasse o homem comum; em cima, o homem sábio, que aplica sua inteligência em alguma atividade em que sobressai; mais acima, o homem santo, que purifica seu espírito e multiplica suas virtudes; e, sobre todos eles, o santo-sábio, que encerra os melhores atributos que um ser humano pode possuir.

5. Abaixo do homem comum, Ifá posicionou o néscio, ou ignorante, que zomba e debocha do que não conhece; depois, o malvado, que carrega as piores qualidades e sentimentos da espécie humana; e, abaixo de todos, o malvado-sábio, que, a serviço das entidades malévolas, aplica sua sabedoria na destruição.
6. Ifá estabeleceu que o comportamento do homem lhe permite ascender ou cair do lugar em que se encontra na escala – do meio dela para cima, cresce a influência dos benfeitores e, dali para baixo, sucede o contrário.
7. Seguindo os objetivos de Obatalá, Ifá, ao criar o amor entre os sexos, ensinou ao homem que o sábio deve compartilhar sua vida com uma companheira, que é seu apoio; que o santo deve ter em altíssima estima as mulheres que o rodeiam; que o santo-sábio deve considerar a mulher um elemento sagrado, cuja participação na vida do homem é fator primordial para que ele alcance a divinização.
8. Na Terra, o melhor representante de Ifá foi Orunmilá – que confeccionou o primeiro opelê, o instrumento por excelência da arte divinatória; e seu melhor mensageiro e amigo foi Elegbá. De Xangô, ele recebeu o tabuleiro ou bandeja de adivinhação (opanifá), esculpido com a madeira da árvore sagrada; com Ossãe aprendeu o segredo das plantas; de Ogum, obteve as armas do sacrifício; das iabás, orixás detentoras do poder feminino, recebeu o carinho e o saber sobre as qualidades das pedras dos rios, das florestas e das savanas.
9. Por intermédio de Ifá, Orunmilá conheceu os segredos da Criação. Por isso, ele diz que tudo deve ser perguntado a Ifá, pois este tem a resposta para todas as indagações. Tais respostas estão nos vários odus do oráculo de Ifá, escritos por Orunmilá no grande Livro Sagrado. Os odus são os signos de Ifá – a expressão das palavras desse grande orixá.
10. Todo ser humano nasce sob um signo de Ifá e esse signo determina as possibilidades de seu destino. As pessoas devem obter a revelação do seu odu e, assim, render culto a ele. Em qualquer consulta, porém, além do odu mostrado naquele momento, deve-se ter em conta o odu da família,

do pai e dos ancestrais do consulente, bem como do lugar onde ele vive. Assim, o número de combinações possíveis é enorme.
11. Os signos, isolados ou combinados, são chaves que permitem abrir as portas do grande livro no qual estão as parábolas que concentram os ensinamentos de Orunmilá, chamadas itá.

**V – Orunmilá restaura a ordem**
1. Houve, no entanto, um momento em que a vida no Universo inicial tornou-se caótica. Uma série de circunstâncias que foram se agravando ocasionaram a fome, a doença e a miséria. Não sabendo o porquê da desgraça nem como se livrar dela, as pessoas apelaram a Olofim.
2. O Ser Supremo, então, enviou Olotá de Adô, Erimi de Ouô, Pepé de Assin, Ogum de Irê e Dauoderi de Imojubi para restabelecerem a ordem e devolverem a paz à humanidade, o que, apesar de seus esforços, não conseguiram.
3. Então, foi chamado Orunmilá. O grande sábio pediu que lhe dessem uma folha de oluxualu, planta muito rara, mas ninguém conseguiu. Depois, solicitou que todos confessassem seus erros, pecados e crimes, o que foi feito. Orunmilá, então, tirou a folha de oluxualu de seu chapéu e com ela restaurou a harmonia.
4. Assim, tudo voltou ao normal: as aves aos ninhos, os peixes aos rios, os animais selvagens à floresta, os ratos às tocas... E a paz novamente passou a reinar no Universo; como está escrito no Livro Sagrado de Ifá.

# Capítulo 4   O ciclo espiritual

**I – A constituição do ser humano**
1. A essência espiritual do ser humano, ou seja, sua alma, compõe-se de três elementos principais. O primeiro é o eledá, ou iponri, que é seu espírito,

a energia do seu guia ancestral, ligado à sua cabeça, ao seu destino e à sua cadeia reencarnatória.
2. O segundo é o emi, a respiração que, além de morar nos pulmões e no tórax, serve-se das narinas como as duas aberturas do fole de um ferreiro. A respiração é o sopro vital, que faz o indivíduo trabalhar e lhe propicia a vida.
3. O terceiro elemento é ojiji, a sombra, que não tem outra função durante a vida senão a de seguir o corpo vivo, expressando sua existência. Pode-se ver a sombra, ouvir e sentir a respiração, mas ninguém ouve ou sente o eledá. A sombra não tem substância e não precisa ser alimentada, e a respiração nutre-se do alimento que o indivíduo ingere.
4. Contudo, o eledá, que se confunde com o próprio eu do indivíduo, deve ser nutrido através do ritual destinado a alimentar a cabeça, o bori.
5. A cabeça (ori) é o invólucro da mente e do cérebro – cabeça interior (ori inu) – que concentra a essência e o destino do ser humano e dirige sua personalidade. Por isso, é cultuada como uma divindade, recebendo súplicas, louvores e oferendas.

**II – A alma e o corpo**
1. Quando ocorre a morte física, a essência espiritual abandona o corpo e vai para o Orum, a dimensão dos espíritos e divindades, lá permanecendo até que o eledá reencarne. A alma, no entanto, pode também abandonar o corpo durante o sono, como acontece com a alma dos feiticeiros, que saem à noite para perpetrar malefícios.
2. Existem práticas que possibilitam ver a alma de uma pessoa viva e predizer sua morte se, por exemplo, ela aparecer enlaçada, amarrada e arrastada por um feiticeiro.
3. Outras práticas são usadas para se apossar da alma durante o sono, impedindo seu retorno ao corpo e causando a morte.
4. De qualquer modo, o dia apontado por Olofim como o do retorno da alma ao Orum só pode ser alterado pelo suicídio; e, nesse caso, a alma nunca voltará ao Orum.
5. Não é possível dilatar o período de vida estabelecido – nem por preces,

nem por sacrifícios, nem por magia. Contudo, a existência terrena pode ser abreviada como decorrência de ofensa às divindades, pela ação de maus espíritos, por assassinato ou como punição por crime ou juramento falso.

## III – A reencarnação

1. O indivíduo normalmente reencarna na sua própria família e o eledá representa, em geral, a energia de um antepassado do lado paterno. Nomes como Babatundê ("papai voltou") ou Yetundê ("mamãe voltou") devem ser dados a crianças do mesmo sexo do ancestral que se sabe reencarnado. Um ancestral, no entanto, pode reencarnar em uma criança de sexo diferente do seu.
2. A identidade do ancestral que reencarna é determinada pela semelhança física ou de personalidade, por sonhos em que o antepassado revela que voltou ou voltará e também pela consulta ao oráculo durante a gravidez ou logo após o nascimento.
3. Antes de uma criança nascer, o espírito do antepassado põe-se perante Olorum para receber um novo corpo, um novo sopro vital e um novo destino para sua vida na Terra.
4. Ajoelhado diante de Olofim, ele tem a oportunidade de escolher seu próprio destino, embora seu pedido possa ser negado, caso não seja feito de forma humilde e razoável.

## IV – O destino

1. O destino determina a personalidade, a ocupação e a sorte do indivíduo. Tem um tempo determinado e, ao seu término, o guia ancestral, o espírito do antepassado, deve retornar ao Orum.
2. O dia da morte não pode nunca ser adiado. Outros aspectos do destino, contudo, podem ser modificados por atos humanos e por seres e forças sobrenaturais.
3. Se o indivíduo tem total amparo e proteção de seu eledá, de Olofim e de outras divindades, ele usufruirá naturalmente do destino prometido

e viverá o período de vida que lhe foi reservado. Caso contrário, poderá perder as benesses que lhe foram destinadas ou morrer antes do tempo.

4. O ser humano deverá periodicamente renovar sua aliança com seu eledá e suas divindades, oferecendo-lhes louvores, oferendas e sacrifícios. Em contrapartida, poderá contar com a proteção de amuletos e remédios preparados para protegê-lo e auxiliá-lo.

5. Diante de um problema, a pessoa deverá sempre consultar um babalaô (intérprete do oráculo de Ifá) para saber o que deve ser feito a fim de melhorar sua sorte. Logo após o nascimento de uma criança ou mesmo durante a gravidez, o babalaô deve ser chamado para revelar seu destino.

6. O signo formado na consulta ao opelê, aos iquins (caroços de dendê) ou a outro instrumento de adivinhação revelará o odu, o destino da criança. O odu, por indicar a ocupação em que o futuro adulto poderá ter maior sucesso e os caminhos pessoais que deverá trilhar, será o mapa e a bússola de sua vida.

7. O signo do odu será entalhado em um pedaço de cabaça, para nunca ser esquecido, e também para que a criança, quando adulta, venha a saber, por intermédio do babalaô, quais os conhecimentos que ele encerra.

8. Por ocasião da primeira consulta, o babalaô perguntará ao oráculo qual ancestral está de volta por meio do recém-nascido para ser seu eledá e quais os nomes laudatórios (oriquis) apropriados a ele.

**V – O nome**

1. Se for um menino, o recém-nascido deverá receber seu nome no nono dia; no sétimo, se for menina; e, também no sétimo, se do nascimento resultarem gêmeos.

2. Enquanto a criança não receber cerimonialmente um nome, ela se chamará apenas Icôco Omã, ou seja, o "recém-nascido"; e sua mãe será a Iá Icôco, a mãe do recém-nascido.

3. A cerimônia do nome representa a primeira vez em que a criança sai de casa e o fim da clausura de sua mãe.

4. Ela será realizada sempre pela manhã bem cedo ou no início da noite. Deverão participar os parentes e membros da comunidade, cada um

levando o seu presente, deixado à entrada do local onde se promoverá a solenidade, o qual estará devidamente preparado e enfeitado. No centro, estarão recipientes contendo água, pimenta, sal, azeite, mel, aguardente, obis e nozes-de-cola. Com a criança já no colo de uma mulher mais velha, terá início a cerimônia.

5. Primeiramente, o oficiante espargirá água no chão e no rosto da criança. Se ela chorar, é sinal de que veio para ficar, pois somente os seres vivos emitem sons espontaneamente.
6. A seguir, o mais velho do grupo sussurrará no ouvido do recém-nascido o seu nome. Então, molhando a ponta do dedo na água e passando na testa da criança, ele anunciará o nome dela aos presentes.
7. O nome completo será composto de três partes: o oruncó, nome pessoal, relacionado a alguma característica da criança ou às circunstâncias do nascimento, como dia da semana; o oriqui, um nome de louvor, que encerrará um voto ou um desejo relativo ao futuro do recém-nascido; e, por fim, o orilé, o nome indicativo de sua linhagem familiar.
8. Continuando a cerimônia, dirigindo-se até os recipientes dispostos no centro do ambiente, o mais velho pegará um pouco de pimenta e a passará na boca da criança para que ela seja corajosa, resoluta e tenha controle sobre as forças da natureza.
9. Fazendo o mesmo com a água, ele objetivará a pureza do corpo e do espírito, bem como a proteção contra doenças. O sal simbolizará o gosto da sabedoria, que alimentará a vida do recém-nascido. O azeite representará força, saúde e poder como os da realeza. O mel e a aguardente, levemente colocados em seus lábios, significarão votos de felicidade e força. E a noz-de-cola, votos de prosperidade.
10. Terminado o ritual, os festejos com música e dança continuarão até o dia seguinte.

## VI – A espiritualidade e o corpo humano

1. O eledá está associado à cabeça da pessoa, da qual é o dono e, para propiciá-lo, deve-se banhar a cabeça com ervas refrescantes. Entretanto, ao mesmo tempo, o eledá tem sua contraparte no Orum.

2. Na cabeça, o eledá está simultaneamente na testa, proporcionando inteligência, sorte e felicidade; no alto posterior, na coroa, protegendo contra o mal em geral; e na nuca, defendendo contra os perigos do passado.
3. Assim como a região da nuca vigia o passado, os dedões do pé avisam o que está à frente, no futuro próximo ou distante. Por isso, uma simples topada pode significar um aviso.
4. O aborrecimento e o prazer estão associados ao estômago; da mesma forma, o coração está ligado à bondade e à maldade.

## VII – Abicus e gêmeos
1. Uma sucessão de filhos que morrem por ocasião do parto, na primeira infância ou mesmo um pouco mais velhos, indica em geral a materialização do espírito de um único ancestral, reencarnado repetidamente para logo retornar ao Orum.
2. Esse espírito não deseja permanecer por muito tempo na Terra, preferindo viver no Orum ou apenas viajar, para baixo e para cima, entre o Orum e o Aiê, o mundo dos vivos. Assim, é aquinhoado por Olorum com breves períodos de vida.
3. Também há a possibilidade de ser um espírito que encarna vezes sucessivas como filho da mesma mulher somente para lhe causar sofrimento. Assim, a mulher engravida, as gestações chegam a termo, as crianças nascem bem, mas morrem ainda pequenas. Há, no entanto, recursos espirituais para impedir a morte, a fim de que a criança possa desenvolver-se normalmente ao lado da mãe.
4. Os que nascem nessas circunstâncias são conhecidos como "aqueles que têm a morte" (abicus). Os pais devem fazer fortes obrigações para evitar que o espírito da criança abandone o corpo, realizando sacrifícios, consagrando a cabeça dela a outro eledá ou entregando-a ao culto de um orixá específico.
5. Também a morte (Icu) é uma divindade, mas precisará saber que aquela cabeça já tem um dono.
6. Quando morre um abicu, seu cadáver deve ser, de alguma forma, marcado, para que seja possível identificá-lo na próxima reencarnação.

7. No Orum, os gêmeos, assim como os abicus, conservam a forma infantil e, embora não sejam tão perigosos quanto estes, são igualmente temidos pelo seu poder. A mãe de gêmeos não conceberá de novo a menos que eles sejam adequadamente tratados e reverenciados.
8. Se os gêmeos do sexo masculino atingirem a idade adulta, poderão, caso não sejam espiritualmente bem cuidados, causar a morte do pai; da mesma forma, meninas gêmeas poderão ocasionar a morte da mãe.
9. Por ocasião do nascimento de gêmeos, dois pequenos potes são parcialmente enterrados no canto de um cômodo, onde sacrifícios serão oferecidos anualmente.
10. Quando um dos gêmeos morre, os pais devem mandar fazer uma escultura em madeira que o represente, isto é, que tenha o mesmo sexo e as mesmas características. Tal prática é necessária porque gêmeos, mesmo um vivo e o outro morto, devem ser tratados de igual para igual, devendo a estatueta merecer as mesmas atenções que recebia o falecido.
11. Se o outro gêmeo vier a falecer, nova estatueta será confeccionada para continuar, ao lado da anterior, fazendo jus às mesmas homenagens.
12. Gêmeos e abicus, porém, não se constituem em divindades; os sacrifícios que recebem não são dirigidos a eles, e sim às suas cabeças, aos seus guias ancestrais.

**VII – A morte e os ritos funerários**
1. Quando uma criança pequena morre, nenhum rito funerário deve ser realizado; ela é considerada um abicu, um ser que nasceu para morrer, e tem de ser imediatamente enterrada no fundo do quintal ou na floresta, sem que seja necessário banhá-la, esfregá-la ou vesti-la.
2. As pessoas sem filhos também não precisam receber honras fúnebres muito elaboradas. Essas pessoas e os adultos que morrem em circunstâncias anormais serão enterrados em seu próprio quintal.
3. Leprosos, albinos, corcundas, mulheres que morrem grávidas, pessoas fulminadas por raio, além de outros que falecem em circunstâncias especiais, devem ser sepultados nos bosques das divindades às quais sua

deformidade ou as condições de sua morte estão ligadas (Obaluaiê, Oxalá, Oxum, Xangô etc.). Os sacerdotes dessas divindades realizarão ritos para evitar a repetição do infortúnio.

4. Um filho que deseje enterrar a mãe no quintal dele pode pedir permissão ao clã a que ela pertencia. O normal, contudo, é que o corpo dela, devidamente coberto, seja levado para o quintal da casa de seu pai, onde nasceu. Entretanto, o corpo não deve sair pela porta, mas pela janela. Se não houver janela, será necessário fazer uma abertura na parede, cujo fechamento deverá ser acompanhado de um ritual.

5. Quando uma pessoa morre no campo, o corpo terá de ser levado para o enterro em casa – à exceção de crianças, que serão sepultadas no próprio local em que faleceram. Os carregadores serão precedidos de um homem levando uma galinha viva (adié ibodê), da qual algumas penas serão retiradas e deixadas em cada bifurcação do caminho, para marcar o percurso pelo qual a alma do morto os seguirá na volta para a cidade. Quando atingirem o portão da cidade (ibodê), matarão a galinha golpeando sua cabeça contra o solo ou contra o portão e lá a deixarão.

6. Os enterros deverão ser realizados pelos homens adultos do clã, sob o comando do logun, o chefe desse grupo de adultos, do qual se excluem os irmãos e filhos do falecido.

7. Os homens formarão dois grupos – um deles abrirá a cova e o outro banhará o cadáver. O corpo será colocado nu no quintal, apoiado num pilão deitado, para ser banhado com sabão, água e uma esponja vegetal. Sua cabeça será completamente raspada. É preciso tomar cuidado para não deixar a cabeça inclinar-se em direção a determinada pessoa para que esta também não morra.

8. O banho e a raspagem do cabelo só poderão ter início após o pôr do sol. Isso é necessário porque ninguém da família, principalmente o homem que usar a esponja, deverá ver a sombra do cadáver, sob pena de morrer também.

9. O corpo será, então, envolto em roupas finas, com todos os adereços colocados nas costas, para que a alma, quando chegar seu tempo de

reencarnar, conheça o caminho de volta à Terra. A camisa usada por ocasião da morte será herdada pelo filho mais novo que seja do mesmo sexo do falecido; mas ela e o pilão devem ser deixados do lado de fora da casa por sete dias antes que possam voltar a ser utilizados.

10. Um homem não deve nunca comer comida preparada no pilão no qual o corpo de sua mulher foi recostado; por isso, no quintal de toda casa deve haver um pilão velho, especialmente guardado para essas ocasiões. A esponja e a água serão jogadas fora.

11. Depois de lavado, o cadáver será levado para a casa, enrolado em vários tecidos finos, colocado na cama ou em uma esteira no chão de um cômodo. Em seguida, será coberto com um pano ainda mais fino e um pequeno quadrado deverá ser posto sobre a face do morto. Os parentes e amigos serão avisados da morte o mais rápido possível, para que possam vir consolar a família e manifestar seus respeitos ao falecido.

12. Próximo ao corpo, será colocada uma cabaça, na qual os amigos e parentes deverão depositar algumas moedas, guardadas pelas viúvas moradoras no quintal da família, que se revezam sentadas diante do corpo, abanando-o para refrescá-lo. O comprimento do corpo, medido com uma vara, fornecerá o tamanho da cova simples a ser cavada no quarto para abrigar o falecido. Se ele não possuir nada, será enterrado no quarto de seu pai. Os responsáveis pela abertura da cova poderão pedir às crianças da casa para lhes trazerem comida e bebida.

13. Se o morto tiver idade avançada, os coveiros poderão brincar enquanto trabalham, de modo que seus filhos se distraiam e esqueçam a dor; mas se for da idade dos coveiros ou mais novo, eles não brincarão durante o trabalho e não pedirão comidas nem bebidas.

14. O último pedaço de barro removido da sepultura deverá ser guardado para o caso de surgirem credores reclamando dívidas contraídas pelo falecido. A não ser que as dívidas sejam de conhecimento de todos, os credores terão de comer um pouco do barro, em confirmação de que os débitos são legítimos.

15. Cada um dos filhos do mesmo pai e da mesma mãe será responsável

por providenciar um lençol para cobrir o morto. A família do pai do falecido contribuirá com um pano, cada um dos irmãos e irmãs da mãe providenciará uma roupa e parentes íntimos deverão colaborar doando tecidos.

16. Sendo o defunto um homem, cada uma de suas viúvas deverá também providenciar um lençol em troca daquele com que ele a cobriu durante o primeiro intercurso sexual do casal. Se ele tiver tido filhos, estes adquirirão o tecido em conjunto e em nome da mãe.
17. Quando a pessoa morta for uma mulher, o viúvo e cada um dos seus filhos serão responsáveis pelo lençol com o qual ela será enterrada. Irmãs e filhas compartilharão essas atribuições.
18. Netos não são obrigados a contribuir para os funerais dos avós, a não ser que seus pais não estejam vivos para fazê-lo. O corpo deverá ser sepultado com cerca de oito lençóis e mesmo uma família pobre deve tentar conseguir pelo menos quatro deles. Roupas com detalhes vermelhos não poderão ser usadas no enterro, para que o morto não reencarne como um leproso.
19. O corpo será envolto nos lençóis que foram dados como contribuição e enlaçado com tiras de algodão desfiadas. Se houver lençóis suficientes para envolver o corpo todo, ele será colocado de pé por cinco minutos ou mais. Essa forma de exposição, porém, é perigosa porque, se o cadáver cair, um membro da família irá com ele para o túmulo.
20. Se os homens que banharam o cadáver e cavaram o túmulo ficarem contentes com a comida e a bebida que receberem, eles carregarão o corpo num passeio pelos arredores, e até mesmo pela cidade, antes de depositá-lo no túmulo.
21. Duzentos búzios ou mesmo dinheiro serão colocados dentro das vestes do falecido para que ele possa pagar seu ingresso na cidade dos mortos. As cerimônias de sepultamento poderão prolongar-se pelo tempo que os filhos do morto tiverem condições de custear os festejos.
22. Se não for usado um caixão de madeira, sobre o corpo deverão ser colocadas estacas, as quais serão marcadas com o sangue e as penas de uma ave (galinha, quando o defunto for uma mulher; e galo, quando for um

homem). A ave será morta batendo-se sua cabeça no chão, arrancando-a e jogando-a fora. Tal prática é necessária para que não morram outras pessoas na família.

23. Outra ave (galinha ou galo) será morta do mesmo modo e seu sangue, aspergido no túmulo. Tal técnica objetiva romper os laços do morto com os membros de sua família – para que sua alma não retorne e passe a atormentá-los. As duas aves serão comidas pelos homens adultos que realizaram o enterro. Contudo, os filhos da pessoa falecida não poderão provar delas.

24. Os filhos do morto deverão passar uma noite em vigília, geralmente depois do enterro. No entanto, a vigília pode ocorrer antes do sepultamento, numa reunião que congregará parentes da mesma faixa de idade e seus convidados. Os filhos do falecido, seus filhos e filhas mais novos e seus enteados convidarão os membros e tamborzeiros de seu grupo para comer, beber, cantar e dançar com eles noite adentro.

25. Os membros mais velhos do clã não poderão participar da vigília nem provar da comida ali oferecida. Assim, passarão a noite ajudando e consolando parentes próximos do morto. Além disso, eles não precisarão contribuir para as despesas do funeral, mas também não compartilharão da herança.

26. Essa noite marcará o início das cerimônias fúnebres, as quais poderão ser adiadas se os filhos não tiverem dinheiro suficiente para realizá-las imediatamente; contudo, elas nunca deverão ser postergadas para depois de um ano após a morte.

27. Tais cerimônias – que precisam ser realizadas o mais rápido possível, para que alma do pai do morto não retorne, causando doenças ou outro infortúnio – deverão acontecer durante oito ou dez dias de comemorações, cantos e danças. Nesse período, parentes e amigos da família apresentarão suas condolências.

28. No terceiro dia, os cunhados e as irmãs do morto, bem como seus genros e suas sobrinhas, deverão levar bolos de inhame, legumes e uma porção de cerveja de milho para a refeição final dos filhos com o pai falecido. A

cerveja e um pedaço de bolo de inhame serão colocados no túmulo – porções de cada um deles serão consumidas pelos filhos e pelos homens que fizerem o enterro.

29. Por ordem de idade, os filhos do morto pegarão um pouco de terra com a mão esquerda e colocarão no túmulo, enquanto rezam para que o falecido encontre um bom lugar no outro mundo. Esses gestos deverão ser repetidos pelos filhos mais novos do falecido e por quem estiver presente.

30. Finalmente, um tronco de bananeira será fincado no chão, acima da cabeça do cadáver. Assim, quando o corpo apodrecer, haverá ali um buraco por meio do qual sua alma poderá alimentar-se do sangue dos animais sacrificados ou de alimentos cozidos. O chão será, então, completamente aterrado pelos coveiros, umedecido, amassado com os calcanhares e alisado com as mãos.

31. Esse procedimento encerra o funeral de um homem, mas, para o de uma mulher, realiza-se ainda outro ritual, que é o das "lágrimas matinais". Nele, pela manhã, as mulheres viúvas do quintal da família em que ela se casou comerão juntas e batucarão em grandes cabaças, sempre dançando.

32. Mais tarde, o filho mais velho da falecida providenciará um carneiro, que será sacrificado, cozinhado e servido às viúvas com outros alimentos. Em seguida, elas executarão danças e cantos em honra dos filhos. Esse ritual marcará o último encontro da falecida com as mulheres com as quais ela conviveu depois de casada.

33. Após a conclusão do funeral, se o filho ainda dispuser de bastante dinheiro, serão contratados tocadores de tambor e convidados seus amigos e companheiros de grupo para juntarem-se em danças pelas ruas em agradecimento àqueles que o ajudaram no funeral, geralmente oferecendo em troca vinho-de-palma e dinheiro.

34. Esses ritos de sepultamento poderão variar, em pequenos detalhes, entre os clãs ou entre os membros dos cultos a Ifá, Xangô, Egungum, Orô etc.

35. No caso de um oni, obá ou outra autoridade, uma ou duas semanas após o enterro – ou mesmo vários meses ou anos depois –, deverão realizar-se novas homenagens ao morto. Será necessário mandar confeccionar uma

representação de sua cabeça, de terracota ou de bronze, conforme as posses do grupo, e a ela acrescentar um corpo de madeira coberto de pano.
36. A imagem do defunto deverá sair em procissão, seguida por seu sucessor, ostentando as insígnias do poder. Tal prática servirá para mostrar que, embora o governante seja mortal, sua função não é, pois tem origem divina.

## Capítulo 5   Poder físico e poder espiritual

### I – Axé e agbara

1. Existem dois tipos de poder intimamente ligados. O primeiro é o agbara, o poder físico; o outro é o axé, o poder espiritual. O poder espiritual é o mais importante, não se devendo, contudo, desprezar o poder físico.
2. O conjunto dos meios materiais que permitem executar uma ordem representa o poder físico; por exemplo, as armas, os soldados ou mesmo as proezas físicas no campo de batalha ou em um combate civil. O poder espiritual é muito mais sutil: constitui-se em um conjunto de forças invisíveis, mas poderosas.
3. Quando, em combates, os fracos são vencidos pelos fortes ou quando, em conflitos econômicos, os poderosos apossam-se das terras dos mais fracos, essas conquistas ou aquisições só se concretizam graças a uma ajuda espiritual.
4. E ela não estará completa se as divindades e os objetos sagrados dos vencidos não tiverem sido profanados, se seu laço espiritual com o passado não tiver sido rompido.
5. O homem que procura despojar uma pessoa de sua terra nem sempre acredita que a estará privando de seus direitos legítimos pela força; frequentemente, ele pensa que a terra pertence a seus ancestrais e que está apenas retomando o que é seu.
6. Sabendo que vai se apoderar deliberadamente da terra de alguém, procurará desmoralizar os poderes espirituais desse indivíduo, destruindo

seus deuses. Assim, os poderes inteiramente espirituais dos orixás são considerados muito mais eficazes que todos os poderes físicos.

7. Um obá, um rei, possui um poder que emana dos orixás e, depois de sua consagração, é alçado à condição de alaxé, num patamar logo abaixo deles, porque lhes deve obediência. Quando morre, integra-se ao panteão dos orixás.
8. Todo ato de poder, como, por exemplo, uma declaração de guerra, deve receber a sanção espiritual dos orixás.
9. Da mesma forma, o direito de legislar, outra manifestação do exercício do poder, não é considerado um simples ato de racionalidade e de regulamentação social, e sim uma manifestação da vontade dos orixás e ancestrais.
10. Mesmo as leis mais simples são promulgadas como uma revelação divina. Em razão dessa crença na superioridade das forças espirituais, o uso da força física no exercício do poder tornou-se secundário.
11. Da mesma forma que se obedece imediatamente ao rei, porque se reconhece nele uma força espiritual superior, toda pessoa idosa é obedecida sem dificuldade pelos mais jovens, porque a ela são atribuídos poderes espirituais superiores.
12. Mesmo entre os reis, existe uma hierarquia – o mais jovem inclina-se diante do mais velho.
13. Tudo isso demonstra que, em geral, a força física não é considerada o argumento último e mais eficaz. Uma pessoa, mesmo idosa, fraca, pobre e doente, pode comandar um indivíduo jovem, forte, viril e robusto com a certeza de que será obedecida.
14. Assim, nem sempre é indispensável que o rei monopolize todos os meios de ataque e defesa de que dispõe, ainda que seja de seu interesse fazê-lo. Uma só palavra sua – que expressa os poderes espirituais de todos os ancestrais – será considerada muito mais eficaz que todas as forças físicas desses meios.
15. Nos reinos iorubás anteriores ao período colonial, os exércitos não eram

permanentes nem deviam obediência a um único obá. Cada homem poderoso tinha seu próprio exército e o rei podia, ou não, possuir um.

16. Para os antigos, isso não era sinal de fraqueza do poder do soberano, porque, em virtude de seus poderes espirituais, ele podia recorrer aos serviços desses exércitos, cujos chefes lhe deviam favores e lhe obedeciam sem discutir.

17. Para se manter em boa saúde física e permanecer forte, o indivíduo pode utilizar diversos meios: o medicamento líquido (abô), consumido como bebida ou adicionado ao banho; o medicamento em pó (agunmu), misturado aos alimentos sólidos e líquidos; o medicamento a ser ingerido após cozimento (axejé); as incisões (gbere), nas quais se introduzem por fricção medicamentos em pó que vão se misturar ao sangue.

18. A saúde (ilere oro), esta é a riqueza, diziam os antigos. A honra (ola), contudo, também é uma fonte de poder.

19. Um ololá é um homem honorável. Um indivíduo pobre pode ser um ololá, desde que não haja manchas em seu caráter. Isso é possível porque o bom caráter é uma competente couraça contra os acontecimentos adversos da vida e qualquer um que o possua não precisa temer nada.

20. O bom caráter é o guardião do homem. As pessoas de mau caráter tememno desnecessariamente, pois o seu medo é causado pelo remorso.

21. Graças à admiração que suscita na população, o ololá, o homem honrado, exerce um poder considerável. No entanto, a obtenção de poderes espirituais é bem mais complexa.

22. Tais poderes estão relacionados com o axé. Um rei adquire-os por meio das cerimônias de iniciação que precedem sua ascensão ao trono e que o transformam, progressivamente, de simples mortal em um companheiro das divindades. Ele personificará, então, o espírito coletivo da comunidade e se tornará o depositário da essência imortal de todos os reis falecidos.

23. Esses poderes espirituais são conferidos por meios legítimos. Entretanto, há um poder espiritual maligno, o dos feiticeiros, que não é obtido por nenhum dos processos conhecidos, mas pelo fato de essas pessoas pertencerem a uma sociedade secreta.

## II – O axé negativo – ajogum

1. Nem todo axé é positivo. Pois existem também poderes malignos, coletivamente conhecidos como ajogum, que incluem todas as forças do mal a afetar a vida humana como, por exemplo, a morte (icu), a doença (árun), a perda (ofo) e a desordem (também denominada árun).
2. As bruxas (ajé) também estão incluídas entre os ajogum. Esses poderes são os eternos inimigos do ser humano que, para evitá-los, precisa realizar sacrifícios e oferendas adequados.

## Capítulo 6    Egungum, Ogboni e Oro

### I – As leis dos ancestrais

1. Os ancestrais controlam a ordem nas aldeias e nas cidades por meio de sociedades secretas e cultos, que são instrumentos de disciplina e ordem.
2. As leis dos ancestrais vigoram para toda a sociedade, tanto para jovens quanto para rebeldes e criminosos. Mesmo os reis mais despóticos e caprichosos, sob pena de deposição, banimento ou algo pior, têm de sujeitar-se a elas.
3. Parentes – por serem pessoas que compartilham do mesmo ancestral – deverão participar da cerimônia coletiva de alimentação da cabeça, que se repete a cada ano, no mesmo dia.
4. A pessoa também oferecerá sacrifícios anuais aos pais falecidos, em seus túmulos, no mesmo dia em que eles, quando vivos, alimentavam suas cabeças.
5. O chefe de toda a comunidade fará o mesmo para o ancestral fundador da aldeia, cidade ou nação.
6. Os nomes laudatórios (oriquis), embora pertençam ao ancestral reencarnado no indivíduo, remetem ao ancestral mais remoto – aquele que primeiro os recebeu. Muitos desses nomes podem ser compartilhados

pelos membros de uma família, os quais homenagearão seus eledás no mesmo dia.

7. O espírito de um ancestral recente, embora já reencarnado, é parte do espírito de um ancestral remoto, cuja essência é, às vezes, compartilhada com outros membros vivos da mesma família.

## II – A Sociedade Egungum

1. O espírito de um ser humano nunca morre; além disso, em uma outra esfera, ele continua a influenciar a vida de sua comunidade.
2. Os vivos estão constantemente sob os olhos vigilantes de seus ancestrais e devem saber que incorrerão em sua ira se contrariarem a moral, o direito e os bons costumes.
3. Quando a desgraça recai sobre um ser humano, o babalaô, intérprete do oráculo de Ifá, pode indicar a ele o ancestral que está irado e precisa ser pacificado.
4. Em casos de disputas que não possam ser facilmente resolvidas, o espírito de um ancestral deve ser invocado.
5. Os consulentes irão até o túmulo do ancestral e lhe oferecerão preces e sacrifícios.
6. Naquele local, invocarão seu espírito, assumindo, por juramento, o compromisso de não faltarem com a verdade durante a querela, sob pena de serem atingidos pela morte dentro de sete dias.
7. Em cada refeição, deve-se sempre lembrar dos ancestrais e verter, em seu louvor, um pouco de bebida no chão. Agindo assim, qualquer membro da comunidade poderá estabelecer contato com os mortos ilustres.
8. Contudo, somente as pessoas especialmente iniciadas no culto aos antepassados é que podem pertencer à Sociedade Egungum, cujo chefe é o alabá.
9. É o oráculo de Ifá que informa à comunidade qual espírito deve receber esse culto especial e quem será seu guardião.
10. Feita a indicação, o guardião providenciará a confecção das roupas e

paramentos por meio dos quais o antepassado será materializado e virá se manifestar.

11. O alabá, então, designará secretamente a pessoa que, trajando aquelas vestes e paramentos, incorporará o egungum. Tal pessoa jamais será identificada.
12. Quando um egungum manifesta-se, ninguém pode chegar muito perto dele. É também muito perigoso ver o rosto ou qualquer parte do corpo que está sob as vestes. Nos tempos antigos, uma afronta desse tipo poderia significar a morte do ofensor.
13. A Sociedade Egungum é exclusivamente masculina. Assim, as mulheres que entrarem em seus recintos privativos incorrerão em falta muito grave, podendo morrer por isso.
14. Quando os egunguns saem à rua, todas as mulheres devem permanecer dentro de casa. Contudo, sob o aconselhamento de um babalaô, aquelas que são estéreis poderão abordar um egungum pedindo filhos. Então, o egungum intercederá por elas e lhes dará água benta para beber.
15. Na Sociedade Egungum, o nascimento de trigêmeos significa a bênção extrema. Essas crianças recebem os nomes de Atô, Ogogô e Amuixã.
16. Amuixã é aquele que empunha o ixã, o bastão que afasta as multidões dos egunguns.

## III – A Sociedade Ogboni

1. Ogboni é um orixá, filho de Odudua, ligado à crosta terrestre. Entre seus alimentos favoritos estão feijões cozidos, folhas de inhame, obis, pombos e carneiros.
2. Seus principais tabus são o derramamento de sangue humano no chão; a proibição de um fiel de seu culto dirigir-se a outro chamando-o por seu nome pessoal; e a revelação da posição que uma pessoa ocupa na Casa de Ogboni, onde não-iniciados são terminantemente proibidos de entrar.
3. A Sociedade Ogboni, na qual os membros identificam-se pelo uso de pulseiras de metal ou de couro, é sempre dirigida por uma mulher, a erelu, que é secundada por outra, a olori erelu, ou outras mais. Na Casa de

Ogboni, onde se realizam as reuniões dos titulares da sociedade, discutem-se os negócios políticos e julgam-se tanto questões civis quanto criminais.
4. Essas reuniões podem durar de 17 a 33 dias. Entre os ijebus, o Omon-iá é uma sociedade semelhante.

## IV – O culto a Oro

1. Oro é um orixá dos egbás, ligado a Elexijé, o orixá da medicina. Foi ele que ensinou ao povo o uso do berra-boi ou zunidor, usado para intimidar os inimigos. Seus alimentos incluem munguzá, purê de inhame, folhas de inhame, milho e feijão cozidos, galos, carneiros e cabritos.
2. Seu principal tabu é a proibição às mulheres de verem os tocadores dos berra-bois que o anunciam.
3. Os devotos de Oro (aboros) formam uma confraria chamada Oxugbo. Antigamente, seus sacerdotes eram chamados para vingar a morte de pessoas vítimas de feitiço, envenenamento e elefantíase dos testículos.
4. Quando eles chegavam, seus berra-bois podiam ser ouvidos à distância. Então, mulheres e crianças deviam ficar trancadas dentro de casa. Isso era necessário porque Oro iria levar o culpado, cujo corpo, mais tarde, certamente seria encontrado pendendo de uma árvore, coberto apenas na cintura, pois suas vestes estariam espalhadas pelos galhos.
5. Durante as festas de Oro, em Oió e Isseiín, os seguidores do orixá sopravam seus berra-bois pela cidade, seguidos por grupos de rapazes. Os mercados ficavam desertos, porque as mulheres e moças permaneciam trancadas em casa. Em Ifé, contudo, as mulheres podiam sair sem problema, porque lá as festas realizavam-se no campo sagrado de Oro (igboro), fora da cidade.
6. Oro só entrava em Ifé para fazer cobranças, liquidar ofensores ou executar um rei que tivesse caído em desgraça. A cerimônia funerária oro-pagui celebra o dia em que Oro comeu as folhas de uma árvore muito alta.
7. Durante essa cerimônia, uma peça ou parte de uma roupa branca ou vermelha é colocada no galho alto de uma árvore para indicar que o espírito da pessoa falecida está purificado e não precisa mais daquelas vestes.
8. Na volta da procissão à casa do morto, depois das refeições de praxe, o

mariuô (fieira de franjas de dendezeiro) que estava preso no portão é removido.
9. Então, todos vão para casa e retornam na manhã seguinte para as congratulações, pois o morto já estará no estágio de Oro, o que significa que poderá ser cultuado como um ancestral.

## Capítulo 7  Os habitantes do Orum

### I – Os orixás

1. Orum, o mundo espiritual, é habitado por divindades, ou irumalês; ancestrais, ou egunguns; e mortos comuns, ou ará-oruns. Os irumalês dividem-se em orixás genitores e orixás filhos. Os genitores, por sua vez, subdividem-se em orixás funfum, os da cor branca, como Obatalá, e eborás.
2. Alguns orixás filhos, entretanto, são antepassados remotos que em vida adquiriram poder sobre certas forças naturais. Esse poder lhes garante, por exemplo, jurisdição sobre a caça, a pesca, a metalurgia e a fitoterapia.
3. Para esses antepassados, a passagem à condição de orixás ocorreu sempre em uma ocasião extrema, de paroxismo, como a violenta morte de Ogum em Irê. Nesse momento, por serem detentores de um axé muito forte, sua matéria desintegrou-se, transformando-se em energia pura.
4. Essa energia, como a de todos os outros seres divinos, necessita, para ser convenientemente utilizada, de um suporte físico. Devidamente depositada e concentrada nesse suporte, ela receberá os louvores e súplicas dos fiéis, materializados nos sacrifícios e demais oferendas.
5. Essa força pura, que é o orixá, só é efetivamente percebida pelos humanos quando se manifesta, pela incorporação, em um deles, por intermédio do transe. O transe é, então, a encarnação momentânea de um orixá em um de seus fiéis ou descendentes remotos.
6. O orixá, quando ancestral divinizado, é um bem de família sempre transmitido pelo lado paterno. A mulher casada e seus filhos deverão

cultuar o orixá de seu marido e pai. Contudo, se assim for determinado pelo babalaô, um indivíduo poderá dedicar-se ao culto de outra divindade.

## II – Ifá e Orunmilá

1. Ifá é, juntamente com Odudua e Obatalá, um dos orixás da Criação e benfeitores da humanidade. Seu culto procede do Egito, onde ele reencarnou no seu principal representante na Terra, Orunmilá, como foi conhecido entre os iorubás.
2. Ifá é, então, o oráculo mediante o qual fala Orunmilá e, ainda, o conjunto de escrituras em que se baseia o sistema de adivinhação por meio dos iquins e do opelê.
3. Orunmilá, Elá, ou Agbomiregun, é o orixá da adivinhação, o representante de Ifá na Terra. É o dono da escrita, porque "escreve" pelos outros orixás e ensinou aos babalaôs a "escrever" os textos nas suas bandejas de adivinhação, os opanifás. Também é um erudito, um sábio, por deter todo o conhecimento e toda a sabedoria dos odus, que são os textos (signos) de Ifá. Orunmilá é ainda um intérprete entre as divindades e os seres humanos.
4. Por isso, quando qualquer orixá deseja um sacrifício, um alimento especial, é por intermédio de Orunmilá que ele manda sua mensagem aos humanos. É também Orunmilá quem transmite e interpreta para a humanidade os desejos de Olofim e é quem prescreve os sacrifícios que Exu leva até o Orum.
5. Orunmilá, arauto de Olofim, e Exu, mensageiro dos orixás e dos homens, complementam-se. O primeiro, como adivinho e porta-voz, revela e esclarece, em suas verdades e significados, a ordem natural das coisas, com suas causas e efeitos, estabelecida pelo Ser Supremo. O segundo, personificando o devir, o inesperado, as aberrações da natureza, expressa a força de tudo o que é contrário à ordem estabelecida. Orunmilá é o destino, Exu é o acidente; um é a lógica, o outro, o paradoxo. E por isso se completam.

## III – O Oráculo

1. A consulta a Ifá é feita principalmente através da manipulação de 16 caroços de dendê, os iquins. O babalaô segura-os na mão esquerda e tenta pegá-los

com a direita. Sobrando um caroço na mão esquerda, é feita uma marca dupla no pó de madeira ou pó de inhame seco que recobre o opanifá, chamado de ierossun. Restando dois caroços, é feita uma única marca abaixo da anterior.
2. Com quatro marcações, o babalaô completará uma coluna e passará para a outra, que também se completará com quatro marcações.
3. O desenho resultante representará o signo, ou odu, pelo qual Orunmilá se comunicará com o consulente.
4. Outra forma de consulta, mais simples, é a que utiliza o opelê, fina corrente metálica aberta em duas, cada uma das partes contendo, de espaço em espaço, quatro pedaços côncavos de caroços de dendezeiro. O babalaô segura-o no meio e lança-o sobre a esteira. A posição em que caírem seus oito componentes representará o odu revelado na ocasião (quando voltada para cima, a concavidade corresponde a uma única marca; quando voltada para baixo, a duas).

## IV – Os odus

1. O odu é o resultado de uma jogada feita com os iquins ou com o opelê e que encerra um signo que se traduz numa resposta ou indicação dada por Ifá.
2. Existem 16 odus principais, dos quais nascem outros que completam 256. Estes, por sua vez, combinados, perfazem 4.096. Cada pessoa tem seu destino ligado a um deles. No entanto, o odu que se manifesta por meio da posição em que saem os iquins ou daquela em que cai o opelê não é necessariamente o da trajetória pessoal do indivíduo, e sim o da circunstância em que ele está naquele momento. Esse odu é expresso pela combinação de outros odus e servirá de indicação ou resposta para a consulta.
3. Os nomes dos 16 odus principais (Ejiobé, Oiecum, Iuori, Odi, Irossun, Ouárim, Obará, Ocanrã, Ogundá, Ossá, Icá, Oturupom, Oturá, Iretê, Oxê e Ofun) identificam os primeiros discípulos, afilhados, ou sacerdotes de Ifá, iniciados por Orunmilá. As parábolas do oráculo retratam experiências de cada um desses sacerdotes em suas vidas terrenas.

4. Cada odu principal representa também uma das moradas de Ifé Orê, a cidade dos espíritos, e cada uma delas é presidida por um ou vários orixás.
5. A adivinhação pelo jogo de búzios corresponde a um sistema derivado do jogo do opelê, no qual quem responde é Exu, e não Ifá. Com o tempo, porém, o jogo de búzios foi adquirindo a concepção dos odus.
6. Existe outro processo simplificado de adivinhação em que se utiliza o obi ou o coco partido e o próprio orixá responde às perguntas.

## V – Os primeiros discípulos

1. Guiado por Exu-Elegbá, Orunmilá chegou ao país iorubá com quatro discípulos. Depois de fazer alianças com reis e sacerdotes de outros cultos, fundou a pequena cidade de Ipetu. Lá, começou a instruir um numeroso grupo de discípulos, para selecionar os 16 mais aptos. Suas aulas envolviam longas discussões filosóficas, nas quais propunham questões para os discípulos discutirem e elucidarem.
2. Para melhor fixação dos assuntos aclarados e de seus ensinamentos, o Mestre criou uma série de símbolos, cujos significados e interpretações seriam exclusivos de seus discípulos. Esses símbolos eram escritos em tabuleiros que ele mandou confeccionar tendo por fundamento um que Xangô dera-lhe tempos atrás. Como base para inscrição dos signos, Orunmilá passou a utilizar pó de inhame seco em homenagem a Orixá Oco, o fertilizador da terra.
3. Assim que selecionou, de acordo com suas habilidades, os 16 seguidores desejados, Orunmilá lhes falou: "Irmãos, são cinco os sacerdotes que vieram comigo. Somados a vocês, são 21 os meus discípulos. Esse número corresponderá, então, ao número de iquins que sempre serão entregues a cada um dos iniciados no culto a Ifá. Na cerimônia que agora iniciaremos, farei nascer 16 reis, que são vocês, como depositários da dignidade e da sabedoria do culto".
4. Concluída a cerimônia, Orunmilá determinou que cada um dos 16 apóstolos criasse novos grupos de discípulos. As experiências de cada

um deles deram origem, então, às numerosas histórias que compõem os textos de Ifá.

## VI – Os 16 apóstolos

1. Orunmilá deu a seus apóstolos os nomes de Ejiobé, Oiecum, Iuori, Odi, Irossum, Ouárim, Obará, Ocanrã, Ogundá, Ossá, Icá, Oturupom, Oturá, Iretê, Oxê e Ofum.
2. Ejiobé significa "dupla salvação", porque esse apóstolo, ao nascer, evitou que seu pai e sua mãe ingerissem um alimento envenenado. Ele é o primeiro do grupo, o rei de todos, representa o Sol, o dia e o princípio das coisas; a ele compete comandar a vida, conservando o meio ambiente e assegurando fartura e bem-estar.
3. Por suas características especiais, Orunmilá determinou que o opelê de Ejiobé devia ser feito com contas de prata. Por sua força, esse discípulo curou enfermos, abriu o caminho da fortuna aos pobres, propiciou fertilidade às mulheres estéreis e realizou muitas ações importantes.
4. Contudo, Ejiobé ficou tão pobre que às vezes não tinha o que comer. Foi quando Orunmilá enviou mensageiros para explicar-lhe a necessidade de cobrar algo por seus trabalhos, para que levasse uma vida digna. Com essa orientação, o apóstolo prosperou e foi bem-sucedido e respeitado até o fim de seus dias.
5. Oiecum foi, entre os discípulos de Orunmilá, o que melhor compreendeu o sentido da morte (Icu). Por ter sido quem, no início dos tempos, apontou os aliados de Icu, Azoani e Árum, quando estes rondavam ameaçadores, é ele quem avisa a proximidade de doenças e acidentes fatais.
6. Orunmilá nomeou-o "rei da noite". Contudo, proibiu-o de usar gorro ou chapéu; mesmo assim, ele teria de enfrentar a chuva em qualquer circunstância. Seguindo essa orientação, Oiecum foi admirado e próspero até o fim da vida.
7. Iuori foi a fortuna de sua família, pois já no ventre materno todos sabiam que sua mãe iria dar à luz um adivinho. Assim, ninguém cobrava dessa mulher nada do que precisava. Ainda bem pequeno, era ele quem orientava

seus pais sobre as limpezas rituais necessárias para obter prosperidade e ensinava aos seus os benefícios da alimentação carnívora.

8. Hábil e talentoso artesão, Iuori gostava de confeccionar coroas com plumas, com as quais presenteava os obás que frequentemente visitavam Ipetu. Em retribuição, os obás davam-lhe dinheiro e bens, tornando-o um homem muito rico. Além de próspero, esse discípulo foi muito respeitado como adivinho.

9. Odi caracterizou-se, desde pequeno, por sua personalidade muito nervosa e irritadiça. Feito apóstolo, vivia de forma misteriosa, sempre solitário e afastado das aldeias.

10. Por demonstrar muito conhecimento sobre as diferenças entre os sexos e os mistérios da sexualidade, Odi recebeu de Orunmilá o reinado da formação do gênero humano. Além de facilitar os partos problemáticos, ele foi também renomado curador de inválidos, cegos e outros enfermos.

11. Irossum nasceu e cresceu em extrema pobreza e, por isso, não pôde, na juventude, casar-se nem ter filhos. Durante sua preparação para o sacerdócio, ele proclamou a relação das partes do corpo com o tempo de vida do homem: as costas relacionam-se ao passado; o peito e o ventre, ao presente; e as pernas, ao futuro imediato.

12. Com base nessa associação, estabeleceu-se a posição dos signos do oráculo no tabuleiro. A sabedoria e os feitos milagrosos de Irossum credenciaram-no como o mais importante dos apóstolos iorubanos de Orunmilá.

13. Ouãrim foi um dos menos renomados discípulos de Orunmilá, pois nunca se mostrou amante da fama e da popularidade. Além de sacerdote, tornou-se comerciante; e, por sua prosperidade, despertou a inveja e a inimizade de muitas pessoas.

14. Orunmilá outorgou a Ouãrim o reino das profundezas da Terra e deu-lhe muitos conhecimentos de magia para combater seus inimigos.

15. Obará destacou-se, desde muito pequeno, por seu gênio zombeteiro e mentiroso. Ainda jovem, embriagava-se e fazia promessas que não cumpria, o que o levou ao descrédito e à pobreza. Com sua iniciação, entretanto, sua vida mudou.

16. Orunmilá, então, entregou a Obará o reino das pirâmides e das montanhas, que é o espaço intermediário entre o Céu, de Obatalá, e a Terra, de Odudua, e, portanto, o reino de Ifá.

17. Ocanrã foi camponês até se tornar adulto, vivendo numa terra onde era impossível prosperar, pois numerosos animais predadores destruíam as colheitas das famílias.

18. Uma vez iniciado, Ocanrã partiu em peregrinação e chegou, com seu grupo, a uma aldeia que estava prestes a ser assaltada. Com paus e folhas de palmeiras, ele e seus companheiros fizeram um enorme alarido, pondo em fuga os malfeitores, que julgaram ser aquele grupo um grande exército.

19. Os aldeões, agradecidos, aclamaram Ocanrã o obá da região. A partir de então, ele viveu mais dedicado ao governo e à agricultura que ao sacerdócio, para o qual iniciou vários substitutos. Ocanrã recebeu de Orunmilá o reino das enfermidades e das coisas contagiosas, porque, durante sua iniciação, três pessoas morreram de repente em Ipetu.

20. Ogundá mereceu o apostolado por sua grande sabedoria e habilidade política. De palavra fácil e convincente, tornou-se um grande adivinho depois de iniciado, aliando a força de Ogum aos dotes de Orunmilá, que lhe concedeu o reino da lei, da justiça e das técnicas de guerra, bem como o poder sobre o ferro e o fogo.

21. Ossá foi um dos mais hábeis e espiritualizados discípulos de Orunmilá. Por possuir altíssimos dons de comunicação com as outras dimensões, recebeu do mestre o reino dos espíritos. No exercício do apostolado, foi muitas vezes atacado por bruxos e feiticeiros; porém, com seu poder, fez com que os malefícios voltassem para os malfeitores. Ossá conservou seus dons espirituais até o fim da vida, sem deixar, contudo, de adquirir bens e riquezas.

22. Icá foi um dos apóstolos mais jovens e, por isso, a princípio, seus pares não o entendiam bem. Entretanto, como também tinha um grande poder de comunicar-se com os espíritos, granjeou, aos poucos, o respeito e a admiração dos demais discípulos.

23. Depois de iniciado, viajando com seu séquito para estabelecer-se no litoral,

Icá encontrou-se com Ogum, que lhe forneceu ferramentas e apetrechos de pesca. Foi graças a esses utensílios que ele conseguiu salvar a vida de um obá que naufragara com quase toda a sua corte. Por esse feito foi venerado como um deus e recebeu de Orunmilá o reino da serpente.

24. Oturupom era criado e assistente de Oragum, que, depois de iniciado, passou a chamar-se Ofum. Como seu patrão, ele tornou-se discípulo de Orunmilá, destacando-se pela brilhante inteligência. Foi Oturupom quem, durante as aulas, conseguiu explicar como a inteligência chegou ao ser humano.

25. Orunmilá entregou a Oturupom o reinado sobre tudo o que é grosso e redondo, além de fazê-lo dominar o dano, a enfermidade, as bruxarias, os ardis e as armadilhas.

26. Oturá foi um dos discípulos mais civilizados, instruídos e de palavra mais fluente. Como apóstolo, viajou por várias regiões, conhecendo formas de vida as mais diversas. Foi assim que Oturá criou a bolsa de viagem (apô abirá), imprescindível a todo sacerdote peregrino como ele.

27. Contudo, a cada região que chegava, Oturá via que a penúria era maior que na anterior. Por ajudar todas as pessoas nos lugares onde passava, tornou-se um dos homens mais ricos da terra iorubá. Orunmilá fê-lo reinar sobre os inimigos.

28. Iretê veio da terra de Ijexá, onde se chamava Eielemerê. Durante as aulas de sacerdócio, foi ele quem assinalou que a foice – arrebatada de Icu por Exu em marcante episódio – deveria ser atributo de Oiá, a feroz guerreira aliada de Orunmilá.

29. Iretê distinguiu-se por propiciar fertilidade a muitas mulheres. E o mestre concedeu-lhe o domínio sobre o espaço contido dentro dos círculos, como o do tabuleiro de Ifá.

30. Oxê era um dos mais velhos entre os discípulos. Sua tese fundamental, durante as discussões, era a de que o dinheiro havia chegado ao mundo para resolver problemas e, ao mesmo tempo, criar outros tantos. Assim, firmou opinião de que toda consulta ao oráculo deveria ser remunerada. Orunmilá aconselhou-o a ter cuidado com esse modo de ser, lembrando-o

de que nem sempre se pode ganhar e que, às vezes, é necessário perder. Orunmilá deu a Oxé o domínio sobre a região oriental, de onde vinha o ouô-eió, o búzio, que era a moeda de então.

31. Ofum era filho de um rei e destacou-se por sua eloquência. Foi ele que estabeleceu a tradição de que a iniciação sacerdotal deve durar sete dias – seis de atividades e um para limpeza da casa e descanso. Também foi esse discípulo que determinou a importância da pena de papagaio (ecodidé) na confecção da coroa dos iniciados. Além disso, Ofum decifrou o segredo da ciência médica e do uso das plantas terapêuticas. Respeitado, viveu prosperamente perto da fronteira com o país dos ararás.

## VII – Exu e Elegbá

1. Exu e Elegbá são os orixás donos dos caminhos e dos destinos. Mensageiros de Olofim e dos demais orixás, levam a Olofim a energia das ofertas e dos sacrifícios. Elegbá difere um pouco de Exu, seu irmão, por apresentar características menos agressivas e perigosas. Os mais velhos dizem que, enquanto Elegbá desliza em silêncio, Exu abre caminho à força.
2. O assentamento, o suporte físico, tanto de Elegbá quanto de Exu pode ser apenas um montinho de barro vermelho, ajeitado no quintal, ou, então, uma face modelada com barro e mais trabalhada, com búzios no lugar dos olhos e a boca desenhada.
3. Na condição de mandatários, Exu e Elegbá punem aqueles que ofendem os orixás ou falham no cumprimento das obrigações determinadas pelo babalaô, da mesma forma que protegem todos aqueles que as cumprem.
4. Quando um orixá quer dar algo bom a uma pessoa, tanto material quanto espiritualmente, Exu ou Elegbá são os encarregados de levar essa dádiva. Às vezes, portadores de graças, e outras, agentes punitivos e causadores de transtornos, Exu e Elegbá podem ser bons ou maus, de acordo com a circunstância. E, assim, ora agem independentes ou ora se fundem numa só entidade: Exu-Elegbá.
5. Por causa das prerrogativas de que dispõe, Exu-Elegbá detém poder inclusive sobre os demais orixás, uma vez que no mundo tudo depende

das informações que ele leva até Olofim. Ele é a personificação do bem e do mal, a expressão da coexistência, no mundo, das forças benéficas e maléficas.
6. Exu-Elegbá pode fazer qualquer coisa, boa ou má. Assim, é possível usar sua força para criar inimizade entre pai e filhos, marido e mulher ou entre dois grandes amigos. Da mesma forma, Exu-Elegbá é capaz de tornar férteis pessoas estéreis e fazer prosperar negócios mal encaminhados. Ele também pode fazer com que uma pessoa comporte-se mal, assim como é capaz de forçar um devedor a pagar suas dívidas.
7. Independentemente do nosso orixá pessoal, temos sempre de rezar para Exu-Elegbá, a fim de que ele abra-nos o caminho e afaste malefícios e problemas. Em cada oferenda feita aos outros orixás, uma parte deve ser primeiro entregue a ele.

## VIII – Exu-Elegbá e Orunmilá

1. Exu-Elegbá é o braço direito de Orunmilá. Assim, ele precisa estar sempre de plantão para agir sob as ordens do grande sábio.
2. Exu-Elegbá tem sob sua guarda tudo o que é maléfico e malfazejo; enquanto Orunmilá, com sua sabedoria, é a força que ajuda o mundo a superar todo o mal, proporcionando consolo, paz e bem-estar aos humanos.
3. Sempre que uma pessoa estiver em dificuldades, poderá, por intermédio de Exu-Elegbá, contar com a ajuda de Orunmilá para encontrar uma saída.

## IX – Exu-Elegbá conquista o privilégio das primeiras oferendas

1. Durante a criação do Universo, Olofim reuniu os sábios do Orum para que o ajudassem nessa grandiosa tarefa. Entretanto, cada um tinha uma idéia diferente para a Criação e a reunião tornou-se confusa. Nesse momento, Exu-Elegbá foi em auxílio de Olofim, dizendo a Ele que para obter sucesso em tal obra era preciso fazer um ebó (uma oferenda ritual propiciatória) com 101 pombos.
2. Ao ouvi-lo, Olofim estremeceu, porque a vida dos pombos está muito ligada à sua própria essência; mesmo assim, concordou. Pela primeira vez, sacrificaram-se pombos, com Exu-Elegbá guiando Olofim por todos os

lugares que deveriam ser purificados pelo sangue das aves e para que seu desejo de criar o mundo tivesse êxito. Por estar intimamente ligado à criação do mundo, o sacrifício de pombos é um ritual de muito fundamento.

3. Exu-Elegbá, contudo, era muito pobre e andava pelo mundo sem paradeiro. Nessas andanças, um dia, foi dar à casa de Obatalá, onde se encantou vendo o Velho produzir os seres humanos. Com isso, o tempo foi passando e Exu-Elegbá permaneceu na casa de Oxalá por 16 anos, prestando muita atenção na modelagem e aprendendo como ele fabricava cada parte dos seres humanos, diferenciando-os pelo sexo.

4. Exu-Elegbá não perguntava nada, mas mantinha-se bastante atento. Assim, assimilou tudo e passou de aprendiz a ajudante. Seu trabalho consistia em receber os ebós e entregá-los a Obatalá. Como realizava muito bem o seu trabalho, o amo resolveu recompensá-lo.

5. Foi assim que, certo dia, Obatalá determinou a Exu-Elegbá que se postasse na encruzilhada por onde obrigatoriamente passavam todos os que iam à sua casa e que não deixasse prosseguir quem não portasse uma oferenda.

6. Obatalá fez isso porque tinha muito trabalho – havia cada vez mais gente encomendando a fabricação de outros seres humanos, e ele precisava selecionar a clientela. Assim, quem fosse à casa de Obatalá teria de pagar também alguma coisa a Exu-Elegbá. A norma valia igualmente para quem estivesse voltando de lá.

7. Investido nessa função de porteiro e guardião, e armado de um porrete (ogó), Exu-Elegbá afastava os indesejáveis e punia os que tentavam burlar sua vigilância. Dessa forma, foi ficando cada vez mais poderoso e rico, e ali mesmo construiu sua casa.

8. Um dia, entretanto, Exu-Elegbá ficou pobre novamente; na mais absoluta miséria, comia coisas do lixo, além de sofrer o desprezo e o abandono geral. Nessa época, Obatalá ficou muito doente. Sabendo da enfermidade, Exu-Elegbá foi visitar o antigo amo e, aplicando-lhe suas ervas e seu poder, foi capaz de fazer o que ninguém tinha conseguido: curar Obatalá.

9. Obatalá, muito agradecido, perguntou a Exu-Elegbá o que ele queria como recompensa. Então, premido por sua situação de penúria e abandono, Exu-

Elegbá pediu que Obatalá concedesse-lhe o direito de receber, primeiro, um pouco de tudo o que fosse oferecido a qualquer outro orixá. Também solicitou o direito de ficar postado na entrada das casas, para que fosse sempre o primeiro a ser saudado pelos que chegassem da rua ou saíssem de sua moradia.

10. Não atendido em seus pedidos, Exu-Elegbá tornou-se agressivo e turbulento, sendo obrigado a exilar-se para não ser preso. Vez por outra, disfarçado, visitava seu país, rondando as casas em busca de comida. Contudo, como ninguém o reconhecia, nenhum alimento lhe era oferecido.

11. Cada vez mais enfurecido, Exu-Elegbá resolveu vingar-se, lançando sobre o seu país muita confusão e desgraça. Ante tanto infortúnio, foi feita uma consulta a um babalaô. No jogo, realizado com búzios, Exu-Elegbá manifestou-se: disse que tinha sido abandonado e esquecido e que continuava exigindo o que lhe era de direito.

12. As pessoas caçoaram do babalaô, não dando importância às suas recomendações. Contudo, no momento de levantarem-se para ir embora, todas elas ficaram grudadas nas banquetas. Era coisa de Exu-Elegbá, mostrando que ainda era poderoso e que continuaria fazendo das suas até ser atendido em sua fome insaciável.

13. Exu-Elegbá comia de tudo, tanto que comeu todos em sua aldeia. Quanto mais comia, mais fome sentia. Primeiro comeu tudo de que mais gostava: animais, cereais, frutos, folhas e raízes. Em seguida, bebeu toda a cerveja e a cachaça, bem como todo o vinho e o azeite-de-dendê.

14. Depois, começou a devorar as árvores, os pastos, os mares, os poucos animais que restavam e até os peixes. As pessoas não tinham mais o que comer e, assim, uma a uma, começaram a morrer. Obatalá compreendeu que Exu-Elegbá não pararia e acabaria por comer até mesmo o Céu.

15. Era preciso, então, aplacar sua fome. Assim, Obatalá, obedecendo a uma determinação de Ifá, ordenou: "De agora em diante, para que Exu-Elegbá não provoque mais catástrofes, para que se restabeleça a paz e a tranquilidade, é preciso dar-lhe de comer em primeiro lugar: sempre que

alguém fizer oferenda a um orixá, terá que primeiro servir comida a Exu-Elegbá".

16. É por tudo isso que ninguém deve passar por uma encruzilhada sem reverenciar Exu-Elegbá e oferecer-lhe algo. Exu-Elegbá é sempre o primeiro a ser saudado e homenageado; o primeiro a receber as oferendas e sacrifícios, principalmente nas encruzilhadas; e não se deve negar nada do que ele pede.

## X – Ogum, o ferreiro primordial

1. Ogum é o desbravador, o assiuaju, aquele que vai à frente dos outros, o que agressivamente abre o caminho para quem o segue, violento e pioneiro. Após se tornar um destemido caçador, fez-se guerreiro e soldado.
2. Ogum é, pois, o orixá do ferro, patrono de todos os que comumente usam instrumentos ou ferramentas feitos desse metal. É o caso dos ferreiros, caçadores, guerreiros, barbeiros e entalhadores; dos que trabalham com o couro e dos cirurgiões, porque usam faca; e dos maquinistas de trem, porque trabalham sobre trilhos de ferro.
3. Quando da criação do Universo, Ogum foi um dos orixás genitores. Depois, em outras encarnações, foi, sucessivamente, filho de Iemanjá, Obatalá e de Odudua.

## XI – Ogum, rei de Irê

1. No princípio dos tempos, os orixás e os homens viviam juntos em Ilê-Ifé, fazendo todas as coisas que são necessárias à vida. Caçavam e limpavam as terras para o cultivo, mas com ferramentas de madeira, pedra, osso ou metais de pouca resistência. Os trabalhos pesados tinham de ser executados muito lentamente e ocupavam um grande número de pessoas. À medida que Ifé ia crescendo, o trabalho tornava-se ainda mais difícil.
2. Foi quando os orixás resolveram dividir as tarefas, de modo que um grupo derrubasse as árvores, o outro preparasse a terra etc. Olocum, porém, não concordou, argumentando que seu reino era a água e que ele não tinha nada a ver com terras nem com árvores.

3. Diante disso, Ossãe antecipou-se a todos e começou a trabalhar. Com uma faquinha feita de pedra, passou a cortar o mato. Contudo, a faquinha, além de não ser suficiente para o trabalho, foi ficando cega, até quebrar de encontro a um tronco mais grosso.
4. Vendo o fracasso e a frustração de Ossãe, Orixá Ocô pegou sua faca, que era mais forte, e pôs-se a trabalhar no lugar dele. Era manhã alta quando deu início à sua tarefa, mas por volta de meio-dia sua faca já não servia mais para nada de tão estragada que ficou.
5. Consciente da importância do trabalho a ser feito, Exu-Elegbá pegou sua faca e foi para o mato, sem dizer nada a ninguém. Em pouco tempo, também voltou cansado e frustrado, dizendo que faltava espírito e firmeza ao seu instrumento de trabalho.
6. O único orixá que ainda não havia tentado vencer a mata era Ogum, e este sacou da bainha um facão bem maior, mais largo e completamente diferente dos demais. Com ele, e sozinho, derrubou a quantidade necessária de árvores e roçou um vasto campo, deixando-o pronto para as necessidades dos humanos e dos orixás.
7. Terminado seu trabalho, os orixás foram felicitá-lo e, admirados, perguntaram-lhe que tipo de instrumento usara e de que material era feito. Ogum explicou que o facão era de um material chamado ferro, cujo segredo havia-lhe sido revelado por Orunmilá, a mando de Olofim.
8. A inveja tomou conta dos demais orixás, todos eles enciumados pelo fato de não terem sido presenteados com a revelação. Ogum, entretanto, não ligou. Ansioso por dominar ainda mais os segredos do ferro, construiu uma forja em sua casa.
9. Como era caçador, o primeiro instrumento que forjou foi uma grande lança, de ponta bem afiada; e como também era guerreiro, fabricou várias armas.
10. Um dia, os orixás invejosos foram até a casa de Ogum tentar aprender com ele os segredos do ferro e da forja. Ogum, porém, recusou-se a ensinar, argumentando que Orunmilá não o havia autorizado a transmitir esses conhecimentos.

11. Assim, durante muito tempo, Ogum foi o único ferreiro de Ilê-Ifé e só fabricava ferramentas e armas para seu uso pessoal. Certa vez, um grupo de homens mais velhos foi até ele, conclamando-o a ser o governante do país e o mestre que ensinaria aos homens o segredo do ferro.
12. Depois de refletir por alguns dias, Ogum aceitou tornar-se o oni de Ifé e de todos os territórios vizinhos. Assim, passou a ensinar aos orixás e aos humanos o uso da forja e do ferro. Por ser também o detentor de tudo o que existe de criativo no mundo, ele ensinou ainda aos homens a produzirem alimentos como o inhame e o milho.
13. Embora tivesse aceitado o cargo de governante, Ogum sentia falta de sua liberdade de caçador. Por isso, quando viu que todos os caçadores e agricultores já eram donos de suas próprias ferramentas de trabalho, despiu-se das vestes e insígnias de oni, vestiu-se com peles de animais e voltou à sua cabana na floresta. Esse desprendimento de Ogum não agradou às entidades malévolas, que difundiram por todo o mundo a história relatada a seguir.
14. Ogum, vivendo com seus pais, Obatalá e Lemu, teria se enamorado de sua própria mãe e tentado relacionar-se sexualmente com ela. Seu pai o teria surpreendido naquele pecaminoso intento. Antes de ser castigado por ele, Ogum teria se refugiado no meio da floresta, onde viveu só para o trabalho em sua forja, amargo e triste. Conta-se também que nos descansos da forja, Ogum fabricava pós mágicos, capazes de curar e de matar, os quais o tornaram famoso e procurado. Quando se encontrava nessa faina e nesse retiro, teria sido procurado por Oxum, por quem se apaixonou, num puro sentimento que o redimiu de seu pecado de incesto.
15. Essa história foi espalhada pelas entidades malévolas, assim como outra que explica uma divergência entre Ogum e Xangô, por causa de uma traição: Ogum teria seduzido Oiá, mulher do alafim.
16. Durante seu retiro na floresta, um dia Ogum foi perturbado em seu sossego por um homem que fazia um ebó. Como estivesse passando por muitas dificuldades materiais e sendo perseguido por poderosos que tomavam suas terras e lavouras, esse homem foi aconselhado a fazer tal oferenda.

17. Contudo, em razão de estar muito nervoso e apavorado, ele entrou na mata atabalhoadamente, sem pedir licença, o que irritou Ogum. Dando-se conta do erro, o homem, diante da presença terrível de Ogum, ofereceu-lhe tudo o que levava e Ogum aceitou. Feita a oferenda, ele confidenciou ao ferreiro todos os seus problemas. Ogum, então, resolveu ajudá-lo: disse que, naquela noite, iria até a aldeia para destruir os agressores do pobre homem e arrasar suas casas. Além disso, para que não houvesse erro, orientou-o a desfiar folhas de dendezeiro em franjas e colocá-las no alto da porta de sua casa e daquelas que devessem ser poupadas. E Ogum cumpriu a promessa. A partir de então, o mariô, que é a franja da folha do dendezeiro, passou a ser o símbolo e a identificação dos lugares protegidos por Ogum.
18. O certo é que, quando governante, Ogum saía em caçadas de semanas e meses, embrenhando-se no mato e caminhando até as mais longínquas terras. Em uma dessas ocasiões, regressou a Ifé só depois de muito tempo; e estava irreconhecível. Ao vê-lo chegar, sujo, malcheiroso e com péssimo aspecto, os orixás recusaram-se a acreditar que aquele fosse o oni. Mais tarde, embora se certificando de sua identidade, resolveram caçar-lhe o título de soberania, pois um rei não podia ser descuidado com sua aparência.
19. Ogum sentiu muito essa ingratidão. Afinal de contas, quando quiseram dominar o ferro, os orixás tinham indo até ele, humildemente, até mesmo lhe oferecendo o cargo de governante. Depois, somente porque ele se afastara, temporariamente, para fazer o que mais lhe agradava, todos lhe voltavam as costas.
20. Quando os orixás retiraram-se, Ogum banhou-se em um rio próximo, trocou as vestes de pele por um saiote de folhas de dendezeiro, mudou-se de Ifé para um lugar chamado Irê, onde, embaixo de um pé de acocô (*Newbouldia levis*) construiu a cabana em que viveu para sempre. Nesse lugar, todo ano, ferreiros, agricultores, caçadores e todos aqueles que trabalham com o ferro, devem fazer-lhe oferendas de peles de animais e palmas de dendezeiro, saudando-o como onirê, rei de Irê.
21. O povo de Irê, no entanto, conta de outra forma a ascensão de Ogum ao

trono. Eles dizem que, quando Odudua reinava em Ifé, mandou Ogum, seu filho, conquistar reinos vizinhos. Em sua saga, Ogum teria invadido Irê, cujo povo odiava-o muito, e lá cortado a cabeça do rei para dá-la, como um troféu, a seu pai. Nenhum rei deve ver a cabeça decapitada de outro rei, sob pena de morrer também.

22. Assim, os conselheiros de Odudua acharam que seu filho queria vê-lo morto. Dirigiram-se, então, ao encontro de Ogum, fora dos portões de Ifé, e convenceram-no a entregar-lhes a cabeça do rei de Irê, conjurando o perigo. Odudua, porém, queria recompensar o seu filho guerreiro. Por isso, teria-o presenteado com o reino que ele derrotara, o qual Ogum assumiu com o título de onirê, com direito a usar a coroa sem franjas, o acorô; por esse motivo, foi também chamado Ogum Alacorô.

23. Certa vez, por ocasião de uma sucessão de guerras, Ogum passou muitos anos fora de Irê. Seu retorno aconteceu em um dia em que, por causa de uma proibição ritual, as pessoas não podiam falar umas com as outras nem olhar para ninguém. Como não recebesse atenção, Ogum começou a irritar-se. Nesse estado de exaltação e de espada em punho, pôs-se a destruir tudo o que encontrava pelo caminho e assim decepou cabeças de centenas de pessoas.

24. Cessada a carnificina e terminada a proibição ritual de falar, um grupo de súditos sobreviventes da chacina foi pedir perdão ao rei e render-lhe as homenagens devidas. Contudo, Ogum, já ciente da injustiça que cometera e mortificado pelo remorso, sabia que já não podia mais ser o soberano de Irê. Então, num gesto extremo, cravou sua espada no chão e abriu com ela uma enorme fenda pela qual sumiu, deixando a Terra e retornando à sua condição de orixá. No lugar onde ocorreu esse prodígio, ergueu-se seu principal assentamento. Irê, então, tornou-se o centro de seu culto.

## XII – Os vários odés

1. Odé é um nome geral que se dá a todos os orixás caçadores, como Inlê, Oxóssi, Orê (ou Oreluerê), Ibualama e Logum Edé.
2. O caçador é importante por ser o responsável pela alimentação de sua

comunidade. É ele também que, por viver no mato, é sempre um grande conhecedor das plantas que curam e matam.
3. Além disso, por seguir na frente, é o caçador quem descobre o lugar ideal para instalação da aldeia que seu povo vai habitar.
4. Uma vez que também é sempre um guerreiro, o odé está estreitamente associado a Ogum: o ofá (arco-e-flecha), ou damatá, de Oxóssi sustenta sempre as sete ou 21 ferramentas do orixá do ferro e da guerra; e a ferramenta tradicional de Ogum, o alabedé (conjunto de utensílios usados na forja e na agricultura) é sempre encimado por um ofá.

## XIII – Oxóssi, caçador e rei de Queto

1. Um dia, retornando de uma guerra, Ogum encontrou Oxóssi amedrontado, indefeso, diante de um grupo de invasores. Embora cansado, Ogum não teve outra alternativa senão guerrear novamente; e lutou até vencer.
2. Quando por fim venceu e expulsou os inimigos, Ogum resolveu transmitir a Oxóssi suas habilidades, instruindo-o nas artes da caça, no mister de desbravar caminhos, ensinando-lhe a defender-se sozinho e a cuidar de sua gente, buscando, para ela, o alimento e o sustento.
3. Oxóssi aprendeu tudo rapidamente, porém ainda não conhecia inteiramente os segredos da floresta. Segredos e perigos, pois Ossãe, o dono da mata, tinha por hábito aprisionar todos os que penetrassem em seus domínios. Um dia, Oxóssi encontrou Ossãe, que, ardilosamente, e sem que se saiba como, ministrou-lhe uma beberagem que o fez perder a memória.
4. Com Oxóssi desmemoriado e sem qualquer noção de si, Ossãe banhou-o com líquidos mágicos e o manteve em sua companhia. Inconformado com o sequestro do irmão, Ogum foi à sua procura, encontrou-o e resgatou-o. Oxóssi, contudo, acostumara-se àquela vida e retornou para o mato, onde até hoje mora com Ossãe.
5. Antes disso, Oxóssi vivia debaixo de um imenso algodoeiro. Habitava na casa do velho Obatalá, que o criara, e os dois iam juntos a todos os lugares. Eram grandes amigos e companheiros, mas Oxóssi reclamava da lerdeza

do ancião. Obatalá, por sua vez, rezingava, reclamando que Oxóssi andava rápido demais e não tinha paciência com ele.

6. Então, o velho resolveu deixar o caçador à vontade, livre para varar os caminhos sozinhos, com toda a afoiteza e velocidade de sua juventude. Ambos ficaram satisfeitos, porém tristes pelo rompimento de uma rotina de tantos anos. Oxóssi prometeu a Obatalá que, mesmo longe a maior parte do tempo, nunca deixaria de amparar seu pai de criação.

7. O velho gostava muito de mel. Então, Oxóssi resolveu que todo o mel que encontrasse na floresta levaria para Obatalá, sem tocar em uma só gota.

8. Assim foi feito. A partir de então, Oxóssi nunca mais colocou mel na boca, reservando tudo o que colhia, em suas intermináveis andanças de caçador, para seu velho amigo Obatalá.

9. Um dia, durante o tempo em que ainda morava com o velho, Oxóssi encaminhava-se para uma caçada quando avistou Oxum banhando-se nas águas doces do seu rio.

10. A beleza extraordinária daquela mulher, tão meiga quanto perturbadora, deslumbrou o caçador que, encantado, atirou-se no rio. Preso nas águas do amor, Oxóssi esqueceu-se de suas obrigações. Afinal, ele era o provedor do sustento de seu povo e saíra para buscar o alimento.

11. Vendo que, em vez de ir à caça, Oxóssi preferira os braços de Oxum, os outros caçadores começaram a atirar flechas na direção do casal. Oxum, porém, que também já estava apaixonada, entoou uma doce cantiga de encantamento, imobilizando os agressores.

12. Aproveitando-se disso, Oxum ajudou Oxóssi a fugir e os dois foram parar no reino de Queto, próximo ao país dos jejes. Lá, por um sortilégio de Oxum, o caçador foi aclamado rei, com o título de alaqueto.

## XIV – Erinlê, o caçador de elefantes

1. Erinlê, cujo nome depois foi reduzido para Inlê, era um fabricante de armadilhas de caça, morador de uma choupana sob uma grande árvore, às margens de um rio próximo a Ilobu, em Ibadan.

2. Muito pobre, ele matava macacos para comer. Certo dia, afogou-se no rio

que, depois, recebeu seu nome. Isso foi feito porque, ao morrer, ele tornou-se um orixá que vive nas profundezas do rio.
3. Dizem alguns mais velhos que Erinlê, além de ter sido um caçador de elefantes que em várias oportunidades ajudara o povo de Ilobu a combater seus adversários, é ele próprio também considerado um desses animais.
4. Contam, ainda, que ele, também atraído pela sedução de Oxum, foi morar no fundo do rio que depois recebeu seu nome.

## XV – Logum Edé

1. Logum Edé é um orixá de Ilexá – mais especificamente de Edé –, lugar a sudoeste de Oxogbô, de onde seu culto irradiou-se para todo o país ijexá. Seu domínio são os rios, as cachoeiras e as matas.
2. Filho de Erinlê, que vive no lugar mais fundo do rio (denominado ibualama), e de Oxum Pandá, ele concentra as naturezas do pai e da mãe e a sua própria; por isso, é um orixá metametá, ou seja, "três em um só". Assim, vive parte de seu tempo sobre a terra, comendo caça; a outra parte, ele passa sob as águas do rio, alimentando-se de peixe.
3. Alguns mais velhos referem-se a Logum Edé, ora como filho de Oxum, ora como seu mensageiro. Em algumas regiões, ele é considerado complementação de Oxum, mais especialmente de Oxum Logum.

## XVI – Ossãe, dono das folhas

1. Ossãe era escravo de Orunmilá, o orixá da adivinhação. Certa vez, indo até a floresta, Ossãe conheceu Aroni, um homenzinho de uma perna só, mas que sabia tudo sobre as plantas e seus poderes, tanto os curativos quanto os mortíferos. Aroni gostou muito de Ossãe, resolveu iniciá-lo no mistério das ervas e o fez rapidamente.
2. Um dia, por ter decidido iniciar um pequeno cultivo de hortaliças e outras plantas úteis, Orunmilá mandou que Ossãe fizesse a capina. Contudo, durante o preparo do terreno, Ossãe examinava planta por planta, exaltando

as virtudes ou aplicações medicinais de cada uma delas; dessa forma demonstrava por que não deviam ser arrancadas.

3. Vendo aquilo, Orunmilá também passou a interessar-se pelo poder curativo dos vegetais. A partir de então, determinou que, nas consultas que ele dava, Ossãe ficasse sempre ao seu lado, como o médico do Orum, para prescrever os remédios necessários a todos os doentes que procurassem o maior dos babalaôs.

4. Tornando-se, então, o senhor das folhas por designação de Orunmilá, Ossãe passou a ser conhecido, requisitado e respeitado. Todos os orixás recorriam a ele em caso de doença. Iam à sua casa oferecer sacrifícios em troca de pós, pomadas, banhos, infusões e beberagens, rendendo-lhe um verdadeiro culto.

5. Um dia, porém, Xangô entendeu que aquele poder exclusivo não era correto e que Ossãe deveria compartilhar com os outros orixás o seu conhecimento sobre as plantas. Xangô pediu, então, a Ossãe que dividisse suas folhas com os outros orixás, mas ele se recusou.

6. Diante desse fato, Xangô mandou que Oiá fizesse o vento levar ao seu palácio todas as folhas de Ossãe, o que logo começou a ocorrer. Ossãe percebeu a tempo e, com uma invocação ritual – "Euê iwá sá!" ("As folhas curam!") –, fez a maior parte delas voltar aos seus lugares. As que não retornaram perderam a força e o poder de cura.

7. Então, Xangô, admitindo a vitória de Ossãe, compreendeu que ele era de fato o dono das folhas. Ossãe, entretanto, num gesto magnânimo, deu uma folha para cada orixá, ensinando a cada um deles as cantigas e procedimentos rituais sem as quais aquelas folhas não funcionam.

8. É por isso que todos os orixás reverenciam Ossãe quando utilizam suas plantas. No entanto, os principais segredos sobre folhas, caules e raízes Ossãe guardou para si e só os revela àqueles que se dedicam inteira e exclusivamente ao seu culto.

9. Ossãe continua na mata, ao lado de Aroni, seu grande mestre. Para o sustento dos dois, o sacerdote de seu culto, quando vai à floresta colher plantas, deve sempre levar para eles uma oferenda em dinheiro.

## Capítulo 8   A saga dos orixás

### I – Xangô na criação do mundo

1. Na época da criação do mundo, existiu um homem a quem Olorum e Exu-Elegbá ensinaram todos os segredos, para que ele pudesse fazer o bem e o mal, como lhe aprouvesse. Os deuses que governavam o mundo determinaram que, por ter-se tornado um mago tão poderoso, o homem deveria oferecer uma grande festa para os orixás; estes, porém, estavam fartos de comer comida crua e fria. Queriam algo diferente: comida quente, alimentos cozidos.
2. Contudo, naquele tempo nenhum homem sabia fazer fogo e, muito menos, cozinhar. Reconhecendo a própria incapacidade de satisfazer os deuses, o homem foi até a encruzilhada e pediu ajuda a Exu-Elegbá.
3. Esperou três dias e três noites sem nenhum sinal, até que ouviu uns estalos na mata. Eram as árvores que pareciam estar rindo dele, esfregando seus galhos umas contra as outras. Ele não gostou nada da brincadeira e invocou Xangô, que o ajudou lançando uma chuva de raios sobre as árvores.
4. Alguns galhos incendiados foram decepados e lançados ao chão, onde queimaram até restarem somente brasas. O homem apanhou algumas brasas, cobriu-as com gravetos e abafou tudo colocando terra por cima.
5. Algum tempo depois, ao descobrir o montinho, o homem viu pequenas lascas pretas. Era o carvão. Ele dispôs os pedaços de carvão entre pedras e acendeu-os com a brasa que restara. Depois, soprou até ver flamejar o fogo e, neste, cozinhou os alimentos.
6. Assim, inspirado e protegido por Xangô, o homem inventou o primeiro fogareiro e pôde satisfazer as ordens dos orixás, que comeram comidas cozidas e gostaram muito. E permitiram ao homem comer delas também.

### II – Xangô no Aiê

1. Em uma de suas vidas terrenas, Xangô foi filho de Oraniã e o quarto alafim da cidade-estado de Oió. Isso ocorreu porque, morto seu pai, a sucessão

coube a Ajacá, que se mostrou um governante fraco, chegando a permitir que Oió caísse como vassalo do vizinho reino de Owu.

2. Ajacá, ou Dadá, como irmão mais velho, foi quem criou Xangô. De temperamento calmo e dócil, cuidava dele com muito carinho, advertindo-o para os perigos de brincar com fogo, lutar e andar a cavalo, que eram as diversões de que Xangô mais gostava. Desde pequeno, Xangô já era hábil cavaleiro e, um dia, brincando com as chamas de uma fogueira, caiu dentro dela. O fogo, porém, acariciou seu corpo, causando-lhe somente conforto e bem-estar.

3. Dado o temperamento pacífico do irmão, Xangô tomou-lhe o trono e mudou-se para Oko, primitivo nome de Ilê-Ifé. Como era ainda muito jovem, o olowu, rei de Owu, quis submetê-lo, mas Xangô resistiu e a guerra foi declarada.

4. Nesse embate, Xangô foi ao mesmo tempo bravo comandante e mago incomparável, lutando e expelindo pela boca e pelas narinas chamas e grossos rolos de fumaça, que aterrorizaram os inimigos. Ao mesmo tempo, a rapidez e a disciplina de seus arqueiros punham as tropas adversárias em debandada.

5. Certa ocasião, na terra dos tapas, apareceu um animal feroz, de dentes afiados, aterrorizando todo mundo. Xangô foi até lá disposto a matar a fera, um monstro horrendo, insaciável devorador de carne humana. O povo do lugar não acreditou que Xangô pudesse vencer aquela criatura, cujos rugidos faziam a terra tremer.

6. Xangô, porém, não se intimidou e, frente a frente com a terrível fera, pôs em prática tudo o que aprendera com seu bisavô Larô, ou Ajá Ganti. Como um vulcão, ele começou a expelir, pela boca, chamas e rolos de fumaça preta em direção ao monstro que, terrivelmente queimado e inteiramente sufocado, sucumbiu em suas mãos. Naquela noite, Xangô dançou e cantou mais e melhor do que nunca.

7. Foi assim também que Xangô venceu o olowu, rei de Owu. Sobrepujando este e outros oponentes em batalhas espetaculares, Xangô resolveu mudar

sua capital de Oko para Oió-Corô, a futura Oió, onde reinava o oloió-corô. Contudo, nessa nova conquista, ele queria evitar maior violência.

8. Enquanto planejava a tomada de Oió-Corô, Xangô recordou-se de sua falecida mãe, que não conhecera e de cujo nome não se lembrava. Queria prestar um culto à sua memória e, para isso, resolveu enviar dois mensageiros até seu avô materno, Elempê, na terra dos tapas, para informar-se do nome dela.

9. A missão dos mensageiros – dois escravos, um tapa e outro hauçá – era oferecer o sacrifício, durante o qual memorizariam o primeiro nome invocado, que seria o da homenageada.

10. Tudo ocorreu como planejado. No início do ritual, diante do túmulo da mãe de Xangô, o praticante pronunciou o nome: Torossi – e Torossi tinha sido uma das reencarnações de Iemanjá. O escravo tapa, mais familiarizado com a língua, entendeu bem. O mensageiro hauçá, contudo, não compreendeu o que foi dito, o que Xangô tomou como negligência.

11. Cumprida a missão, Xangô recompensou o escravo tapa e castigou o hauçá, mandando fazer em todo o seu corpo 120 cortes longos e profundos. No entanto, as mulheres da corte acharam que o escravo havia ficado mais bonito assim, escarificado, e sugeriram a Xangô que esse tipo de tatuagem fosse adotado como um símbolo de realeza. Xangô aceitou a sugestão e mandou os escarificadores (oloualá), Ossan e Oru, fazerem os cortes também no corpo dele.

12. Xangô, porém, suportou apenas a feitura de dois cortes longitudinais em cada braço, dos ombros até os punhos. Esse passou, então, a ser o emblema da família real de Oió.

13. A decantada beleza das marcas do escravo hauçá acabou por tornar-se arma de guerra nos projetos conquistadores de Xangô. Foi assim que ele enviou o escravo em uma nova missão; dessa vez até o oloió-corô, para exibir ao rei inimigo a beleza e a importância de suas "marcas de realeza" e convencê-lo a usá-las também.

14. Traído pela vaidade, o rei de Oió-Corô resolveu escarificar-se e determinou

que seus ministros fizessem o mesmo. Para isso, mandou chamar os especialistas Oru e Ossan, que executaram a tarefa em três dias.

15. Concluído o serviço – o oloió-corô e seus ministros com os corpos em carne viva –, Xangô chegou com suas tropas e tomou a cidade sem resistência. Dessa forma, o trono do alafim foi definitivamente transferido de Oko para Oió.

16. Uma vez em Oió, Xangô passou a ser respeitado como rei por todos os povos vizinhos, exceto por aqueles já convertidos ao islamismo de Maomé.

17. Um dia, Xangô precisou ir até um povoado de muçulmanos chamados malês. Eles impediram sua entrada, pois lá só eram recebidas pessoas do mesmo credo. Xangô não contestou a proibição, mas voltou para casa aborrecido e contou o fato à sua mulher, Oiá. Durante a conversa, os dois resolveram declarar guerra aos malês.

18. Partiram no dia seguinte e, já no caminho, Xangô ia cuspindo labaredas, gesto em que era seguido por Oiá, que soprava o vento e espalhava os relâmpagos e coriscos de Xangô em todas as direções. Os malês apavoraram-se, pensando ser o fim do mundo. Quando perceberam que aquilo era a vingança de Xangô pelo ultraje sofrido, caíram aos seus pés implorando perdão.

19. Completamente submissos, os muçulmanos abriram a porta da aldeia para Xangô e sua comitiva e o aceitaram também como rei. Por outro lado, em homenagem a eles, Xangô adotou um de seus tabus, deixando de comer carne de porco e estendendo essa proibição a todos os seus seguidores e descendentes.

20. Oiá, porém, nem sempre foi mulher de Xangô. Antes de submeter os malês, um dia, cansado da rotina da corte de Oió, Xangô resolveu partir em busca de novas aventuras. Chegou a Irê, onde Ogum reinava ao lado de Oiá, então sua mulher. Xangô permaneceu em Irê algum tempo, admirando Ogum comandar seu povo e trabalhar a forja, mas foi envolvido pelos encantos de Oiá, por quem logo se apaixonou – e foi uma paixão não somente desenfreada, mas correspondida.

21. Ao descobrir o romance, Ogum resolveu duelar com Xangô. Os dois

puseram-se frente a frente – Ogum estava fortemente armado e Xangô tinha apenas uma pedra na mão. Quando Ogum investiu sobre o adversário, este lançou a pedra que, por ser um edum ará, uma pedra de raio, eletrocutou e incendiou o oponente. Graças à sua magia, Xangô venceu Ogum e levou a amada com ele para Oió, onde os dois formaram, apesar do comportamento infiel do alafim, um casal unido até a morte.

22. Embora possessivo e obstinado, Xangô foi, durante uma de suas passagens terrenas, um homem muito popular. Certa vez, sozinho em uma terra estranha, foi abordado em público por um leproso, que, ao lado de outro homem, reclamou sua atenção. Aproximando-se do doente, Xangô disse-lhe que sabia ter, naquela terra, dois irmãos, um de sangue e outro adotivo, e queria ter notícias de pelo menos um deles.

23. O leproso, então, disse ser o filho adotivo do pai de Xangô e que seu companheiro era o irmão de sangue que ele procurava. O leproso era Xapanã e o outro, Ogum, que estava, como de hábito, acompanhado de vários cães. Xangô, então, aconselhou Xapanã a procurar saúde e melhores condições de vida em outro lugar, pois aquele não lhe tinha sido propício. Para isso, pegou dois dos cães que estavam próximos e, sem saber que eram de Ogum, deu-os ao doente para lhe servirem de guias e defensores.

24. Não concordando com a audácia de Xangô e fazendo valer sua condição de dono dos cães, Ogum, violento como só ele, partiu para a agressão, iniciando um grave conflito. A partir daquela ocasião, os dois nunca mais se falaram, tornando-se inimigos ferrenhos.

25. De outra feita, um grupo de sacerdotes de Egungum (ojés) convidou Xangô a participar de uma cerimônia para os espíritos dos ancestrais. Xangô foi e observou cuidadosa e atentamente tudo o que havia e se passava dentro do quarto dos mortos (balé), procurando fixar, inclusive, cada uma das fórmulas rituais que os ojés pronunciavam.

26. Dias depois, embora sabendo que tudo o que tinha visto e ouvido devia permanecer em segredo absoluto, Xangô revelou aos quatro ventos os segredos do balé, contando tudo para quem quisesse ouvir. Muito aborrecidos, os ojés tornaram-no pessoa indesejável dentro do seu culto

e impediram-no terminantemente de participar de qualquer cerimônia destinada aos eguns.

27. Com seu trono transferido de Oko para Oió, Xangô reinou por sete anos, com uma energia que muitas vezes confundia-se com tirania e violência. Bravo guerreiro e dotado de poderes miraculosos, prosseguiu lutando e expelindo pela boca e pelas narinas as chamas que aterrorizavam súditos e inimigos.

28. Capaz de preparar poções que atraíam os raios, certo dia, em companhia de alguns parentes, cortesãos e escravos, entre os quais Biri e Omiran, seus prediletos, ele subiu ao Oquê Ajacá, o morro de Ajacá, ao pé do qual construíra seu palácio, e invocou os relâmpagos. Foi quando se fechou o céu, uma tempestade desabou e um raio caiu no palácio, coberto de palha, destruindo tudo e matando todos os que lá se encontravam, entre eles filhos e algumas das mulheres do rei.

29. Em profunda depressão, Xangô resolveu abdicar do trono e ir para junto dos restos de sua mãe, na corte de seu avô Elempê. Seus súditos estavam divididos: uns não concordavam com a abdicação, outros queriam ver Xangô fora do poder.

30. Os adversários de Xangô usavam seu temperamento conquistador como arma. "Nós não queremos um rei que nos traga escravos, mas sim, que nos dê o que comer" – diziam eles. Sob esse argumento, enviaram uma delegação ao alafim, pedindo-lhe que renunciasse. Xangô, contudo, respondeu que era um grande mago (onixegum) e que ninguém o podia contrariar.

31. Entre os ministros de Xangô estavam Mogbá e Timi Agbali Olofanô, um a seu favor e o outro contra. Nesse clima tenso, Xangô mandou-os vir à sua presença e falou: "Vocês estão discordando quanto ao cumprimento de minhas ordens, mas elas precisam ser obedecidas. Para que fique claro se eu tenho ou não razão, ordeno que vocês lutem um contra o outro. Eu acatarei a opinião daquele que vencer".

32. Foi assim que Mogbá, que era contrário às idéias de Xangô, matou seu

colega e amigo Timi. Xangô, então, em profunda depressão, embrenhou-se na floresta, dizendo que nunca mais voltaria.

33. Os inimigos de Xangô, ao saberem de sua renúncia, espalharam a notícia de que ele tinha cometido suicídio: "Obá ko sô!" ("O rei se enforcou") – o povo começou a gritar.

34. Ouvindo isso, Mogbá, temendo uma convulsão popular, dirigiu-se assim ao povo: "Xangô não morreu! E se vocês continuarem dizendo que ele se enforcou, ele mandará seu fogo para incendiar as suas casas!" E continuou: "O que aconteceu foi o seguinte: todos os dias, Xangô ordenava que eu e Timi fôssemos guerrear e destruir cidades. Nós sempre o obedecíamos. Mas ele sempre queria mais guerras, mais prisioneiros e mais escravos. Acabamos nos cansando disso e fomos reclamar com ele. Foi quando Xangô nos mandou lutar um contra o outro. Ambos éramos fortes e musculosos e, no fim, eu, Mogbá, matei Timi, que era meu amigo. Xangô me obrigou a matar Timi, que não era meu inimigo. Então, eu resolvi matar Xangô e ele se embrenhou na floresta".

35. Mogbá, entretanto, advertiu o povo de que Xangô era um mago poderoso. Por isso, se alguém dissesse que ele havia se enforcado, um feitiço se instalaria na casa da pessoa e a incendiaria. De fato, isso aconteceu e o próprio palácio real foi destruído.

36. Não contente com essa destruição, Xangô voltou e passou no fio da espada centenas de súditos. Seus fiéis Biri e Omiran ainda tentaram convencê-lo a reconstruir o palácio e reparar as perdas. Xangô, no entanto, estava irredutível em seu propósito de ir embora.

37. Ao se ver sozinho, sem Omiran e Biri, que o abandonaram, Xangô deu-se conta do que fizera. Não podia seguir sozinho e não podia voltar atrás. Foi, então, que pôs fim à própria vida, enforcando-se numa árvore, ao pé da qual, mais tarde, seu corpo foi enterrado.

38. Ao saberem de sua morte, seus mais próximos também se mataram: Biri e Omiran em Cossô, no mesmo local onde Xangô morrera; Oiá, sua esposa favorita, em Irá; sua irmã Baiani, em Sele; seus primos Omo Sandá e Obeí, em Papo e Jacutá, respectivamente.

39. Xangô, que tem o carneiro (agutan) como símbolo, foi juntar-se aos irumalês na condição de orixá dos raios e das tempestades nas quais o poder destruidor do fogo une-se ao poder da água, gerador de todas as coisas.

## III – Xangô no Orum

1. Mesmo no Orum, Xangô continuou como filho rebelde, recusando-se a obedecer a Obatalá, que se obstinava em submetê-lo.
2. Um dia, enquanto passeava, Obatalá encontrou o cavalo de Xangô amarrado na porta de uma casa. Desamarrou o animal e levou-o consigo. Sentindo grande falta da montaria, Xangô saiu em perseguição ao suposto ladrão e encontrou Obatalá com o cavalo. Atrevida e desrespeitosamente, Xangô interpelou Obatalá que, sem se intimidar, ordenou que ele se prostrasse a seus pés. Xangô, mais jovem e vergado ante a força moral do outro, acabou por obedecer.
3. Com Xangô dominado, Obatalá arrancou-lhe o colar de contas vermelhas que ele sempre usava. Ali mesmo, intercalou entre cada uma das contas vermelhas as contas brancas de seu próprio colar; então, fechou o fio de contas e colocou-o no pescoço de Xangô como sinal de sua autoridade sobre ele.
4. Certa feita, no Orum, Xangô teve de pelejar contra a legião das entidades malévolas, da qual faziam parte soldados iludidos, que julgavam estar combatendo por uma causa justa. O inimigo era implacável – os comandados de Xangô, quando capturados, eram torturados até a morte com extrema e requintada crueldade e seus corpos, devolvidos aos pedaços.
5. Enfurecido com a covardia, Xangô postou-se no alto de um grande rochedo e, por inspiração de Orunmilá, que invocara, começou a lascá-lo com seu machado (oxê), arrancando faíscas das pedras. As faíscas caíam em chamas certeiras sobre os inimigos, matando-os um a um.
6. Assim, ele derrotou a legião malévola. Sua vitória culminou com o extermínio dos chefes por um último raio mortífero. Xangô teve, entretanto, o bom senso de poupar os soldados que estavam do lado dos inimigos por engano, julgando estar combatendo pelo bem. Foi a partir dessa decisão

que Xangô garantiu para si a reputação de orixá sensato e equânime, com capacidade para julgar conflitos e ministrar justiça.

7. Em outra ocasião, Xangô vestiu-se de branco e foi um dia às terras do velho Oxalufã, para levá-lo à festa que faziam em sua cidade. Oxalufã era idoso e lento, por isso Xangô levava-o nas costas. Quando se aproximavam do destino, viram a grande pedreira de Xangô bem perto de seu enorme palácio.
8. Xangô levou o velho amigo ao cume, para dali mostrar-lhe todo o seu império e poderio. Foi lá de cima que Xangô avistou uma belíssima mulher preparando comida numa panela.
9. Era Oiá! Ela estava fazendo o amalá-ilá, quitute de quiabos preferido do rei! Xangô não resistiu à tamanha tentação. Oiá e amalá! Era demais para sua gulodice, depois de ele ter passado tanto tempo na estrada. Xangô perdeu a cabeça e disparou caminho abaixo, largando o velho em meio às pedras, rolando na poeira, caindo pelas valas. Oxalufã enfureceu-se com tamanho desrespeito e mandou muitos castigos, que atingiram diretamente o povo de Xangô.
10. Xangô, muito arrependido, mandou todo o povo trazer água fresca e panos limpos. Ordenou que banhassem e vestissem o venerando ancião, que aceitou todas as desculpas e apreciou o banquete de caracóis e inhame oferecido pelo povo.
11. Contudo, Oxalufã impôs um castigo eterno a Xangô, que tanto gosta de fartar-se de boa comida. Ele nunca mais pôde comer em prato de louça, porcelana ou em alguidar de cerâmica. Xangô só pode comer em gamela de pau, como comem os bichos da casa e o gado e como comem os escravos.
12. O poder mágico de Xangô vinha de seu bisavô paterno, Ajá Ganti. Foi dele que Xangô adquiriu o poder de lançar fogo pela boca.
13. Sua única mulher legítima foi Oiá. Ela era uma vigorosa e hábil caçadora e exercia seu ofício com incrível habilidade. Caçava todos os animais selvagens da floresta, como leopardos, antílopes e elefantes. Oiá tinha um irmão mais novo que a acompanhava por toda parte nas caçadas. Depois que Xangô morreu, ela finou-se também.

14. Xangô foi o verdadeiro introdutor da monarquia sagrada em Oió, por ele governada durante sete anos.
15. Ao longo de seu reinado, reformou os costumes, mandou o exército mover-se sobre o poder dos arqueiros, criou um corpo de funcionários e escravos inteiramente fiéis ao palácio e tornou o culto ao trovão e ao relâmpago a crença do Estado. Após sua morte, os iorubás e oiós mandaram buscar no exílio, em Igbodô, seu irmão Ajacá, ou Dadá, e o recolocaram no trono. Então, mais amadurecido, Ajacá revelou-se um grande guerreiro, afastando a ameaça dos tapas e ampliando sua autoridade sobre numerosas cidades e aldeias iorubanas.

### IV – Oiá-Iansã

1. Oiá era uma menina muito viva e esperta. Nascida em Irá, vivia em Queto com seu pai adotivo, o caçador Odulecê. Filha querida e admirada pelo seu povo, muito cedo, entretanto, Oiá viu a tristeza abater-se sobre sua casa, com a morte do velho caçador.
2. Mesmo triste, a menina teve tino e força para homenagear o pai e amigo. Juntou todos os instrumentos e armas de caça de Odulecê e envolveu-os em panos brancos. Em seguida, preparou e arrumou as comidas e bebidas de que ele mais gostava. Então, reuniu todos os parentes e amigos e, com eles, por nove dias e noites, cantou e dançou, celebrando a passagem do caçador para o mundo dos espíritos.
3. Na última noite, Oiá e os convivas dirigiram-se todos à mata, onde, ao pé de uma árvore sagrada, depositaram os pertences de Odulecê e oferendas. Emocionado, Olofim, que a tudo assistiu, deu a Oiá o poder sobre os espíritos dos mortos. Considerando bom o que ela fizera, instituiu, a partir de então, naqueles moldes, a cerimônia do axexê. No entanto, a proibiu, por toda a vida, de retornar a Irá, sua terra natal.
4. Crescendo bela e destemida, Oiá um dia tornou-se mulher do ferreiro Ogum, com quem passou a viver e trabalhar. Era ela que ativava a forja, manejando o fole.
5. Por essa época, Oxaguiã, um dos avatares de Obatalá, jovem e guerreiro, via-

se envolvido numa guerra interminável, uma vez que era lenta a fabricação de armas a cargo de Ogum. Da frente de batalha, Oxaguiã mandava pedir mais armas, as quais demoravam muito a chegar. Foi quando Oiá resolveu, com seu próprio sopro, ativar o fogo, para que as armas pudessem ser produzidas mais rapidamente. Graças a essa intervenção de Oiá, Oxaguiã venceu a guerra. Em seu retorno, foi agradecer ao ferreiro Ogum.

6. Contudo, diante da beleza encantadora de Oiá, o guerreiro apaixonou-se perdidamente. Essa paixão, correspondida, culminou na fuga dos dois, que foram morar juntos. Tempos depois, tendo necessidade de guerrear novamente, Oxaguiã viu-se num dilema, sem saber onde conseguir novas armas. A solução veio com Oiá, que, mesmo de longe, resolveu soprar na forja de Ogum.

7. Seu sopro atravessava terras e mares, arrastando tudo o que encontrava no caminho. Por isso, até hoje, quando sopra vento muito forte, o povo iorubá sabe que esse vento é Oiá, que está querendo ativar a forja de Ogum, para dar mais armas a Oxaguiã.

8. Em outra de suas encarnações na terra, Oiá, ainda mulher de Ogum, recebeu dele um pequeno sabre; embora minúscula, a arma tinha o incrível poder de dividir em pedaços tanto homens quanto mulheres. Xangô, vizinho do casal, ia sempre à tenda do ferreiro. Nessas visitas, não deixava de admirar a bela Oiá, que retribuía o interesse, fascinada pelo porte elegante e majestoso do rei.

9. Um dia, então, a cumplicidade instaurou-se entre os dois, que cederam à atração que sentiam um pelo outro. Fugindo para longe, os apaixonados foram perseguidos por Ogum, furioso e sedento de vingança. E a perseguição durou muitos anos.

10. Embora movidos apenas pelo desejo, Oiá e Xangô eram felizes. Essa felicidade, porém, não era completa pelo fato de o casal não ter filhos. Disposta a resolver o problema, Oiá consultou Ifá. Foi quando soube que só teria filhos quando fosse possuída de forma violenta.

11. Com seu temperamento decidido, a senhora dos ventos provocou Xangô até ser por ele violentada. Desse relacionamento brutal, advieram nove

filhos, dos quais oito nasceram mudos. Novamente aconselhada por Ifá, ela fez as necessárias oferendas e logo concebeu e deu à luz um filho aparentemente são.

12. Esse filho não era mudo, mas, assim que falou, revelou uma voz aterrorizante, rouca e gutural. Voz que identifica Egungum, o antepassado fundador de todas as famílias e todas as cidades.
13. Assim, até hoje, quando Egungum vem à Terra para confraternizar e receber as homenagens de seus descendentes apenas diante de Oiá ele se curva; apenas a ela, que é sua mãe, Egungum presta reverência.
14. Já conhecida como a mãe de Egungum, certa vez, em uma festa, Oiá viu chegar um homem envolto e oculto em misteriosas vestes de palha-da-costa.
15. Diante de tão estranha criatura, as pessoas afastaram-se, menos Oiá que, ao som dos tambores, dançou para ele sua dança mais frenética.
16. Girando, girando, a dança de Oiá provocava um vento muito forte. Tão forte que descobriu o cavalheiro misterioso, revelando Obaluaiê que, para surpresa de todos, era um homem belo e elegante.
17. Feliz, o senhor da Terra resolveu dividir seu reino com Oiá, dando a ela o iruquerê, símbolo da confirmação de seu poder sobre os espíritos dos mortos; poder que Olofim já lhe havia conferido por ocasião dos funerais do pai adotivo de Oiá.
18. Em outro momento, quando Oiá era sua esposa, Xangô foi rei de Oió, governando com extremo rigor. Chamavam-no "Jácutá", o atirador de pedras, porque as pedras eram a arma de combate que ele melhor manejava.
19. Xangô era honrado e respeitado, mas desejava ser temido. Por isso, procurou Exu para conseguir algo que lhe permitisse infundir terror em seus súditos e inimigos.
20. Feita a solicitação e combinado o preço, Exu pôs mãos à obra e, pronto o trabalho, Xangô mandou Oiá buscar o encantamento. Na volta, Oiá não conteve a curiosidade e abriu o pacote que pegara com Exu.
21. Vendo nele um pó vermelho, Oiá botou um pouquinho na boca para saber do que se tratava. Sentiu um gosto estranho, mas não conseguiu identificá-

lo. Ao chegar em casa, foi indagada por Xangô sobre as instruções para uso do encantamento. Assim que ela começou falar, saíram chamas de sua boca.

22. Irritado, Xangô percebeu que ela havia-se apropriado da magia e partiu para espancá-la. Oiá fugiu, escondendo-se em um pasto de carneiros. Transtornado de ódio, Xangô começou a atirar pedras de raio em direção aos lugares onde supunha que Oiá estivesse. Um dos raios incendiou o pasto, matando todos os carneiros e Oiá ficou escondida entre os corpos calcinados.

23. Quando sua ira abrandou-se, Xangô mandou seus guardas buscarem Oiá, o que de fato ocorreu. Então, naquela noite, ele resolveu experimentar o pó vermelho de Exu, embora não soubesse como usá-lo. Foi assim que, do alto de um morro, Xangô começou a lançar fogo pela boca de uma maneira descontrolada. O fogo acabou incendiando a cidade e o reino. Oió foi mais tarde reconstruída pelo próprio Xangô. Ele homenageou os carneiros de seu rebanho, mortos na defesa de sua mulher Oiá, cujos filhos, em sinal de luto, nunca mais comeram carne de carneiro.

24. Enquanto tudo isso ocorria, Ogum, louco por vingança, continuava procurando por Oiá e Xangô. Quando finalmente os encontrou, travou-se uma luta sem precedentes, cada um deles usando a força e os meios mágicos de que dispunha. Após vencer Xangô, Ogum aproximou-se de Oiá, disposto a fazê-la em pedaços com sua espada, sem lembrar que ela portava também um sabre encantado.

25. Espada contra sabre, os dois lutaram. Dessa guerra sem vencido ou vencedor, Ogum saiu dividido em sete partes e por isso ficou conhecido como Ogum Mêji, ou Mejê, que significa "sete". Por sua vez, Oiá foi partida em nove pedaços e, assim, ganhou o nome de Iá Messã ou Iansã, a "mãe que se transformou em nove".

26. Graças a seus próprios poderes, Oiá logo se recompôs. No entanto, afastada de Xangô, resolveu retornar à sua terra natal, contrariando a antiga determinação de Olofim. Lá, sabendo depois que seu grande amor havia morrido, tomada de grande tristeza, deitou-se para morrer também.

27. Chorando por nove dias e nove noites, Oiá formou um rio com suas

lágrimas. Seu corpo foi também se tornando líquido para transformar-se no Odô Oiá, o grande rio de Oiá, que banha o oeste africano, das montanhas do Futa Djalon até a baía de Benin.

## V – Oxum, seu rio e sua cidade

1. Assim como Oiá tem um rio, Oxum também tem o seu. Um dia, o rei Larô, depois de muito procurar um bom lugar para se instalar com sua gente, chegou a um rio de águas limpas e abundantes.
2. Sua filha desapareceu enquanto se banhava nessas águas; porém, reapareceu logo depois lindamente trajada.
3. Ante o assombro de todos, a moça contou que fora muito bem recebida pela dona do rio. Larô, então, fez ricas oferendas às águas como prova de gratidão.
4. Em meio à cerimônia, um grande peixe aproximou-se mansamente do rei, que o apanhou. No colo de Larô, o peixe emitiu um jato d'água que o monarca recolheu em uma cuia e bebeu.
5. Estava selada a aliança entre Larô e o rio. Sob aplausos e exclamações de seu povo, Larô recebeu o título de ataojá, ou "a tewo gba eja", ou seja, "aquele que estende a mão aos peixes e os prende".
6. Ao ser assim aclamado, Larô exclamou: "Oxum gbó!" ("Oxum floresce, faz crescer"). Por isso, a cidade de Larô e Oxum passou a se chamar Oxogbô.
7. Em uma de suas vidas terrenas, um dia, Orunmilá, passeando pela cidade com seu séquito, cruzou com outro cortejo no qual se destacava, pelo porte e pela beleza, uma mulher encantadora.
8. Profundamente impressionado, Orunmilá mandou Exu-Elegbá, seu mensageiro, saber quem era aquela mulher tão fascinante.
9. Era Iemanjá, filha de Olocum e mulher de Obatalá, revelou-lhe o mensageiro. Orunmilá, então, ordenou que Exu-Elegbá convidasse-a para uma visita a seu palácio, a fim de conhecer seu saber e suas riquezas – convite que Iemanjá, embora com alguma relutância inicial, aceitou.
10. Como Orunmilá é o dono de todo segredo e de todo mistério, nunca ninguém soube ou saberá o que se passou durante a visita. Contudo, o

fato é que, cerca de nove meses após aquele encontro, Iemanjá deu à luz uma linda menina.

11. Como Iemanjá tinha outros filhos com Obatalá, Orunmilá mandou Exu-Elegbá verificar como era a recém-nascida. Se ela tivesse uma determinada marca na cabeça, Orunmilá a reconheceria como filha e a criaria.

12. Assim se comprovou, assim se deu. A menina, que se chamou Oxum, foi levada para morar com o pai e cresceu tão bela e rica quanto mimada e voluntariosa.

13. Não se sabe se Obatalá ficou ciente desses acontecimentos. O que se sabe é que, um dia, ele resolveu tomar Orunmilá como seu mestre para aprender com ele as artes da adivinhação.

14. Contudo, as lições ficaram restritas aos oráculos mais simples, como o obi e os búzios, porque a leitura por intermédio do opelê e dos iquins estava reservada àqueles que se dispusessem a conhecer e memorizar os milhares de itãs da tradição de Ifá e tornarem-se exclusivamente babalaôs.

15. Foi assim que Obatalá aprendeu a interpretar a caída do obi partido e dos búzios, mas recusava-se terminantemente, por respeito a Orunmilá, a transmitir esses conhecimentos a não-iniciados. No entanto, Oxum, curiosa como só ela, queria a qualquer preço dominar o segredo dos búzios, contrariando a vontade de seu pai, Orunmilá.

16. Certo dia, Obatalá resolveu refrescar-se num rio que ficava longe da cidade. Lá chegando, deixou suas roupas sobre uma pedra e mergulhou na água limpa e fresca.

17. Nesse momento, surgiu Exu-Elegbá que, disposto a fazer mais uma de suas brincadeiras, apossou-se das roupas de Obatalá. "Quero ver se o senhor das vestes brancas ainda é senhor, mesmo sem roupa!" – debochava ele, cantando, dançando e indo embora com as vestes do respeitável senhor.

18. Ao se dar conta do que tinha acontecido, Obatalá entrou em pânico. Como sair dali sem roupa? Completamente aturdido e sem saber o que fazer, de repente Obatalá deparou-se com Oxum à sua frente.

19. A vergonha foi maior ainda. Oxum, porém, tranquilizou-o, dizendo que

tinha como reaver suas roupas, mas que, em troca, queria obter o segredo dos búzios.

20. Obatalá tentou negar; no entanto, vendo que não tinha saída, acedeu. Oxum, então, foi ao encontro de Exu-Elegbá.
21. O mensageiro, vendo aquela jovem tão bela, tão sedutora, tão tentadora, foi tomado de um desejo incontido. Oxum, sentindo-se de novo dona da situação, mais uma vez negociou: "Sim! Serei tua! Mas em troca quero as roupas que roubaste de Obatalá!"
22. A contrapartida era muito pouca diante do prazer que se avizinhava. Então, Exu-Elegbá concordou. E foi assim que aconteceu.
23. De posse das roupas, a bela e ardilosa Oxum voltou e entregou-as a Obatalá. O senhor das vestes brancas, honrando o compromisso, ensinou à bela princesa o segredo dos búzios e dos obis. Por isso, Oxum domina-o tão bem quanto Orunmilá e Exu-Elegbá.

## VI – Obá

1. Em uma de suas vivências terrenas, Xangô tinha como mulheres, morando sob o mesmo teto, Oxum e Obá, sendo esta uma mulher de vida trágica, que fora violentada e abandonada por Ogum na adolescência.
2. As duas revezavam-se nas tarefas domésticas, fazendo rigorosamente as mesmas coisas em dias e semanas alternados. Embora tivessem as obrigações iguais, não recebiam, porém, o mesmo tratamento por parte de Xangô.
3. Era clara a preferência do rei por Oxum, mais jovem, sensual e bonita. Ela possuía também melhores dotes culinários, os quais Obá procurava imitar, copiando as receitas que a preferida inventava.
4. Aborrecida com isso, um dia Oxum resolveu fazer uma maldade: com um belo turbante que lhe escondia as orelhas, mostrou a Obá a gamela onde preparava um amalá de cheiro inebriante e no qual boiavam dois frutos estranhos.
5. Indagada sobre a receita e sobre aqueles frutos esquisitos, Oxum disse a Obá que se tratava de um encantamento de amor. Afirmou que os frutos,

supostamente quiabos, eram nada mais nada menos que suas duas orelhas, que, a conselho de um babalaô, cortara e cozinhara para conquistar o amor de Xangô de forma completa e definitiva.
6. À mesa, o alafim deliciou-se com o amalá, comendo e elogiando a novidade. Esse fato fez com que, na semana seguinte, Obá, ingênua e apaixonada, caísse na armadilha de Oxum; e assim ela cortou uma das orelhas para o amalá do rei.
7. Ao ver o prato e constatar aquele resto humano sobre a papa de inhame, Xangô foi acometido de um terrível acesso de cólera, lançando seus raios em todas as direções.
8. Obá – que já cortara o rabo do cavalo preferido de Xangô para fazer uma oferenda – foi definitivamente repudiada e expulsa do palácio, sem amor e sem uma das orelhas.
9. Contudo, Oxum também foi castigada, pois informado da maldade feita pela esposa, Xangô dela se separou. Então, as duas mulheres tornaram-se para sempre inimigas irreconciliáveis.

## VII – Ibêji

1. Ibêji é o orixá dos gêmeos, da duplicidade, personificados por Taiô e Caindê, casal de gêmeos criados por Iemanjá, mas filhos de Oxum com Xangô, por intermédio de quem falam e se comunicam.
2. Eles foram concebidos quando, certo dia, Oxum, desejosa de ter um filho, pediu essa graça a Olodumarê por meio de Orunmilá.
3. O sábio, então, mandou que ela fizesse um grande ebó, uma grande oferenda, com carneiros, cabritos, galos, pombos, peças de roupas, mas tudo em dobro, além de dois sacos de búzios.
4. Assim mandado, assim feito, Oxum engravidou. E o pai era Xangô.
5. Contudo, na hora do parto, nasceram três crianças – o casal, Taiô e Caindê, e mais um menino, Idoú. Esse fato desagradou à mãe, que repudiou e matou Idoú. Inconformado com seu destino, Idoú resolveu viver na cabeça dos irmãos, atormentando-os. Por isso, os dois brigavam todo o tempo, o que perturbava também o ori, a cabeça de Oxum.

6. Foi quando, numa consulta, Orunmilá identificou o problema. Então, ele deu a Oxum nove espelhos para que, por meio deles – refletindo um de cada vez a imagem dos filhos –, ela pudesse ver em qual das crianças ~~aparecia~~ apareceria o egungum perturbador.
7. Oxum viu a imagem de um de seus filhos refletida quatrocentas vezes; do outro, porém, nada viu. Era Icu, a morte, manifestando-se.
8. Assim, Oxum teve que sacrificar um dos filhos, para que o outro sobrevivesse. Com o passar dos dias, o gêmeo sobrevivente, Taiô, foi se mostrando desesperado de tanta falta que sentia da irmã, Caindê.
9. Oxum não teve alternativa senão ir até a sepultura e tentar ressuscitar a menina, o que não conseguiu.
10. Taiô, no entanto, não se conformava. Decidiu amarrar a irmãzinha morta no seu próprio corpo, para sempre, transmitindo a ela sua energia vital e fazendo-a renascer.
11. Alegres e comunicativos, os ibêjis, além de simpáticos a todos, tornaram-se também muito poderosos. Isso começou no dia em que livraram Obatalá de uma cilada armada por um grupo de obás arbitrários e corruptos.
12. Esses obás, a quem Obatalá opunha-se firmemente, resolveram destroná-lo. Com esse propósito, subornaram o cozinheiro do palácio, para que ele envenenasse a comida do senhor das vestes brancas.
13. Aceitando o suborno, o cozinheiro resolveu matar o rei adicionando sal à sua comida, uma vez que o sal era e é o maior tabu alimentar de Obatalá. Os ibêjis, porém, ouviram a conversa entre o emissário dos obás e o cozinheiro. Rapidamente avisaram o rei e, sem denunciarem o traidor, aconselharam o soberano a disfarçar-se trocando as roupas brancas por um traje vermelho e preto, pois assim ele facilmente descobriria a cilada que lhe tramavam.
14. Aceitando o conselho, Obatalá disfarçou-se usando os trajes determinados e, ao sair pelos fundos do palácio, passou pela cozinha.
15. Qual não foi a surpresa do rei quando viu o cozinheiro salgando sua comida! Desmascarado e castigado o traidor, Obatalá cobriu os ibêjis de homenagens, entre as quais muitos brinquedos e guloseimas, e concedeu a eles poderes miraculosos.

16. Parece que essa estratégia de vesti-se de preto e vermelho para desmascarar traidores e descobrir ciladas e emboscadas foi ensinada aos ibêjis por um Exu velho.
17. Assim se acredita por causa de um fato ocorrido antes dessa trama, quando os ibêjis, já morando com Iemanjá, sua mãe adotiva, saíram para se divertir, tocando seus tamborezinhos.
18. O Exu, já bem velho, mas ainda um eborá dos mais terríveis e malvados, daqueles do começo dos tempos, tinha colocado armadilhas nas encruzilhadas e estava devorando todos os humanos que caíam nelas.
19. Mesmo sabendo disso, os gêmeos iam pela estrada, batucando e cantando alegre e descontraidamente. Por precaução, entretanto, eles revezavam-se: enquanto um cantava e batucava, o outro tomava conta, seguindo oculto pelo mato. E assim foram indo. Contudo, o Exu velho, ao vê-los e ouvir o batuque que faziam, ficou encantado e dançou, mesmo sem querer.
20. Percebendo isso, os ibêjis tocaram cada vez melhor e em um ritmo ainda mais contagiante. Exu, então, não conseguia parar de dançar.
21. Os dois revezavam-se: enquanto um tocava, o outro descansava, sem deixar a música parar. E fizeram isso por sete dias e sete noites.
22. Por fim, o Exu, completamente esgotado, pediu-lhes clemência: "Parem! Parem, por favor! Esse ritmo é muito gostoso! Eu não aguento mais!"
23. Os ibêjis só pararam depois que o Exu malvado, com sua roupa vermelha e preta já em frangalhos, desativou todas as armadilhas que tinham preparado. Enquanto ele trabalhava, os gêmeos prestaram bastante atenção. Foi assim que eles aprenderam a desarmar arapucas e prevenir traições.

**VIII – Iemanjá e Olocum**

1. No princípio dos tempos, Iemanjá, ainda não acostumada ao convívio com os humanos, saía de sua morada nas profundezas do oceano sempre que sentia vontade; assim, invadia a terra com suas águas, causando mortes de desolação.
2. A notícia daqueles acontecimentos trágicos chegou ao conhecimento de Olofim, que prontamente mandou averiguar.

3. Antes que Iemanjá fosse punida, Elegbá aconselhou-a a consultar o oráculo, o que foi feito. Orientada por Ifá, Iemanjá preparou um carneiro para oferecer a Obatalá – o encarregado da sindicância –, a fim de conseguir graças dele e proteger-se contra os que desejavam seu castigo.
4. Enquanto Obatalá ouvia as reclamações, Iemanjá, que já se sentia segura, invadiu de novo a terra com suas águas por simples pirraça. Em uma atitude orgulhosa e desafiadora, ela surgiu montada em um peixe enorme, cavalgando-o sobre as ondas encapeladas e erguendo, acima da cabeça, o carneiro imolado em honra a Obatalá.
5. Foi tão bela e tão forte a cena, e tão carregada de mistério, que Obatalá encantou-se. Prontamente, ele deu como aceita a oferenda, confirmando o poder de Iemanjá sobre as águas e sobre as praias – Iemanjá, se aborrecida, pode invadir a hora que quiser.
6. Mulher voluntariosa e ao mesmo tempo dedicada, Iemanjá, tempos depois, recebeu de Olodumarê a incumbência de cuidar de Obatalá. Ela teria de fazer isso da forma como uma mulher cuida de seu marido, tomando conta da casa e dos filhos.
7. Aquela tarefa, porém, foi cansando o temperamento buliçoso de Iemanjá, que começou a queixar-se. Dia e noite, então, ela atazanava o juízo de Obatalá, dizendo que não era escrava, que não estava ali para isso, que o seu ambiente eram as águas, que queria voltar para o oceano.
8. Tanto fez e tanto falou, e com tal insistência, que Obatalá perdeu o juízo, enlouquecendo completamente. Percebendo o mal que tinha causado, Iemanjá calou-se. Foi, então, tratar do louco, tentado apaziguar sua mente com água fresca, cânticos suaves, flores de leves aromas, inhames macios, pombos tenros, tudo branco, branco, muito branco.
9. Obatalá foi melhorando, até ficar bom e recobrar o juízo. Assim, depois de ouvir Olodumarê, ele deu a Iemanjá a denominação de "senhora das cabeças", título que ela ostenta com orgulho, cuidando do ori de todos os seres viventes.
10. No entanto, enquanto Iemanjá conquistava eterna paz e tranquilidade,

seu pai Olocum estava inquieto. Vivendo na água e na terra, ele nunca se satisfazia, pois não pertencia inteiramente a nenhum dos dois lugares.

11. Por esse motivo, resolveu desafiar o poder de Obatalá, que era Orixá Nlá, o grande orixá. E arquitetou um ardil. Convidou Obatalá para uma festa em seus domínios, pedindo-lhe que comparecesse com suas roupas mais finas e bonitas. Orixá Nlá concordou.

12. Quando lá chegou, Obatalá viu que se tratava de um desafio: Olocum, também trajando suas melhores roupas e adereços, obrigou seus súditos a aclamarem qual dos dois era o mais bonito e elegante. Contudo, como havia descoberto o ardil, Orixá Nlá enviou em seu lugar Aguemã, o camaleão, que era, em sua corte, o mago dos disfarces. Olocum, porém, nem percebeu.

13. Quando o falso Orixá Nlá entrou no salão no fundo mar, Olocum ficou boquiaberto: sua roupa era linda demais! E mal o povo ensaiou uma manifestação, a roupa já era outra, mais bonita ainda. Assim aconteceu sete vezes.

14. Olocum também mudava de roupa, mas não conseguia igualar-se, pois as do falso Orixá Nlá eram cada vez mais deslumbrantes. Finalmente, Olocum deu-se por vencido. Retirou-se, então, para o fundo das águas, remoendo sua mágoa ante o poder de Orixá Nlá.

15. No entanto, Olocum não conseguia conformar-se porque, acima de tudo, ele tinha vergonha de sua natureza anfíbia. Anfíbia e hermafrodita, como eram todos os seres do início da Criação. Em razão de sua dubiedade sexual, Olocum sentia-se muito atraído por Orixá Oco, mas tinha vergonha desse sentimento.

16. Grande lavrador, Orixá Oco, era um homem sério e recatado. Quando ele soube dos sentimentos recalcados de Olocum, revelou-os publicamente, ridicularizando-o.

17. Sentindo-se muito mal com aquilo, Olocum refugiou-se, dessa vez para sempre, no fundo das águas, de onde nunca mais saiu. Alguns mais velhos dizem que ele hoje é um enorme monstro marinho, tão estranho e horrendo que, quem o vê e conta que viu, nunca é levado a sério.

## IX – Xapanã no Aiê

1. Quando criança, Xapanã era muito rebelde, irritadiço e desobediente. Certo dia, por simples pirraça, ele pisou nas flores brancas do lindo jardim que sua mãe cultivava.
2. Logo depois, seu corpo começou a abrir-se em pústulas e ele, apavorado, começou a gritar pela mãe, implorando-lhe uma solução.
3. Era a varíola, a peste horrenda, querendo ceifar mais uma vida. A mãe de Xapanã, sabendo do que se tratava, mostrou-lhe que aquilo era castigo por sua rebeldia, mas o curou, passando pipocas em seu corpo. É por isso que as pipocas são, até hoje, conhecidas como as "flores de Xapanã".
4. Depois desses acontecimentos, Xapanã saiu da casa da mãe para tentar ganhar a vida, acompanhado de seu cachorro. Foi de cidade em cidade, sem nada conseguir para seu sustento.
5. Passou, então, a pedir esmolas, mas nem isso conseguiu, pois até água lhe negavam. Foi assim que Xapanã resolveu internar-se na floresta, onde, embora vivendo em meio a cobras e outros animais perigosos, conseguia alimento para si e seu cão.
6. A mata, contudo, também lhe era hostil. Os espinhos e venenos de certas plantas deixaram novamente seu corpo em chagas, provocando um desconforto só amenizado pelas folhas curativas que ele aprendera a identificar e por seu fiel companheiro, que lhe lambia as feridas.
7. Uma noite, entretanto, Xapanã, adormecido, ouviu uma voz que lhe mandava acordar, levantar e voltar para o meio do povo, pois uma missão muito importante aguardava-o.
8. Sua primeira surpresa ao acordar, lépido e bem-disposto, foi verificar que seu corpo não apresentava nenhum sinal de ferimentos. Então, agradecendo à voz misteriosa, que só podia ser de Olodumarê, Xapanã juntou água e plantas curativas e foi para o mundo.
9. Fora da mata, o clima era o pior possível, pois a peste estava solta, matando pessoas em todas as partes. Então, ao entrar na cidade, Xapanã surpreendeu-se com a recepção que o esperava.
10. Isso aconteceu porque um babalaô vaticinara sua volta como salvador de

seu povo, como o homem que venceria a grande peste. De fato, foi o que se deu. Com suas folhas, cascas e raízes, Xapanã ia curando um por um. Depois, com a vassoura (xaxará) que usava para limpar sua cabana no mato, ia varrendo os resíduos da peste para bem longe.

11. Completamente vitorioso, Xapanã foi aclamado rei. Assim, passou a ser chamado carinhosamente de Omolu, o "filho daquela que fura", e honrado como Obaluaiê, "rei e senhor da vida".

12. Em outra de suas encarnações terrenas, Xapanã foi um rei guerreiro, severo e rancoroso, que fazia descer a peste sobre aqueles que se opunham a seus desígnios.

13. Um belo dia, ele saiu a campo com suas tropas em demanda da terra dos marrins, no Daomé. Sabendo de sua chegada, os chefes locais consultaram seus adivinhos (boconãs).

14. Os adivinhos recomendaram que o povo homenageasse o conquistador com uma grande oferenda, um ebó nlá, uma oferenda bem grande e suntuosa, com tudo o que fosse do gosto e da preferência de Xapanã: amalá de inhame, dendê e, principalmente, pipoca, muita pipoca.

15. Eles também aconselharam que todos se prostrassem humildemente diante dele; e assim foi feito. Satisfeito com a submissão e a delicadeza do povo que o cumulou de boas comidas e bons presentes, Xapanã, que os marrins chamavam Sakpatá, resolveu ficar entre eles, reinando tranquilo.

16. Foi durante o seu reinado que o país mais prosperou. Grato ao monarca por esse feito, o povo do lugar honrou-o também com vários títulos, como os de senhor da terra (ainon) e senhor das pérolas (jerrolu). Na verdade, o rei não gostava nem gosta que o chamem de Xapanã, ou Sakpatá, porque esses nomes significam exatamente... varíola.

## X – Obaluaiê no Orum

1. Certo dia no Orum, Obaluaiê viu as feridas voltarem ao seu corpo por causa de alguma transgressão que cometera. Então, chegando de uma viagem à Terra, notou que acontecia uma grande festa, com a presença de todos os orixás e irumalês.

2. Seu corpo estava tomado de feridas horríveis, só lhe restando o consolo de espiar, através de uma fresta, a alegria que corria.
3. Foi quando Ogum, percebendo seu sofrimento, aproximou-se e ofereceu-se para cobri-lo com uma capa de palha que lhe ocultaria todo o corpo, da cabeça ao tornozelo. Embora constrangido e sofrendo, Obaluaiê aceitou a ajuda de Ogum e, cobrindo-se com a capa, foi participar da festa.
4. Diante daquela figura estranha, todos se afastaram desconfiados. Contudo, Oiá, vivaz e curiosa, percebera toda a manobra e, compadecendo-se de Obaluaiê, dele se aproximou e trouxe-o, pela mão, até o centro do terreiro onde a festa realizava-se.
5. Ante o olhar atônito dos presentes, ela soprou seu vento, arrancando as palhas da roupa do doente e fazendo suas feridas voarem de seu corpo e, no alto, tornarem-se uma chuva de pipocas.
6. Ato contínuo, em meio a relâmpagos e trovões, Obaluaiê transformou-se num jovem belo e saudável, ao mesmo tempo em que o céu calava-se para iluminar tudo e todos num claro e plácido luar.
7. A partir daquele momento, Obaluaiê e Oiá tornaram-se amigos para sempre e reinaram juntos, compartilhando seu poder sobre os eguns.
8. Tempos depois, Olodumarê reuniu todos os orixás e mandou que eles partilhassem entre si todas as riquezas do mundo. A ordem foi obedecida, mas fora proferida em um dia em que Obaluaiê tinha vindo à Terra.
9. Dessa forma, rios, mares, florestas, animais e riquezas do subsolo foram redistribuídos entre os orixás na ausência de Obaluaiê, para quem nada restou; ou melhor, sobrou, sim, algo que ninguém nunca desejou: a doença.
10. Conformado mas vingativo, Obaluaiê guardou a doença consigo, não sem antes aconselhar-se com Orunmilá, que lhe prescreveu o ebó apropriado.
11. Pouco tempo depois, uma enfermidade terrível espalhou-se por todo o mundo, ceifando, mais uma vez, milhares de vidas. Foi quando o povo, por intermédio dos babalaôs, consultou Orunmilá.
12. O grande sábio explicou os motivos de tamanha mortandade: Obaluaiê estava irado por ter sido enganado e preterido pelos outros orixás; por isso, espalhara a peste pelo mundo.

13. Como só ele detinha o poder sobre as doenças, pois esta fora sua herança, era preciso aplacar sua ira com grandes sacrifícios, oferendas e homenagens. Então, apesar de exaurido e empobrecido, o povo, num esforço derradeiro, fez tudo o que Orunmilá determinou. A peste foi vencida. Assim, após receber as devidas honras, Obaluaiê foi definitivamente reconhecido e confirmado, também no Orum, como o senhor da vida na Terra.

## XI – Nanã, Euá e Orixá Ocô

1. Dizem alguns mais-velhos que, quando da criação do mundo, encarregado de modelar os seres humanos, Obatalá, antes de iniciar sua importante tarefa, experimentou vários materiais e formas de trabalho.
2. Primeiro, experimentou o ar. Contudo, o ar, desvanecendo-se, não se deixou prender nem moldar. Depois, Obatalá experimentou o fogo, que se rebelou e quase o queimou. Ele continuou tentando: água, madeira, pedra... e nada dava certo.
3. Foi quando Nanã Burucu resolveu ajudá-lo. Ela retirou do fundo da lagoa onde reinava uma porção de lama. Dessa lama, facilmente modelável, Obatalá conseguiu fazer os seres humanos e os foi moldando e pondo ao sol para que secassem.
4. Prontos os primeiros exemplares da espécie humana, Olofim soprou e deu-lhes vida. No entanto, Nanã Burucu também reivindica para si essa primazia. Por isso todo ser humano, depois de cumprir o seu ciclo de vida, tem de voltar à lama inicial, que é de Nanã. Contudo, a terra dos cemitérios pertence a Euá.
5. Dizem os mais velhos que, em uma de suas vidas terrenas, Obatalá teve uma filha muito bonita, virtuosa e inteligente. Essa moça era Euá, que apesar de todos os seus dotes, nunca tinha demonstrado interesse por nenhum homem.
6. Assim foi até que um forasteiro chamado Boromu chegou à cidade e lá se instalou. A partir de então, Euá mudou completamente seu comportamento.
7. Tornou-se arredia, tristonha, desinteressada de tudo. Seu pai, embora sábio,

não acreditava – como diziam – que ela estivesse apaixonada. E, mesmo que estivesse, nada a impediria de ser feliz ao lado do forasteiro que, aos olhos de Obatalá, era merecedor de seu carinho.

8. Contudo, quando Obatalá atentou para esse fato, Boromu já havia saído da cidade. Ele, porém, deixara um filho no ventre de Euá, que guardava o seu segredo a sete chaves.
9. Uma noite, sentindo as dores do parto, Euá fugiu da casa do pai e embrenhou-se na mata, onde deu à luz um menino.
10. Obatalá, constatando o desaparecimento da filha, mobilizou todas as forças possíveis para encontrá-la. O mesmo fez Boromu, que, sem saber da gravidez de Euá, deixara a cidade, não em fuga, mas por causa de uma missão secreta que ela própria confiara à sabedoria dele.
11. Então, depois de alguns dias, Boromu encontrou Euá desfalecida na floresta, com o filho dormindo ao seu lado. Uma vez que temiam a reação de Obatalá, eles resolveram voltar ao seu palácio, mas sem revelar-lhe a existência da criança, que ficou escondida na mata.
12. No dia seguinte, ânimos serenados, Boromu voltou para cuidar do filho e não o encontrou. Ele havia sido levado por Iemanjá, que, nadando num igarapé em meio à floresta, ouvira o choro da criança e tomara-a a seus cuidados.
13. Euá e Boromu nunca mais viram o filho. Diante disso e envergonhados perante Obatalá, os dois foram viver no cemitério.
14. Hoje, Boromu representa apenas os ossos, o que restou de um ser humano. Euá, triste e amargurada, cumpre, em sua morada, o papel de entregar a Oiá-Iansã os cadáveres que Obaluaiê conduz até Orixá Ocô, para serem devorados e transformarem-se de novo na lama inicial.
15. Segundo alguns mais-velhos, isso acontece porque, no princípio do mundo, um dos primeiros homens a ser criado chamava-se Ocô.
16. Esse homem vivia na mais completa ociosidade, não porque quisesse, mas porque o trabalho ainda não existia e, então, não havia o que fazer. Certo dia, porém, os alimentos começaram a escassear.

17. Contudo, essa era uma estratégia de Olofim, que aconselhou Ocô a experimentar extrair da terra os alimentos de que necessitava para seu sustento. Ocô gostou da ideia porque já estava mesmo ficando entediado e aborrecido por não ter o que fazer. No entanto, ele não tinha a mínima ideia de como produzir os alimentos.
18. Foi quando viu um rapaz cavoucando a terra com um pedaço de pau. Aproximou-se dele e perguntou o que fazia: o jovem cavoucava a terra na esperança de encontrar dentro dela os alimentos de que também precisava.
19. Então, Ocô resolveu trabalhar junto com o rapaz. Vendo que os pedaços de pau logo se quebravam, os dois resolveram usar pedaços de pedra. As novas ferramentas, porém, também não eram boas; e, por esse motivo, o jovem companheiro de Ocô, dotado de iniciativa e persistência, resolveu aquecê-las para que adquirissem mais resistência.
20. Ao calor do fogo, as pedras derreteram-se, para decepção dos dois. Mas qual não foi a surpresa quando verificaram que, depois de frias, as pedras tornavam-se mais rijas ainda!
21. Foi assim que o rapaz, que se chamava Ogum, resolveu trabalhar as pedras amolecidas pelo fogo, transformando-as em ferramentas compridas, pontudas, cortantes e, sobretudo, resistentes.
22. O moço Ogum tinha descoberto o ferro, o que fez dele o primeiro ferreiro. Com as ferramentas que ele fabricava, o velho Ocô plantou e colheu os primeiros alimentos produzidos pela mão do homem, tornando-se, assim, o primeiro agricultor e repassando seus ensinamentos para toda a humanidade.
23. Ao morrer e tornar-se orixá, Ocô passou a ser o patrono dos que trabalham a terra, propiciando a fecundidade, inclusive a humana.
24. Contudo, ao mesmo tempo em que é o responsável pela alimentação da humanidade, como espírito gerador que dá vida às plantas, ele é a própria terra. Assim, alimenta-se dos cadáveres que Euá fornece-lhe diretamente ou que a dona dos cemitérios entrega a Oiá-Iansã, que, por sua vez, repassa a Obaluaiê para entregar-lhe.

## XII – Oxumarê

1. Ainda nos dias da criação do mundo, quando Olofim criou Ojô, a chuva, Oxumarê não gostou dela.
2. Assim, toda vez que Ojô ameaçava aproximar-se, Oxumarê ameaçava-a com seu xaxará, seu cetro, mandando-a de volta para as nuvens escuras onde morava.
3. Oxumarê vivia no Aiê, entre o mar e a terra firme, e só ia ao Orum quando chamada. Como foi naquele dia, em que Olodumarê desentendeu-se com Olorum e acordou cego, deslumbrado pelos raios do Sol.
4. No desespero, o Soberano Infinito gritou por Oxumarê, que o veio acudir e milagrosamente o curou.
5. Temendo perder novamente a visão, Olodumarê ordenou que Oxumarê nunca mais saísse de perto dele, autorizando-a a ir ao Aiê apenas em visita.
6. E assim Oxumarê, o arco-íris, faz de vez em quando. Não sem antes expulsar sua arqui-inimiga, a chuva, mandando-a de volta para sua morada e abrindo caminho com a coroa luminosa e multicolorida que Olodumarê tomou de Olorum e deu-lhe de presente.

## XIII – Orunmilá

1. No mais remoto dos tempos, certo dia, Orunmilá, preparando-se para celebrar um ritual, chamou seus oito filhos. Foram Alará, senhor de Ará; Ajerô, de Ijerô; os outros e, por último, o filho caçula, Olouó, senhor da cidade de Ouó.
2. Chegaram respeitosos e reverentes, prosternando-se diante da autoridade paterna. Olouó, contudo, não demonstrou o mesmo respeito.
3. Advertido, o insolente respondeu dizendo que não devia reverência ao pai, pois todo o poder e todas as riquezas que o velho possuía, ele tinha também, inclusive a coroa de rei, pois era o obá de Ouó; e que um homem coroado não tem de prosternar-se diante de outro.
4. Então, enfurecido, Orunmilá arrancou o cetro das mãos do filho e atirou-o para bem longe. Ato contínuo, retirou-se para o Orum.
5. Depois disso, não choveu mais, as savanas e os rios secavam, as árvores

morriam, doenças apareciam, a fome abatia-se sobre o Aiê, na desgraça mais completa.

6. Não suportando tanto sofrimento, os humanos procuravam aplacar a ira de Orunmilá com rogos e sacrifícios, mas os animais eram poucos e os alimentos, quase nada.

7. Mesmo assim, Orunmilá aceitou as oferendas, mas fez questão de frisar que nunca mais voltaria à Terra. Seus bons filhos, entretanto, procuraram dissuadi-lo dessa ideia.

8. O grande benfeitor, então, num gesto final de complacência, deu a seus filhos um punhado de caroços de dendê, dizendo: "Pois bem! Já que nunca mais voltarei lá, entreguem esses iquins a um homem sábio. E diga a ele que, toda vez que os humanos quiserem falar comigo sobre sua vida e seu destino, eu responderei por meio desses caroços de dendê".

9. Contudo, o homem a quem foram entregues os iquins, embora sábio e piedoso, não sabia bem o que fazer com eles. Assim, as calamidades perduraram, fazendo declinar o seu prestígio diante do povo e do rei do lugar.

10. Um dia, então, o sábio resolveu partir em busca de solução e respostas. Andou dias e noites, meses e anos, sem nada encontrar.

11. Foi quando, já quase sem forças, em pleno deserto, sob um sol escaldante, o sábio peregrino encontrou um velho, todo vestido de branco, que o socorreu e levou à sua morada no Orum.

12. Depois de mandar banhá-lo, tratar suas feridas, dar-lhe água e alimento, o velho apresentou ao sábio suas mulheres. Eram 16. Segundo o velho, cada uma tinha 16 filhos dele e cada um desses filhos havia lhe dado 16 netos.

13. Todos esses filhos e netos tinham uma história muito especial. Disposto o sábio a ouvi-las, o velho contou-lhes todas elas, cada uma encerrando um ensinamento.

14. Através dessas histórias, Orunmilá, que era o velho, revelou ao sábio os itãs de Ifá, associando-os aos caroços de dendê que o sábio portava. Assim, o piedoso sábio tornou-se o primeiro babalaô e pôde, de volta ao Aiê, proporcionar saúde, paz e prosperidade ao seu povo.

15. Depois disso, um dia Orunmilá, apaziguado, resolveu sair de seus cuidados e vir, de novo, à Terra, sem disfarce.
16. Seu maior objetivo era dar aos humanos algo novo, extremamente belo e jamais suspeitado – algo que evidenciasse aos homens o poder de Olodumarê e a grandeza de Olofim e que mostrasse o quanto Olorum fica feliz ao iluminar e aquecer a humanidade.
17. O Ser Supremo achou importante e boa a ideia de Orunmilá. Assim, concedeu-lhe plenos poderes. O grande benfeitor, então, fez reunir todos os sons e cores que havia no Orum, os manjares mais deliciosos e as bebidas mais finas, a alegria mais sincera, a amizade mais enriquecedora – tudo de melhor que havia.
18. Mandou afinar tambores, chocalhos, guizos, sinos, trombetas; ilus, batás, xequerês, agogôs, afofiês, todos os instrumentos musicais, e fez tudo descer à Terra junto com os melhores cantores, dançarinos, bailarinos... E inventou a festa (xirê).
19. Desde então, a música e a dança, com boas comidas e boas bebidas, são parte fundamental da vida humana e também uma exigência dos orixás quando eles vêm ao Aiê.

## XIV – Obatalá

1. Quando da criação do mundo, Obatalá foi encarregado de moldar os seres humanos. No entanto, findo o árduo trabalho da Criação, as criaturas voltaram-se contra o criador. Imaginando-se detentores dos mesmos poderes dos irumalês, os humanos começaram a negligenciá-los, esquecê-los e desrespeitá-los.
2. Aborrecido com isso, Obatalá convocou os demais irumalês a retirarem-se do convívio dos seres do Aiê, indo todos morar definitivamente no Orum.
3. Antes disso, e para que os seres humanos tivessem consciência de sua pequenez e finitude em relação aos irumalês, orixás e eborás, Obatalá estabeleceu que, depois de um certo tempo e em certa hora, sua existência material findaria.
4. Então, criou Icu, a morte. Obatalá deu a ela a incumbência de, nesse certo

tempo e nessa certa hora, segundo a determinação expressa de Olodumarê – porque só à Infinita Sabedoria cabe essa decisão –, colocar o ponto final no destino e na existência terrena de todas as pessoas.

5. Icu, porém, também era teimosa e desobediente. Certa vez, esquecendo-se de que só podia agir com ordem de Olodumarê, instalou-se numa cidade e não quis mais sair. Com sua voracidade, ia ceifando vidas sem distinção: homens, mulheres, moços, velhos e crianças, ninguém escapava.
6. O povo do lugar, desesperado, recorreu a Obatalá. O grande senhor, então, prescreveu uma oferenda, mandando que o povo da cidade pegasse uma galinha preta, sarapintasse-a toda com efum, pó de argila branca, e soltasse-a no mercado. Dito e feito.
7. Icu, quando viu aquele bicho estranho vindo em sua direção, assustou-se e fugiu apavorada, deixando o povo da cidade em paz. Foi assim que Obatalá criou a galinha-d'angola (etu).
8. É em homenagem a etu que, na iniciação dos sacerdotes e sacerdotisas dos orixás, o iaô (iniciando) é sarapintado com efum, para que todos se lembrem da sabedoria de Oxalá e para que Icu mantenha-se sempre no seu lugar, distante, aguardando as ordens de Olodumarê.
9. Na época desses acontecimentos, Obatalá já tinha predileção especial pelas roupas brancas. No entanto, a cor de sua pele era igual à dos humanos que criara.
10. Certo dia, sem motivo nenhum, Exu-Elegbá, o eterno polemista, levantou uma discussão, afirmando que, embora Obatalá tivesse criado os seres humanos e a morte, ele, sim, é que era o mais antigo entre os moradores do Orum.
11. Como a discussão não terminava, e desafiado para um debate público, do qual não fugiu, Obatalá resolveu, sozinho, levar a querela até Orunmilá, fazendo antes as oferendas apropriadas.
12. No dia e no local do duelo, todos os irumalês reuniram-se para ver quem sairia vencedor. Iniciado o debate, Obatalá, com seus argumentos, embaraçou Exu-Elegbá três vezes.
13. Contudo, de repente, o incorrigível polemista sacou de uma pequena

cabaça, da qual soprou uma fumaça branca que envolveu totalmente o adversário, descoloriu por completo sua pele e seu cabelo, tornando-o albino para sempre.

14. Apesar disso, Obatalá recompôs-se, prosseguiu no debate e, conseguindo, finalmente, dominar o oponente, tomou-lhe a cabaça.
15. Proclamado vencedor e, de posse da cabaça de Exu-Elegbá, Obatalá tomou para si o pó branco (efum), com que marca seus filhos, para que todos sejam albinos como ele.
16. Mas, pacífico e tranquilo por natureza, Obatalá, embora vencedor, não gostou de ter sido obrigado a debater com o mensageiro. Então, foi novamente consultar Orunmilá em busca de paz.
17. O velho sábio recomendou-lhe que, para não passar mais por transtornos daquele tipo e livrar-se de ofensas e desonras, fizesse um ebó, depositando, em determinado lugar, uma cabaça de sal sobre um pano branco.
18. Obatalá, entretanto, por não entender a orientação ou por qualquer outro motivo, não fez o ebó como recomendado. Então, à noite, enquanto ele dormia, Exu-Elegbá entrou em sua morada, levando exatamente uma cabaça com sal, que amarrou com um pano branco em suas costas, mas sem acordá-lo.
19. O dia clareava quando Obatalá, despertando, viu que estava corcunda. Conformado com sua sorte, já albino e agora corcunda, resolveu tomar para si a proteção dos albinos e de todos os aleijados. Além disso, impondo a si mesmo o castigo por sua negligência em relação a Orunmilá, nunca mais comeu nem provou sal.
20. Apesar de aleijado, Obatalá não perdeu o gosto pelas roupas vistosas e sempre imaculadamente brancas. Redobrando seus cuidados com a aparência, entregou à velha Omon Oxum as tarefas de cuidar de suas roupas e adornos e de manter sempre reluzente o seu adê, sua coroa de rei. Omon Oxum criava uma menina, que passou a ajudá-la nessas nobres ocupações.
21. Despeitadas por não terem sido escolhidas pelo grande obá, algumas mulheres da aldeia começaram a espalhar intrigas e mexericos com o intuito de prejudicar Omon Oxum e sua menina.

22. As duas, porém, cumpriam muito bem a sua missão e Obatalá gostava cada vez mais delas e de seu trabalho. Às vésperas de uma grande festa, as invejosas viram o adê, a coroa, de Obatalá reluzindo ao sol. Resolveram roubá-lo e dar-lhe sumiço, atirando-o no fundo do mar. Omon Oxum procurou a coroa e não a encontrou; sem obter nenhuma informação de sua filha adotiva, ficou muito aflita.
23. Procura que procura, mexe que remexe... e a coroa não aparecia! No dia seguinte, quando Omon Oxum já estava entrando em desespero, a menina teve uma ideia: quem sabe a coroa não teria sido engolida por um dos peixes que estavam chegando na rede dos pescadores? Por que não ir lá e arrematar um lote? Era muito cedo e a venda ainda não começara.
24. Só havia um peixe já pronto para a venda e era bem grande. Foi exatamente esse que Omon Oxum, movida por sua forte intuição, comprou, sem pestanejar e sem regatear.
25. Chegando à casa, ela tentou abri-lo de todas as maneiras, mas não conseguiu. Quando a velha já começava a desesperar-se de novo, a menina, usando uma faca antiga e meio cega, foi capaz de abrir o peixe quase sem esforço. Qual não foi a alegria das duas quando viram dentro dele a coroa de Obatalá!
26. Na mais completa euforia, Omon Oxum limpou o peixe, cortou-o, temperou-o e cozinhou-o, fazendo a mais cheirosa e apetitosa das moquecas. Enquanto isso, a menina ia de casa em casa convidando a vizinhança para o almoço, que antecedeu à grande festa. As vizinhas invejosas não se conformaram. Então, resolveram preparar um ebó maléfico, que foi colocado na cadeira em que Omon Oxum se sentaria durante a grande festa de Obatalá.
27. E o ebó foi eficaz. Entronizado na sala, o grande obá sentou-se e fez com que Omon Oxum sentasse ao seu lado, no lugar de honra reservado às pessoas mais queridas. Após as reverências de praxe, Obatalá mandou que ela fosse buscar seu adê. Tragédia! Omon Oxum não conseguia levantar-se da cadeira. Estava presa; e embora se esforçasse, nada conseguia.

28. Então, num esforço supremo, soltou-se e a cadeira caiu ao chão. O sangue de seu corpo ferido respingou nas roupas do senhor das vestes brancas.
29. Obatalá sentiu-se ultrajado, pois estava violado seu mais terrível euó – seu mais perigoso tabu – que era o da cor vermelha. Omon Oxum saiu correndo, gritando de dor e desespero. Completamente transtornada, a boa velha, vítima do malefício das vizinhas invejosas, foi pedir ajuda aos orixás.
30. Contudo, todos lhe fecharam a porta, menos Oxum. Complacente e piedosa, a Grande Senhora recebeu-a e tratou-a. Ardilosa e inteligente, ao tratar dos ferimentos, Oxum engendrou mais uma de suas criações deliciosamente mágicas: cada gota de sangue que limpava das feridas de Omon Oxum ela transformava num ecodidé, a pena vermelha de papagaio-da-costa, ornamento caríssimo e disputado em todo o universo iorubá, tanto no Orum quanto no Aiê.
31. À medida que criava os ecodidés, Oxum colocava-os numa grande bacia dourada. Dias depois, totalmente recuperada, Omon Oxum resolveu fazer uma festa para Oxum.
32. A comemoração foi realizada com muito luxo, beleza, música, comida e bebida e dela participaram todos os orixás e irumalês. Cada um que chegava, depois de maravilhar-se com o que via, retirava um ou mais ecodidés, depositando em seu lugar a importância equivalente.
33. A festa durou muitos dias e muitas noites. Com sua magia, Oxum fazia com que sempre houvesse um grande número de ecodidés, que renderam bastante dinheiro. Obatalá, que também compareceu à festa e maravilhou-se com tudo, ficou sabendo do que acontecera com Omon Oxum. Assim, ao ir embora, tomou-a mais uma vez aos seus cuidados, juntamente com a menina, levando-as de volta em sua companhia.
34. Ao despedir-se de Oxum com grandes elogios, o senhor das vestes brancas fez a seguinte proclamação: em celebração ao acontecido e em homenagem aos poderes mágicos de Oxum, daquele momento em diante, ele sempre acrescentaria à sua indumentária um pequeno detalhe em vermelho – a pena do papagaio-da-costa, o valioso ecodidé. E foi o que ocorreu. Então,

ao apresentar-se em público com seu novo adê, enfeitado com o ecodidé, Obatalá causou uma fortíssima impressão pela beleza de sua indumentária.

35. Todos queriam saber quem a tinha preparado, principalmente o adê; e o elegante personagem falava, orgulhoso, de sua habilidosa Omon Oxum.

36. Reconhecendo que só um homem superior poderia ostentar trajes de tanta imponência e beleza, os orixás aclamaram Obatalá Orixá Nlá, Orixalá, o grande orixá.

## Capítulo 9   O mundo espiritual dos edos ou benins*

### I – Agbon e Eriui

1. Para os edos ou benins do Antigo Benin, localizados a oeste dos iorubás, o Aiê, o mundo onde vivem os seres humanos, chama-se Agbon; e o Orum, onde moram os seres espirituais e as divindades, é chamado de Eriui.

2. O Agbon é cercado por um oceano, no qual deságuam todos os rios. O caminho que o liga ao Eriui, atravessando esse mar imenso, é a estrada pela qual os seres passam de um estágio a outro da existência.

3. O ser humano também se constitui de duas partes: o corpo físico, que vive no Agbon; e seu duplo, erri, que habita o Eriui.

4. Após a morte do corpo físico, a essência vital do indivíduo pode renascer em outro ser humano. No entanto, até que se dê a nova reencarnação humana, as almas dos mortos encarnam em pássaros, peixes e até mesmo em répteis e batráquios. Por isso, todo animal deve ser respeitado, uma vez que seu corpo pode abrigar um espírito humano.

5. Antes do nascimento, o ehi apresenta-se diante de Osanobua – também chamado Osa, que é o Ser Supremo – ou perante seu filho Olocum – divindade dos mares e dos rios –, pedindo autorização para transpor o grande oceano. Nesse momento, o ehi expõe o projeto de vida que tem

para o futuro encarnado, especificando tudo o que pretende realizar por meio dele.
6. Assim, quando alguém leva uma vida infeliz, isso significa que não está cumprindo satisfatoriamente a missão com que veio ao Agbon ou que contrariou os desígnios que recebeu.
7. É por isso que, diante de dificuldades, a pessoa deve fazer oferendas à sua contraparte espiritual, ao seu ehi, para que ele interceda positivamente perante Osanobua. É também por essa razão que, durante as lamentações de um velório, as carpideiras imploram ao ehi do morto para que acabe de cumprir a missão interrompida.

**II – Os ancestrais**
1. Entre o Agbon e o Eriui não existem fronteiras. Um morto continua presente entre os vivos, interessando-se pelos problemas da comunidade a que pertenceu e os de seus membros, observando o comportamento das pessoas e podendo castigá-las, em caso de faltas, com doenças, malefícios e até mesmo com a morte.
2. Assim, o antepassado deve ser invocado por seu filho mais velho ou por seu irmão diante do altar doméstico e acalmado com oferendas e sacrifícios. É também diante desse altar, ou seja, perante seus ancestrais, que todo membro da família deve penitenciar-se de seus erros e omissões.
3. Esse altar familiar tem de ser adornado e equipado com os símbolos do ancestral ali cultuado, como seus objetos de uso pessoal, sua espada e também a estatueta que o representa.
4. Ali, ele irá receber, pelo menos uma vez ao ano, vinho-de-palma, nozes-de-cola, inhame e sacrifícios de aves e animais de quatro patas.
5. Além dos ancestrais masculinos, a mãe do obá, o rei, e as genitoras dos grandes chefes devem ser assim cultuadas. Partes importantes do corpo, como as mãos e a cabeça, têm que ser igualmente veneradas.
6. A cabeça, por estar diretamente ligada ao destino e à sorte da pessoa, deve receber, pelo menos uma vez por ano, e de preferência ao fim de cada ciclo anual, sacrifícios de apaziguamento, louvor e gratidão.

7. Da mesma forma, a mão, por simbolizar a capacidade de realização e o sucesso pessoal do indivíduo, também precisa ser venerada.

### III – Osanobua e as divindades

1. O criador de tudo o que existe, inclusive das divindades, é Osanobua, ou Osa. Seu altar deve ser construído na forma de um montículo de barro branco, no qual se finca um mastro com um pano também branco, sua cor distintiva. Nesse altar, ele receberá oferendas de mel e noz-de-cola – alimentos de sua predileção.
2. O filho mais velho de Osa é Olocum, divindade do mar e dos rios. É ele quem proporciona prole numerosa, propicia o parto feliz, garante a saúde das crianças e concede riqueza material.
3. Olocum é representado como um peixe ou como um rei com cauda de peixe. Da mesma forma que Efae, ou Ogum, é a divindade violenta e temível do ferro, da guerra e da caça; e que Oxum é a divindade da medicina e da cura; e que Ogiuwu, com seu mensageiro Ofoe, é a divindade da morte; e Ifá é a da adivinhação.
4. Ifá é originário de Ifé. É por esse motivo que a adivinhação – presidida por ele – só é segura e legítima quando se utilizam caroços de dendê procedentes de Ifé.

# Capítulo 10   Daomé e Togo*

### I – Jejes e minas

1. A oeste do território habitado pelo povo iorubá, habita o povo ewê, que, por sua vez, limita-se a oeste com os axantes. Os ewês ocidentais ocupam hoje parte da República do Togo, enquanto seus irmãos do leste localizam-se no atual Benin, antigo Daomé.
2. O povo fon, um ramo dos ewês do leste, foi mais conhecido no Brasil pelo

nome jeje e, em Cuba, por arará; outros, porém, ficaram mais conhecidos na diáspora como minas.

## II – Origens dos povos de Daomé e do Togo

1. Os povos do antigo Daomé possuem quatro origens distintas: os de Tadô, os da região de Uemê, os do médio Daomé e os do norte. A aldeia de Tadô, às margens do rio Monô, era importante centro comercial e de difusão de cultura, irradiando sua influência para muito além de suas fronteiras. Nela se agrupavam os povos adjá-ewês, entre os quais os fons, guns, aizôs, marrins, uatchis, uemenus e ruedás, procedentes do leste, alguns deles através de Queto.

2. No fim do século XVI, dois grupos dos ewês partiram de Tadô – um dirigiu-se para o lugar que mais tarde se chamaria Atakpamê e o outro, mais numeroso, seguiu em direção ao sul, para fixar-se numa clareira da floresta, onde foi erguida Notsê, no atual Togo. Ao redor dessa cidade, o rei Agakoli fez construir uma enorme muralha de argila.

3. Ele entendia que, assim, poderia proteger-se contra invasores, inimigos e traficantes de escravos. Contudo, foi seu próprio povo que, crescendo em número e sentindo-se oprimido, incumbiu-se de derrubar a muralha e empreender uma fuga em massa durante a noite.

4. Os últimos a sair foram deixando cair pelo caminho arenoso grãos de milho, para que os pombos, ao bicar os grãos, apagassem todas as pegadas. De Notsê, os fugitivos de Agakoli dispersaram-se em várias direções.

5. Os ewês de Huedá, provenientes também de Tadô, fundaram Glehuê, depois chamada Uidá. Seu reino conheceu um século de prosperidade até a conquista de Savé pelos guerreiros de Abomé, em 1727. O declínio total configurou-se em 1741, quando o rei de Abomé, tomando Uidá, garantiu para si o comércio direto com os negreiros europeus.

6. Os agaçuvis ("filhos do leopardo") constituíam um clã que, depois de muitas disputas, partiu em direção ao sudeste, levando o crânio e o maxilar inferior do ancestral Agaçu, sua banqueta-trono (kataklê), esculpida em

madeira dura; seu cetro e instrumento musical (adjogã); e sua lança. Fundaram Aladá num reduto já ocupado pelos aizô, um ramo dos adjá.

7. Os despojos do ancestral Agaçu foram enterrados em Aladá e os agaçuvis mesclaram-se aos aizô, dando origem aos aladatadonu, habitantes de Aladá originários de Tadô. Tempos depois, uma disputa aconteceu entre os filhos de Agaçu, de modo que Kokpom tomou posse de Aladá, com a lança sagrada de seu pai.

8. Seu irmão, Zozezibê, que depois se chamou Tê Agbanlin, empunhando o adjogã de seu pai, partiu para o leste, onde fundou o reino de Adjataxê, mais tarde chamado Porto Novo.

9. Zozezibê, em visita ao chefe da aldeia de Akrom, pediu-lhe uma pequena porção de terra, mesmo que fosse tão diminuta que, para cercá-la, bastasse uma pele de antílope. Ao receber a terra, Zozezibê cortou a pele de um antílope, chamado Agbanlin, em tiras bem finas, e com elas fez uma cidadela – Hogbonu, a grande casa –, de onde pôde, então, suplantar seu hospedeiro. A partir daquele momento, fundou Adjataxê e adotou o nome de Tê Agbanlin, ou seja, "pele do antílope Agbanlin".

10. O irmão mais jovem de Tê Agbanlin, Dô Aklin, ou Dobagri-Donu, instalou-se na região de Bohicom. Empunhando a banqueta sagrada de Agaçu, ele lançou as bases do futuro reino de Daomé. Morto Dobagri-Donu, seu corpo foi devolvido a Aladá, a fim de ser sepultado junto com seus ancestrais. Seu herdeiro natural, Ganehesu, como filho mais velho, também se dirigiu a Aladá para ser sagrado pelo rei.

11. Aproveitando-se dessa circunstância, o filho mais novo de Dobagri, Dako Donu, usurpou o trono, assumindo a condição de chefe do clã dos agaçuvis, e afirmou sua autoridade sobre as populações locais.

12. Contudo, quem realmente fundou Abomé foi Arrô, neto de Dobagri. Repelindo uma alusão desrespeitosa ao espírito de conquista dos agaçuvis, segundo a qual eles teriam abandonado a água do lago Uemê e transferido-se para a terra, Arrô respondeu com um provérbio: "Uê gbadja a yi adja" (o peixe que escapou da arapuca não chega nunca mais nem perto dela). Foi essa, então, a origem de seu novo nome: Uegbadjá.

13. Para alojar decentemente seus filhos, Uegbadjá foi pedindo terras aos vizinhos. Ao chefe Dã, pediu que alojasse em suas terras o casal de gêmeos Arrangbê, a filha, e Acaba, o filho.
14. Como Uegbadjá achou a porção de terra oferecida muito pequena, Dã respondeu-lhe gracejando: "Mas tu podes construir, então, sobre o meu ventre!" Considerando ofensivo o gracejo, Uegbadjá matou Dã e, sobre seu túmulo, erigiu a casa de seu filho Acaba. Essa é a origem do nome dado ao seu reino: Daomé, ou seja, "Dan homé houegbé", "casa construída sobre o ventre de Dã". Em 1724, os exércitos de Agadjá, rei de Abomé, invadiram o reino de Aladá, fundado por seus parentes, tempos atrás.
15. O reino de Aladá ou Ardra era um estado poderoso – controlava os portos de Ofra e Jakin e cobrava tributo de vários povos, entre os quais os de Daomé e Ajudá.
16. Os reis desses estados rendiam culto ao antepassado comum, Agaçu, pois eram originários de Tadô e viam no soberano de Aladá o irmão mais velho, uma espécie de rei dos reis, com autoridade sobre todos eles.
17. Por isso cabia ao arroçu de Aladá, o "grande rei", por meio de seus representantes, conduzir os funerais do rei de Ajudá e de outros soberanos adjás e entronizar os seus substitutos. Na metade do século XVII, a capital do reino, Grande Aladá, ou Porto Novo, era uma cidade de proporções consideráveis, com cerca de trinta mil habitantes, que abrigava dois palácios do rei.
18. Um deles, de dois andares, era um prédio amplo e bem construído, com numerosos aposentos abertos para pátios espaçosos. Por essa época, os principais reis de Aladá foram: Dé Misé (1752-1757); Dé Gbeyon (1761-1775); Dé Ayikpé (1775-1783); e Dé Toyon (1828-1838)
19. Na região do rio Uemê habitavam populações refugiadas. Eram iorubás, vindos do leste; adjás e fons, procedentes do oeste; e, ainda, populações inteiras originárias do noroeste, derrotadas pelos exércitos de Abomé.
20. Entre os povos estavam também os marrins provenientes do sul. O país Marri (Mahi) propriamente dito, situado entre as montanhas Dassá e o rio Uemê, abrigava várias coletividades, principalmente as do reino de Savalu.

Savalu foi fundado por Agba Rakô que, ao ser sagrado chefe, recebeu o nome de Arroçu Sorrá, "aquele que doma o búfalo", mas que depois foi chamado Gbaguidi Zanmu.

## III – O Daomé e a Costa dos Escravos

1. A partir do século XVI, negociantes europeus começaram a chegar ao litoral, onde incrementavam cada vez mais o comércio humano. Por esse motivo, a região ganhou o infamante nome de Costa dos Escravos.
2. No fim do século XVII, o porto de Ajudá tornou-se muito mais importante como exportador de escravos do que Aladá. Ironicamente, porém, provinha de Aladá o grosso dos cativos que se vendiam em Ajudá, em virtude da expansão do reino de Daomé e das repetidas guerras entre as cidades costeiras.
3. Assim, foram-se desfazendo os laços de cooperação e amizade entre os descendentes de Agaçu. O rei de Aladá tentou impor sua antiga primazia. Contratou mercenários do povo gá para atacar Ajudá e Ofra. Contudo, Ajudá não somente venceu os invasores como atacou Aladá e Popó Pequeno.
4. No início do século XVIII, embora um reino interiorano integrado por apenas quarenta pequenas cidades, o Daomé era firmemente estruturado. Sua consolidação como estado ocorreu pelas mãos de Agadjá. Por essa época, seus principais reis do foram Uebadja (1645-1685); Acaba (1685-1708); Agadjá (1708-1732); Tegbeçu (1732-1774); Kpengla (1774-1789); Agonglo (1789-1797); Adandozan (1797-1818) e Guezo (1818-1858).

## IV – Agadjá Trudô

1. Agadjá, ou Agadjá Trudô, foi o quarto arroçu do Daomé. Dinâmico e criativo, aumentou consideravelmente o poder territorial de seu reino e efetivamente disciplinou as relações com os europeus no litoral.
2. Apoiado num competente serviço de inteligência e espionagem, o Daomé expandiu-se inicialmente para o noroeste e, depois, em direção ao sul. Em

1727, já havia anexado os reinos de Uidá e Savé, no território conhecido pelos portugueses como Ajudá. Dois anos depois, Agadjá tomou Aladá e ocupou as feitorias de Jakin e Ofra, dominando completamente toda a zona litorânea.
3. Esse bloqueio provocou fortes represálias por parte do alafim de Oió, suserano do território que se tornara o Daomé; e Abomé, a capital do reino, foi queimada quatro vezes durante as investidas do exército do alafim.
4. Apesar das hostilidades, Agadjá e seus sucessores permaneceram senhores da costa, primeiro tentando reduzir o tráfico de escravos; depois, controlando-o em seu próprio benefício. Após a morte de Agadjá, em 1740, seus sucessores – Tegbeçu, Kpengla e Agonglo – continuaram a expansão.

## V – O poder do arroçu

1. Governando de Abomé, sua capital, o arroçu, rei do Daomé, era aquele a quem todos deviam tributo. Ele era o senhor de todos os bens e riquezas (dokunon), o que decidia tudo (semedô) e aquele que dispunha de todos os poderes (dada).
2. O arroçu não tinha de prestar contas a ninguém, por isso nunca devia ser contrariado. Seus nomes, que celebravam sua glória, seu poder e sua riqueza exprimiam a força e a estabilidade do Daomé.
3. Somente o rei podia ser transportado em liteira ou andas; e nenhuma outra pessoa poderia ser conduzida dessa forma sem sua permissão.
4. Na presença do rei, os homens deviam portar sempre seu pano amarrado ao redor da cintura; e as mulheres, colocá-lo ao redor dos seios. Ninguém podia aproximar-se do soberano com os pés calçados. Ao saudá-lo, as pessoas tinham de prostrar-se aos seus pés ou, pelo menos, ficar de joelhos. Um cumprimento mais reverencial era encostar a cabeça no chão e sobre ela jogar um punhado de terra.
5. A palavra do rei só podia ser transmitida por intermédio de um intérprete, que a repassava, em voz alta, para o povo. Pessoa sagrada e única, o arroçu não devia quase aparecer em público; e, em algumas épocas, o povo não podia nem mesmo ver seu rosto. Por não comer nem beber em público,

quando brindava na presença de algum estrangeiro, por exemplo, ele fazia-o com um véu estendido à sua frente.

6. Quando o rei espirrava, o acontecimento era recebido com um coro de louvores; e, como suas secreções não podiam, de forma nenhuma, cair no chão e ser pisadas, uma mulher ficava permanentemente junto dele com um recipiente apropriado para colhê-las. À noite, era tudo enterrado num recanto especial. Como o cabelo do rei estava impregnado de seu poder, era necessário apará-lo constantemente, mas sempre pela mesma mulher. Os restos de cabelo eram, então, despejados numa fossa especial juntamente com a água de seu banho.

7. O guarda-sol era um dos símbolos do poder do rei e de alguns líderes, exceto dos chefes guerreiros, os generais, que não podiam usá-lo. Entretanto, não era permitido a nenhum chefe usar um guarda-sol mais bonito e mais rico que o do arroçu.

8. Para justificar seu título de dokunon, o rei devia mostrar sua generosidade e sua prodigalidade, exibindo suas riquezas e distribuindo presentes.

9. As pompas fúnebres de um arroçu estavam sempre à altura de sua grandeza. As cerimônias duravam muito mais que as dos simples mortais e, sobretudo, o rei falecido era acompanhado em sua viagem final por mulheres e servidores especialmente incumbidos de cuidar dele no outro mundo.

## VI – A corte do arroçu

1. Ao redor do rei, gravitava uma corte relativamente numerosa e seu membro mais importante era o príncipe herdeiro designado pelo rei, o vidarrô. Considerado um vice-rei, ele participava de todas as reuniões do conselho do trono.

2. No palácio real, o vidarrô tinha seus próprios domínios, os quais constituíam uma espécie de palácio menor. Seguindo-o em importância, vinha o restante da família do rei, formada por príncipes e princesas absolutamente dependentes dele. Esses nobres, salvo algumas exceções,

não podiam ter nenhuma participação no governo e eram cuidadosamente afastados dos negócios de estado.

3. Ao redor do arroçu viviam e atuavam os ministros a quem ele confiava a administração de determinadas partes da vida do reino, como a rotina da corte, o exército, o comércio, o culto religioso etc.
4. Esses ministros, escolhidos pelo rei, só deviam obediência a ele, que podia demiti-los a qualquer momento. Tratavam-se de pessoas do povo; e suas nomeações eram uma promoção importante, enobrecedora, que as ligava intimamente ao arroçu.
5. Os ministros da corte de Abomé tinham os seguintes títulos: migã, mevu, iovogã, ajarrô, sogã, tokpô, akplogã, binazon, kpalingã. Os da corte de Aladá eram: avatagã, gogã, akplogã, agagã, migã, mevu, aogã.
6. Além dos ministros que desempenhavam funções diretamente ligadas à administração do reino, havia, nas cortes de Abomé e Aladá, figuras como os médicos (kpamegãs) e adivinhos (bokonons) do rei, encarregados de zelar permanentemente pela segurança e pela prosperidade do reino.
7. Os kpamegãs, incumbidos da farmacopeia, dos amuletos e dos poderes mágicos, tinham por missão tornar o soberano o mais forte de todos, o fazedor de milagres. Os bokonons, sacerdotes de Fá – divindade originária da terra dos iorubás, entre os quais é conhecido como Ifá – viviam permanentemente no fagbaçá, o quarto do oráculo, e consultavam os oráculos e os ancestrais a propósito de qualquer fato de alguma importância, como as saídas do rei, as guerras e as festas. Ninguém decidia nada sem consultar Fá.
8. Na corte, as mulheres tinham presença discreta, mas de grande influência. Esse era o caso da mãe do rei, a kpojitô, a "mãe do leopardo"; das kpôssis, "esposas do leopardo"; e das outras mulheres do soberano, as arrôssis. Algumas eram verdadeiras conselheiras do monarca.
9. Na corte de Aladá, o rei, dentro dos três meses seguintes ao de sua entronização, devia fazer uma reunião com as mulheres idosas da família, para que elas lhe ensinassem a história do reino e explicassem-lhe como ele devia desincumbir-se de suas tarefas de governo.

10. O arroçu, mesmo sem ser um vodum (uma divindade), tinha grandes poderes espirituais. Além disso, a arte dos kpamegãs, os médicos, contribuía para dar-lhe uma estatura quase divina. Dessa forma, ele podia ter sob seu controle todos os chefes religiosos do país, controlando, por meio do ministro dos cultos, o ajarrô, as atividades nesse campo.
11. Em vista disso, e como os encargos religiosos não eram herdados, o rei amiúde intervinha nas chefias que tinha nomeado, ligando-se mais às de sua preferência. De tempos em tempos, ele obrigava os novos chefes religiosos a jurarem-lhe fiel obediência.
12. Embora todos os voduns do reino pertencessem ao rei, essa situação não lhe facultava funções de chefe de culto. E, da mesma forma que os chefes religiosos eram mantidos afastados dos negócios de estado, os príncipes não tinham autorização para interferir nos grandes trabalhos religiosos.

**VII – A anexação de Oió**
1. Na primeira metade do século XVII, representantes do alafim Obalocum tinham tido seus primeiros contatos diretos com os europeus.
2. Oió, que pagava com escravos os equinos que adquiria dos hauçás e dos bornus, começou a mandar cativos vender os animais em Aladá e Ajudá. Esse reino expandiu-se na direção do oceano, pelas savanas a oeste do rio Ouemé, submetendo ou tornando vassalos os povos que encontrava à sua frente e estabelecendo colônias oiós, como, por exemplo, Ifonyin, a alguns quilômetros da Idole beninense e da Apa Aladá.
3. Era inevitável que Oió entrasse em confronto com Aladá. Então, em 1698, os oiós invadiram e devastaram o reino dos ajas. Um emissário de um poderoso rei do interior foi a Aladá para alertar o arroçu de que alguns de seus súditos estavam sob a proteção do soberano de Oió, não podendo ser maltratados.
4. O arroçu riu da mensagem e mandou executar o emissário. Em seguida, o país viu-se invadido por uma poderosa cavalaria, à qual se aliaram os desafetos locais do arroçu. Embora a matança tenha sido enorme, o resultado da campanha não foi completo, pois os invasores não

conseguiram capturar o rei; por isso, o alafim de Oió, tão logo viu de regresso o comandante das tropas, em vez de premiá-lo, mandou-o para a forca. Aladá manteve a independência e refez-se da devastação e da mortandade.

5. A partir de 1726, Oió passou a hostilizar fortemente o Daomé. Em 1738, sob Tegbessu, Abomé foi ocupada pelos iorubás, que obrigaram o reino a pagar-lhes um tributo anual. Todavia, dado o enfraquecimento de Oió por causa das guerras com os fulânis, Adandozan suspendeu a cobrança do tributo e, em 1821, Guezo, após lograr esmagadora vitória, conseguiu a independência total.

6. Não satisfeito com a vitória, Guezo anexou Oió. Mas morreu de varíola em meio a uma das guerras durante o cerco de Queto.

## Capítulo 11   Os voduns de Abomé e Aladá

### I – Mawu, Liçá e a Criação

1. Existe um só e único Ser Supremo, inacessível, cujos diferentes aspectos exprimem-se por meio de um conjunto de forças cósmicas e telúricas, como o raio; ou mediante doenças eruptivas, como a varíola.
2. Esse Ser Supremo é Mawu-Liçá, o grande duo criador, unidade na duplicidade, dois em um só. Mawu é o princípio feminino, a Terra, o poente, a Lua, a noite, a fertilidade, a maternidade, a delicadeza e a indulgência. Liçá, seu par, é o princípio masculino, o Céu, o nascente, o Sol, o dia, o poder, o espírito de combate e a firmeza.
3. Liçá e Mawu são duas metades de uma mesma cabaça, uma completando a outra. Liçá, a metade de cima, é a abóbada celeste, tocando as bordas da Terra, a metade de baixo, que é Mawu. Eles são o casal primordial, criador, a dualidade Céu e Terra.
4. Liçá é também um camaleão, cujo mimetismo lembra as diversas colorações que o horizonte apresenta no nascente, a cada manhã.

## II – Aidô-Ruedô e a força vital

1. O Universo foi criado por Mawu-Liçá em conjunto com Aidô-Ruedô.
2. No momento da Criação, Aidô-Ruedô, sob a forma de uma serpente gigantesca, levava Mawu-Liçá na boca. Criado o mundo, Aidô-Ruedô envolveu a Terra com seu corpo e a girou, provocando, assim, a rotação dos corpos celestes.
3. Aidô-Ruedô é a serpente arco-íris, símbolo da continuidade, do movimento e da força vital que sustenta a Terra, impedindo-a de desintegrar-se. Protetor e auxiliar de todos os voduns, representa igualmente os ancestrais do princípio da Criação, tão antigos que seus nomes já foram totalmente esquecidos.
4. A força vital que Aidô-Ruedô representa tem o nome de sê, que simboliza o elemento espiritual do qual o próprio ser humano é a representação visível.

## III – Mawu entrega o mundo aos voduns

1. Mawu-Liçá é uma divindade distante, que não se interessa nem pela natureza, nem pelos humanos; por isso, nenhum culto lhe é dedicado.
2. Contudo, houve um tempo em que Mawu habitava entre os humanos. Em determinado momento, cansado das brigas e dos ciúmes das pessoas, ele deixou-as e retirou-se para um lugar distante e secreto, a fim de que ninguém pudesse achá-lo nem incomodá-lo.
3. Foi quando Mawu, com a ajuda de Aidô-Ruedô, colocou os voduns no mundo dos vivos para vigiá-los, dando a eles plenos poderes.

## IV – Os voduns

1. Os voduns são forças, energias que podem servir-se de diversos canais para manifestar-se. Constituem-se também em espíritos que protegem a aldeia, o povo, a linhagem, o clã, os indivíduos, como alguns ancestrais muito antigos. É a eles que devemos endereçar nossas preces e oferendas.
2. Por intermédio dos voduns, o ser humano pode comunicar-se com os outros planos da existência e desenvolver um conhecimento amplo e minucioso sobre a natureza que o cerca.

3. As virtudes terapêuticas das plantas, suas propriedades maléficas e suas incompatibilidades são alguns desses conhecimentos.
4. Por meio dos voduns, o ser humano pode aumentar ou diminuir sua força vital e a de outros seres. Isso é feito com a utilização de tudo o que há na natureza, como partes de animais, folhas, cascas e raízes vegetais etc.

## V – O poder dos voduns

1. Um vodum não é apenas a força motriz ou a parte constitutiva de um ser ou objeto. Ele é o lugar onde sua legenda ecoou, é a pedra de que se utilizou, a planta que colheu. E é também a água, o fogo, o vento ou o trovão, em seu poder de punir, afogar, alagar, fulminar, mas também de propiciar boas colheitas e proporcionar coisas boas.
2. Os voduns são os enviados de Mawu-Liçá e seus representantes entre os humanos. Por isso, eles jamais têm de prestar contas de seus atos; Mawu-Liçá apenas os aconselha e julga suas ações.
3. Mawu-Liçá tem plena confiança nos voduns e sabe que eles desembaraçam-se sozinhos. Por tê-los criado, Mawu-Liçá deseja que eles sejam os únicos responsáveis por suas ações. O mundo foi-lhes confiado e eles não só conhecem perfeitamente as leis que regem sua atitude frente aos homens, mas também têm a consciência de tudo o que os homens devem-lhes dar.
4. Alguns voduns são heróis que viveram entre os humanos e cuja vida marcou profundamente sua comunidade, que lhe devotou um particular respeito, agora transformado em adoração.
5. Os clãs e tribos que reconhecem a autenticidade e o heroísmo de seus ancestrais sustentam sua legenda. E essa legenda faz com que assumam o posto de divindades.

## VI – O papel dos voduns

1. Os voduns dirigem e canalizam toda ação humana. Eles sozinhos detêm o poder e nada pode ir contra seus interesses, porque todo poder emana deles e ninguém pode deles abusar.
2. Os voduns, mensageiros do invisível, são os dirigentes do mundo,

encarregados de salvaguardar a boa ordem das coisas. Eles só existem para a realização do ser humano na vida.
3. De sua mútua colaboração depende a felicidade do mundo. O conjunto dos voduns achará sempre um acordo para dar à Terra o que é necessário à felicidade.
4. Assim, o culto aos voduns deve basear-se na assistência mútua entre espíritos, divindades, ancestrais e seres humanos.

**VII – Os voduns conhecem as causas**

1. Tudo o que é obscuro e indefinível para o ser humano provém do mundo invisível. O ser humano ignora as causas reais dos acontecimentos que se produzem no plano terreno porque essas causas estão no mundo invisível.
2. A fragilidade dos humanos, em comparação com as divindades, reside na ignorância. Esse fato explica a necessidade de um meio de comunicação entre os seres humanos e os do mundo invisível, os quais não apenas conhecem as causas dos acontecimentos como também podem intervir para provocá-los ou interrompê-los. E esse é o poder dos voduns.
3. Contudo, à exceção dessas diferenças fundamentais (ignorância e fragilidade entre os homens, força e sabedoria entre os voduns), os voduns parecem-se com os seres humanos e vivem da mesma maneira, pois amam, constituem famílias, comem, bebem etc.
4. Por isso, os seres humanos devem dirigir-se aos voduns como dirigem-se aos seus semelhantes, para solicitar, pelos meios apropriados, sua intervenção e proteção em situações em que necessitam de saúde, paz e prosperidade; para obter fertilidade; em momentos importantes da vida etc.
5. Em retribuição à sua ajuda, devem agradar-lhes com preces, oferendas e adoração. A forma de fazer essa retribuição será determinada pela consulta ao oráculo.

**VIII – O indivíduo e o seu vodum**

1. O vodum é o companheiro da pessoa na vida terrena. E o ser humano nunca deve separar-se de seu vodum protetor.

2. Todo indivíduo, entretanto, precisa respeitar as proibições, a prescrição dos sacrifícios – os ritos determinados por seu vodum pessoal por intermédio do bokonon, o adivinho, intérprete do oráculo.
3. O seu vodum deve ser o primeiro a ser servido durante um ritual. Se a pessoa negligencia o culto, ela recebe um castigo. Da mesma forma que, se o vodum não se manifesta, a pessoa tem todo o direito de abandoná-lo.

## IX – A comunicação com o invisível

1. O ser humano deve comunicar-se com o mundo invisível da mesma maneira que o faz com seus semelhantes. Ele tem de dirigir-se aos espíritos como dirige-se às pessoas para solicitar sua intervenção nos acontecimentos da vida cotidiana.
2. Essa comunicação deve ser provocada pelos meios apropriados, que são o sacrifício, o culto, a prece, os ritos, a observância dos tabus e a indução ao transe.
3. Os voduns e ancestrais manifestam sua presença de duas formas: possuindo o ser humano em transe ou por meio de acontecimentos que desencadeiam, para advertir, provocar ou atender.
4. Promovendo-se solenidades festivas, com oferendas, sacrifícios e música, renova-se o pacto firmado entre o ser humano e os voduns.

## X – O culto e a comunidade

1. Os voduns, então, precisam dos seres humanos assim como estes necessitam daqueles. São os humanos que perpetuam a memória e os altos feitos dos voduns e mantêm viva sua presença na Terra.
2. Sem a renovação desse pacto, um vodum perde sua razão de ser. Do ponto de vista do ser humano, o culto aos voduns visa ao imediato bem-estar físico, moral e espiritual de toda a comunidade.
3. Celebrando os elementos naturais, como o fogo, que aquece e afasta o perigo; a água, que fertiliza, mata a sede e purifica; o ar, que dá alento, refresca o corpo e espalha as sementes; a terra, que dá subsistência e abrigo, o culto aos voduns integra a comunidade a seus ancestrais e heróis divinizados.

## XI – O transe e o sacrifício

1. Os voduns têm funções bem precisas. Os fiéis podem solicitar seus favores, mas devem honrá-los por meio de cerimônias e ritos particulares, entre os quais o transe é o elemento principal.
2. O transe significa a presença efetiva do vodum e o símbolo mais vivo de sua força entre os homens e na natureza.
3. Depois do transe, o rito essencial do culto é o sacrifício, que é a transferência de força.
4. E essa transferência não beneficia apenas o sacrificador. O sacrifício fortalece o espírito que recebe o animal como oferenda. Os espíritos transmitem ao sacrificador uma parcela de sua energia, de sua força espiritual.

## XII – O runon, guardião da tradição

1. O culto aos voduns é essencialmente centrado na palavra e nos sons a ela assemelhados, emitidos tanto pela voz humana quanto pelos instrumentos de percussão.
2. Esses sons, a exemplo da vibração primordial da Criação, podem ter a força de encantamentos e afirmações, criando novos acontecimentos e novos seres.
3. A palavra tem, igualmente, força fundamental. Seu poder, manipulado pelo sacerdote oficiante (runon), é que será o veículo de comunicação com os voduns. O runon é um homem que, por sua experiência, sua situação e seus conhecimentos, acumulou muita força vital. Guardião da tradição, ele preside todos os ritos.
4. É por intermédio dele que os voduns entram em contato com os humanos. O principal caso de incapacidade para exercer a função de runon é ser pai de gêmeos, pois estes são divindades especiais a cujo culto o pai deve dedicar-se com exclusividade.
5. Porta-voz das divindades, o runon precisa ser puro e de espírito conciliador e ter boa memória para poder guardar na cabeça as fórmulas cerimoniais de comunicação com os voduns.
6. Além de possuir conhecimentos rituais e capacidade para resolver os

problemas terrenos de sua comunidade, o runon deve também dominar as propriedades das plantas e raízes.

### XIII – O bokonon, intérprete de Fá
1. O bokonon é o intérprete do oráculo, da divindade Fá, ou Afá. Ele sabe a causa das doenças e como curá-las. Sabe também descobrir ladrões, afastar inimigos, alertar para perigos e, principalmente, apontar o vodum protetor de cada pessoa e indicar quais as oferendas e os sacrifícios que lhe deverão ser feitos.

### XIV – Fá
1. Fá, ou Afá, é o veículo entre o mundo visível e o invisível, conselheiro e guia dos homens, que indica as diretrizes para os negócios de todos os dias.
2. Afá é pacífico, benfazejo e não baixa na cabeça das pessoas, apenas irradiando sobre elas sua força.
3. Ele não mata, é sereno e possui um imenso conhecimento.
4. Ele está fora do âmbito dos voduns, os quais não comanda mas domina, pois é capaz de penetrar em todos os seus segredos e intenções.

### XV – Os voduns e suas famílias
1. Os voduns agrupam-se em duas grandes categorias: os voduns de veneração coletiva (tovodum) e os voduns familiares (henuvodum).
2. Outra categorização é a que distingue os voduns que carregamos na cabeça (ta vodum) e os que carregamos nas costas (axinã).
3. Os ta voduns descem na cabeça do filho e possuem-no durante o transe; e os axinãs apenas o protegem. Eles agrupam-se também em três tipos de panteões que compreendem os voduns do Céu, os do mar e os da Terra.
4. Os voduns do Céu são os que integram o panteão de Mawu-Liçá: Aguê, vodum da selva e dos animais selvagens, detentor dos grandes segredos da arte e da técnica; Dji, do trovão; Loko e Medji, da árvore Loko; Adjakpá, da água potável; Aiabá, protetora do lar; Wete e Alawê, protetores das riquezas de seu pai, Liçá; Aizu e Akau, protetores das riquezas de sua mãe,

Mawu; Legbá, filho mais novo e mensageiro de Mawu-Liçá; e Gu, vodum do ferro em sua propriedade de cortar. Gu, vodum da morte violenta, de origem iorubá, é protetor dos ferreiros, dos que trabalham com o ferro e dos recém-circuncidados.

5. Os voduns do mar são os que integram o panteão de Sô, chefiado por Sogbô: Agoê e Na Etê, mais uma numerosa prole relacionada com o mar, tempestades marítimas e maremotos. Hevioçô pertence a uma grande família de voduns originários da localidade de Heviê, os quais constituem o panteão Sô.

6. O chefe do panteão é Sobô, que mora no Céu e de lá fulmina os ladrões, feiticeiros e malfeitores em geral. Os filhos de Sobô são o casal gêmeo Agoê e Na Etê, divindades das águas.

7. Agoê é o mar sempre em movimento; Na Etê é a chuva. Ao grande panteão Sô pertencem também Badé, Avrequetê e Topodum. Em respeito a Hevioçô, as pessoas que morrem fulminadas por raios não podem ser sepultadas. Seus corpos ficam expostos ao ar livre, recebendo defumações todas noites, até o dia em que sacerdotes servem-lhes uma refeição simbólica, aproximando de seus lábios restos de alimentos.

8. Os voduns da Terra são os do panteão de Sakpatá, cujo culto foi proibido em Abomé. Sakpatá é o rei do solo, senhor do chão, que representa tudo o que está na terra.

9. Sakpatá é a terra em suas relações com o ser humano. Por isso, tornou-se conhecido como o agente propagador da varíola. Esta e outras moléstias contagiosas são a punição que ele inflige aos malfeitores e aos que lhe faltam com o respeito.

10. Sakpatá possui outro nome, menos perigoso de pronunciar: Ainã. Dono da terra, ele chefia uma grande família de voduns, na qual se incluem: o casal Corroçu e Niobê Ananu, causadores da varíola; seu filho Da Zodji, causador da disenteria e dos vômitos; Da Longan; Da Sandji e seu irmão gêmeo, Boçu Zurron; Agloçutô, causador das feridas incuráveis; Arroçu Ganvá, causador dos inchaços; Avimajé e outros. Aizã (Aziza entre os gwen) é a crosta terrestre.

11. Assim, seu assentamento deve reunir terra do chão de lugares os mais diversos e longínquos. É simbolizado por um montículo de terra, coberto por um pote de orifícios e cercado de franjas de palmeira.

## XVI – Dã, a serpente arco-íris

1. Alguns mais-velhos, entretanto, dizem que o culto de Mawu-Liçá chegou com Nan Uenguelê, mãe do rei Tegbeçu.
2. Antes de tomar posse do trono de Abomé, o rei Tegbeçu passou muitos anos preso em Oió como refém dos iorubás. Entronizado, começou a difundir no reino hábitos e costumes estrangeiros.
3. Os mais-velhos dizem que antes de Mawu-Liçá já existia a serpente arco-íris, cujo nome sempre foi Dã, e não Aidô-Ruedô.
4. Por meio de Dã foram criados os fenômenos atmosféricos perceptíveis ao ser humano, como o trovão, representado por Hevioçô, cuja ação justiceira provoca a destruição e a morte pelo raio.

## XVII – Nanã Burucu

1. Nanã Burucu é um vodum muito antigo e muito respeitado. Alguns mais-velhos dizem até que ela e Mawu são a mesma divindade. Para outros, ela é o mesmo que Sabadã.
2. O culto de Nanã Burucu estendeu-se para muito além das fronteiras do Daomé e do Togo.

## XVIII – Legbá, demoníaco mas não diabólico

1. Legbá é o filho mais novo de Mawu-Liçá, de quem também é mensageiro e intermediário. É representado por uma cabeça de barro em forma de rosto humano, com olhos feitos de búzios e a boca desenhada.
2. Ele é uma força demoníaca, mas não diabólica. Ardiloso, inteligente, malicioso, circunstancialmente malfazejo ou benfazejo, representa principalmente um meio de prevenir calamidades.
3. É o mensageiro de todos os voduns e foi ele que revelou a Fá o segredo da adivinhação.

4. Nenhuma comunicação entre Mawu e um vodum pode ocorrer sem sua intervenção. É ele que estabelece essa ligação e, por isso, deve receber as oferendas e libações antes de todos os voduns.
5. Legbá protege as aldeias e casas, afasta os inimigos, a má sorte e as epidemias. É a ele que devem dirigir-se as mulheres estéreis, para engravidar, e os homens impotentes, para recuperar a virilidade. Vigoroso, ele participa das excitações da paixão sexual.
6. Rueli é um tipo de Legbá especialmente encarregado de proteger as casas.

**XIX – Voduns clânicos**
1. Existem também voduns peculiares a determinados clãs e que carregam os títulos de togbé e atá, como Ata Kpeçu, vodum da guerra; Ata Sakumo, chefe dos voduns de seu clã; e Mama Kole, sua esposa, simbolizada pelas águas doces dos solos arenosos.

# Capítulo 12  A magia

**I – Azê**
1. A magia (azê) está sempre presente. Seus agentes, os azetô, tanto trabalham para provocar malefícios quanto nos protegem deles.
2. Para as ações de magia, utiliza-se o bô, objeto de forma variada, quase sempre guarnecido de plumas de aves, convenientemente sacralizado para tornar-se suporte da força vital da divindade ou do ancestral.
3. Entre as várias espécies de bô, o chacatu serve para envenenar alguém à distância; o afion rotchi destina-se a fazer pairar o esquecimento ou o silêncio sobre uma falta ou um delito; e o zandô-bô é usado para garantir o dom da invisibilidade.
4. O bô é manipulado para diminuir ou aumentar a força vital, o sê, de um indivíduo.

## II – O sê e o landom

1. A interferência no sê atinge a alma imaterial e imortal (landom), que, depois de separada do corpo, reencontra-se, no Cutumê – o reino dos mortos – com os parentes e amigos falecidos.
2. No Cutumê, a alma continua sua vida terrestre – sente frio, fome e sede. Lá, porém, sua trajetória passa-se de modo inverso ao de sua existência terrena. No Cutumê, a alma anda para trás, fala pelo nariz e senta-se sobre bancos virados.
3. Lá, a noite chama-se "o dia dos mortos". Por isso é que, na noite terrena, os mortos invisíveis vêm fazer companhia aos vivos. Em respeito a eles, então, depois que a noite cai, não se varre mais a casa e não se joga água no quintal sem gritar "ago!" ("cuidado!").

## III – Cuidados com os mortos

1. Para que os mortos encontrem sempre o que comer em suas visitas noturnas, as panelas não devem nunca ser completamente esvaziadas e a louça jamais deve ser lavada antes de o Sol nascer.
2. A alma, abandonando seu envoltório carnal, adquire uma nova importância, porque ela sabe tudo, vê tudo, entende tudo.
3. Daí a importância dos ngoli, os mortos que retornam ao seio da família mediante a reencarnação. Tal fato ocorre porque a vida transmite-se sempre no interior da mesma família. E as vantagens adquiridas no mundo dos vivos conservam-se no além.
4. Nos funerais, o assen, cetro de metal simbolizando o morto, deve ser fincado na terra, no lugar da cerimônia.
5. No fim do luto, o assen, devidamente consagrado, deve ser instalado na cabana dos ancestrais.
6. Toda a ritualística, entretanto, do nascimento à vida, precisa ser orientada pelo oráculo Fá, que fala por meio do bokonon, seu intérprete.
7. Jogando uma espécie de rosário de adivinhação (agumagã) ou seu conjunto de búzios (vô), o bokonon repassará ao indivíduo as determinações emanadas dos voduns ou dos antepassados ilustres.

# Capítulo 13   O ser humano e seu ciclo vital

## I – Nascimento

1. Desde seu primeiro vagido, graças ao ritual que preside seu nascimento, o ser humano é posto em contato com as divindades.
2. O casamento, as sociedades secretas a que pertence, as doenças que o acometem e até mesmo seu enterro, tudo o liga às divindades, aos espíritos, aos ancestrais, enviados e agentes do Ser Supremo.

## II – Rituais do nascimento

1. Após o nascimento, a criança deverá ser consagrada ao antepassado na cerimônia do corpo (agbaza). Nesse dia, as zeladoras do culto aos ancestrais, chamadas tanguinon, fazem a enumeração dos mortos, deixando ao bokonon a tarefa de revelar a qual dos falecidos cabe a honra de tomar a criança aos seus cuidados.
2. Ao nome da criança será, então, acrescido o nome desse antepassado; em seguida, são feitas, sobre três montes de areia, oferendas de fumo, farinha de milho diluída, milho tostado e cocos de dendê.

## III – Cerimônias para os gêmeos

1. Os gêmeos são emanações divinas. Se meninos, devem receber os nomes de Zansu e Sagbô; se meninas, Zanruê e Tetê.
2. Quando de seu nascimento, as placentas são enterradas em vasos de barro e não em cabaças, como seria o normal. O pai e a mãe não devem cortar unhas nem cabelos durante três meses.
3. Uma esteira especial é reservada à mãe e às crianças, que não poderão ser tocadas, durante todo um trimestre, por nenhuma pessoa do sexo masculino, nem mesmo pelo pai.
4. No fim desse período, será realizada a reunião das esteiras, chamada zankplikpli, cerimônia especial presidida por uma mulher que teve pelo menos dois partos de filhos gêmeos.
5. Nessa reunião, uma esteira e um lençol branco são estendidos sobre quatro

varas de bambu. O pai e a mãe, vestidos de branco, acomodam os gêmeos sobre o leito e, depois de terem cortado unhas e cabelos, entregam-nos à guarda de um menino já circuncidado.

6. No dia seguinte, será realizada a cerimônia propiciatória do sundidé, para a qual se instalam no quintal quatro jarrinhas. A mãe dirige-se, então, ao mercado e compra, no caminho, todos os alimentos que encontra, como aves, feijão e inhame, entre outros, e leva-os à casa, numa grande cabaça.
7. O oficiante da cerimônia deposita um pouco dos alimentos nas quatro jarrinhas, as quais são borrifadas com o sangue das aves e enfeitadas com suas penas. As quatro jarras, envolvidas por um pano branco, são colocadas à noite no quarto do casal sobre o pequeno altar de seu culto doméstico.

### IV – Funerais

1. O defunto deve ser enterrado sob o chão da casa, a cabeça no centro do cômodo, os pés dirigidos para o exterior.
2. A cerimônia dura cinco dias, depois dos quais a sepultura é tampada e o chão, arrumado. A terra que sobra é levada a uma encruzilhada, para evitar outra morte na família. Em seguida, um frango é sacrificado sobre a tumba fresca.
3. Três meses depois, realiza-se a cerimônia de invocação do morto. O oráculo designa a jovem que se encarregará disso, bem como a encruzilhada onde a cerimônia vai-se dar.
4. A família depositará os utensílios do dia-a-dia do morto, bem como seus pertences rituais, num cesto novo que a moça levará na cabeça.
5. Um cortejo forma-se, então, a partir da encruzilhada, e seus integrantes invocam o morto para que este se incorpore na moça.
6. Quando ela entrar em transe, terá início a realização de cânticos, danças e oferendas, que culminarão com o sacrifício de um cabrito, cujo sangue será vertido sobre o cesto que a moça mantém equilibrado na cabeça.

### V – Os vivos e os ancestrais

1. O mundo dos vivos é permeado pelas forças invisíveis dos ancestrais,

sempre presentes ao lado dos vivos e prontos a vir em seu socorro ou para castigá-los. É dever dos vivos procurar manter a harmonia da natureza, satisfazendo as vontades de seus mortos.
2. Todo recém-nascido possui a essência divina de um ancestral de sua família. Essa essência divina chama-se kla; e o ancestral, devidamente identificado, torna-se o dzoto, o pai reencarnado da criança.
3. Quando se obtém a revelação da identidade desse dzoto, deve-se buscar conhecer sua vida terrena para que se saiba como lidar com a criança. Isso é necessário porque foi ele que amassou o barro para moldar a massa da criança que estava por nascer.
4. O ancestral participa da encarnação da criança e coloca-a sob sua influência por meio do amedzodzo, que é o rito da reencarnação. Se a criança fica constantemente doente ou chora muito à noite, é porque está procurando o seu dzoto.
5. Uma consulta com um bokonon, por intermédio do oráculo de Fá, permite identificar seu ancestral protetor para que se organize uma cerimônia em sua honra. Depois de conhecida a identidade do dzoto do recém-nascido, um nome secreto deverá ser dado à criança.
6. Esse nome só poderá ser conhecido pelo bokonon e pelos pais. Chamar uma criança pelo seu nome íntimo pode desencadear a cólera do ancestral protetor.

## VI – O culto aos ancestrais

1. Os velhos possuem uma forte dose de poder. Eles conseguiram, no curso de suas longas vidas, acumular forças e, assim, são herdeiros das gerações precedentes.
2. O ancião está num estágio entre o humano e o divino. Prometido à morte próxima, ele é um elo, e por vezes um intermediário, entre os vivos e seus mais velhos já falecidos.
3. Por isso, os velhos têm um valor excepcional para o grupo, cuja existência depende fatalmente das energias de que eles dispõem.
4. Sua própria existência é uma prova do seu poder, já que, somente graças

a esse poder, eles tiveram condição de, durante sua longa vida, neutralizar as investidas das forças hostis.

5. Os encantamentos devem ser feitos preferencialmente por eles, que podem dar a essas práticas algo de sua própria força.
6. O ser humano não deixa de existir após a morte, estando seu poder mágico sempre forte e até mais forte. Assim, explica-se o fato de, antigamente, os mortos serem sepultados próximo à casa onde viviam, de modo a que a família pudesse controlar sua força e sua boa vontade.
7. Quando chega a noite, os ancestrais voltam para perto de seus familiares e, assim, não é preciso incomodá-los. Por isso, não se deve assoviar à noite, para não importunar os mortos.
8. Depois de uma certa hora, não se deve fazer barulho, nem varrer, nem pilar. Se for necessário jogar água suja fora, deve-se gritar "agô!" – um pedido de licença e um aviso para que eles afastem-se.
9. Não se deve também beber água ou álcool sem antes derramar no chão um pouco do conteúdo da cabaça ou do copo para o espírito dos ancestrais.
10. Os mortos são os verdadeiros chefes de um povo e sua vontade é decisiva.
11. Eles velam por seus descendentes noite e dia e distribuem-lhes riquezas, saúde, paz, colheitas abundantes, fecundidade. Por meio de sonhos, avisam dos perigos e propiciam benefícios análogos aos concedidos pelas divindades. Os mortos procuram ser úteis e gostam de tomar parte nos assuntos humanos.
12. Quando sobrevém uma calamidade pública ou uma doença grave, deve-se logo consultar os ancestrais para saber o que fazer. Da mesma forma, eles punem os transgressores, enviando moléstias, secas e esterilidade.
13. Para apaziguar sua cólera e assegurar sua ajuda ou lhes render graças, os homens da família precisam realizar os sacrifícios rituais.
14. Os vivos têm de dar aos mortos uma sepultura apropriada, de acordo com sua posição na sociedade, o que permitirá ao defunto continuar, na outra vida, em boas condições, sem ressentimentos.
15. É necessário que o defunto reúna-se, o mais rápido possível, a seus ancestrais no país dos mortos, porque o prolongamento de sua presença

entre os vivos, errante e insatisfeito e querendo voltar aos lugares conhecidos, causa perturbações na vida das pessoas.

16. Seus familiares deverão oferecer-lhe sempre, como se estivesse vivo, uma parte de seu alimento, para que eles não os persigam com tormentos. Os vivos precisam da proteção dos ancestrais e os mortos têm necessidade de ser honrados.
17. Os mortos têm as mesmas necessidades que os vivos e encontram sua felicidade nos mesmos bens. Apesar de seus poderes extraordinários, eles ficam desprovidos de tudo e contam com os vivos para ter acesso às coisas terrenas.
18. Aos vivos cabe cumprir obrigações para com seus mortos, de cuja ajuda precisam. Os mortos têm suas exigências, mas dependem dos vivos para seu próprio bem-estar. Se eles faltarem com seus descendentes, quem os honrará?
19. A cada novo nascimento, deve-se submeter o recém-nascido a uma observação atenta, porque ele é um ancestral que volta para sua família.
20. Só depois de oferecer comida e bebida em local apropriado, é que se invocam os ancestrais e explica-se o porquê da cerimônia que se está realizando.

# Capítulo 14   Os povos acãs*

### I – Os primórdios

1. Acã (akan) é uma denominação geral usada para designar vários povos unidos pela cultura e pela língua, dos quais fazem parte os axantes, fantes e tuís. Eles ocupam principalmente as florestas do centro e as regiões mais temperadas da antiga Costa do Ouro.
2. Os ancestrais dos povos acãs são originários de terras que se situam entre as atuais fronteiras de Gana e da Costa do Marfim, na bacia do rio Volta Negro.
3. Os mais antigos diziam que os ancestrais destes ancestrais eram procedentes da Abissínia, que passaram pelo Egito e a Líbia até chegarem ao antigo Gana e, depois, às bacias do Benué e do Chade.

4. Há cerca de dois mil anos, eles teriam caminhado até a confluência dos rios Pra e Ofin, evitando as partes ao norte da floresta.
5. Nessa região, conquistaram os povos nativos e misturaram-se a eles. Desta interação nasceram a língua tuí e instituições sociais que perduram até nossos dias.
6. Movimentando-se para o sul e para o norte, esses ancestrais fizeram surgir diversas cidades e estados, que foram o germe do Império Axante, ao norte, e do estado fante, ao sul.
7. Entre estes estados, estavam o Bono-Tequiman, o Tuífo e o Denquira.
8. Os clãs acãs que migraram em direção ao mar encontraram, em distritos litorâneos, povos como os guan, no oeste, e os gãs, adangbes e ewês, no leste.

## II – Os fantes

1. Por volta do ano 1300, o povo ntafo, formado pelos clãs abura, ekunfi, kurentsi, nkusukum e enyan, começou a emigrar do Tequiman para o sul.
2. Depois de terem deixado a confluência do Pra e do Ofin, sob a liderança dos sacerdotes Obunumankoma, Odapagiyan e Osono, por volta de 1400, estes povos chegaram ao mar. No litoral, já constituindo a nação fante, ou boribori mfantsi, fundaram Mankessim, "a grande cidade", e as vilas de Koromantim, Egyaa e Anomabu.
3. Nesse local, os túmulos dos três ancestrais são hoje o sítio sagrado de Nanamon Mpow.
4. Estabelecidos no litoral, os fantes passaram a desempenhar um papel importante nas rotas de comércio que demandavam as minas de ouro do interior. Foi assim que o rei fante Kwamina Ansa negociou, em 1482, com o português Diogo de Azambuja, a construção do castelo de Elmina, ao qual se seguiram, mais tarde, outras fortificações.

## III – Os axantes

1. Os axantes chegaram a seu atual território por volta de 1300. Embora originalmente litorâneos, estabeleceram-se no interior da floresta densa,

uma vez que o litoral era ocupado pelo poderoso reino de Denquira, erigido pelo povo fante.
2. Na selva, os axantes fundaram vários pequenos reinos tributários do forte estado litorâneo. Contudo, no século XV sua força já se fazia notar. Integrados na vida comercial da região, trocavam ouro de aluvião e escravos pelos artigos de que necessitavam.
3. A região era ponto de encontro das rotas de comércio de ouro e nozes-de-cola, originárias do país dos mandês, a noroeste, e do país dos hauçás, a nordeste.
4. Foi assim que os membros do clã oyoko fundaram o Império Axante, que se tornou em pouco tornou o mais poderoso estado da costa ocidental africana.
5. Ao mesmo tempo em que o povo oyoko fixava-se em Kumási, outros estados eram fundados por clãs diferentes, num raio de 30km em torno da capital.

## IV – A unificação dos axantes
1. No século XVII, os invasores domas tiravam a paz dos axantes. Estes, embora vitoriosos no embate decisivo, estavam com sua economia abalada, uma vez que toda a região sofreu um colapso em razão não só da tomada do Songai pelos almorávidas, mas também do expansionismo fulâni.
2. Foi nesse contexto que o rei axante de Kumási, Osei Tutu, convenceu os reinos vizinhos a guerrearem contra os fantes de Denquira, para não terem de pagar-lhes tributo.
3. Segundo a tradição, durante o encontro em que se propunha a união, um trono de ouro desceu do céu e pousou suavemente no colo de Osei Tutu. A partir daquele momento, o trono tornou-se o símbolo da unidade dos axantes e Tutu, o primeiro axantihene (rei dos axantes), após sua unificação política.

## V – Obiri Yeboa
1. O crescimento do axante sob o clã dos oyoko foi fruto do trabalho dos três primeiros governantes – Obiri Yeboa, Osei Tutu e Opoku Uare.

2. Obiri Yeboa, um astuto governante, venceu sempre os antigos dominadores, aceitando-os estrategicamente como membros do seu clã. Quando firmou sua posição, partiu para guerras de expansão, mas não foi bem-sucedido.
3. Por volta de 1670, morreu numa guerra contra os doma, que passaram a ocupar uma localidade nos arredores de Kumási.

**VI – Osei Tutu**
1. Obiri Yeboa foi sucedido por seu sobrinho Osei Tutu que, com o apoio do seu chefe religioso Okomfo Anokye, contribuiu decisivamente para o crescimento do Império Axante.
2. A idéia de unificação dos vários clãs axantes foi arquitetada pelo sacerdote (okomfo) Anokye, por volta de 1691. Numa sexta-feira, durante uma grande reunião de príncipes e tribos, ele fez descer do céu, através de uma forte invocação, o "trono de ouro nascido numa sexta-feira" (asikadwa kofi), que desceu do céu para o colo de Osei Tutu.
3. Nenhum rei pode jamais se sentar neste objeto sagrado, mas a obediência aos preceitos que ele simboliza – acima de tudo a legitimidade da União Axante e de seus governantes vivos – assegura o sucesso e a prosperidade da nação como um todo.
4. Quando estabeleceu a união dos povos Axante e dotou-a de uma capital, Osei Tutu criou um festival, uma constituição e um único exército, reunindo as forças militares dos vários clãs.
5. Assegurando a primazia axante em vários campos, deu início a guerras de expansão.
6. Derrotou o reino de Gyaaman, dos domas e, em seguida, subjugou Amakon e Tafo. Finalmente, derrotou e anexou Denquira, de quem os axantes eram tributários.
7. Com essa vitória, os axantes asseguraram o livre comércio com os holandeses, em Elmina, e com os ingleses, em Cape Coast.
8. Completando a obra de Obiri Yeboa e destacando-se como bravo guerreiro, brilhante constitucionalista e hábil administrador, Osei Tutu transformou o reino no Império Axante.

9. No auge do seu poder, o Axante era dividido em três unidades: o Axante metropolitano, com sede em Kumási e sob o comando direto do axantihene; os Oman, cidades-estado, cada uma comandada por um líder, o omanhene; e o Axante provincial, formado pelos estados conquistados.
10. Contudo, todas as unidades reconheciam o axantihene como seu líder político e religioso e reverenciavam o trono de ouro, depositário das almas dos ancestrais do país.

## VII – Opoku Uare

1. Em 1717, Osei Tutu foi morto em combate e sucedido por seu sobrinho-neto, Opoku Uare, que governou até 1750.
2. Bravo guerreiro, brilhante constitucionalista e hábil administrador, durante seu governo, o Império Axante atingiu o apogeu com a pujante cultura acã fulgurando na corte e entre o povo.
3. Depois de Opoku Uare, de 1764 a 1777, Osei Kodjo substituiu a velha aristocracia por pessoas de origem humilde, mas que se destacavam no serviço público; assim, conseguiu colaboradores de inquestionável lealdade, o que lhe permitiu centralizar mais o poder.
4. As reformas de Osei Kodjo foram levadas adiante por Osei Bonsu, que governou de 1801 a 1824.
5. Osei Bonsu aboliu o critério exclusivo da hereditariedade na ocupação das chefias provinciais – decisão que certamente motivou as rebeliões e sedições que começaram a minar o poder central.

## VIII – As guerras, o tráfico

1. Determinados a manter laços comerciais diretos com os europeus na costa e preservar seu império intacto, os axantes acabaram por esbarrar na resistência dos fantes, ajudados pelos colonialistas ingleses.
2. Inicialmente aliados dos portugueses, de quem receberam influência católica, e, depois, dos holandeses, por fim os fantes foram estimulados pelos ingleses a guerrear contra os axantes.
3. O estado de guerra instaurou-se em 1806, propiciando o incremento

do tráfico de escravos. Em 1874, o axantehene foi derrotado pelas forças britânicas.
4. Em 1897, os fantes foram formalmente submetidos ao domínio inglês. Enquanto isso, os axantes, que sempre estiveram entre os povos mais avançados e progressistas de seu tempo, a partir de seu estado centralizado, defendido por um poderoso exército, prosseguiram em sua resistência.
5. Em 1902, os ingleses saquearam Kumási e o reino axante, após quase um século de resistência, tornou-se finalmente parte da colônia inglesa da Costa do Ouro.

## Capítulo 15   O espírito e o poder entre os acãs*

### I – Religião e ancestralidade
1. Todas as coisas que se passam na Terra são, de alguma forma, reflexos do mundo espiritual. Tudo se realiza e constrói sob a autoridade dos ancestrais e, em última análise, do Ser Supremo.
2. O ritual de entronização de um rei é um ato religioso, pois a cerimônia envolve uma relação com os ancestrais e com a ordem espiritual do Universo.
3. A religiosidade não se fecha num corpo de doutrina nem exige conversão. Por isto, não há nenhuma contradição em seguir crenças e realizar rituais tradicionais e, paralelamente, adotar outras práticas religiosas, como as cristãs, por exemplo.
4. Os vivos e os mortos formam uma só comunidade. Existir como ser humano é pertencer a uma grande comunidade e isso envolve a participação em suas crenças, cerimônias e rituais.
5. Viver em comunidade é reconhecer a presença dos ancestrais como o traço de união da solidariedade do grupo; e eles, como guardiões da lei e da moralidade, podem punir ou premiar para assegurar a manutenção do equilíbrio social.

6. Os ancestrais fazem parte da família. Depois da Morte, eles vivem próximos ao Criador, com quem mantêm uma estreita ligação. Sancionam a vida moral de cada pessoa, bem como a de toda a comunidade, pela premiação ou pela punição. E podem relacionar-se com outros espíritos, tanto benévolos quanto malévolos.

**II – O Ser Supremo e os obossons**
1. A natureza é povoada por espíritos chamados obossons. Entre eles, os principais são os gênios que habitam as águas, as plantas, as rochas etc.
2. Os obossons são invisíveis, mas, ao mesmo tempo, podem materializar-se. Por isso, são seres hostis aos humanos enquanto não são apaziguados com sacrifícios. Satisfeitos, eles tornam-se protetores das tribos e das comunidades.
3. Entre os obossons das águas, os mais venerados são Tano e Bea (dos rios), Apo (do mar) e Bosomtwi (do lago). Tano é o protetor de todos os axantes.
4. A veneração e os sacrifícios em favor dos obossons devem ser celebrados em santuários especiais, de preferência numa pequena cabana situada perto da aldeia e nas margens desertas de um rio.
5. No local deverão estar os tamboretes, ou banquinhos de madeira (akonnua) nos quais se guardam os recipientes com tampa (kudus) em que os obossons são provisoriamente assentados.
6. Ao sacerdote (obossonfo) competem as funções de intérprete do oráculo e organizador das cerimônias anuais de apaziguamento dos obossons, nas quais se oferendam ovelhas, galinhas, entre outros animais, em homenagem ao protetor de uma comunidade ou de um clã.
7. Nyame (Onyame ou Nyamie) é o Ente Supremo, o maior dos obossons. Seu nome significa "brilhante, resplandecente". Ele é venerado também sob as invocações de Nyankopon (o grande Nyame); Odomankoma (eterno, infinito); Tireaduampon (seguro); Bore-Bore (criador); Otumfo (poderoso); Ananse Kokroko (grande aranha), símbolo da sabedoria; ou simplesmente Nana (ancestral, primeiro genitor).
8. Nyame é o Céu, que envia chuvas e trovoadas. É também o criador do

Universo, que é tecido como uma teia de aranha; do Sol, da Lua e do homem. E é, ainda, o primeiro ancestral de todos os acãs.

9. Os baulês dizem que não foi Nyame quem criou o mundo, e sim seu pai, Alurua. Os baulês, porém, sempre pensaram diferente, tanto que dizem que Nyame não é um homem, mas um carneiro.

10. Nyame vive longe dos homens e não intervém nos seus assuntos, pois, tão logo criou o Universo, afastou-se para sua morada no Infinito.

11. Ao afastar-se do mundo dos homens, Nyame enviou seus filhos Tano, Bea, Apo e Bossonchovoi, dotados de seu poder paterno, para vigiarem os habitantes da Terra.

12. Abaixo destes primeiros filhos de Nyame, estão outros obossons, entre os quais Abirewa, Hwenso, Tigare Dubi, Kankamea, Bonsam, Nentiya e Kune, que são os intermediários entre Ele e os seres humanos.

13. No quintal de cada axante deve haver uma nyameduá, "a árvore de Nyame", que é um altar-monumento feito com troncos grossos e sem casca, dispostos em forma de tridente.

14. Na interseção destes três troncos deve haver sempre um pote com água da chuva, além de sangue dos sacrifícios com o qual se rega diariamente o pé de nyameduá. Ali também se guardam as pedras de Nyame, enviadas por Ele, e que são poderosos talismãs.

15. Cada chefe local (omanhene) mantém em seu quintal o nyamedan, o templo dedicado a Nyame, com sacerdotes devotados a seu culto; estes usam um cordão do qual pende um disco de ouro com uma meia-lua gravada.

16. Uma vez por ano, o omanhene realiza sacrifícios e oferendas em honra a Nyame, dormindo oito noites seguidas no nyamedan, para conseguir, da divindade, apoio, benevolência, força e saúde.

17. Além de cultuar Nyame e as outras altas divindades, todo axante deve render culto a Asase (Asasie, Assie), que é a Mãe Terra, protetora da agricultura.

18. Asase Yaa nasceu numa quinta-feira. Por isso, para não incomodá-la nesse dia que lhe é consagrado, todos os trabalhos agrícolas são proibidos.

19. Antes de começar a cultivar os campos, os lavradores devem oferecer-lhe uma galinha em sacrifício, pedindo autorização para iniciar os trabalhos e implorando uma colheita abundante.
20. Diz-se que Asase Yaa é a mulher de Nyame e que teria nascido numa sexta-feira. Por isso, seu nome seria ainda Asase Afua, pois Afua é o nome de toda mulher que nasce nesse dia da semana.
21. Divindade da terra, Asase é também a mãe de todos os mortos. Assim, nos locais das sepulturas, é preciso regar a terra com água ou vinho, pedindo-lhe pela invasão de seus domínios.

### III – Os ancestrais (Nananon Nsomanfo)

1. A morte é um mal que rompe a harmonia da família. A reunião dos parentes e amigos e a adequada observância dos rituais funerários garantem a correta passagem do morto para a morada dos ancestrais, restabelecendo a harmonia.
2. Quanto maior o número de pessoas envolvidas e quanto maior o tempo despendido nas cerimônias certas, mais eficaz será a total restauração da harmonia da comunidade.
3. Adequadamente acompanhado até a morada dos ancestrais, o falecido incorpora-se aos venerados ancestrais do clã. Dessa forma, o sangue (mogya) volta para o espírito (saman) que agora é uma força espiritual (sasa), apta a influenciar os vivos para o bem ou para o mal.
4. Os ancestrais devem ser venerados, mas não cultuados. Detentores de muita força, graças ao estreito relacionamento que continuam a manter com os vivos, eles pertencem ao lado espiritual do Cosmo e gozam da intimidade do Ser Supremo e de outros espíritos.
5. O que é essencial à vida aprende-se com os mais velhos, pois eles são o elo com os ancestrais, com aqueles que já cruzaram o limiar da morte.
6. Os ancestrais constituem, então, a ligação de um clã e de um povo com seu passado. São o vínculo das gerações anteriores com a presente, em tudo o que ela mantém, como signos de sua tradição.
7. A justificativa para muitos tipos de comportamento está em costumes transmitidos de geração a geração desde tempos imemoriais. Certos

rituais são realizados de determinada maneira porque os ancestrais assim estabeleceram.
8. Os ancestrais têm total envolvimento com os problemas da família e do clã. Os vivos ouvem suas instruções e acatam sua autoridade, pois eles conhecem bem a vida e seus problemas. Além disso, os vivos têm esperanças de que os ancestrais reencarnem em seus filhos para lançar suas bênçãos sobre a família.
9. O ideal de toda pessoa deve ser o de viver bem e, no final, morrer bem para qualificar-se como membro da comunidade dos ancestrais. Viver bem é viver com saúde até avançada idade, com muitos filhos e netos.
10. A morte por acidente, pela transgressão de algum tabu ou por doença infecciosa desqualifica uma pessoa. Por isso, deve-se sempre consultar o oráculo para tentar conjurar qualquer tipo de ameaça ou malefício, inclusive os provenientes de feitiçaria.
11. O relacionamento humano, enfim, não pode ser quebrado nem mesmo com a morte. Ninguém nunca está sozinho e todo morto permanece como membro de sua família, protegendo e guardando os vivos, graças a seus poderes, agora aumentados.
12. Quando as coisas vão muito mal para o clã ou para a linhagem, especialmente quando os vivos não podem exercer efetiva liderança em tempo de crise, os ancestrais enviam um dos seus para orientar seu povo.
13. Um líder carismático é sempre a reencarnação de um ancestral venerado. E, por isso, deve ser chamado avô, ou avó (nana), mesmo quando criança.
14. A constante evocação dos feitos gloriosos dos ancestrais, narrados ao ritmo dos tambores falantes e o uso das lendas, mitos e provérbios na transmissão de seus bons exemplos estimulam a imitação. A lembrança de que uma vida imoral impede a admissão no rol dos grandes ancestrais serve sempre como incentivo para uma existência correta.

## IV – Veneração aos ancestrais

1. Todo axante deve render tributo aos nsomanfo, ou nananon, seus antepassados ilustres, que são os seres espirituais mais próximos dos humanos e mais ativos.

2. Servindo como ochyeame, intérprete entre os humanos e as divindades, os antepassados estão sempre presentes entre os vivos, exercendo forte influência sobre a vida dos indivíduos e de suas comunidades.
3. Os ancestrais que garantem especialmente a fertilidade da terra e o bem-estar do clã são os abusua. Os omane são os ancestrais das tribos.
4. Os ancestrais zelam também pela observância dos princípios corretos e dos tabus, castigando os infratores com doenças, esterilidade, epidemias, secas e outras calamidades.
5. A maior parte dos espíritos mora em grutas subterrâneas, do lado onde se põe o sol. A alma dos ancestrais, porém, repousa no seu tamborete de madeira, o akonnua, que deve ser guardado numa casa especial (nkonnuafieso), virado para cima, para que um espírito mau não se sente nele e aproprie-se da alma do dono.
6. Quando alguém morre, seu akonnua deve ser pintado de preto.
7. O rito principal do culto aos obusua e omane é o adae, festa que deve ser celebrada a cada seis semanas. O grande adae é realizado aos domingos e o pequeno adae, às quartas-feiras.
8. Nessa cerimônia, diante dos akonnua, o celebrante enuncia os nomes dos ascendentes, rega o chão do nkonnuafieso com água, oferece bananas e inhames cozidos, colocando-os sobre os tamboretes e, depois, regando-os com vinho.
9. Então, uma ovelha ou uma cabra é sacrificada, aplicando-se o sangue e gordura de uma lontra nos tamboretes enquanto se reza pedindo prosperidade e fertilidade para os campos e para as pessoas.
10. Finalmente, a carne do animal sacrificado – principalmente seu pulmão, símbolo da vida – é distribuída pelos tamboretes e sua cabeça é colocada diante do akonnua do ancestral mais importante.

## V – As festas do adae e do odwira

1. O objeto físico que evoca a presença do ancestral é, então, o akonnua, o tamborete que o simboliza.
2. Nas celebrações do adae, o rei ou chefe local dirige-se ao templo onde está

o tamborete real para venerar e lembrar os grandes feitos dos ancestrais que foram reis.

3. Durante o adae, o rei e seus conselheiros realizam rituais de purificação nos quais os tamboretes, tradicionalmente pintados de preto, recebem alimentos e sangue como oferendas.
4. No grande adae, após esta cerimônia privada, o rei recebe seus súditos, enquanto o poeta e genealogista da corte (kwadwunfo) recita os feitos heróicos e edificantes dos reis falecidos, para que o soberano atual siga seus passos e seja reverenciado como eles.
5. Então, ele inaugura a festa popular com cantos e danças ao som dos tambores.
6. Contudo, a festa principal de todos os acãs é o odwira, celebração da purificação, que deve ser realizada uma vez por ano. Durante este evento, o povo purifica-se e reverencia todos os omanhene e axantihene falecidos.
7. O odwira é não somente a ocasião para fazer um balanço do ano que terminou, mas é também um período de limpeza espiritual.
8. As festas do odwira, porém, não se podem realizar sem que haja antes um retiro preparatório. Assim, após o oitavo adae, celebra-se um ritual chamado adaebutuw.
9. No adaebutuw, invocam-se os ancestrais para que venham descansar; e, por isso, todos os outros rituais religiosos são suspensos por quarenta dias.
10. O adaebutuw é tempo de calma e meditação. Para que os ancestrais não sejam incomodados, os tambores são guardados e, se necessário, desmontados para reparos; os trabalhos administrativos limitam-se ao estritamente imprescindível; nem mesmo ritos funerários são celebrados.
11. Ao fim de quarenta dias, o odwira é realizado. Celebra-se a boa colheita, exibem-se os inhames novos e oferecem-se libações e louvores aos ancestrais, que assim serão despertados de seu merecido repouso.
12. A festa é sempre aberta com uma procissão, à frente da qual vai a espada-símbolo da Confederação Asante (afona) e o trono de ouro, o asikadwa, resguardado por um pálio feito de lã de camelo, o katamanso.
13. O asikadwa é a morada do sunsum, a essência espiritual de todos os povos

acãs. Para que esta essência, a alma, não abandone o trono, ele é amarrado com correntes de ouro e ferro, das quais pendem guizos como sinal de alerta.
14. Durante o odwira, em um dia determinado, os axantihene e os omanhene devem tomar um banho purificador no rio.

## VI – O ser humano e seus elementos constitutivos – o kra

1. O kra é uma espécie de alma. Porém, mais do que isso, é uma espécie de força vital, como o alento e a respiração. Ele é também o condutor do destino da pessoa, que é emanado de Onyame, o Ser Supremo.
2. Antes de uma pessoa nascer, o kra comparece perante Onyame, que lhe dá um destino para cumprir. Então, ele constitui-se em um duplo, ligando a pessoa ao Ser Supremo.
3. O kra age como um espírito guardião ou uma divindade pessoal. Às vezes, oferece bons avisos para afastar a pessoa de problemas e perigos; às vezes, oferece maus conselhos e induz a pessoa a incorrer em falta.
4. Toda pessoa precisa render culto ao seu kra e mesmo purificá-lo com oferendas rituais.
5. Durante a vida, o kra é estável e nunca deixa o corpo; mas, com a morte, ele retorna a Onyame para prestar contas de sua vida terrena.
6. Quando uma criança nasce, ela deve ser mantida no quarto até o oitavo dia, ocasião em que a família realizará o ritual de saída. Neste dia, a criança vai receber o kradin, um dos nomes dos espíritos de cada um dos dias da semana.
7. Existem sete tipos de kra. Cada um corresponde a um dia da semana. Segundo esta correspondência é que se atribui o akradini, primeiro nome, ao indivíduo.
8. A purificação do kra deve ser feita quando a pessoa recuperou-se de uma séria doença e quer agradecer a seu espírito guardião pela ajuda. Essa purificação deverá consistir em uma oferenda de alimento tradicional preparado com inhame, ovos, azeite de dendê e galinha ou carneiro. Os amigos serão chamados a compartilhar do alimento.

9. Nesta ocasião, nenhuma comida será, como de hábito, derramada no chão em honra dos ancestrais ou da divindade fluvial do pai, porque a ingestão de todos os alimentos representará uma grande homenagem ao kra.
10. A comunicação com o kra poderá ser estabelecida por meio da consulta a um sacerdote, por intermédio de um ritual, ou pela adivinhação, geralmente para determinar o motivo de uma doença.
11. Uma gestante confusa poderá comunicar-se com o kra de uma criança ainda não nascida para saber o que está retardando sua entrada no mundo físico.

## VII – O sunsum

1. O segundo elemento espiritual da pessoa humana é o sunsum, a personalidade ou caráter.
2. Ao contrário do kra, o sunsum pode deixar o corpo momentaneamente durante a vida, durante o sono, por exemplo, e perambular. Durante o sonho, o sunsum é o agente da pessoa que sonha.
3. Os homens têm um sunsum mais pesado que o das mulheres. Entretanto, uma mulher que tenha qualidades masculinas ou agressivas também tem um sunsum pesado, forte. Na mesma medida em que uma pessoa de sunsum leve raramente será capaz de malefícios ou feitiçarias, uma personalidade forte é sempre um remédio contra feitiços e doenças.
4. O sunsum está sujeito a doenças e a maquinações de magia maléfica.
5. A doença é frequentemente resultado de perturbação dentro do sunsum de uma pessoa em relação a outra. Esta perturbação, igualmente, pode fazer mal à própria pessoa. Ódio, preconceito e tudo de mau que entre numa cabeça podem causar doença na mente e no corpo.
6. Por isso, em festivais, como o Odwira, uma vez por ano, a pessoa tem a liberdade de falar, expressando tudo o que a incomoda e contraria-a, mesmo que seja sobre o rei e sua família.
7. Durante esse período de transitoriedade, as regras de etiqueta poderão ser abolidas. Depois, quando a comunidade retornar à vida real, o sunsum das pessoas e de toda a sociedade terá esfriado e estará em paz.

8. Alguns mais velhos não distinguem o sunsum do kra; dizem que ambos emanam da divindade aquática do pai, sendo o primeiro mais estável, enquanto o segundo pode ser desenvolvido por representar a personalidade.
9. Por isto, os fantes dizem que, ao cultuar a divindade do seu pai, é o kra dele que você está reverenciando. Tal opinião não contraria a ideia do kra como a força vital criada por Onyame.
10. O Ser Supremo sempre trabalha por intermédio de suas criaturas, mesmo quando elas são divindades. O kra sempre carrega a sina ou o destino da pessoa, determinado antes de ela nascer, e do qual o kra dá notícia ao Ser Supremo após a morte. O sunsum, entretanto, é diretamente relacionado com o ntoro do pai, Ntoro é a palavra que literalmente significa sêmen.
11. Após a morte de um homem, seu sunsum retorna à divindade aquática do pai, com a possibilidade de reencarnação na linhagem paterna. O espírito, entretanto, não é o ancestral. O sunsum de uma mulher, depois de casada e de sua primeira gravidez, transfere-se para o ntoro do marido.
12. O filho deve venerar e cultuar o pai falecido pela invocação do sunsum dele e de sua divindade aquática.
13. As famílias, os grupos étnicos e todas as nações têm um sunsum. A nação axante tem o seu sunsum coletivo, de seu povo e de sua sociedade, representada no sikadwa, o trono de ouro. O sikadwa, que deverá estar sempre cuidadosamente guardado, é o símbolo da nação axante. O que acontecer a ele, acontecerá a toda a nação.

## VIII – O ntoro

1. O terceiro componente espiritual é o ntoro. Toda criança herda o ntoro de seu pai. Por esta razão, a criança recebe um nome relacionado à divindade fluvial de seu pai, chamada pelos fantes de egyabosom.
2. Cada ntoro é identificado por certas características peculiares a seus membros. Cada um tem um dia a si dedicado, seu animal votivo, seu animal tabu.
3. Todos os indivíduos do mesmo ntoro, ou seja, todos os parentes pela linha

paterna têm o seu dia especial de purificação. Nesse dia, deve-se sacrificar, no altar de Nyame, um afodie, uma galinha em homenagem ao ancestral.
4. Os rituais aquáticos são associados ao ntoro das divindades tutelares. A água é o símbolo da limpeza, da purificação e é associada ao branco, cor da vitória e da felicidade, à cor do sêmem e das vestes brancas.

## IX – O mogya

1. O quarto componente da individualidade Akan é o mogya, o corpo físico, o sangue, que representa os laços pelo lado materno, que é o mais importante.
2. As características espirituais e psicológicas de uma pessoa vêm do pai: as características físicas são herdadas do mogya (sangue, princípio feminino) da mãe.
3. Uma criança é formada quando o sêmem do pai combina com o sangue da mãe. A contribuição do pai é mais forte, e a da mãe, mais básica.
4. O sangue determina o pertencimento e a posição da criança dentro de um clã (abusuaban) e de uma linhagem (abusua). A sucessão e o status dentro da sociedade são determinados pela filiação materna.

## X – Tumi, a força vital

1. Tumi ou Tum é o poder, a capacidade de produzir o efeito desejado. Quando dizemos que alguma coisa tem tumi, significa que aquele objeto tem esse poder, essa força.
2. Tudo na natureza contém tumi ou é tumi, porque todos os seres e coisas podem ser moradas de uma divindade ou de um espírito. A essência de cada coisa, assim como as transformações específicas que se verificam em cada ser ou coisa, sozinha ou interagindo com outras, passa pela manifestação do tumi.
3. Na floresta, a planta ahoma bosom, uma trepadeira parasita, tem este nome ("fio divindade") porque possui o tumi, a força, o poder de matar todas as outras plantas, com exceção do odoom, a paineira.
4. Entretanto, ela é muito benéfica para o homem e serve para curar diversas doenças em razão de seu grande tumi. Mas não se pode colhê-la sem antes

lhe fazer oferenda de ovos e bebida. Uma pessoa que a corte por acidente ou sem observar esses ritos estará condenada à morte.

5. Quem cortar esta planta para utilizá-la não deve falar enquanto levá-la, devendo colocar uma folha verde entre os lábios fechados para mostrar que não se pode comunicar com ninguém. Se falar, destruirá o tumi da planta e seus efeitos terapêuticos, por mais fortes que sejam.

6. Outra planta de grande tumi é a dua nyin, que mata todo animal que passa perto ou encosta-se nela. O único animal capaz de resistir-lhe é o rato. Mas outras plantas têm um tumi mais forte que o dos ratos e são introduzidas em suas tocas para matá-los.

7. Existe uma folha, chamada tafame, que pode matar qualquer pessoa que a esfregue na palma da mão. Algumas plantas, cujo tumi é destruído pelas pedras, perdem suas virtudes terapêuticas se forem com elas maceradas. Nestes casos, usa-se madeira para a trituração.

8. Uma outra planta medicinal de grande poder é o kokote. Ela deve ser colhida com uma pedra pontuda, e não com lâmina de ferro ou aço, porque o metal destrói seu tumi.

9. Como todo os outros seres da natureza, os humanos também possuem o seu próprio tumi, tanto coletiva quanto individualmente. O tumi de um indivíduo é relacionado ao seu sunsum, um dos componentes imateriais do ser humano. Assim, alguns indivíduos podem ter níveis de tumi ligeiramente mais elevados que outros.

10. Uma pessoa que tem um sunsum poderoso, dotada de um grande tumi, é capaz não só de dominar os outros, para o bem e para o mal, mas também de proteger os seus e destruir os adversários.

11. Este tipo de tumi é um dom pessoal, mas pode ser adquirido ou reforçado por meio de diversas práticas. Neste caso, o conhecimento aumenta o tumi e transforma-se em um poder.

12. O tumi de um grupo social é um fluxo que corre da comunidade dos mortos até os membros da sociedade que vão nascer, passando pela comunidade dos vivos.

13. A sociedade é um todo espiritual que sofre ou prospera por meio das

atividades morais de seus membros. A força de uma nação repousa nas famílias ou nos lares que a compõem. E a destruição começa neles.

14. Se um membro da sociedade é nocivo, todos os outros são seus escravos. Um indivíduo mau pode, por seus atos, causar prejuízo ao poder espiritual da sociedade.
15. As faltas não punidas dos indivíduos diminuem o tumi da nação, provocando secas e aridez do solo, deixando as mulheres estéreis e causando graves perturbações e calamidades.
16. Sob pena de ser totalmente aniquilada, a sociedade não deve tolerar que um indivíduo pernicioso persista em seus atos depravados. Estas pessoas vampirizam o conjunto da sociedade do ponto de vista espiritual.
17. Em segundo lugar, o mal poderia impedir os outros membros da sociedade de estarem livres para as atividades correntes da vida social. O simples rumor de que existe em qualquer parte um fantasma assassino poderia perturbar o curso normal da vida social, a tal ponto que, até que se prove infundado, todos viveriam com medo.
18. Basta uma única pessoa má na comunidade para dominar essa sociedade inteira. Em contrapartida, uma sociedade livre é aquela em que não há indivíduos maus.
19. Após a morte, mogya, a alma hereditária juntamente com okra e sunsum, abandona o corpo e converte-se em osaman, espírito dos ancestrais até reencarnar num ser nascido no seu clã ou no seu ntoro.

## XI – O poder do axantihene

1. O axantihene, rei dos axantes, será sempre eleito num dos ramos do clã Oyoko.
2. Sua indicação é uma prerrogativa da rainha-mãe e o conselho dos anciãos não poderá rejeitá-la.
3. Na entronização, o rei deverá renunciar a todos os seus bens pessoais, sem poder legar nada a seus filhos e parentes.
4. O rei deverá gozar de excelente saúde e integridade, moral e física. Ele

não poderá sofrer nem mesmo um arranhão. Por isso, andará sempre lentamente, ao ritmo cadenciado do tambor real.
5. Na comunicação com outros reis ou chefes, o axantihene deverá servir-se da intermediação do adamfo, seu embaixador.
6. O axantihene deverá pugnar pela relativa independência dos omanhenes, chefes provinciais, os quais poderão celebrar seus próprios festivais, inclusive o Odwira, e ter seu próprio tesouro, bem como seu exército particular.
7. Entretanto, todo omanhene deverá obedecer, prestigiar e auxiliar o axantihene, o maior dentre eles.
8. No passado, os países conquistados também gozavam de relativa autonomia, embora devessem vassalagem e lealdade ao rei de todos os axantes.

## XII – O poder feminino – A maternidade
1. Entre os axantes, o axantihene é o chefe do conselho nacional. Cada omon (estado) é governado por um omanhene e uma omanhemaa, que pode ser mãe, tia ou irmã do governante. Em todos os níveis de hierarquia, a sucessão desses governantes deve dar-se pelo lado materno. O papel da mulher na sociedade é então a chave das relações de parentesco. Embora todo rei, governador ou chefe seja um homem, ao lado dele sempre estará sentada a "rainha-mãe".
2. A rainha-mãe aconselha em questões de casamento, mesmo que não seja dela a liderança feminina em sua linhagem. Ela tem seu próprio trono, porta-voz e ministérios. Não obstante, ela não controla todas as mulheres; afinal, este comando é feito pela chefe da linhagem feminina.
3. A rainha-mãe deve trajar-se oficialmente em estilo masculino. Sua cabeça estará sempre descoberta e seu cabelo curto. Cabe a ela supervisionar os ritos de passagem das mocinhas para a idade adulta.
4. Porém, a mais importante atribuição de toda rainha-mãe, além de aconselhar o rei ou chefe, mesmo contra a vontade dos ministros, é apontar o próximo rei ou chefe dentre os sobrinhos do governante falecido ou deposto.

5. A grande ligação de todos os akan com suas mães e irmãs está no fato de que todos eles são filhos de uma mãe espiritual comum. E nisso repousa o grande elemento unificador da sociedade.
6. O irmão da mãe, o tio materno, é uma figura de autoridade e exerce mais influência sobre as crianças do que o pai, cujo sunsum, no entanto, é também muito significativo e por isso deve ser venerado após a morte.
7. Nas libações que antecedem todos os rituais, dois pedidos principais devem ser feitos. Um a Nyame, pela potência do homem; outro aos ancestrais, pela fertilidade da mulher e para que eles possam abençoar a família com muitos filhos.
8. Uma mulher estéril é uma desgraça para o seu clã; esta esterilidade pode ser motivo de divórcio, desenlace fatal no caso de impotência do homem.
9. Ser abençoado com muitos filhos e mesmo ter filhos gêmeos ou trigêmeos é considerado uma graça da mais alta magnitude.
10. Outrora, alguns povos matavam seus gêmeos, porque viam neles uma forma de maldição. E matavam sem piedade até mesmo suas mães, se assim determinasse o oráculo. Contudo, ter filhos é bom de qualquer forma: só a impotência e a infertilidade são consideradas ruins.
11. Embora todas as crianças sejam tesouros preciosos, ter filhos do sexo feminino é uma dádiva ainda maior. Porque a menina é uma mãe em potencial: é ela que vai poder dar continuidade à sua linhagem.
12. Entretanto, isso não significa que meninos não sejam bem-vindos. Quando um rapaz torna-se pai, ele adquire a alta prerrogativa de perpetuar o nome de seu clã por meio do seu filho.
13. Os homens serão sempre o sustentáculo e a proteção de suas mulheres e suas famílias. O irmão, na condição de tio, tem obrigação de sustentar os filhos da irmã, principalmente se o pai desses filhos morrer, estiver doente ou não for considerado responsável por seus atos.
14. O homem também tem obrigação de contribuir para as despesas com os funerais das pessoas de sua linhagem.
15. Toda menina dependerá fortemente de seu irmão e ele deve saber disso. Assim, bem cedo o menino deverá começar a exercer pequenas posições de

autoridade sobre algumas mulheres da família. E a menina aprenderá, com a mãe, maneiras femininas e deveres relativos à casa e ao quintal familiar.

16. A menina deverá aprender a respeitar seu pai, seus tios e os irmãos mais novos, não por inferioridade, mas sim como um exercício para o seu amadurecimento.

17. A um menino será sempre proibido executar tarefas femininas, tais como cozinhar, varrer a casa e comer junto com as mulheres. Desde cedo, ele deverá acompanhar o pai em suas tarefas. Assim, ele não precisa submeter-se a ritos de iniciação à puberdade.

## XIII – As forças do mal

1. Embora se saiba da vida após a morte e da importância da ancestralidade, ninguém deve ter pressa de fazer jus ao título de ancestral.

2. Nas preces aos ancestrais, durante as libações, a pessoa deve, sim, pedir saúde, vida longa, filhos e prosperidade, e não orar por ventura na vida após a morte. Entretanto, uma vez morta, cada detalhe do serviço fúnebre e do enterro deve ser meticulosamente seguido.

3. De acordo com os bens do clã ou da comunidade, sabe-se ou não se o espírito do falecido vai fazer boa viagem até o mundo dos ancestrais. Quanto mais um morto é cumulado de presentes, menor será a possibilidade de que seus parentes vivos sejam atingidos pela morte.

4. A morte é um inimigo cruel que se compraz em roubar nossas mulheres, nossos parentes e nossos amigos. Portanto, ela é uma força maléfica. Nas lamentações do velório, os parentes do morto às vezes gritam para que a morte ou o falecido leve-os também. Mas esses apelos exagerados em geral são apenas explosões emocionais.

5. A morte é inevitável, pois Nyame é que determina o período de existência de cada indivíduo. Por outro lado, já que Nyame é bom e generoso, Ele não pode ser o causador direto da doença e da morte, exceto quando a fatalidade atinge um notório malfeitor. Neste caso, a morte terá sido uma bênção para a sociedade.

6. A não ser como punição aplicada a uma pessoa muito má, nenhuma morte

súbita ou violenta é natural. Tal tipo de fim é sempre resultado de alguma força maligna (por um tabu violado, um terrível delito, consciente ou não) ou da atividade de feiticeiros e bruxos.

7. A morte, em suma, é determinada pelo destino, porque Nyame decide, ou porque o próprio kra de uma pessoa estabelece, antes do nascimento.
8. Embora a má alimentação, a doença, a ansiedade, a hostilidade de outras pessoas ou grupos e tudo o mais possam ser vistas como causas reais da morte, sempre são desencadeadas por outras forças malévolas, igualmente reais, pessoais e sociais.
9. Por isso, não se pergunta o porquê de uma doença ou de um problema pessoal. Pergunta-se "quem". Quem é a causa de minha doença? Eu ou alguém mais?
10. Mas Nyame não tem nenhum demônio como rival. Na realidade, existe uma força maligna isolada, invisível, imprevisível, vitalmente persuasiva, chamada honhom fi. Entretanto, nem todas as desgraças devem ser atribuídas à ação dessa força.
11. O mal, tal como a morte, pode ser controlado pelo prestígio da família. E isso deve ser evidenciado durante os funerais. A demonstração de prosperidade com o tipo de caixão que adquirirem, as bebidas que oferecerem, as roupas fúnebres que vestirem, os músicos que contratarem para tocar e cantar, a queima de fogos, os presentes trazidos pelos parentes, tudo realçará a imagem de prestígio da linhagem na comunidade local.
12. Por outro lado, alguns infortúnios, como uma dor de cabeça de uma única pessoa, podem ser considerados doença comum, curada por qualquer remédio. Mas uma epidemia de grandes proporções em uma aldeia normalmente deverá ser considerada ação de força maléfica. Assim, o oráculo deverá ser consultado imediatamente.
13. Nesse sentido, talismãs e amuletos também podem ser contaminados pelo mal que pretendem erradicar ou prevenir.
14. Em última análise, as práticas da vida comunitária (dança, canto etc) e as práticas rituais, como o culto aos ancestrais, têm por objetivo tornar a vida a mais longa possível, para gozar-se boa saúde e encontrar a felicidade

sobre a Terra, prevenindo ou evitando qualquer força maligna com que uma pessoa ou uma comunidade possa defrontrar-se.
15. Se Nyame trouxe a doença, ele providenciará o remédio certo.

## XIV – Os sasas, espíritos malignos

1. O nhonhom fi é o mal em si mesmo; e os sasas, espíritos malignos, são seus agentes. Todo sasa é hostil aos humanos e procura provocar-lhes o mal.
2. Algumas almas podem abandonar seus donos durante o sono e transformar-se em sasa.
3. Os animais perigosos e hostis, como o elefante e alguns antílopes, são os sasa mmoatia. E algumas árvores perigosas, como o odum, são sasa dua.
4. Se um caçador por acaso matar um sasa mmoatia, deverá executar um rito funerário especial e não poderá comer a carne do animal morto; se derrubar uma sasa dua, é mister fazer oferendas ao espírito que nela mora.
5. No período de luto, as viúvas usam coroas de flores e colares de plantas especiais para afastar a influência do sasa do marido defunto.
6. Mas o maior dos espíritos malignos é sasabonsam, um monstro terrível, gigantesco, de pele ruiva com olhos avermelhados e dentes de ferro, que mora na floresta densa e inacessível e é particularmente hostil aos caçadores e sacerdotes.
7. Depois dele, vêm os mmoatia, anõezinhos de cerca de meio metro, moradores das matas, uns pretos, outros brancos, outros vermelhos, que não sabem falar e comunicam-se por meio de assovios. Maus e agressivos, são os principais colaboradores dos feiticeiros.

## XV – Magia

1. Para resguardar-se dos bruxedos, a pessoa deve usar os sumans, amuletos e talismãs.
2. Um suman pode ser feito com plantas, penas, unhas, dentes, pedaços de ferro e couro, pintados com substâncias corantes, ovos ou sangue de sacrifícios.
3. Convenientemente tratado, o suman será o receptáculo de um espírito que

vai proteger e defender seu dono das influências maléficas, preservando-o da morte na guerra ou em caso de violação de um tabu.
4. O poder de um suman está nele próprio e não no espírito ao qual é consagrado. Assim, ele recebe oferendas e pode ser castigado se não satisfizer um pedido do dono.
5. É proibido assoviar junto a um suman, pois o assovio é a linguagem dos mmoatia.
6. Esses sumans, que concentram o poder das plantas, dos obossons, dos mmoatia e, em certos casos, do contato sobrenatural com defuntos, deverão ser convenientemente preparados pelos ritualistas.
7. A iniciação ao culto dos obossons deve ser feita individualmente na floresta. Todo iniciado torna-se um okomfo. Os okomfos que prestam serviços nos templos e santuários são os obossonfos.
8. O obossonfo tem como encargo a execução dos sacrifícios rituais, as práticas divinatórias e a comunicação com os espíritos e gênios por meio do transe.
9. A adivinhação pode ser praticada mediante vários instrumentos e técnicas de conhecimento dos iniciados.
10. A revelação do responsável pela morte de outra pessoa, por exemplo, pode ser conseguida por intermédio do ritual do funa soa, durante o qual se transporta o cadáver em meio à multidão e o morto "aponta" o culpado.
11. Quanto às doenças e epidemias, o obossonfo determinará apenas as causas, ficando a cura por conta do dunsefo, que prescreverá o medicamento; do sumankwofo, que preparará o talismã; ou do oduyefo, que elaborará o contra-feitiço.
12. Os caçadores são sempre bons curandeiros. Eles aprendem esta arte com os mmoatias, ou mesmo com sasabonsam, no seio da floresta.
13. Os bomsamfos, bruxos e feiticeiros são os principais causadores de malefícios e, por isso, devem ser eliminados do convívio social.

## XVI – Do nascimento à morte
1. Casar e gerar filhos são obrigações religiosas e sociais. Assim, a gravidez

será sempre motivo de alegria. Quando o ventre de uma mulher cresce, ela deve orgulhar-se e mostrar a todos que está esperando um filho.
2. Para garantir não só um bom trabalho de parto e um feliz resultado, mas até mesmo o nascimento de uma criança do sexo que deseja, a mulher precisa adotar vários procedimentos rituais. Ela deve, por exemplo, utilizar certos tipos de banhos e alimentos, como a sopa de coco de dendê, abenkwan.
3. A fim de proteger-se contra as forças maléficas, ela tem de pedir a intercessão de uma divindade e usar um amuleto ao redor da cintura. Deve também pendurar os talismãs apropriados atrás da porta e, à noite, defumar a casa para purificar o ar.
4. A mulher grávida precisa observar uma série de tabus, abstendo-se de certas comidas e bebidas, evitando ver sangue, além de não poder ver nem ouvir nada monstruoso, para que seu filho nasça bonito e simpático.
5. Um trabalho de parto difícil é, em princípio, indício de infidelidade conjugal. Assim, diante de tal situação, a mulher, mesmo fiel, deve admitir esse mau comportamento, para facilitar o parto. Até porque a mulher que morre de parto sem haver admitido sua infidelidade não terá direito às honras funerárias devidas a todos aqueles que morrem de causas naturais.
6. Por meio das manipulações de seu ofício e do poder da palavra, a parteira deve procurar o bom sucesso do parto, com auxílio de outras mulheres da família, que devem ajudar a cortar o cordão umbilical e enterrá-lo.
7. Nascida a criança, ela deve ser lavada pelo menos nove vezes com água especialmente preparada, para que não desenvolva mau cheiro de corpo. E para que ela cresça com a cabeça bem conformada, vários procedimentos também são adotados.
8. A circuncisão deve ser feita por um mais-velho, com a criança ainda bem pequena. Por motivos espirituais ou medicinais, pode-se fazer um pequeno corte no rosto da criança. Mas não se devem fazer escarificações ou marcas tribais, pois estas cicatrizes lembram escravidão e inferioridade.
9. Mãe e filho devem ficar reclusos por oito dias. Da alimentação do recém-nascido precisa constar, além do leite materno, infusões de ervas e de

caldo de osso de um animal poderoso, como o leopardo, para que o bebê fortaleça-se.

10. Quanto ao nome, embora a criança receba naturalmente o kradin, seu nome íntimo, e um apelido, o pai deve consultar sua família sobre o outro nome a ser dado à criança quando de sua apresentação à comunidade. Geralmente, a irmã do pai, como representante de sua linhagem, sugere alguns nomes, que são atribuídos por ocasião do ritual de apresentação protagonizado pelo avô ou por um mais-velho do lado paterno, já que este é um privilégio conferido pelo ntoro.

11. Nesse meio tempo, o pai vai angariar donativos para a cerimônia, inclusive tecidos, comida e bebida, além de dinheiro ou ouro em pó, bem como uma colher de metal, duas tigelas, uma esteira virgem, um travesseiro, um pente e uma roupinha para a criança. Deve também adquirir uma faquinha, se o bebê é um menino, ou um cesto, se é menina.

12. Ainda na casa materna, a mãe deve cuidar com zelo deste bebê que ainda é apenas um frágil espírito. Se há perigo de morte, ela chama-o por um nome diferente, para espantar o mal que ronda sobre ele. Caso ele morra dentro dos primeiros oito dias, será considerado apenas um ancestral de passagem, a passeio, em visita à família, sendo seu corpo enterrado sem maiores formalidades.

13. Mas se, ao contrário, verificar-se que a criança veio para ficar entre os vivos, a cerimônia de apresentação e de imposição do nome será anunciada.

14. A cerimônia de apresentação se desenvolverá em duas etapas. Na primeira, a criança será levada, no oitavo dia, para fora da casa e apresentada ao sol e à natureza. Na segunda, alguns dias depois, será procedida à ntetia, o rito formal de imposição do nome, para identificar e humanizar o ser recém-nascido.

15. A escolha do nome, abadinto, é uma prerrogativa do lado paterno da família, feita pelo avô ou pelo tio mais velho. No dia marcado, a família e seus convidados devem chegar bem cedo à casa do pai. A criança será posta no colo do mais-velho e, depois, na esteira. O mais velho oferecerá uma faquinha ao menino ou, se menina, a cobrirá com um cesto. A faca

simboliza as tarefas futuras do menino, como trabalhador e provedor; e o cesto, as tarefas da mulher, como coletora e produtora de alimentos.

16. Então, o orador da família procederá às libações rituais. A água e a aguardente, três gotas de cada, serão vertidas no chão, em meio ao pronunciamento das palavras com as quais a bebida será oferecida às divindades e aos ancestrais do clã. Essas palavras, exortando à honestidade, à verdade e ao direito, vão constituir as primeiras lições de moral do novo membro do clã.

17. Depois, por meio de um mais-velho, o pai entregará os presentes da criança e da mãe. O orador verterá um pouco de bebida ao pé de cada convidado, num brinde, e pronunciará o nome da criança, seguindo-se um banquete com bastante comida e bebida.

## XVII – Ritos funerários (Ayie)

1. O nascimento representa uma morte no mundo espiritual. Um espírito-mãe é despojado de seu filho para que ele ganhe uma mãe no mundo físico. Por isso, não se deve ver uma criança recém-nascida como colocada neste mundo até que ela tenha de oito a dez dias de vida. Até que se confirme que ela veio para ficar, ela será apenas um visitante do mundo dos ancestrais.

2. Se a criança morrer até o oitavo dia, seu funeral obedecerá a um rito sumário. Entre os fantes, o corpo de uma criança destas é chamado kukuba (criança do pote). Os parentes colocam o corpo num pote de barro e enterram-no fora da aldeia. Os pais não fazem nenhuma lamentação pública e o ritual de purificação é bem simplificado.

3. O enterro de um pré-adolescente ou mesmo de um jovem também não precisa se revestir de maior complexidade, dependendo, entretanto, da disposição e da condição dos pais.

4. Existem duas dimensões no conjunto do ritual mortuário: os ritos do enterro e as exéquias fúnebres finais. O enterro deverá ocorrer um dia depois da morte. Os vários ritos funerários terão lugar de uma semana a um ano depois do enterro. A morte de um adulto deverá ser solenemente observada em seus ritos pelo abusua (clã), o qual concorrerá com todas as despesas.

5. Quando a alma vai abandonando o corpo, deve-se obrigatoriamente fazer o

moribundo engolir água, pedindo-se a ele que livre todos do mal e autorize as mulheres da casa a ter filhos.
6. Este gole de água serve para que ele ou ela parta em paz e beba a água para a "viagem", já que a morte é uma jornada para além do rio. Em toda viagem, a pessoa bebe água na partida e na chegada.
7. Os mais velhos serão geralmente acompanhados por um parente consanguíneo nessa viagem, para que não morram na estrada: sem um parente do lado, a pessoa morrerá com sede.
8. Existem inúmeros rituais que devem ser executados depois da morte, antes que as lamentações sejam permitidas. Avisada toda a família e todos acordados quanto às providências, o corpo do morto, depois de lavado por parentes do sexo feminino, tanto do lado paterno quanto do materno, será colocado na cama com suas melhores roupas, geralmente com o lado esquerdo voltado para o nascente.
9. As samansika ou o krasika, pepitas de ouro, são o passaporte para o mundo dos espíritos e devem ser colocadas nos ouvidos e na boca do morto e também em saquinhos que irão presos às coxas.
10. Mechas de cabelos, muito apreciadas no além, principalmente de crianças, deverão também ser colocados na boca ou ao lado do defunto.
11. Mas, antes de tudo, o corpo deverá ser lavado, vestido com roupas novas, envolto em esteiras ou colocado num caixão provisório que repousará em casa ou no pátio, do lado esquerdo, de modo que o morto possa alimentar-se com a mão direita.
12. Os alimentos, basicamente aves, ovos, inhame e água serão colocados diante do corpo, no leito e, depois, na sepultura.
13. A cabeça do morto deverá ser raspada e pintada com listras vermelhas, brancas e pretas. O mesmo ocorrendo com os pacientes e com o sacerdote, estes usando apenas a cor branca.
14. A família será a primeira informada sobre a morte. Só depois, o povo tomará conhecimento do acontecido, por meio dos tambores, das lamentações e do disparo de armas de fogo. Iniciado o velório, as carpideiras virão chorar pela tristeza da família.

15. Ao funeral devem concorrer os membros da abusua e da ntoro, que pagarão as despesas e oferecerão roupas, esteiras, cobertores, almofada e ouro bruto, para a viagem final. Os participantes deverão vestir seus adinkra de luto ou outros mantos sombrios.
16. Os parentes rasparão as cabeças, deixando os tufos de cabelos amontoados na entrada do quintal da família. Quanto maior o tamanho do monte, maior terá sido o número de filhos e netos que o falecido teve em vida.
17. Se quiser, a viúva poderá usar um fio de palha amarrado nos cotovelos, para mostrar que agora não tem mais quem a sustente. Outros dependentes do falecido poderão improvisar vestes de folhas, ou conservar um pequeno ramo de árvore na boca, para indicar que não têm mais quem os valha e que, por isso, ficaram reduzidos a vestes de folhas do mato.
18. Os que assim o desejarem também usarão fitas vermelhas nas cabeças ou braços em sinal de luto.
19. Por sua vez, as crianças pequenas terão suas cabeças raspadas e lambuzadas de pó vermelho. Caberá a elas anunciar, ruidosamente, que nenhuma abstinência precisa ser observada, já que seu parente falecido foi tão distinto em vida, teve tantos descendentes, que todo mundo rejubila-se em tê-lo como ancestral.
20. Durante todo o tempo, entretanto, as carpideiras chorarão e gemerão incessantemente, recitando os versos da tradição.
21. O velório se estenderá da noite até o crepúsculo do dia seguinte, chamado nsaguda, o dia de espargir as libações.
22. Nessa ocasião, o abusuapanyin, cabeça dos parentes consanguíneos, executará os rituais de despedida. Com uma cabaça ou um copo de aguardente ou rum, ele oferecerá a primeira libação ao espírito do falecido, de pé, à frente dos parentes reunidos. Assim, comunicará aos outros espíritos que a família deseja dizer adeus e ter certeza de que o espírito está indo bem acompanhado e seguro para a morada dos ancestrais.
23. Em seguida, o abusuapanyin fará uma lenta alocução, parando de vez em quando para derramar algumas gotas de bebida no chão, enquanto o

orador da família proferirá exclamações de aprovação, tais como ampa! (é verdade!) ou hwiem! (está certo!).

24. Enquanto isso, os coveiros de ambos os lados da família já terão feito libações à terra e aos ancestrais para preparar o túmulo. Eles já terão protegido o caixão, que em alguns casos será desenhado e decorado de acordo com as preferências manifestadas em vida pelo falecido.
25. Depois da última libação, a família colocará o corpo no caixão, depositando, junto com ele, outros objetos e valores, como pó de ouro ou dinheiro, alimento e bebida.
26. Um parente materno deverá proceder à libertação do kra da linhagem e um parente do lado paterno comandará a procissão até o cemitério, ao som de cânticos e ao ritmo dos tambores, seguida pelas crianças, parentes e convidados.
27. O enterro será realizado no terceiro dia, no cemitério do clã ou em terreno do grupo, num sarcófago hexagonal confeccionado em madeira.
28. Os chefes das famílias, dos clãs e das tribos serão sepultados debaixo de seu antigo leito e os omanhene e axantihene, em mausoléus.
29. Enquanto os coveiros forem jogando terra sobre o sepulcro, os familiares e parentes farão as lamentações rituais e preces para a grande viagem.
30. Concluído o sepultamento, o túmulo será regado com vinho e sangue de uma ovelha sacrificada e sobre ele será colocado um boneco de madeira ou barro representando o defunto.
31. No caso de morte ocorrida em circunstâncias que impediram a celebração das cerimônias necessárias, o kra pode transformar-se num sasa, a alma que reencarna num animal ou planta ou um espírito desassossegado.
32. Os mortos por acidente, assassinato ou suicídio não podem ser sepultados no cemitério do clã; devem ser enterrados fora da aldeia, sem ritos e sem luto.
33. O mesmo vale para os homens ou mulheres sem filhos e também para as crianças mortas antes de oito dias de nascidas.
34. Nos funerais dos omanhene e, principalmente dos axantihene, antes do enterro, o corpo deverá permanecer oito dias num lugar especial, tratado com uma substância destinada a separar os ossos da carne.

35. Os ossos principais serão adornados com fios de ouro; o sarcófago será revestido de veludo preto e enfeitado com discos de ouro.
36. O ataúde permanecerá aberto para receber oferendas durante as festas do Adae e da Odwira.
37. Depois do enterro, as lamentações solenes ainda poderão continuar por vários dias, enquanto os parentes reúnem-se para fazer o inventário dos bens e liquidar as contas do morto e dos funerais.
38. Quinze dias depois do enterro, nos dias mais propícios da semana, serão realizadas as exéquias. Estas celebrações poderão repetir-se em quarenta e oitenta dias e um ano após os funerais.
39. Nelas, os familiares, amigos e convidados dançarão, cantarão, conversarão e beberão vinho e cerveja, além de fazerem as lamentações rituais.
40. Cada chefe de aldeia determinará, segundo o costumes, as normas relativas a formas de luto, restrições sexuais, purificações e abluções rituais.
41. Os mais velhos diziam que "os funerais de sangue real nunca terminam". E, quando diziam "sangue rea"l, estavam referindo-se aos que nasciam de ancestrais livres, odehye, ao contrário dos estrangeiros e escravos.
42. As viúvas e viúvos devem manter luto por um ano, vestindo roupas pretas e fitas vermelhas. As viúvas deverão isolar-se, sendo assistidas por mulheres mais velhas. Ao fim de três meses de luto, tanto os homens quanto as mulheres deverão executar abluções rituais, se possível no mar, como os fantes, porque o espírito do mar, Bossompo, é muito poderoso e pode restaurar novamente a normalidade das coisas.

## Capítulo 16   Os povos do Calabar*

### I – Os povos ibibio e efik

1. O povo efik vive no sudeste da atual Nigéria e é estreitamente ligado, pela língua e pela cultura, ao povo ibibio. Sua organização social é tradicionalmente baseada em grupos familiares e de aldeias, sob a orientação de conselhos de anciãos.

2. Nesta organização, a sociedade ekpe (entre os ibibios, ekpo), de culto aos ancestrais, representa papel extremamente importante. Ela será sempre a responsável pela proteção da comunidade contra o infortúnio.
3. A sociedade ekpe é exclusivamente masculina. Às mulheres é reservada a ufok nkuho, casa de embelezamento e instrução, onde as moças são recolhidas antes do casamento.
4. No período compreendido entre os séculos XVII e XIX, muitas aldeias dos efiks tornaram-se movimentados centros de comércio e, evidentemente, de tráfico de escravos.
5. O principal centro foi a região do Velho Calabar, que englobava Atakpa, Obio Oko e outros lugarejos.

## II – O mundo espiritual

1. Existe uma força superior, impessoal, em virtude da qual o homem pode adquirir um caráter firme e decidido. Esta força é Abassi, Obassi ou Chi, a divindade mais velha, que tudo pode. Entretanto, dentre os Abassi, há um que está mais próximo dos humanos, Abassi Obumo; de tão distante, nem precisa de alimento.
2. O mundo nasceu de Abassi Obumo ou Ete Abassi, que é o pai da Humanidade; e de Eka Abassi, a mãe. Eka Abassi é também Isón, a Mãe Terra, que garante a fertilidade dos plantios e das mulheres.
3. Então, cada casa precisa ter, na frente, o isu Abassi, assentamento conjunto que representa os dois.
4. A cada oito dias deve-se fazer oferendas ao isu Abassi. Nas festas dos inhames novos, das primeiras colheitas, deve-se oferecer sacrifício a Obumo.
5. Todo ser humano recebeu de Abassi o chi, definidor de suas qualidades pessoais e responsável pelas ocorrências de sua vida. Além do chi, a pessoa possui também o dindi, que é a sua alma. Outro elemento constitutivo do ser humano é o ukpong, cuja separação definitiva do corpo confirma a morte. O ukpong é passível de ser roubado, principalmente por meio da manipulação da sombra, nkene, que é a sua projeção física, na forma do corpo.

6. Para sua proteção e bem-estar, a pessoa deve reverenciar também os ndem, espíritos da natureza, que são guardiões de aldeias e protetores de clãs, além de patronos de atividades ou de fenômenos, da natureza e da vida.
7. Por exemplo, Mbian é o dono da verdade e castiga os que juram falso; Ndidip evita a concepção de filhos gêmeos; Anansa, que mora na paineira gigante, é o dono da bondade, das boas ações e o protetor por excelência.
8. Os antepassados também precisam ser venerados, pois são os donos do solo e guardiões dos costumes. Eles vivem em estreito contato com as divindades, tomam conta de seus descendentes e podem socorrê-los em suas necessidades. Sem sua ajuda, nenhum empreendimento terá êxito.
9. Mas os espíritos dos mortos que integralmente cumpriram sua vida terrena só regressam em casos excepcionais. Aqueles, contudo, que morreram de forma violenta ou foram retirados do mundo dos vivos por alguma razão especial, ficam vagando e incomodando os vivos até a sua hora de partir.
10. Os sacerdotes e chefes de aldeias e de clãs são os porta-vozes e representantes dos antepassados. Os grandes chefes vivos constituem a reencarnação de antepassados ilustres.
11. O chefe, por meio de ritos diários, estabelecerá relações com os antepassados e com as divindades de modo a garantir o bem-estar de seu povo.
12. As divindades e os antepassados falam por intermédio de oráculos. E quanto maior for o grau de complexidade das instituições do grupo, mais complexos serão seus oráculos. Os antepassados também falam por meio dos mascarados que os representam e que possuem funções de caráter coletivo e sagrado no estabelecimento de elos entre os vivos e os fundadores dos primeiros clãs.
13. Os familiares também poderão ter contato com seus antepassados por meio dos maws, pessoas especialmente preparadas para recebê-los em seus próprios corpos. Estes rituais, entretanto, devem permanecer secretos, disfarçados em pantomimas e danças dramáticas. Quem revelar os seus segredos cometerá uma falta muito grave, passível de punição extremamente severa.
14. Não será feita nenhuma prática ritual sem água. Afinal, por sua

universalidade e força, a água é a mãe, suave e generosa. Ela serve para limpeza tanto espiritual quanto corporal, mata a sede e aplaca o calor do corpo. Além disso, na água mora o peixe, símbolo da abundância.

15. O Mal (ojje para os ekoi; ifot para os efik) mora na floresta e é o maior e mais temido inimigo da humanidade. No entanto, os ndems estão ao nosso lado para fazer face a ele. A bruxaria é a ação maléfica natural exercida por pessoa que possui um poder maléfico de nascença. A feitiçaria é a utilização das forças maléficas mediante a aplicação de determinados instrumentos e processos.

16. Mas a floresta também é a morada das plantas, que merecem respeito e reverência pela proteção que oferecem e por serem moradas de espíritos da natureza e de antepassados. No Calabar, existiu um povo que foi extinto só porque deixou que tombassem a paineira onde moravam seus espíritos protetores.

17. Quando se funda uma aldeia, sempre se deve plantar uma árvore em cada quintal familiar, uma para cada chefe. Árvores de grande força são, por exemplo, o ogbô, entre os iorubás, akokô; o egbo ou isin, o arakara, peregum; o akpo, sumaúma; e o awha. A gameleira é habitada por muitas divindades propiciadoras da fertilidade feminina. A sombra de certas árvores protege contra inimigos e malefícios aos que cresceram próximo a elas. Mas elas também precisam ser agradadas com sacrifícios e oferendas, sob pena de negarem alimento e proteção. Muitas outras plantas prestam-se a diversas utilizações, tanto medicinais quanto alimentares etc.

18. O óleo extraído do dendezeiro conserva o sangue fresco e puro. Algumas árvores especiais fornecem madeira para os cetros e bastões de mando que, ao passar de pais para filhos, crescem em força vital pela soma da força da árvore com o acúmulo de força de seus sucessivos donos. Da mesma forma, muitas árvores conferem força às pessoas por meio de seus nomes, usados como nomes próprios.

19. Quanto aos animais, o elefante, o crocodilo, a serpente píton, o leopardo, peixes, aves, por exemplo, são seres cujas características devem ser admiradas e imitadas. E algumas partes de seus corpos devem ser usadas em práticas e rituais de acrescentamento de força vital, de energia.

## III – O peixe maravilhoso

1. Certa vez, quando recolhia sua nassa, um pescador efik ou ibidio estremeceu ao ouvir Uyo, a voz sagrada, e sentir que, do fundo das águas, subia o Grande Poder, assoviando, ora aproximando-se, ora afastando-se.
2. Outros pescadores viram e ouviram o mesmo em outras partes do rio. E, em alguns lugares, o Grande Poder aparecia em forma de um peixe.
3. Era a reencarnação do velho rei Obon Tanze, cuja aparição, trovejando no rio para mostrar seu poder, cumpria uma profecia. Sua estranha voz, seu profundo bramido, era a voz de Abassi, a divindade suprema.
4. Nangobié de Efok, o mais velho e mais sábio dos nasakó, sacerdotes superiores, velava noite e dia, sozinho, observando os amplos e velozes movimentos do peixe, ora aqui, ora lá, nadando no rio Oddán.
5. Nangobié era um poderoso sacerdote de Abassi. Possuía o dom da visão dupla, enxergava coisas ocultas, via os espíritos. E era paciente.
6. Mas em Efok, os magos Nasakó e Itaro também permaneciam atentos. E procuravam atrair os poderosos espíritos de Oddan, antepassados reencarnados no peixe, no crocodilo e na serpente. A tribo que se tornasse dona do peixe seria a dona da prosperidade e da salvação.
7. Nasakô era protegido por Mokuire, o guerreiro mais valoroso e o homem mais respeitado de sua tribo. Ele tinha uma filha, Anabionké Sikaneka, que todo dia ia ao rio deixando lá uma cabaça vazia e trazendo outra cheia d'água.
8. O caminho que conduzia ao rio era guardado por Abere, Aberiñan e Aberisun, filhos trigêmeos albinos de Ekerekwá.
9. Um dia, no espelho do seu ntubikán, seu instrumento de "olhar", adivinhar, Nasakô viu que o peixe não estava no rio. Mandou Mokuire ir até lá para afastar sua filha Sikaneka, que foi defendida pelo pescador Eribangandó.
10. O peixe estava dentro da cabaça de água que Sikaneka, também chamada Sikan, levava na cabeça. Quando ele assoviou "Ekwé! Ekwé!", a cabaça tornou-se sagrada e ela passou a ser a portadora da força que engrandeceria o povo Efok.

11. Quando seu pai chegou, Sikán tremia, sem saber o que estava ocorrendo, sem saber se a voz Ekwé saía de dentro do rio, da cabaça ou do vento.
12. Assim, Mokuire tornou-se o abanekwe kan kan, o primeiro a testemunhar o advento de Ekwé, o primeiro a ver e ouvir o mistério, o que nunca morre, o porta-estandarte, a justiça maior, com direito ao poder absoluto e ilimitado da força e da justiça, a serviço da força oculta de Ekwé.
13. O povo de Efok recebia o segredo. Uma serpente enredou-se na cabaça; o dia fez-se noite. Mokuire pegou a cabaça, recostou Sikan na palmeira e, quando ela acalmou-se, levou-a até o iriongo, o santuário de Nasakó.
14. O sacerdote constatou que se tratava realmente do segredo, do desejado, anunciado pela profecia. Então, preparou as sete ervas purificadoras e consagrou o peixe.
15. Nasakó, no entanto, queria o segredo só para si. Assim, manteve Sikán incomunicável. Em decorrência dessa atitude, Tánze, o peixe maravilhoso, o primeiro Ekwé, o primeiro fundamento, calou-se e morreu.

## IV – Tentativas para recuperar a voz do peixe

1. Assim, tentaram de tudo para fazer Ekwé reviver e voltar a falar: purificação com as sete ervas, defumação com incenso da costa. Daí se originam os primeiros ritos.
2. Ajudantes de Nasakó, os kunansas levaram o peixe para o rio, tiraram sua divina pele, a estenderam sobre uma pedra e deixaram-na secar ao sol. Mais tarde, Nasakó levou-a ao templo dos karabalio okambo (ancestrais carabalis) e cobriu a cabeça de Sikán com sua pele.
3. Em Ubane, terra efik, Nasakó fez a primeira consagração. Recebeu o juramento dos sete chefes das tribos de Efok. O íreme Nkóboro presenciou essa consagração e a referendou.
4. Mas o espírito que vinha do vento era fraco. E a voz de Tánze era apenas uma lembrança de sua voz.
5. Foram realizadas várias outras tentativas para fazer Tánze falar: carapaças de tartaruga, peles de cobra e de cotia, couro de crocodilo, de veado, de carneiro... Mas todo esforço era em vão.

6. Um congo que tinha ouvido, em sua terra, a voz de Tánze, certo dia chegou à terra de Efok. E foi sacrificado. Tentaram fazer Tánze falar com sua pele. Mas nada aconteceu.

## V – O sacrifício de Sikán

1. Resolveram então reanimar Tánze com o sangue de Sikán, que deveria atrair e segurar o espírito de Obón Tanze. Porque Ekwé é o princípio do castigo e da obediência. Sua voz impõe silêncio e respeito. Ele é o tambor da Justiça.
2. Mas Sikán não era uma escrava e sua morte (ou melhor, sua imortalização) teria de ser ocultada. Assim, Nasakó convocou sete chefes dos efoks para ratificar seu gesto de imortalizar Sikán. E assim foi feito.
3. O executor do sacrifício seria Mokongo, que disse a ela: "Serás Sikán Kien, poderosa e sábia. Agora, vendaremos teus olhos e depois verás o Segredo".
4. No rio, depois das purificações, Sikán foi estrangulada. Seu espírito foi, pelo ar, ao rio, para reunir-se aos grandes e para ser grande na água, a mãe dos espíritos, de onde nascemos e para onde voltamos.
5. Sikán partiu para voltar, para dar vida e ser adorada. Para parir abanekwes. Para ser a eterna dona do Ekwé.

## VI – A substituição do peixe por Mbori

1. Tánze, contudo, não reviveu no sangue de Sikán. Sua pele não serviu para transmitir a voz de ekwé.
2. Entretanto, Nasakó finalmente encontrou o substituto necessário para fazer o órgão perfeito de Úyo, o divino, o fundamento, a voz sagrada. Era o enorme bode Mbori Abasi Mendó Kairán Mboire Aterimá Ekwé. Seu sangue tinha o mesmo valor do sangue humano.
3. Seu sangue e sua carne serviram não só para a comunhão ritual mas também para oferendas ao mato e ao rio. E é por isso que, ao consagrar-se na religião, todos os fiéis têm de apoiar suas mãos sobre o couro divino.
4. Assim construiu-se Ekwé. Que dominou os espiritos e a bruxaria de Nasakó. De Tánze, do Grande Poder na cabaça, nasceu Mpegó, o íreme que ordena que se executem as ordens de Mokongo, pois é seu secretário.

5. Da cabaça nasceu Ekwé. Iyamba, o rei da nação abakwá, tomou um ramo da palmeira que estava perto do rio e esfregou-o contra o couro do bode Mbori. Ekwé bramiu, roncou. Abassi falou no iriongo, na camarinha. Os ekois ouviram sua poderosa voz. Sem ele não há Ekwé, tambor de três patas como a cauda de Tánze, o peixe sagrado.
6. A partir daí, a sociedade expandiu-se por outras regiões e tribos.
7. E chegou até as Américas, onde, em Cuba, a Sociedade Abakuá, dos ñañigos cubanos, mantém viva a chama do culto a Ekwé.

## Capítulo 17   Mina – Provérbios

1. Os provérbios são filhos da experiência.
2. O provérbio é o cavalo da conversa: quando a conversa fica cansada, o provérbio a carrega na garupa.
3. Um homem sábio, que conhece provérbios, supera todas as dificuldades.
4. A chuva lava a pele do leopardo, mas não lhe remove as pintas.
5. Árvore que já foi queimada é mais fácil de derrubar.
6. Quem conhece o seu marido é a mulher.
7. Só depois de atravessar o rio é que se pode rir do crocodilo.
8. Quem está se escondendo não acende fogo.
9. Uma mentira só estraga mil verdades.
10. Homem rico pode vestir roupa velha.
11. Se a floresta te abriga, não a chame de "selva".
12. A fome tanto dá no escravo quanto no rei.
13. A lua se move lentamente, mas atravessa a cidade.
14. A ruína de uma nação começa nas casas do seu povo.
15. Quando o galo está bêbado, ele esquece do gavião.
16. O ódio é uma doença sem remédio.
17. Se alguém já vem vindo, pra quê dizer "venha cá"?
18. Mesmo forte e vigoroso, nenhum velho dura muito.

19. Um rei com bons conselheiros, o seu reinado é de paz.
20. Quando o bobo aprende o jogo, os jogadores já se foram.
21. O rico e o pobre, num jogo, não são parceiros jamais.
22. O rio de águas tranquilas, esse é que é mais perigoso.
23. Seguindo a trilha do pai, se aprende a andar como ele.
24. A mulher quando tem fome, pede comida para os filhos.
25. O que é má sorte para um é boa sorte para outro.
26. O tolo, ouvindo um provérbio, tem que ouvir a tradução.
27. Quem não pode dançar, diz que a música é ruim.
28. Quem vive dando banquete não vai nunca ficar rico.
29. Quem trabalha por dinheiro nunca se envergonha dele.
30. O dinheiro é traiçoeiro feito espada de dois gumes.
31. O rico é sempre odiado; e o pobre, desprezado.
32. Macaco velho casa é com macaca velha.
33. O fogo e a pólvora não dormem na mesma esteira.
34. Não se vê se um rio é fundo botando nele os dois pés.
35. Dois antílopes pequenos podem bater num maior.
36. Se não houvesse elefante, o búfalo seria o rei.
37. O filho do caranguejo nunca vai ser passarinho.
38. Quem não pesca peixe, come pão puro.
39. Depois de a ave crescida, não dá pra mudar seu voo.
40. Discussão demais é briga certa.
41. Carinho só é bom de parte a parte.
42. Amizade pra ficar é a que recebe e dá.
43. Se não tem dois não tem briga.
44. Dois sabores na cuia confundem o paladar.
45. Quem fala sem parar fala besteira.
46. Um pequeno bolor estraga toda a massa.
47. Mosquito morde o vizinho, mas nunca vai me picar.
48. Um filho desnaturado desonra o nome da mãe.
49. Chuva fina, mas constante, faz o rio transbordar.
50. Quem faz casa na floresta não mede o tronco que usa.

51. O dendezeiro já está grande; mas quem sabe se vai dar bons frutos?
52. Ver é muito melhor que ouvir.
53. O mal sabe onde o mal se esconde.
54. Quem está doente do corpo nunca rejeita remédio.
55. Atrás de todo homem rico há sempre um grande cortejo.
56. O doente agonizante não tem remédio que o cure.
57. Tem ave que evita a água; pato não vive sem ela.
58. O dia em que alguém partiu não é dia de boas-vindas.
59. O telhado protege a casa; mas ele nem sabe disso.
60. Quem não tem olhos diz que olhos cheiram mal.
61. Quem vai nos ombros dos outros não sente a longa distância.
62. Quem se livra do cupim não está livre da formiga.
63. A pedra do rio não sabe como a da montanha é quente.
64. Caolho quando vê um cego dá graças a Deus.
65. As pernas dos outros não te ajudam a viajar.
66. Boas palavras não enchem barriga.
67. Se o touro vem pra cima, deite-se!
68. O gavião voa alto, mas sempre volta pra terra.
69. A quem levanta muito cedo, o orvalho molha a cabeça.
70. Quando o rato ri do gato, há um buraco por perto.
71. Criança falou bobagem, é por que ouviu em casa.
72. Quem põe navalha na boca acaba cuspindo sangue.
73. Não saber é ruim; não querer saber é pior.
74. Quem atira, antes mira.
75. Quem está em maus lençóis sempre se lembra de Deus.
76. Carne não come carne.
77. Antes de curar os outros, cura-te primeiro!
78. O pastor não maltrata suas ovelhas.
79. Por mais que um pássaro beba, um elefante bebe mais.
80. Primeiro cresce a cabeça, depois é que o chifre nasce.
81. O tempo tudo destrói.
82. A terra é a rainha das camas.

83. Uma remada aqui, uma remada ali, a canoa vai seguindo.
84. Por mais cheio que esteja o terreiro, a galinha sempre se ajeita.
85. Um macaco é que entende o outro.
86. Quem trepou numa árvore não desce de outra.
87. Peixe grande se pega é com grande isca.
88. Quem recusa presente não enche o celeiro.
89. As brigas acabam, mas as ofensas nunca morrem.
90. Se só caiu um cabelo, ainda não é careca.
91. Quem desarruma tem que saber arrumar.
92. A vaca só pasta onde está amarrada.
93. Laranjeira nunca vai dar limão.
94. Abra a sala às visitas e elas virão para o quarto.
95. Comida boa acaba logo.
96. Cabeça de elefante não é pra criança carregar.
97. O homem que te transporta, se tem catinga, ignore!
98. Cachorro que anda é que encontra osso.
99. Tentar e falhar não é preguiça.

# LIVRO 3
## Takrur e Senegâmbia

# Introdução

Takrur ou Sudão era o nome que designava, à época da escravidão negro-africana, a vasta região que se estende ao sul do Saara, desde a bacia do Nilo superior, a leste, até o oceano Atlântico, a oeste. A parte sudoeste da região constituía a Guiné e a parte ocidental formava a Senegâmbia, cujos limites eram, ao norte, o rio Senegal, que a separava do Saara; a oeste, o Atlântico; e, ao sul, o Uângara. Os nativos denominavam a região pelo nome Takrur e os árabes chamaram-na Sudão ("terra dos negros"), denominação que mais tarde se aplicou especificamente à região entre a Núbia e o Egito.

## Capítulo 1   Os mandingas

**I – O país Mandi**
1. O país Mandi, Mandê ou Mandeu é a pátria dos povos mandingas, construtores do grande império do Antigo Mali. Sob o nome mandinga, incluem-se vários povos aparentados, falantes do mandê e seus dialetos, entre eles os mandinkas, diolas, kurankos, konos, vais e os bamanas, mais conhecidos como bambaras.
2. No século XVII, os bamanas, resistindo aos muçulmanos fulânis, edificaram o poderoso reino de Segu. Por sua resistência em manter-se fieis à religião dos ancestrais, a palavra "bambara" acabou ganhando a acepçãp de "infiel, pagão".

**II – Mamadi Kani, o caçador**
1. No começo dos tempos, o país Mandi era uma província dos reis bambaras.

Os bambaras são os únicos mandingas autóctones, já que todos os outros vieram do leste. Como aqueles chefiados por Lawalo, filho de Bilali Bunama, fiel servidor do profeta Maomé, e grande antepassado do clã dos Keita.

2. Bilali Bunama teve sete filhos, entre eles Lawalo, que veio de Meca para o país Mandi. Lawalo gerou Latal Kalabi, que gerou Damal Kalabi, que gerou Lahilatul Kalabi, o primeiro rei negro a fazer peregrinação à cidade santa, viagem na qual passou sete longos anos.

3. Depois de sete anos de ausência de seu país, passando toda espécie de privações, o rei Lahilatul Kalabi, afinal, pôde regressar ao Mandi, onde todos já o davam como morto. Mas graças a Alá, todo poderoso, os seus súditos reconheceram-no e reconduziram-no ao trono.

4. Lahilatul Kalabi foi pai de Kalabi Bomba e Kalabi Dauman. Kalabi Bomba gerou Mamadi Kani, que foi um grande rei caçador. Os caçadores mandingas são também grandes adivinhos. Nos seus alforjes, carregam sempre os 12 cauris da adivinhação e a areia em que traçam os sinais misteriosos pelos quais as divindades falam e que só os caçadores sabem interpretar.

5. Mamadi Kani, grande caçador e adivinho, foi o inventor do simbon, o apito com que os caçadores comunicam-se com os gênios da floresta; e do juramento que todo caçador tem de prestar na sua iniciação. Mamadi Kani era íntimo desses gênios e a mata para ele não tinha segredos, porque era o mais querido de Kondolon e Sanê.

6. Kondolon e Sanê são as inseparáveis divindades da caça. Eles estão sempre juntos e em todos os lugares ao mesmo tempo, tanto que são invocados como Kondolon Ni Sanê, como se fossem um só. Além de guardar a savana e a floresta, Kondolon Ni Sanê é o símbolo da amizade e da união. E é ele que dá ao caçador a boa noz-de-cola, o bom tabaco e o bom mel.

7. Mamadi Kani foi pai de Bamari Tanhogo Kelin, pai de M´Bali Nenê, pai de Bello, que gerou Bello Bakon, que gerou Maghan Kon Fatta ou Narê Fá Maghan.

## III – Sundiata, o Príncipe Leão

1. Cinco séculos depois do Profeta, no Mandi, o mansa Nofin Tiraura converteu-se à fé de Alá e recebeu o nome de Traore, designativo de sua conversão. Ao seu clã, sucedem-se no comando do país o clã dos konatês e o dos keitas, a que pertenceu o caçador Mamadi Kani.
2. Um dia, entretanto, os keitas mudaram-se de Narena para Dodugu e, um deles, Narê Fa Magham, casou-se com uma filha dos konatê. E aliado aos traorês, venceu os familiares de sua mulher, tornando-se imperador dos mandingas.
3. Entretanto, algum tempo depois, Dangaran Tuma, filho e sucessor de Narê Fa Magham, perdeu o controle do Mandi para o rei dos sossos, Sumaoro Kante, que havia submetido o Gana. Sumaoro exterminou toda a família real, da qual só se salvou um menino aleijado.
4. O menino permaneceu deficiente até os dez anos de idade. Mas um dia, sozinho, ficou de pé, apoiado em duas barras de ferro que se vergaram ao seu peso. Diante desse fato, um sábio sugeriu que lhe dessem o cetro de seu pai para que se erguesse com ele, o que miraculosamente aconteceu. Nascia aí a saga de Sundiata Keita, Sogolon Djata au Mari Djata, o "Príncipe Leão", grande herói unificador do povo mandinga e fundador do Mali, do qual foi o primeiro Mansa, imperador.
5. Subindo ao poder com cerca de vinte anos, em 1240, depois de um longo exílio, Sundiata anexou o Gana e reorganizou seu império, criando um novo e bem-sucedido sistema de governo, até morrer, depois de 15 anos de glórias.

## IV – Mansa Mussá e Suni Ali

1. Cinquenta anos depois de Sundiata, sob o reinado de Abu Bacar I, o Mali conquista Gao, capital do reino Songai. Mais tarde, o Mansa Kanku Mussá, que governou de 1312 a 1337, fez sua célebre hadj, piedosa peregrinação a Meca, com um séquito de 60 mil pessoas e levando 2 mil toneladas de ouro.
2. De volta, o Mansa Mussá trouxe para o Mali uma comitiva de sábios e

arquitetos, com os quais consolidou o maior império islâmico africano de seu tempo e difundiu a palavra de Alá do deserto à floresta.

3. Nesta viagem de volta, o Mansa Mussá passa por Gao, mandando lá erigir uma mesquita, e leva para o Mali os filhos do rei para melhor instruí-los na doutrina islâmica. Em 1335, um destes príncipes, Ali Kolen, rompe com o Mali, liberta seu povo e sucede seu pai com o título de Suni ("Chefe", "Salvador").

**V – Os Songais de Gao**

1. Subindo ao trono de Gao em 1464, o Suni Chi Ali Ber destaca-se como um dos maiores reis-guerreiros da História. Corajoso e inteligente, expande seu Império, chegando até o Daomé e subjugando o Mali. O Suni Ali foi muçulmano sem abjurar a religião tradicional e o culto aos antepassados. Sempre vencedor, jamais vencido, ao final de sua missão terrena, em 1492, foi levado vivo pelos deuses.

2. Ao Suni Ali sucede o Askia Muhammad Turê. De volta de uma também faustosa hadj a Meca, este piedoso soberano empreende uma jihad, em nome de Alá, ampliando as fronteiras de seu império e conquistando os estados hauçás de Gobir, Kano e Katsina e o reino Mossi, no Gana.

3. Durante seu reinado, em 1510, o geógrafo Leão, o Africano, mouro de Granada, impressionou-se com Tombuctu, suas universidades e escolas corânicas e com a difusão do saber por meio de obras literárias vindas da Berbéria.

4. No decorrer do governo do Askia Ishaq I (1530-1532), começam as investidas do Marrocos, que acabam por aniquilar o grandioso e legendário Império Songai.

5. Mas a história do reino ainda veria um grande governante, na pessoa do último filho de Muhammad Turê, o Askia Daud, que reinou durante 33 anos, de 1549 a 1582, fazendo do Império Songai de Gao um Estado forte e muito bem organizado. Após a reconquista da Península Ibérica pelos católicos, exércitos vindos da Espanha, com infantaria, cavalaria e artilharia iniciam a destruição dos grandes impérios africanos.

## VI – Os bambaras

1. Os bambaras, descendentes do povo do Antigo Mali, são os construtores dos reinos de Segu e Kaarta.
2. Seu nome significa "infiel", por força de sua histórica resistência ao Islã. Com base nesta resistência, os bambaras fortaleceram o culto às divindades de seus ancestrais, como Ntomo, espírito protetor dos meninos; Kore, o espírito das águas; e Faro, responsável pela justiça e pelo trabalho.
3. No século XVI, a região do atual Mali compreendia vários pequenos estados, inclusive Kaarta, com capital em Nioro, e Segu, Bambuk e Burê.
4. O estado Bambara de Segu, por meio de seu poderoso exército, controlava as rotas de comércio da região.
5. Por volta de 1750, sob a liderança de Mamali Kurubali, os bambaras estenderam seu poder de Bamako a Tombuctu.
6. No século XVIII, a guerra santa do líder fulâni Osman Dan Fodio completou a islamização de quase todo o país mandeu. Mas os bambaras permaneceram fiéis à religião dos seus ancestrais.

## Capítulo 2   O mundo espiritual dos mandingas*

### I – Nascimento

1. Quando nasce uma criança, a primeira coisa que o pai deve fazer é procurar um nome para ela. Mamadu, Malam e Lamine são formas do nome do Profeta. Assim como Bubacar, Umaru, Ossumane e Aliu são formas dos nomes dos quatro primeiros califas.
2. Do mesmo modo que Adama, Buraima, Sumaila, Iacupo, Mussé, Issufo, Dauda, Suleimane, Iaiá e Issa são, respectivamente, formas mandingas para os nomes de Adão, Abraão, Ismael, Jacó, Moisés, José, Davi, Salomão, João e Jesus. Entre os nomes femininos, Fatumatu, Fatu, Fanta e Binta são variantes mandingas do nome de Fátima, filha do Profeta. Kadijatu evoca

o de Kadidja, sua primeira mulher. Auá e Mariamo traduzem os nomes de Eva e Maria, mulheres primordiais.
3. O nome procurado deve ser rico de significado e esperança, pois toda criança irá desenvolver sete das qualidades presentes na pessoa ou na coisa de que vai tomar emprestado o nome.
4. Escolhido o nome, ele deverá ser dado à criança numa bela cerimônia comandada pelo alimamo e ao som do tambor djolibá.
5. Primeiro, o alimamo vai raspar uma pequena parte do cabelo da criança. Depois, murmurará a competente oração, sacralizando as cabaças que contêm os alimentos cerimoniais. Enquanto ele rezar a oração, cada um dos presentes tocará a beirada de uma das cabaças saudando o alimento.
6. Então, o alimamo proferirá as rezas voltado para a criança, pedindo a Alá que lhe dê vida longa, fértil, próspera e honrada, para orgulho e alegria de sua família, de sua gente e do seu lugar. Pede, ainda, que lhe dê força física e espiritual para honrar o nome que vai receber.
7. Feito isso, o pai tomará a criança dos braços da mãe e a mostrará a todos os presentes, levantando-a bem alto. Ato contínuo, sussurrará três vezes em seu ouvido o nome que escolheu para ela, porque um ser humano deve ser sempre o primeiro a saber quem é.
8. Depois, o pai sussurrará o nome da criança, seguidamente, ao ouvido da mãe, ao ouvido do arafang. Este, então, rufando seu tambor, o anunciará bem alto para toda a comunidade, recitando em seguida toda a linha genealógica do recém batizado.
9. No oitavo dia após o nascimento, alta noite, o pai levará a criança até o ar livre e a apresentará ao céu e às estrelas, para que ela saiba que apenas o espaço infinito é maior que ela.

## II – A morte

1. Quando morre uma pessoa, a primeira providência cabe às moças solteiras da comunidade, que devem preparar a cena do velório, varrendo e limpando o quintal.
2. Os homens deverão cortar e preparar o tronco que servirá, ao mesmo

tempo, de catafalco e de esquife. Pronto, ele ficará no quintal, diante da casa, para receber o corpo, já completamente envolto em panos brancos.
3. No decorrer do velório, de tempos em tempos, grupos de pessoas presentes deverão dar sete voltas em torno do corpo, dançando e cantando as virtudes do falecido.
4. O alimamo fará as rezas de estilo, encomendando a alma para que ela faça, sem problemas, a jornada que a levará à Eternidade, ao encontro de seus ancestrais e de Alá.
5. O velório deverá durar pelo menos até a manhã do dia seguinte, quando um pequeno grupo de homens, no número apenas necessário, levará o corpo para ser sepultado. A cova deverá ser coberta apenas com uma esteira. Mas, por cima dela, serão colocados arbustos com espinhos para evitar a ação de animais.

### III – A criação do mundo segundo os bambaras

1. No início, só havia o gna, o ar, o ninho onde o universo foi gerado, um vazio original dotado de movimento. E o gna movia-se incessantemente. Até que deste vazio saiu uma voz. E esta voz criou o duplo do gna, formando um par.
2. Após uma série de movimentos e fricções, produziu-se entre o gna e seu duplo uma explosão. E esta explosão espalhou uma matéria dura, potente e vibrante.
3. A matéria que se espalhou foi o zô soumalé, a ferrugem original, que formou corpos duros e brilhantes.
4. Mais tarde, do gna destacou-se a consciência humana, que veio colocar-se sobre as coisas e despertar-lhes a autoconsciência, atribuindo-lhes nomes.
5. No curso deste processo de criação, surgiu o espírito atuante Yo e mais 22 elementos fundamentais. Foram estes elementos – 22 espirais – que agitaram Yo e deram nascimento ao som, à luz, a todos os seres, a todas as ações e a todos os sentimentos existentes.
6. À medida que isso acontecia, ocorria uma sequência de desordens seguidas de rearrumações, sempre com o ser humano desempenhando a tarefa mais importante.

7. Então, o espírito Yo deu à luz duas forças primordiais: Faro e Pemba. Faro, a senhora do Verbo, percorrendo um trajeto bem orientado, construiu os sete céus, correspondentes às sete partes da Terra.
8. Faro também foi quem deu nascimento a Teliko, o que realiza com rapidez o espírito do ar. E, sob a forma de água, espalhou a vida pela Terra e criou um casal de gêmeos. Da união destes gêmeos, nasceram os bozos, primeiros habitantes das águas.
9. A outra força, Pemba, deslocando-se em um movimento de turbilhão pelos quatro pontos cardeais, criou as colinas e montanhas que dão forma à Terra.
10. Depois de sete anos de turbilhão, Pemba transformou-se em um grão de acácia, colocou-se sob a terra e germinou a árvore balanzan, a acacia albida, que se tornou seu avatar terrestre.
11. Mais tarde, com o pó de suas pegadas misturado à saliva, ele criou uma mulher, Mussô Koroni, a cabaça feminina, na qual insuflou uma alma, ni, e um duplo, dya. Então, unindo-se a ela, criou as plantas e os animais.
12. Pemba e Mussô Koroni foram saudados e homenageados por todos os seres humanos, que entregaram ao casal as diretrizes dos seus destinos.
13. Todas as mulheres tornaram-se esposas de Pemba, o que desagradou a Mussô Koroni. Enciumada, ela começou a perturbar a paz reinante, criando incidentes incômodos e desagradáveis.
14. Mussô Koroni instituiu a circuncisão e a excisão. Depois, revelou aos homens tudo o que tinha aprendido com Pemba, transmitindo impureza a tudo que tocava.
15. Semeando, assim, a dor, o mal e a morte, Mussô Koroni foi perseguida por Pemba e por Faro, os quais a procuraram sem êxito. Só a encontraram já morta. Mas antes de morrer, Mussô Koroni revelara aos homens o segredo das técnicas agrícolas.
16. Sozinho, insatisfeito com o amor das mulheres, Pemba tomou para si o sangue dos homens, do qual tirou sua força, prometendo, em troca, não apenas ensinar-lhes as técnicas do fogo, mas também rejuvenescê-los quando velhos.
17. Em seguida, Faro fertilizou as mulheres, que deram à luz, sempre, a pares de

filhos gêmeos. Engravidando as mulheres, os homens quebraram um tabu aos olhos de Pemba. Então, a morte reapareceu e propagou-se entre eles.
18. Para compensar essa desgraça, Faro deu aos seres humanos o poder da palavra. No entanto, Teliko, o espírito do ar, roubou-o. Os humanos, então, bandearam-se para o lado do usurpador, achando-o mais poderoso.
19. Mas Faro venceu-o e puniu os humanos por sua leviandade, criando o trabalho e obrigando-os a ganhar o sustento com o suor do próprio corpo. Reduzindo a fertilidade das mulheres, Faro fez com que elas só dessem à luz um filho de cada vez. Em compensação, cada ser humano foi contemplado com um duplo, dya, que mora na água.
20. Depois de todos esses incidentes, Faro retomou a tarefa da Criação, procurando reorganizar o universo por meio de uma viagem aos confins do mundo.
21. Foi assim que Faro estabeleceu o regime das chuvas; classificou os seres vivos por espécies; e os seres humanos segundo raças, povos, tribos, clãs e castas.
22. Cada pessoa ganhou de Faro oito grãos de cereais que foram colocados em suas clavículas, onde estão permanentemente, e tornaram-se a base da sua subsistência. Finalmente, Faro legou aos humanos o controle da vida e dos atos de todos os seres colocados sob seu domínio.

## IV – Faro, poder da criação

1. Criado por Yo e organizado por Faro, o mundo é um conjunto de forças ativas sobre as quais o ser humano tem poder.
2. Graças a alguns procedimentos, dos quais o sacrifício de sangue constitui o eixo principal, o ser humano tem possibilidade de acumular ou liberar essas forças, de dirigi-las e orientá-las, em suma, de integrar-se ao movimento do mundo e de aprimorar-se no seu conhecimento e na sua realização.
3. Os sacrifícios deverão ser feitos no pemperé, cepo de madeira ou altar de pedra representando os ancestrais; ou nos nyams, objetos que representam as partes do Universo.
4. O culto a Faro pode ser individual, familiar ou geral, organizado por

sociedades religiosas que deverão ter sempre como finalidade conservar as forças espirituais dos seus membros.

5. Faro é representado por uma espiral, munu. Os movimentos vibratórios da espiral são os mesmos que animam o movimento diurno do sol. Por este motivo só os reis usam o yugu, o chapéu de palha confeccionado na forma de uma espiral de oito voltas.
6. O rosto de Faro é branco porque ele tomou-o de Teliko, o espírito do ar, que é albino. Suas orelhas são protegidas por duas barbatanas; suas mãos, uma é feminina, outra masculina; sua cauda é espalmada e seu peito é de cobre.
7. Todas as manifestações atmosféricas anunciam a presença de Faro. Sua morada principal é o rio Niger, mas ele tem o dom da ubiquidade e frequenta todas as águas.
8. Faro está sempre acompanhado de auxiliares dos quais o mais representativo é Bolokuruni, um ferreiro negro e maneta. No ar, seu mensageiro é a andorinha, que transporta a palavra fecundante.
9. Algumas plantas têm estreita relação com Faro, como o tomate, que é relacionado ao sangue.
10. Os seguidores de Faro não podem usar o barro preto do fundo do rio para confeccionar utensílios. Nem podem comer manteiga, porque ela não se mistura com a água. E muito menos podem tocar em sangue menstrual, que é o resultado mais evidente das desordens provocadas por Mussô Koroni.
11. A ordem universal atual é apenas uma fase no espaço e no tempo, pois 12 águas ainda permanecem ocultas. Quando Faro determinar, essas águas vão surgir e se espalhar pelo mundo. Elas farão conhecer as palavras que ainda virão e o mundo pensado por Yo será realizado.

## V – Os bolis

1. Em tempos muito antigos, dois homens que tinham feito muitas viagens e adquirido, ao longo delas, grandes conhecimentos, foram um dia pedir ao rei dos bambaras autorização para cultuar uma divindade que tinham conhecido em outro país e em cujos mistérios haviam sido iniciados.

2. Naquele tempo, as pessoas que viajavam para longe eram muito respeitadas e despertavam um certo temor, pois eram consideradas feiticeiras. Por isso, o rei concedeu-lhes autorização.
3. Autorizados, imediatamente puseram mãos à obra. Procuraram uma árvore muito rara, foram até ela em procissão, fizeram um buraco aos seus pés e, depois de evocações em uma língua desconhecida, recolheram parte de sua raiz.
4. Da mesma forma procederam com a crina da cauda de um cavalo preto. E para que esses materiais fossem propícios aos seus desígnios, um deles recolheu-o após despir a calça e a túnica.
5. A raiz da árvore e a crina do cavalo foram colocadas em um pote de barro e cozidas durante metade de um dia. Enquanto se realizava este cozimento, o principal dos dois homens prosternou-se sete vezes, com o rosto no chão, recitando preces em uma língua desconhecida.
6. Depois, os dois sacrificaram um boi branco, um boi avermelhado e um galo branco. Assim, foi criado o primeiro boli, artefato mágico, em território mandinga.
7. Os bolis habitam, desde então, velhos potes e velhas cabaças. Mas em viagem costuma-se levá-los em um chifre de boi, num dente de elefante ou num saco de pano.
8. Sua guarda é geralmente confiada a uma mulher velha. E ninguém, nem mesmo o rei, pode, sob a pena de ter a cabeça cortada, olhar dentro do vaso, do chifre ou do saco que o contém.
9. Nas aldeias ricas, os bolis têm seu templo. Em outras, eles moram em um lugar particular, como o pé de uma árvore ou o oco de uma rocha.
10. O templo de um boli abre-se apenas aos kourbaris (iniciandos), aos kalangous (iniciados) e aos homens livres, que só podem entrar calçados e com a cabeça coberta.
11. Os muçulmanos, os estrangeiros e, principalmente, os griôs (cantores e contadores de histórias) são severamente excluídos.
12. Cada aldeia, cada exército, cada destacamento tem o seu boli. Na guerra, ele é levado por um kalangou, que caminha próximo ao chefe.

13. Sempre consultado, ele prediz o futuro, leva a justiça e proclama a inocência e a culpa. Assinala os delitos das esposas, indica os remédios que devem curar as doenças, prognostica o tempo, prediz a abundância e a esterilidade das terras, o sucesso e o insucesso das empresas.

## Capítulo 3  Os povos Tenda

### I – Origem e localização

1. Os povos, compreendendo os coniaguis, bassaris, badyarankés, tenda boenis e tenda mayos, viviam na fronteira entre a Guiné-Conacri e o Senegal, próximo à atual Guiné-Bissau, onde se estabeleceram no século XVI.
2. Descendentes de guerreiros escravizados na guerra e vindos do Leste, eles permaneceram durante muito tempo isolados, sem contato com povos vizinhos, até a chegada do Islã, trazido pelos fulânis.
3. Vivendo entre mandingas e fulânis, os povos Tenda conseguiram manter intactas suas concepções tradicionais sobre este mundo e o outro.

### II – Vida espiritual

1. Existem diversos tipos de seres sobrenaturais. Entre eles, espíritos a quem devemos render culto público por meio de sacrifícios. Este culto pode ser geral ou particular, prestado pelo grupo ou pelo indivíduo.
2. Unu, dono dos elementos e dos homens que pôs no mundo, deve ser cultuado por todos.
3. Unu, que não se representa materialmente, ocupa-se pouco dos indivíduos e só recebe sacrifícios em épocas de grandes calamidades.
4. Antigamente, oferecia-se a Unu, uma vez por ano, o sacrifício chamado Sadaga, que acontecia no início do inverno, antes do at'ava, época em que os cereais já estão crescidos e os campos exigem menos trabalho.
5. Numba, o ancestral de todos os humanos, preside a iniciação. O carneiro é

seu animal sagrado. O dignitário de grau mais elevado da sociedade secreta de cada aldeia chama-se numba e representa-o.

6. Igwar é a divindade da terra e a terra pertence-lhe. Ele é representado por um objeto de ferro que deve ficar alojado no teto da cabana do chefe da aldeia e que leva seu nome: igwar.
7. Igwar recebe sacrifícios de animais e água, mas nunca cerveja. Os sacrifícios e oferendas são feitos pelo numba de cada aldeia.
8. Igwar desempenha papel importante na fundação de novas aldeias, na sucessão dos chefes, na entronização do kore etc. Em caso de guerra, o chefe leva o igwar de sua aldeia consigo.
9. Mas a divindade Igwar só vem ao objeto que o representa, o igwar, quando se derrama sobre este o sangue do sacrifício.
10. O ikuv é um altar de pedras embaixo de uma árvore. Há vários desses altares em cada aldeia: um na própria aldeia; outro no padda, lugar sagrado da floresta; e outro na aldeia-mãe do grupo de que faz parte aquela aldeia.
11. Os lukuta, cantores, e os numba dirigirão os sacrifícios. É no ikuv que se fazem as preces pedindo chuvas a cada primavera.
12. As oferendas de carneiro são reservadas a Ikuv e Igwar.
13. Outros espíritos recebem cultos pessoais. Unker e os diversos espíritos de antepassados protegem contra doenças, facilitam os partos, propiciam boa colheita, boa caça e todos os outros benefícios em prazo rápido.
14. Oferece-se a Unker cerveja, sorgo cru, galos etc. Em cada aldeia deve haver um unker, representado por um pedaço de madeira conservado no pequeno celeiro da comunidade e unkers familiares ou individuais.
15. Aos espíritos dos antepassados deve-se oferecer água e às vezes também cerveja e sangue de sacrifício.
16. Atyer torna as crianças doentes e é um dos mais poderosos espíritos.
17. Mas é aos anonkwols, almas dos ancestrais habitantes dos renkas, que são mais frequentemente oferecidos sacrifícios para o bem-estar da família e do indivíduo, sendo os cultos gerais necessários para a boa marcha dos assuntos de toda a aldeia.

18. Os gênios, entre eles Fato, o gênio das águas e das riquezas, têm a forma de serpente.
19. Santiu e Sambutyira, o velho do baobá, são espíritos malfazejos.

## III – Costumes funerários

1. Após a morte e o enterro, a parte essencial do homem, anonkwol, princípio espiritual imortal, passa a levar uma vida própria. Primeiro, sai da tumba e passeia pela aldeia, perigosa e ameaçadoramente.
2. Com os ritos do wakuey, o anonkwol vai ser fixado nas traves de madeira da porta da casa e do leito do defunto.
3. A instalação dessas traves ao lado das outras estacas funerárias (rankas) de sua família, reunidas sob uma grande árvore, apazigua definitivamente o anonkwol. Então, para ele, um novo estágio começa: não se precisa mais temê-lo, e sim cultuá-lo. Nesse sentido, os seus descendentes lhe oferecerão sacrifícios em troca de proteção e conselhos.
4. A morte deverá ser anunciada pelas lamentações das mulheres da família.
5. O enterro terá lugar no mesmo dia da morte ou na manhã do dia seguinte.
6. O corpo do defunto será lavado pelas mulheres, envolvido em uma tanga e enrolado em uma esteira. Enviam-se rapazes para prevenir os membros da família. Alguns homens irão cavar a sepultura perto da aldeia.
7. A sepultura terá a forma de uma vala alongada, retangular, à qual se terá acesso por meio de uma estreita passagem circular de cerca de meio metro de profundidade.
8. Antes do enterro propriamente dito, interroga-se o defunto sobre as causas de sua morte, já que toda morte é anormal e, por isso, deve ser explicada.
9. Então, quatro homens carregam nas costas a padiola de bambus na qual o cadáver estará amarrado por tiras de algodão.
10. Um velho, parente do defunto, de pé diante da padiola, fará algumas perguntas de respostas afirmativas ou negativas. O morto responderá fazendo avançar ou recuar os padioleiros.
11. Se a padiola recuar, a resposta será negativa; e, positiva, em caso contrário.

12. Quando o defunto responsabilizar alguém por sua morte, não caberá defesa. E então o acusado será injuriado por todos.
13. Feito isso, ele dirá: "Então, se fui eu que te matei, vá descansar no teu túmulo". Após este procedimento, os carregadores levarão a padiola até a casa de cada um dos familiares para o último adeus.
14. Chegado ao túmulo, serão retiradas as faixas de algodão que amarravam o corpo à padiola. O corpo é depositado na cova forrada com uma esteira e sua cabeça será virada para o nascente, se for um homem, e para o poente, se for uma mulher.
15. A passagem de acesso à sepultura será fechada por um estrado de bambu que, em seguida, será coberto com terra. Coloca-se sobre o túmulo o teto da cabana do morto, com a frente virada para o leste, se for um homem, e para o oeste, no caso de ser uma mulher.
16. Ao lado da tumba será colocada uma cuia, com a qual o morto vai beber, sua tabaqueira e outros objetos de uso pessoal.
17. Em seguida, um sacrifício será oferecido ao morto, de frangos, por exemplo; o cabo da ferramenta que cavou a tumba é jogado fora e o ferro será cuidadosamente lavado.
18. Os carregadores e cavouqueiros devem lavar-se antes de voltar para casa e o chão da cabana do defunto é cuidadosamente raspado e varrido.
19. Alguns dias mais tarde, será realizada a cerimônia da kadyinda. Esta cerimônia consiste em levantar o teto da cabana do morto, que cobre o túmulo, e em intercalar, entre a terra e o teto, a parte superior da armação de bambu que constituía a parede da casa do morto, com a abertura da porta virada para o nascente, se ele for um homem, e para o poente, caso seja uma mulher. E, isto, para que o anonkwol possa respirar.
20. Até este dia somente a família do morto pode levar para ele, a cada noite, o alimento, a água e o tabaco.
21. O lugar da tumba fica marcado pelo teto da cabana do morto durante alguns anos até que desapareça com as chuvas.
22. As crianças pequenas serão enterradas debaixo do leito de suas mães, ficando o lugar marcado apenas por um vaso emborcado com o gargalo

enterrado. Os enterros dos leprosos e das vítimas de outros tipos de doenças contagiosas também obedecerão a procedimentos especiais.

23. Depois da kadyinda, o anonkwol vaga pela aldeia e ainda não está tranquilo. A cerimônia do wakwey consiste essencialmente em derramar cerveja sobre o estrado da cama do defunto para fixar nela o anonkwol.
24. O wakuey deve realizar-se numa segunda-feira, cerca de 15 dias após a morte, quando a cerveja já estiver completamente fermentada.
25. Na cabana do morto, derrama-se cerveja na porta e no estrado da cama, sacrificando-se em seguida um frango.
26. Depois, deve ter lugar a cerimônia do gubangware. Nela, as mulheres dançam, ao som dos tambores, imitando os movimentos de diversas atividades masculinas e femininas para, então, oferecerem um sacrifício atrás da cabana do falecido.
27. Em seguida, os homens, tratando-se de um defunto do sexo masculino, ou as mulheres, em caso de morte de uma delas, irão a um pequeno bosque próximo à aldeia.
28. Lá, sob uma árvore especial, um velho camarada deporá o arco do amigo e sacrificará um frango sobre ele. A cabeça do frango e o arco serão postos numa cabaça grande que será tampada e também depositada sob a árvore.
29. Se o defunto for uma mulher, uma de suas amigas deposita sobre a árvore um galho em forma de forquilha para servir-lhe de bengala no além.
30. Sobre essa bengala deve ser sacrificado um frango, cuja cabeça será colocada numa cabaça grande junto com pertences da falecida.
31. Então, o anonkwol estará pacificado, devendo-se, ainda, fazer, pela manhã, uma última cerimônia, que é a do lapa.
32. Esta última cerimônia consiste em levar para perto das estacas dos mortos da família, reunidas ao pé de uma grande árvore, os paus da porta e da cama do morto, nos quais o anonkwol agora está fixado e que o simbolizam.
33. Os velhos fixarão as estacas, depois derramarão cerveja sobre todos os rankas da família. A seguir, as velhas, se o morto for do sexo feminino, derramarão a cerveja sobre a estaca da morta.

34. Um ano depois, novamente se oferecerá cerveja aos rankas, pedindo aos anonkwols para proteger os membros vivos da família.
35. Durante esses sacrifícios, os anonkwols virão do lugar onde vivem para receber as oferendas.
36. Quando se pede a cura de uma doença, um conselho ou proteção para uma criança que nasce, bois, cabras e galos também deverão ser sacrificados.
37. A resposta ao pedido poderá ser lida nos testículos do animal imolado. Brancos, sim; pretos, não, por exemplo.

## Capítulo 4   O advento do Islã

### I – A jihad berbere

1. Em 639, a palavra de Alá chega ao Egito e daí se espalha até a África Ocidental. A primeira grande onda ocorre sob as ordens do general Amr Ibn al-As. Com a Arábia já unificada, as forças do Islã partem com o fito de levar a palavra do Profeta a todos os lugares do mundo.
2. Saindo da Palestina, Amr Ibn al-As cruzou o Sinai e entrou na África à frente de sua cavalaria beduína. Numa sequência, Farama, Belbeis, Menfis e Alexandria foram tomadas pelas tropas de Alá que, fortalecidas por novos batalhões vindos da Arábia, avançavam também para o sul, chegando às portas da Núbia.
3. Caminhando para oeste, a palavra e a espada de Alá vão chegando à Tripolitânia, à Cirenaica e ao Magreb. Em 681, o general Utah Ibn Nafi chega ao Atlântico e exclama: "Ó Deus de Maomé! Se eu tivesse certeza de existirem outras terras para além destas águas, eu iria até lá e levaria a glória do Teu nome!". Outras terras havia. E o nome de Alá chegaria até elas.
4. Três séculos depois, despontava no Marrocos uma dinastia de crentes muçulmanos rigorosos, os Almorávidas. Para combater a frouxidão que a pregação islâmica então experimentava, liderados por Ibn Yasin os Almorávidas levaram a efeito, a partir de 1042, uma bem-sucedida jihad,

conquistando e convertendo vários povos da África Ocidental, tomando Audaghost e assumindo o controle do Marrocos.
5. A Ibn Yasin sucederam Abu Bacar, conquistador de Kumbi Saleh, e Yusuf Ibn Tachfin que, ao norte, levou a palavra de Alá para além do Magreb e dos limites da floresta equatorial, fazendo-a chegar até a Espanha.
6. Em cerca de cem anos, os berberes almorávidas convertem à fé islâmica o soberano songai de Gao, o dia kossoi de Kukya, e Mansa Nofin Tiraura, primeiro soberano do recém-unificado Mali.
7. Tiraura converteu-se à fé islâmica e recebeu o nome de "Traore", designativo de sua conversão.

## II – Fulânis e hauçás

1. Com a queda do Gana, no século XIII, enormes massas populacionais começaram a deslocar-se por distâncias imensas em busca de melhores condições de vida, o que provocou o intercruzamento e a mestiçagem de vários povos da África Ocidental. Alguns desses povos misturaram-se aos peules, fulas ou fulânis, que, dada a sua tradicional condição de pastores, levavam uma existência nômade desde pelo menos o início do século XI, transitando por várias regiões da parte oeste do Bilad-Es-Sudan.
2. No século XV, peules instalam-se na região do Macina, próximo a Tombuctu, na curva norte do rio Niger, e fundam principados na margem direita do rio Senegal. Com a queda do Império Songai, em 1591, migrações populacionais fizeram com que, na região de Djennê, os bambaras tivessem seu primeiro contato com os peules. No século XVII, os peules conquistaram os bambaras e organizaram o Reino Bambara na região de Segu.
3. Durante os séculos XVI e XVII, outros peules constituem um Estado nas montanhas do Futa Djalon, exatamente onde nasce o Niger, no território da atual Guiné-Conacri. E no século XVIII outros, ainda, saem do Futa Toro, na margem leste do rio Senegal, para fixar-se no Gobir, um dos sete estados hauçás – Katsina, Zaria, Kano, Rano, Daura, Biram e Gobir.
4. No século XVI, os estados hauçás são invadidos pela onda conquistadora dos songai. No século XVIII, Othman Dan Fodio, líder, letrado, político e,

acima de tudo, piedoso muçulmano, empreendeu uma guerra santa contra o "paganismo" na pessoa do rei hauçá de Gobir. Othman Dan Fodio morreu em 1817, mas seus seguidores continuaram sua luta até 1859.
5. No ano da morte de Othman Dan Fodio, o rei iorubano Afonjá força Arogangan, rei de Abomé, a suicidar-se, declarando Ilorin independente de Oyó e aliando-se ao líder fulâni Alimi. Incentivados por Afonjá, numerosos grupos de peules e hauçás vão estabelecer-se em Ilorin. Mas esses muçulmanos recém-vindos para Ilorin induzem os escravos hauçás de Afonjá à revolta e à fuga e, juntamente com iorubás convertidos ao Islã, fazem uma incursão violenta pelo país iorubá e vendem os prisioneiros como escravos.
6. Em 1831, Afonjá é assassinado. O governo de Ilorin passa às mãos de Abdul Salami, filho de Alimi, que inaugura, então, a dinastia dos emires peules de Ilorin.
7. Durante essas lutas entre Oyó e Ilorin, em 1827, Guezo, rei de Abomé, deixa de pagar tributo a Oyó. Até 1892, quando cai sob o domínio francês, Abomé faz também sua razzia na região, empreendendo uma guerra sangrenta que redunda na captura de milhares de escravos em Egbado, Egbá, Kêtu, Xabê, Aná, Oyó, Ijexá e Ijebu.
8. Todas as guerras ocorridas na África Ocidental entre os séculos XVII e XIX tiveram como consequência a transformação de enormes contingentes de prisioneiros em escravos. E todas elas foram importantes não só para a expansão do Islã na África como também para a vinda da palavra de Alá para as Américas, tornando realidade o anseio do general árabe Utah Ibn Nafi que, em 681, chegando ao Atlântico clamava: "Ó Deus de Maomé! Se eu tivesse certeza de existirem outras terras para além destas águas, iria até lá e levaria a glória do teu nome!".

## III – O Islã e a religiosidade tradicional
1. Chegando à África, a partir do século VII, a pregação islâmica não foi aceita sem resistência. E em todo seu processo de aceitação, ela intercambiou experiências com as crenças tradicionais.
2. Os bambaras, por exemplo, concebem o mundo como um conjunto de

forças sobre as quais o homem tem poder. Graças a certas técnicas cuja chave é o sacrifício, o homem pode armazenar ou liberar essas forças, dirigi-las e orientá-las, integrando-se, em suma, ao movimento do mundo, ajudando-o no seu conhecimento e no seu desempenho.

3. Os homens são iguais entre si, como os dentes do pente do tecelão; não há diferença entre o árabe e o não-árabe, entre o branco e o negro, a não ser quanto ao grau de sua crença em Deus – diz o saber africano.
4. O êxito do Islã na África, então, resultou, antes de tudo, de sua capacidade de tolerar, adaptar-se e respeitar o modo de viver tipicamente africano das sociedades tradicionais.
5. No islamismo negro-africano, a magia não desapareceu. O marabu pode também ser adivinho e curandeiro. E atuar por meio de processos diferentes, utilizando-se, inclusive, do êxtase e da invocação dos djins ou confeccionando amuletos a partir de versículos do Corão.
6. Pode-se, ainda, utilizar passagens corânicas como remédio: o paciente bebe a água em que foi lavado um papel que continha tais textos ou engole o papel em que estão escritos.
7. Ninguém deve surpreender-se, por exemplo, vendo um tucolor muçulmano, talvez por atavismo, apelar à magia de um bambara não islamizado. E não deve causar surpresa ver-se um pastor fulâni, depois de ter cumprido suas obrigações de muçulmano, fazer sinais cabalísticos e murmurar invocações que não são corânicas.

## Capítulo 5  O Islã reinterpretado

### I – Fundamentos

1. Para o africano negro e muçulmano, só existe um deus, Alá; e Mamadu (Mohamed, Maomé) é seu enviado na Terra. Além deste, há os anjos, como Djibril, o maior deles; e Elblissa, o demônio. Também integram a corte do céu os profetas Anabi Ibrahima e Anabi Issá.

2. Alá pode usar, como seus intermediários, divindades locais; espíritos protetores, coletivos ou individuais; e objetos nos quais se introjetou força espiritual.
3. No fim dos tempos, virá o Mádi, um novo profeta, e depois voltará Anabi Issá, que julgará toda a humanidade.
4. Tudo o que acontece no mundo vem de Alá, que é quem distribui o Bem e permite o Mal como castigo.
5. Alá deu a todo ser humano uma alma constituída por três elementos: o princípio vital, o pensamento e a alma propriamente dita, identificada com a sombra e a respiração.
6. Embora circulem por todo o corpo, esses três elementos concentram-se, respectivamente, no coração, nos pulmões e no fígado.
7. Para cada enfermidade, há um versículo apropriado no Alcorão. No tratamento da doença, esse versículo será escrito na tábua apropriada, que se lavará em seguida. A água da lavagem, misturada com as ervas adequadas, será bebida pelo doente. Para uma dor localizada, muitas vezes bastará que o sacerdote leia, em voz alta, o versículo e asperje saliva no local afetado.
8. A lepra será tratada com o isolamento do doente, dando-lhe para beber da água santificada pelo Alcorão três vezes pela manhã.
9. Na cura de um possesso, o sacerdote escreverá na tábua as orações e, com a água de sua lavagem, friccionará o doente. Depois, escreverá as mesmas orações num papel ou pergaminho e as prenderá ao pescoço e à cabeça da vítima da possessão.
10. A morte constata-se pela cessação do movimento dos braços e das pernas, da respiração e das pulsações e pelo esfriamento do corpo.
11. Uma vez separada do corpo, a alma sobe ao Céu, onde Alá guarda-a num grande chifre cheio de buracos, juntamente com as essências de todas as coisas criadas.
12. Depois do julgamento, ela é encaminhada ao paraíso, ao purgatório ou ao inferno.
13. 13. No paraíso, tudo é infinitamente melhor que na Terra. Até mesmo o prazer do sexo que, lá, perde todo o seu caráter de impureza.

## II – Ritos, cerimônias, sacrifícios

1. As orações, os ritos de calendário, bem como as interdições alimentares e de outra natureza deverão obedecer aos textos sagrados do Alcorão e às regras da Xaria. Da mesma forma, o clero, a educação, o culto e o calendário deverão corresponder aos cânones corânicos.
2. O fiel muçulmano deve rezar cinco vezes ao dia. A primeira oração, faná, às 14h; a segunda, alaçará, às 17h; a terceira, futurô, às 18h; a quarta, guedjê, às 21h; e a quinta, açubá, às 4h.
3. Para propiciar a alma de parentes mortos, o crente deverá sacrificar vacas, carneiros ou cabras, depois de rezar, na mesquita, as orações apropriadas. A carne do animal será distribuída por todos os que tomaram parte na reza, mesmo que caiba apenas uma pequena porção a cada um.
4. As normas sociais inerentes à doutrina, tais como o reconhecimento dos princípios islâmicos de exogamia e herança e os deveres mútuos dos cônjuges deverão ser preservadas. A vida econômica e a justiça deverão igualmente se reger pelas normas do Alcorão, principal fonte do Direito.
5. A fundação de um novo povoamento deve ser precedida da seguinte cerimônia: escreve-se um versículo do Alcorão e, à meia-noite, longe de olhos profanos, enterra-se o papel escrito no local onde se pretende construir a primeira habitação. Se no dia seguinte o papel estiver desenterrado, o local não é bom. Caso contrário, o local é propício e a povoação deve ser ali fundada.
6. Ao construir uma casa e antes de habitá-la, o crente, depois de consultar o imã (sacerdote), deverá imolar uma ave, pedindo a Alá que favoreça a instalação do novo lar. Depois de imolada, a ave deverá ser cozida e oferecida, com arroz, a sete crianças, pelo menos. Devem distribuir-se a elas também nozes-de-cola, em número de três, cinco ou sete, e nunca de duas.
7. Morto um crente, seu corpo será embrulhado num pano e envolto numa esteira.
8. Após as orações pronunciadas pelo sacerdote, ele será enterrado no local mais conveniente, com a cabeça virada para o nascente.
9. Ao fim de quarenta dias, deve realizar-se a cerimônia do choro. Consistirá ela na reunião da família para orações na mesquita, seguidas de sacrifícios de estilo.

### III – A Silsila e a Baraka

1. O sacerdócio é privilégio dos crentes que sabem ler e escrever, pois só eles têm capacidade de interpretar as palavras do Alcorão. O membro da comunidade de fiéis só poderá tornar-se uma autoridade espiritual quando possuir o conjunto de capacidades especiais chamado Silsila. Só ela é a fonte e a base do poder religioso.
2. Esse conjunto de capacidades, Silsila, pode ser: de linhagem, ou seja, a que liga o indivíduo a um santo, a um fundador ou a uma personalidade destacada da comunidade islâmica; ou, como exceção, a de ter contatos diretos com Alá ou com o Profeta. Mas, de qualquer forma, essa santidade baseia-se na Baraka, a força sobrenatural proveniente de Alá.
3. A súplica de um crente a Alá, sempre que possível, deve ser sancionada, encaminhada, por homens santos, intermediários entre os indivíduos comuns e Ele. Os ritos de iniciação e funerais devem subordinar-se, também, às normas da Xaria, podendo, ainda, revestir-se de peculiaridades provenientes dos cultos de família, do clã e dos espíritos protetores individuais, das práticas mágicas da tradição.
4. A hierarquia sacerdotal compreende o ualio, que é um profeta; o karamodjo, um doutor em teologia corânica; o almudo, que é o leitor do alcorão; e o talibadjo, um discípulo e auxiliar.
5. O sacerdote pode acumular também as funções de curador e intérprete do oráculo.

## Capítulo 6   Takrur e Senegâmbia – Provérbios

1. Ter dois olhos é um orgulho; mas ter um só é melhor que não ter nenhum.
2. Antes a água derramada que a jarra quebrada.
3. A vaca pode pisar o bezerro, mas ela nunca o odeia.
4. Um camelo não ri da corcova do outro.
5. Árvore muito florida está sempre cheia de insetos.

6. Planos demais estragam a viagem.
7. Quem fez maldade que espere maldade.
8. Toda boa obra merece recompensa.
9. Quem não cultiva seu campo morre de fome.
10. Vaca sem rabo não espanta mosca.
11. O sapo gosta de água, mas não quando está fervendo.
12. O saber é uma horta: quem não cultiva, não colhe.
13. Agulha dentro de um poço, todos olham mas ninguém desce para pegar.
14. É melhor andar sozinho do que com má companhia.
15. São três os que morrem pobres: o que se divorcia, o que se endividou e o que muda a toda hora.
16. Coração não é joelho para andar sempre dobrando.
17. Se alguém se disser seu amigo, veja o que faz por você.
18. Dormir com raiva é melhor que dormir arrependido.
19. Se Deus te mandou a sorte, não O acorde: deixe-O em paz.
20. Quem conhece o amigo dele sabe bem quem ele é.
21. A verdade é como ouro; se bem guardada num cofre, ninguém irá mexer nela.
22. Ouvido são pode ouvir coisas doentes.
23. Centopéia sem uma perna nao perde o jeito de andar.
24. Se o filho ri de um carão, o pai tem é de chorar; se ao contrário, o filho chora, o pai pode rir em paz.
25. Arbusto que cresce à sombra de uma árvore frondosa vai morrer pequeno.
26. Um amigo burro é pior que um inimigo inteligente.
27. Não tente fazer alguém odiar quem ama; pois além de continuar amando, ele vai odiar você.
28. É melhor ser amado que temido.
29. Uma cabritinha não se cozinha em leite de cabra.
30. O criado paga pelos erros do patrão.
31. Quem é muito ambicioso não pode dormir em paz.
32. Quem quer comer abre a boca.
33. Um bocado muito grande vai sufocar a criança.

34. Nem toda semente dá fruto.
35. Dois olhos enxergam melhor que um.
36. Quem gosta de dinheiro tem de trabalhar.
37. Preste atenção na panela; senão, a comida queima.
38. Antes de cozinhar, tem de ter o alimento.
39. Quem começa uma conversa não pode prever o fim.
40. Casar com mulher bonita é casar com confusão.
41. Cinzas jogadas no ar voltam aos olhos de quem jogou.
42. Quem não remenda suas roupas, daqui a pouco fica nu.
43. Velhice é um mal sem remédio.
44. Quem muito se mostra, tem pouco para dar.
45. Ninguém penteia a cabeça na ausência do dono dela.
46. Hoje um ovo, amanhã um galo.
47. Do meu parente, desprezo; do estrangeiro, respeito.
48. Rato sensato não faz trato com gato.

# LIVRO 4
Etiópia

# Introdução

A antiga Etiópia ou Abissínia compreendia também a Núbia, nome de toda a região em torno do rio Nilo, entre Assuam no Egito e Dongola, no Sudão. Suas regiões limítrofes eram o Egito, ao norte; o mar Vermelho, a leste; o território dos Kolas, a sudeste; ao sul, os territórios dos Galas (na margem direita do Nilo) e dos Xiluques (na esquerda); a sudoeste, o Darfur e, a oeste, o Saara.

## Capítulo 1   Os Sabeus

### I – O povo de Sabá

1. A Península Arábica foi povoada originalmente por populações negras, aparentadas aos Vedas indianos. A proximidade entre a Arábia e o nordeste africano motivou, na Antiguidade, até mesmo a fusão de povos e estados. Um dos resultados dessa fusão foi o povo de Sabá, que edificou um reino extenso e próspero. O fausto desse reino propiciou condições para que, por volta de 900 a.C., sua soberana realizasse uma visita ao rei Salomão, de Israel, sendo recebida como a estadista poderosa que era.
2. Makeda, rainha dos sabeus, povo de Sabá, notável por suas riquezas e mercadorias, fez a viagem de 2 mil quilômetros com uma grande comitiva em camelos carregados de especiarias, ouro e pedras preciosas. Depois de gozar da hospitalidade de Salomão e encantar-se com sua sabedoria e sua riqueza, Makeda retornou a Sabá, mantendo, entretanto, seu vínculo com Salomão, de quem teve um filho.
3. Menelik, filho da rainha Makeda com Salomão, iniciou, na Etiópia, uma

linhagem real que chegou até Hailé Selassié, quase 3 mil anos depois. Dessa linhagem, descendem também os falachas.

4. Falacha é o etíope seguidor do judaísmo, cujos ancestrais teriam vindo, talvez, do Oriente Médio, na Antiguidade, estabelecendo-se na região de Bagemder, nas montanhas próximas a Gondar.
5. O livro sagrado dos falachas é o Velho Testamento, escrito em língua gueês. Mas o fiel pode orientar-se, também, por outras obras, na mesma língua, principalmente as obras gnósticas escritas em copta e reelaboradas no espírito hebraico.
6. A missa do falacha deve inspirar-se na dos cristãos etíopes, constituindo-se na leitura de salmos, do Livro dos Jubileus e de outros textos e orações do Velho Testamento. Ela deve ser, sempre que possível, acompanhada por cânticos e danças executadas pelo däbtäras, os intérpretes dos livros sagrados.
7. O Velho Testamento, escrito num pergaminho preparado com pele de animais, ritualmente puro, deverá ser objeto de culto respeitoso e reverente.
8. O corpo sacerdotal da comunidade deverá constituir-se de padres, diáconos, monges e däbtäras, os quais escolherão um pontífice.
9. Em função das muitas obrigações de seu sacerdócio, o pontífice será dispensado das tarefas civis. A ele caberá: celebrar a missa diária; distribuir bênçaos purificatórias (aos meninos recém-circuncidados, às mulheres que retornam da clausura após o ciclo menstrual, aos recém-casados e aos que vestem roupas novas).
10. São também suas obrigações: executar os sacrifícios, abençoar as celebrações dos sábados e as oblações nos dias festivos. O pontífice deve ser, acima de tudo, o conselheiro, o confessor e o doutrinador da comunidade.
11. A pauta de celebrações deverá compreender: os sábados, quando se renderão graças pelo fim da semana de trabalho; o Arte-Asärt, realizado a cada mês, de acordo com o calendário lunar; e a Páscoa, celebrada com grande festa e banquete em regozijo pela saída do povo judeu do Egito.
12. Sempre que necessário, o falacha pode consultar um awaqui, um mago, a fim de buscar proteção dos zar, espíritos benignos, e neutralizar as influências maléficas.

## II – A alma e a vida após a morte

1. A alma do falacha está em todas as partes do corpo e assume a sua forma. Após a morte, ela vai para Samayi, o mundo dos espíritos e, dependendo dos méritos de seu dono, será mandada para Ganat, o paraíso, ou para Siol, o inferno. No paraíso, as pessoas generosas e devotas gozarão de uma vida de eternas delícias, sem trabalho e alimentando-se de leite e mel. Já no inferno, só passarão fome e frio – apesar do fogo permanente.
2. Para ter acesso às benesses de Ganat, o falacha não pode roubar; cometer adultério; desejar o cônjuge alheio; nem revidar o mal recebido. Ele também deverá, sempre, casar monogamicamente e silenciar diante de atos indignos cometidos por outra pessoa.
3. O mundo é povoado por numerosos espíritos de diferentes categorias que, em sua maioria, são apenas almas de ancestrais falecidos. Os espíritos das calamidades naturais, dos fundadores de clãs, dos reis, dos magos, dos grandes animais e dos homens mortos por raios são os mais poderosos.
4. Entre os animais, o leão é a encarnação do espírito generoso e símbolo do poder supremo.
5. O mal é personificado por Saytan ou Ganel, meio homem, meio animal, a quem os espíritos malfazejos servem e rendem obediência. Os espíritos vingativos devem ser capturados, fechados num pote e afundados num pântano. Mas o espírito de uma doença pode ser guardado num pote e transformado em objeto de culto para proteção contra aquela doença.

## III – Os cristãos etíopes

1. Os cristãos etíopes dependem da Igreja de Alexandria. Seu chefe é um bispo ou patriarca, o abuná, que unge o imperador e ordena os sacerdotes.
2. Juntamente com o imperador, em cujas mãos estão os poderes judiciários, é a Igreja que aplica as penas. O refúgio em um convento é inviolável.
3. O imperador é assistido por um intendente geral, o alaká. E, ao lado do alaká, está o atxeguê, grande sacerdote do convento de Debra-Loebanos.
4. O imperador tem ainda ao pé de si um confidente militar, o lika-menkokas,

que, em combate, porta armas destinadas a aparar os golpes destinados ao príncipe.
5. As rainhas e as rainhas-mães ostentam o título de itiguê; os chefes de província são os rás; e o encarregado da guarda das fronteiras é o abogás.

## Capítulo 2  Etiópia e regiões vizinhas – Provérbios

1. Para o homem da cidade, um jardim é uma floresta.
2. Para o apaixonado, o abismo é um verde prado.
3. O tolo procura esterco onde o boi nunca pastou.
4. Pasto verde, gado gordo.
5. O mal entra como agulha e alastra como capim.
6. Um amigo próximo pode ser o próximo inimigo.
7. Tudo o que é muito inflado chega um momento arrebenta.
8. Pés impacientes dão na cova da serpente.
9. Covarde sua até dentro d´água.
10. Cobra aos seus pés, bastão na mão!
11. Testemunha de rato é outro rato.
12. Quem aprende ensina.
13. O tolo casa boi com elefante.
14. Quem corre sozinho não é ultrapassado.
15. O cacto só é azedo para quem prova.
16. A rã quis ser grande como o elefante: explodiu.
17. Quem fica curado se esquece de Deus.
18. Quem vive no oco do pau é cupim.
19. Mulher sem homem é campo sem semente.
20. Se o amigo magoa, a mulher consola.
21. Coração triste, lágrimas no rosto.
22. Se você não chamar, quem abre a porta?

23. Os chifres do boi não o incomodam.
24. Trabalho em dia santo não enriquece; comida em dia de jejum não engorda.
25. Quando o coração transborda, sai pela da boca.
26. Ninguém constrói uma casa sabendo que está no fim.
27. Teias de aranha unidas podem laçar um leão.
28. Quem busca peixe em loca pode achar cobra.
29. Contar segredo a um indigno é levar sementes em saco furado.
30. Dente podre só para de doer arrancado.
31. Casa sem mulher é celeiro sem rebanho.
32. Quem fica sentado está sendo mutilado.
33. O tolo fala, o sábio ouve.
34. O gato pode entrar num mosteiro, mas mesmo assim ele é um gato.
35. Se minha vaca está no céu, não posso beber seu leite.
36. A mesa do estanho é boa, mas a do lar é melhor.
37. Modéstia demais vira fome.
38. Se ofender, peça perdão; se ofendido, perdoe.
39. Quem esconde que está doente não espera ser curado.
40. O tolo e a água se desviam do caminho.
41. Onde não há pudor, não há honra.
42. Só a filha tola diz à mãe como criar seus filhos.
43. A adversidade é a melhor conselheira.
44. Antecipe o que é bom para que possa desfrutá-lo.
45. Quem se veste às pressas, fica nu mais cedo.
46. A vaca pariu uma chama: quando foi lamber a cria, ela se queimou, e quando quis apagá-la, o amor de mãe falou mais forte.
47. Pra quem não tem casa, viver é inútil.
48. Quem separa o seu quinhão sempre guarda a melhor parte.
49. Quem ainda não sabe andar não pode subir escada.
50. O tolo ouve a maldição como uma bênção.
51. Na velhice é mais fácil virar monge.
52. "Aleluia" toda hora nunca foi prova de fé.
53. Quando diz que é para o filho, todo pobre ganha esmola.

54. O que se jogou no lixo não se encontra novamente.
55. O tolo sente sede no meio do rio.
56. Língua de covarde queima até manjar gelado.
57. O que se espera é sempre melhor que o que se tem.
58. A ferida inflama o dedo, o pensamento inflama a mente.
59. Quem vive com burro, zurra igual a ele.
60. Mexa seu pescoço no ritmo da música.
61. Morre um, nasce outro: a terra aumenta.
62. No mar ninguém precisa plantar água.
63. Quem não faz barba não corta o rosto.
64. Roubou uma vez, vai ser sempre suspeito.
65. Quem não tem amizades é pobre de verdade.
66. A precaução é prima da covardia.
67. A pobreza escraviza.
68. Sabedoria não vem da noite para o dia.
69. Quem tem os olhos abertos não pisa em rabo de cobra.
70. Um irmão é um ombro.
71. O lar do homem é onde o homem leva a vida.
72. O único mal que o cupim faz a uma pedra é lambê-la.

# LIVRO 5
# Zambézia

# Introdução

A antiga capitania de Moçambique era, ao tempo da escravidão negro-africana, uma possessão portuguesa, estendendo-se a nordeste da Cafraria ou Zululândia, banhada a leste pelo oceano Índico e pelo canal de Moçambique que a separava da ilha de Madagascar.

## Capítulo 1   História

### I – Os xonas

1. Oriundos da região do lago Tanganica, os povos xonas iniciaram seu deslocamento para o sul por volta do ano de 850. Lá chegando, espalharam-se pelas regiões sul e sudeste do atual Zimbábue, onde descobriram ouro, cobre, ferro e outros metais.
2. O conjunto dos povos xonas compreendia os carangas (xonas do sul), zezurus, rózuis (lozis ou barotses), manicas, tauaras etc.
3. No monte Mântua, a tribo dos carangas e, mais especificamente, o clã dos rózuis, que constituía a classe dominante, ergueu, em honra aos espíritos dos antepassados, um santuário e outras edificações às quais deram o nome de Dzimbahué, o santuário.
4. Os xonas eram guerreiros belicosos e grandes comerciantes. Seus chefes usavam capas de peles de animais selvagens, cujas caudas arrastavam pelo chão, como sinal de dignidade e autoridade. Suas espadas, levadas do lado esquerdo da cintura, eram ornamentadas com muito ouro. Armavam-se também de flechas e lanças pontiagudas.

5. O rei dos xonas era conhecido como monomotapa. Esse rei governava sob a inspiração de Muári, o Deus supremo, por meio de um conselho de notáveis e de regimentos de guerreiros instalados em pontos estratégicos.

## II – A costa

1. No final do século X, a cidade de Sofala tornou-se o ponto de contato entre a cultura muçulmana do litoral, voltada para o comércio, e a cultura tradicional dos xonas, dedicados à metalurgia.
2. A ação dos portugueses, entretanto, levou destruição à região, estruturada e desenvolvida com base no cruzamento dessas duas vertentes culturais.
3. Durante o século XVII, os portugueses concentraram sua atuação num Monomotapa minado por divergências internas. Assim, em 1629, o reino tornava-se vassalo dos lusitanos, com o soberano Mavura reduzido a um simples fantoche.
4. Mas os caminhos até as minas de ouro do Zimbábue permaneceram intransponíveis, por força da resistência nativa. Em 1692, ao subir ao poder, o monomotapa Nhacunimbiti aliou-se a Changamira, rei dos rózuis. Graças a essa aliança, num espaço de três anos os portugueses foram expulsos do interior do Zambeze.
5. Por intermédio de tratados de comércio e amizade, os portugueses procuraram recuperar a antiga influência. Mas o clã rozwi dominou a região até meados do século XIX, quando foi derrotado pelos nguni, aparentados com os zulus.
6. Barrados na intenção de chegar às minas e expulsos de Zanzibar, os portugueses voltaram-se para o tráfico de escravos nas áreas litorâneas sob seu domínio, como Inhambane, Quelimane etc.
7. E instituíram um sistema de colonização por meio do qual entregavam grandes extensões de terras, por um prazo que se estendia, em regime sucessório, até a terceira geração, a colonos vindos de Portugal ou de Goa, na Índia.

## III – Os rotzes

1. Os rotzes ou barotses descendem de Mboniamoambo (Mbuiambamba), mãe de Mboo, que nasceu com chifres de boi. Caçador famoso, vivendo próximo a Libonta, Mboo teve dois filhos: Katuramoa e Muana-Mbinji.
2. Alguns mais-velhos dizem que Mbuiambamba era mulher de Nyambé, o Ser Supremo, e que um de seus quatro filhos, Ngombala, foi quem constituiu o reino.
3. Os rotzes vieram do Capombo e espalharam-se pelo alto Zambeze. Um de seus chefes, Cacoma-Mulonga, teve vários filhos. O primogênito foi Nama Banda, ao qual se seguiram Riumbo, o preferido do pai, e Riumbua.
4. Morto Cacoma-Mulonga, sucedeu-o Nama Banda, contra a vontade manifesta do pai, mas segundo a lei de primogenitura. Nama Banda governou durante quatro anos e, temendo um golpe, tramou o assassinato dos irmãos. Entretanto, ajudado por um soba (governante) do povo ganguela, fugido das terras de Lutembo, Riumbo matou o irmão e assumiu o poder.
5. Mas Riumbo logo teve de enfrentar seu outro irmão, Riumbua, e defrontar-se com um vasto período de invasões e guerras até morrer em 1849, sendo sucedido por seu filho, Maxico.
6. A dinastia legítima foi suplantada pelos Makololo, vindos do Lesoto, comandados por Sebitoane.

## Capítulo 2   Tradições religiosas

### I – Muári

1. O mundo e todas as coisas são criação de um Ente Supremo, chamado Muári.
2. Muári (que outros chamam Mulungu, Ruwa e Unkulunkulu) personifica as forças da natureza e da sociedade, como símbolo de unidade do ser. Entretanto, é inacessível, distante e todo-poderoso, como criador do

Universo, do homem, dos animais e de todas as coisas, tendo nas suas mãos o destino de todos os seres humanos.
3. Ele nada tem a ver com os problemas particulares, cotidianos da vida humana. Mas, como todo-poderoso, influencia e controla calamidades naturais e grandes pragas, bem como a fecundidade das mulheres.
4. Foi Ele que ensinou o homem não só a utilizar o fogo, os instrumentos de trabalho e o gado como também a cultivar os campos. Gerou, ainda, os demais espíritos, introduziu os tabus, os sacrifícios e as cerimônias de iniciação, além de ter dado nome a tudo o que existe no Universo.
5. O monomotapa governava em nome de Muári, dono de todas as terras dos xonas. O primeiro chefe xona, Chiluma, era filho de Muári, sendo o ancestral de todo o povo xona. A Muári são consagrados santuários situados em grutas sagradas, nos bosques, junto às árvores sacralizadas, guardados por serpentes. Nesses lugares, pode-se ouvir a voz de Muári a qual se manifesta por meio do trovão ou do rugido do leão. Os sacerdotes de Muári representam, uns, os olhos (porque veem o que fazem os humanos), outros, os ouvidos (porque ouvem as súplicas) e outros, ainda, a boca, pois interpretam Suas ordens. Os sacerdotes devem viver retirados, em grutas especiais, junto com a força de Muári e os espíritos dos ancestrais. Cada tribo ou cada chefe tem de ter o seu santuário, o seu Zimbábue. Os chefes supremos exercem a função de sumo-sacerdote do culto de Muári. Os súditos não podem olhar para o rosto do sumo-sacerdote nem ouvir sua voz. Por isso, Muári fala por intermédio do Goma Lungundu, o seu tambor, que deve ficar guardado também.

## II – O nganga e o mulói

1. Os grandes depositários e conhecedores das coisas que dizem respeito ao cotidiano da vida e à natureza são os ngangas.
2. O nganga deve ser consultado na doença e nos estados anormais para determinar o mal e obter a cura, a fim de buscar sucesso e diminuir riscos de qualquer empreendimento, como na caça, na pesca, na construção de uma casa ou de uma canoa; para proteger as pessoas, as comunidades e

suas casas contra fenômenos naturais e outros perigos, nas colheitas, na vida familiar e no trabalho.
3. Para tanto, o nganga saberá usar os muxongas, medicamentos, dos quais conhece os segredos e os efeitos. O nganga também está autorizado por Muári a defender as pessoas contra malefícios desencadeados por um mulói, feiticeiro.
4. Ao contrário do nganga, que trabalha o bem das pessoas e da comunidade, o mulói trabalha para prejudicar e desencadear malefícios, sendo, portanto, um indivíduo anti-social.
5. Enquanto o nganga é sempre uma pessoa de destaque no seu grupo, o mulói esconde-se, dissimula e nunca assume sua condição. Cabe ao nganga, por seus poderes, apontar ao consulente a ação de um mulói sobre sua vida. O acusado de ser um mulói deverá ser submetido a uma prova, na qual mostrará, ou não, sua inocência.
6. Essa prova consiste em fazer o acusado ingerir a bebida feita de cascas da árvore mtêo. Se vomitar, é inocente; se evacuar, é culpado.
7. O animal predileto do mulói é kizumba, a hiena, por sua prática em desenterrar cadáveres, encarnando, elas próprias, espíritos de mulóis que morreram.
8. Entretanto, o mulói só pode exercer sua ação sobre pessoas ligadas a ele por laços de sangue.

## III – Entidades nefastas
1. O ntcheso é também uma entidade nefasta. Mas ele não é um indivíduo e, sim, um efeito ou um poder que um homem, e só um homem, pode desencadear, pois as mulheres não são detentoras desse poder.
2. A prova da ingestão de mtêo não tem eficácia sobre os simples possuidores de ntcheso, pois ela só funciona sobre o indivíduo que é muloi, feiticeiro.
3. Outra entidade nefasta é o mpsézi, que rouba as colheitas, e o ngozi, que é o espírito de alguém que morreu mal, por acidente, assassinato ou suicídio.
4. O ngozi pode voltar-se contra aquele que o pretende utilizar, e que, por exemplo, não cumpre fielmente as prescrições por ele ordenadas.

5. Nesse caso, ele afetará seu mau usuário, que poderá morrer e tornar-se, ele próprio, um ngozi, maléfico também.

## IV – Os espíritos dos mortos

1. Os mizimus, espíritos dos ancestrais, desempenham um papel fundamental. Eles são espíritos familiares, que interferem apenas na vida de seus descendentes.
2. Cada linhagem tem os seus mizimus, aos quais devem ser feitas, periodicamente, oferendas de pombe (cerveja), tabaco, mingau etc. Um mizimu insatisfeito, negligenciado, esquecido, pode causar doenças e outros distúrbios em seus descendentes.
3. Quando isso se der, o afetado deverá ser levado ao nganga, que usando meios de adivinhação, determinará a causa, o causador e o remédio para o mal.
4. Em todas as situações novas, ao mudar-se de residência, ao partir-se em uma viagem etc., deve-se fazer oferendas aos mizimus.

## V – Os chaues e o mambo

1. Além dos mizimus, há espíritos que, por sua identificação com a essência de determinados animais, maiores ou menores, revestem-se de uma grande importância, podendo influenciar vidas individuais e de comunidades.
2. Esses espíritos são mhondoro, o leão; nyalugué, o leopardo; apfene, o macaco; tsanganhoca, a cobra; ntsato, a jiboia; e mphumpi, o cão caçador. Suas essências são resultado da força vital de pessoas falecidas que, em vida, foram preparadas por um nganga para tal desdobramento.
3. Todos esses espíritos são genericamente conhecidos como chaue, à exceção do mhondoro, que é um mambo, ou seja, um espírito maior. Os chaues e o mambo comunicam-se através de um médium, o mvula.
4. A possessão é propiciada, pelo nganga, por meio de cânticos e danças ao som de tambores, depois de um processo preparatório. A partir do primeiro transe, o médium passa a ser reconhecido como mvula, como veículo de determinado espírito.

## VI – Os mvulas

1. A vontade dos diferentes espíritos manifesta-se principalmente por intermédio dos mvulas, os médiuns, que podem ser chefes ou sacerdotes.
2. O mvula é um dignitário que exerce o seu cargo hereditariamente, tendo para isso sido destacado e distinguido pelo próprio espírito a que serve.
3. Em função desse fato, ele deve trajar vestimentas especiais, de uso vetado às pessoas comuns. E deve infundir o mesmo respeito e temor que os espíritos que encarna.

## VII – Mambo mhondoro

1. O mambo mhondoro é o espírito de um antigo chefe. Sua esfera de ação engloba principalmente o desenvolvimento da agricultura e o controle da chuva.
2. Perto do local onde vive um médium do mhondoro deve haver sempre um santuário, o dzimbahué, cujo guardião é o kabandázi. Esse santuário deve constar de uma pequena construção, katchissi, onde devem ser feitas as oferendas e guardados os objetos de culto.
3. O transe é provocado colocando-se o mvula deitado de bruços sobre um lençol, em cuja cabeceira estão os objetos rituais.
4. O mhondoro fala de modo incompreensível, sendo suas comunicações traduzidas pelo kabandázi, que é o intermediário entre o espírito e a comunidade.
5. Ao mhondoro devem ser oferecidas as primícias das colheitas, juntamente com pombe (feito com o primeiro cereal colhido), tabaco e papa de farinha do primeiro inhame que se colheu.
6. Os médiuns do mhondoro não são enterrados como os outros defuntos, e sim colocados em estrados em cima de árvores ou, sobre estrados, em ilhotas de rios.
7. O mambo mhondoro deve sempre ser consultado nas questões importantes de seu povo.

### VIII – Chaue la Nyalugué e Chaue la Kalumba

1. Chaue la Nyalugué, que é o espírito do leopardo, tem como papel principal proteger os campos cultivados contra a ação dos predadores.
2. Ele é o único autorizado a dançar junto com o mambo mhondoro.
3. Chaue la Kalumba, o espírito da jiboia, é também importante propiciador das águas fluviais. Como vive no embondeiro, no baobá, se uma dessas árvores for abatida, o rio mais próximo dela secará.

## Capítulo 3   Zambézia – Provérbios

1. É melhor dedos amarrados do que cortados.
2. Palma da mão coçou, sorte grande a caminho
3. Doença em quarto minguante, cura na lua-nova.
4. Quando a lua não é cheia, as estrelas brilham mais.
5. Quem caça dois ratos não pega nenhum.
6. Quem queima uma casa não oculta a fumaça.
7. Flor de morango não adoça pão seco.
8. Quando o dono está ausente, as rãs pulam para dentro da casa.
9. Quem é mordido por cobra tem medo até de minhoca.
10. Indecisão é como enteado: se ele não lava as mãos, é porco; se lava, está gastando água demais.
11. O boi acaba num bife, a mentira acaba em mágoa.
12. Cão dormindo não se chuta.
13. Tristeza é rico tesouro: só se mostra aos amigos.
14. Amor é como arroz novo: mesmo ceifado ainda cresce.
15. Latido de cão, mesmo fraco, assusta.
16. A vida é sombra e neblina: vem e passa num instante.
17. Enquanto a boca está cheia não se morde outro bocado.
18. Quem atravessa o rio em bando não tem medo de crocodilo.
19. Quem lava os outros com sabão vai se gastando também.

20. Flecha pequena não mata cobra grande.
21. Mosquito é que pica o dono da casa onde mora.
22. Língua usada como faca acaba cortando os lábios.
23. Macaco não vê seu rabo, mas enxerga o do vizinho.
24. Quando leão não está, qualquer um come os filhotes.
25. Em um tribunal de aves, barata não ganha causa.
26. Se você está construindo uma casa e um prego quebra, você para de construir ou troca o prego?
27. Depois que o rato passou, não se prepara armadilha.
28. Atrás da insensatez vem o remorso.
29. Quem foi chifrado por búfalo não pode ver boi preto.
30. Quem recebe presente não pergunta o preço.
31. Quem não sabe uma coisa sabe outra.
32. Cachorro branco não morde cachorro branco.
33. Antes de falar, pensa-se primeiro.
34. Bracelete apertado, mesmo brilhando, a gente joga fora.
35. Tire a faca da mão da criança, mas dê uma lasca de madeira.
36. Um dedo sozinho não mata nem piolho.
37. Quem não sabe dançar diz que o chão tem pedras.
38. Se alguém maltratou teu bode, não lhe mate o boi.
39. Pessoa atenta não se lamenta.
40. Coração ausente, o outro esquece.
41. Árvore podre caindo leva sempre uma boa.
42. Tudo o que se fala tem dois significados.
43. Não se mata a avezinha diante da ave mãe.
44. Toda cura tem seu preço.
45. Saber é uma coisa, ver é outra.
46. O neto é que cuida do avô e não o avô do neto.
47. Um trovão não é chuva ainda.
48. Rapidamente encontrado, rapidamente perdido.
49. Questões de casa não se discutem na praça.
50. O bom painço se vê é na colheita.

51. Antes de consertar a cerca do vizinho, olhe a sua.
52. Um carneiro não berra em dois lugares ao mesmo tempo.
53. Até a noite escura tem ouvidos.
54. A experiência é que faz do tolo um sábio.
55. Não se faz roupa de bebê antes de ele nascer.
56. No mundo toda coisa tem seu duplo.
57. Não deixe o hóspede sujar a água do seu poço.
58. A palavra é como pedra: se atirada, não tem volta.
59. Caçador saiu, macaco come o milho e entra na cabana.
60. Meia broa é melhor que nenhum pão.
61. Quem tem chicote na mão não chama um cão.
62. Cavalo que chega cedo bebe água limpa.
63. Uma falta confessada é metade reparada.
64. Quem cruza rio é para se molhar.
65. No escuro ninguém vê o hipopótamo.
66. O cavalo tem quatro pernas, mas assim mesmo ele cai.
67. O figo mais bonito pode ter um bicho dentro.
68. Quem vive num país tem que seguir seus costumes.
69. O rico sempre se queixa.
70. Formiga também morde elefante.

# Volume 2

# O Novo Legado – História e Tradições da Diáspora Afro-Americana

## LIVRO 6 Brasil e Rio da Prata

# Introdução

A colonização portuguesa no Brasil inicia-se na primeira metade do século XVI. Frustrada a exploração da mão-de-obra indígena, os colonizadores recorrem à África. E o porto do Rio de Janeiro vai constituir-se importante escala para a introdução de escravos na região do Rio da Prata.

## Capítulo 1   Os africanos no Brasil

### I – Bantos e Sudaneses

1. Para o Brasil, o tráfico de africanos escravizados trouxe, principalmente, trabalhadores bantos, do centro-oeste e do leste africanos, e sudaneses, da África Ocidental. Tanto uns quanto outros foram distribuídos, durante a Colônia e o Império, por quase todo o território brasileiro. Sua mão-de-obra foi atraída pelos grandes polos irradiadores dos sucessivos ciclos econômicos.
2. Entretanto, algumas regiões ficaram mais sensivelmente marcadas por traços culturais específicos, como é o caso da presença daomeana no Maranhão; da congo-angolana em parte do nordeste e em todo o sudeste; e da jeje-iorubana na capital da Bahia.
3. No início do século XIX, os iorubanos (aqui chamados genericamente nagôs, da mesma forma que em Cuba foram conhecidos como lucumís), somados a seus vizinhos fons (jejes), grúncis, nupês ou tapas, hauçás e outros, já se constituíam em metade da comunidade africana na capital da Bahia. Por volta de 1835, para uma população de aproximadamente 65

mil habitantes, a cidade de Salvador tinha cerca de 36 mil escravos (mais da metade africanos), dos quais 60%, isto é mais de 20 mil indivíduos, pertenciam às etnias mencionadas.
4. Nessa época, a cidade mantinha intenso comércio com o continente africano e principalmente com a região do Golfo da Guiné. Todas essas circunstâncias levaram à maior coesão dos iorubanos, notadamente os de Quetu, na fronteira com o Daomé, fazendo com que suas tradições, principalmente as religiosas, tornassem-se aparentemente hegemônicas entre as várias outras vertentes culturais africanas no Brasil.
5. Essas vertentes são, sobretudo, a macumba, nome genérico e depreciativo dos cultos africanos; o candomblé, referindo-se mais especificamente à vertente jeje-nagô difundida a partir da Bahia; o batuque, forma gaúcha; o xangô e o xambá, formas desenvolvidas no nordeste; o babaçuê, o catimbó e o toré, formas afro-ameríndias.

## Capítulo 2  O culto aos orixás

### I – Orixás

1. Os orixás vieram para as Américas conduzidos por sacerdotes iorubanos. Uns, como os de Oió, trouxeram tradições iorubanas autóctones. Outros, como os de Queto, trouxeram costumes rituais fortemente influenciados por práticas jeje-daomeanas. Essa influência foi tão forte que seu culto prevalece até nos terreiros chamados congos ou angolas.
2. Nestes, embora prevaleça a utilização de linguagem crioula originada no quicongo e no quimbundo, a estrutura, os símbolos e as práticas rituais em quase nada diferem da tradição iorubana e jeje.
3. Segundo a tradição, os fundamentos das primeiras casas de culto a orixás no Brasil, o Ilê Axé Ia Nassô e o Alaqueto, foram plantados na Bahia, respectivamente na primeira e na segunda metades do século XIX.

## II – O culto

1. Os orixás devem ser cultuados em âmbito privado e em cerimônias públicas. Os locais de culto precisam ser privilegiados pela natureza, o máximo possível, com mato, água corrente e ar livre. Porém, essas cerimônias também podem ser realizadas em um espaço fechado e coberto, que comporte o barracão das festas, os quartos dos santos e a camarinha de iniciação, entre outros cômodos
2. No chão, sob esse espaço fechado, será cerimoniosamente plantado, antes da instalação, o axé, concentrando a força vital da própria casa e da comunidade. Ligando o piso ao teto, como símbolo da união do mundo dos vivos, aiê, ao dos orixás, orum, será erguido o poste central.
3. Na entrada do terreiro estará sempre a casa de Exu. E em outro ponto, igualmente separado do conjunto, ficará a casa dos Eguns. Convenientemente distribuídas pelo terreiro, florescerão as árvores consagradas aos diversos orixás e principalmente a árvore de Irôco. Essas árvores, ou pelo menos a principal delas, deverão estar sempre revestidas com um ojá, o pano delicadamente enlaçado que representa sua sacralização.
4. Em contraposição a orixás que vivem preferencialmente ao ar livre, como Exu, Ogum, Oxóssi e Ossãim, há outros, como Oxalá e Iemanjá, que precisam estar sempre bem agasalhados. Da mesma forma, cada orixá identifica-se com um dos elementos da natureza: água, fogo, terra e ar.
5. Consoante suas afinidades e seus atributos, eles serão assentados nos otás, pedras que, ao receberem a emanação de seu axé, de sua força vital, transformam-se em sua fiel representação. São esses otás que vão receber o sangue dos sacrifícios e absorver o axé emanado dessa e das demais oferendas, transmitindo-os ao orixá.
6. Esses assentamentos serão o real objeto do culto privado, constante de cerimônias periódicas, como ossé (limpeza), rituais de purificação, oferecimentos de água fresca, bebidas, alimentos etc. Diante deles, os fiéis deverão prosternar-se e manter atitude respeitosa.
7. Nas cerimônias públicas, em geral de caráter festivo, serão os próprios

orixás, incorporados nas iaôs, que virão receber as homenagens dos fiéis e confraternizar com eles numa festa de música e dança.

## III – As festas públicas

1. Uma festa de orixá deve sempre ser antecedida pelo padê, reunião de reverência aos ancestrais do terreiro, na qual o nome de todos eles deve ser invocado. Após a reunião, será feita a cerimônia privada do sacrifício, ou matança. Contudo, antes das celebrações ao orixá ou orixás especialmente festejados, deverá ser homenageado Exu.
2. Só então, geralmente horas depois dessas preliminares, acontecerá o xirê, que é a festa pública, a celebração propriamente dita.
3. O xirê deve sempre se iniciar com um pedido ritual de licença a Exu, a quem serão oferecidos farofa, dendê e água. Aberto o xirê, as pessoas cantarão, ao ritmo dos instrumentos rituais, três cantigas para cada orixá, de acordo com a seguinte ordem aproximada: Exu, Ogum, Oxóssi, Ossãim, Xangô, Oyá, Oxum, Iemanjá, Oxumarê, Obaluaiê, Nanã e Oxalá. Orixás filhos, como Logun Edé, ou esposos, como Obá, serão homenageados juntamente como seus genitores ou consortes.
4. À medida que as iaôs forem entrando em transe, os orixás incorporados serão levados pelas equédes até o compartimento da casa onde serão paramentados com suas roupas e insígnias identificadoras, retornando, depois, todos juntos, para as danças, celebrações e confraternizações finais.
5. Entre a desincorporação de um orixá e a volta da iaô à sua consciência plena, poderá sobreviver o estado de erê. O erê é uma vibração infantil identificada com os Ibêji.
6. As festas periódicas dos orixás devem obedecer a um calendário litúrgico básico que compreende: águas de Oxalá, o presente das águas, o olubajé, o lorogum.

## IV – Sacerdócio

1. A hierarquia sacerdotal, num terreiro de culto aos orixás, deve compreender basicamente: uma ialorixá ou um babalorixá, chefiando

toda a comunidade; uma iyá-kekerê, como segunda pessoa em autoridade; uma ialaxé, responsável pelos assentamentos dos orixás; uma ia-tebexê, encarregada do solo dos cânticos litúrgicos; uma iá-bassê, responsável pela cozinha ritual; uma dagã e uma sidagã, incumbidas do padê de Exu; um axogum, encarregado dos sacrifícios; alabês, músicos cerimoniais; ogãs, representantes do terreiro perante a sociedade externa; equédes, zeladoras dos orixás incorporados; iaôs, médiuns dos orixás; e abiãs, noviças em fase de pré-iniciação.
2. Outros cargos da hierarquia sacerdotal, preenchidos de acordo com o porte do terreiro ou acumulados por titulares de outras funções, são os de olossãim, responsável pelas folhas rituais; açobá, zelador da casa de Obaluaiê; sarapebé, mensageira da ialorixá, e outros mais.
3. O cargo de ogã poderá ser concedido, também, a título meramente honorífico.
4. O terreiro deve utilizar, sempre que necessário, o concurso de um babalaô, sacerdote do culto de Ifá.

## V – Iniciação

1. Os orixás, à exceção daqueles que não incorporam, como Odudua e Orumilá, por exemplo, escolhem seus intermediários, aquelas pessoas por meio das quais eles se comunicarão com os humanos. Essas pessoas, então, devem ser convenientemente preparadas para esse mister.
2. O primeiro passo é confirmar, de preferência por meio de um babalaô, qual o odu que rege o destino dessa pessoa e qual seu orixá de cabeça. Confirmados o orixá e a necessidade da iniciação, e tomadas as providências materiais necessárias, o iniciando deve ser recolhido à camarinha, procedendo-se à seguinte sequência: banho purificatório; uso das vestes apropriadas; cerimônia do bori, para alimentação da cabeça; depilação completa; pintura da cabeça; sundidé, aspersão do sangue sacrificial na cabeça; implantação do axé do orixá por meio da colocação do oxu; saída pública para o orunkó ou manifestação do nome; cerimônia da quitanda ou panã; missa em igreja católica numa sexta-feira, em honra de Oxalá.

3. Após essa sequência, que deverá estender-se por três semanas de reclusão, a iaô, mesmo já feita, ainda estará sujeita a euós (tabus) que durarão três meses. Só após esse período estará ela completamente integrada ao mundo secular.

## VI – O panteão dos orixás

1. Exu e Bará são os orixás donos dos caminhos e dos destinos, mensageiros da trindade Olorum-Olofim-Olodumare e dos demais orixás. São eles que levam ao Orum a energia das oferendas e dos sacrifícios.
2. Bará difere um pouco de Exu, seu irmão, por revestir-se de características menos agressivas e perigosas. Ele é o Exu pessoal, guardião e protetor de cada indivíduo.
3. O assentamento, o suporte físico, tanto de Bará quanto de Exu é apenas um montinho de barro vermelho, ajeitado no quintal; ou então uma cara de barro bruto, com búzios no lugar dos olhos e a boca desenhada.
4. Na condição de mandatário, Exu pune aqueles que ofendem os orixás ou falham no cumprimento das obrigações determinadas pelo babalaô; da mesma forma, protege todos aqueles que as cumprem.
5. Quando um orixá quer dar alguma coisa boa a uma pessoa, tanto material quanto espiritualmente, Bará ou Exu são os encarregados de trazer essa dádiva.
6. Às vezes, portador de graças, e outras, agente punitivo e causador de transtornos, Exu é bom ou mau, de acordo com a circunstância.
7. Independentemente do orixá pessoal, tem-se sempre de rezar para Exu (ou Bará), para que ele abra o caminho e afaste malefícios e problemas.
8. Em cada oferenda feita aos outros orixás, uma parte deve ser separada para o poderoso Exu.
9. Ogum é o orixá do ferro, patrono de todos os que comumente usam instrumentos ou ferramentas feitos desse metal.
10. É o caso dos ferreiros, caçadores, guerreiros, barbeiros e entalhadores; dos que trabalham com o couro e dos cirurgiões, porque usam faca; e dos maquinistas de trem, porque trabalham sobre trilhos de ferro.

11. Oxóssi é o orixá da caça e dos caçadores. Usa apetrechos de caça e um iruquerê, iruexim ou espanta-moscas na mão.
12. Outros orixás caçadores são Inlê, Orê, Ibualama e Logum Edé, filho de Inlê e Oxum Pandá.
13. Ossãim é o orixá das plantas. Por isso, é uma divindade muito importante, já que sem plantas, e principalmente sem folhas, nenhum ritual pode realizar-se.
14. Ossãim vive na mata cerrada junto com Arôni, um negrinho de uma perna só. E o sacerdote de seu culto, quando for à floresta colher plantas, deverá sempre levar para eles uma oferenda em dinheiro.
15. Xangô reinou na cidade de Oió. Orixá do trovão, ele atira pedras de raio do Céu para a Terra, matando ou incendiando as casas daqueles que o ofendem.
16. Oiá ou Iansã é o orixá do rio Niger e a mulher predileta de Xangô.
17. Quando Xangô quer usar seus raios, manda Oiá na frente com o vento, já que ela é o próprio vento que antecede as tempestades.
18. Sem Oiá, Xangô não pode lutar. E, quando ela chega, as pessoas já sabem que ele está por perto.
19. Então, Oiá destelha casas, derruba grandes árvores e sopra para atiçar o fogo ateado pelos raios de Xangô.
20. Oxum é a dona do rio Oxum, que nasce em Ekiti e passa por Oxogbô, sua cidade.
21. É o orixá do ouro, do metal amarelo e de outros metais reluzentes, famosa por sua beleza, vaidade e elegância.
22. Por causa de sua beleza, Oxum foi desejada por todos os orixás, fazendo de vários deles seus maridos ou amantes.
23. Obá, terceira mulher de Xangô, é guerreira e muito forte.
24. É a dona do rio Obá, que nasce em Ogbomoxô. E é a grande inimiga de Oxum.
25. Tanto que no local onde se encontram os rios Obá e Oxum as águas são muito agitadas, em consequência dessa rivalidade.
26. Iemanjá, filha de Olokum, orixá do mar, é a dona do rio Ôgum, que passa por Abeocutá e desemboca em Lagos.
27. Mãe de todos os peixes, em uma de suas vidas terrenas foi mulher de Oraniam e deu à luz Xangô.

28. Oxumarê, Xapanã e Nanã Burucu são divindades dos jejes, incorporadas ao panteão iorubano.
29. Oxumarê, a serpente arco-íris, é o orixá da continuidade, da sequência das coisas, do ciclo da vida, da atividade, do movimento, do nascer e renascer.
30. Xapanã é o orixá que espalha e cura a varíola, muito temido por sua severidade.
31. Por causa desse temor, não se deve pronunciar seu verdadeiro nome, e sim chamá-lo por seus oriquis: Obaluaiê, rei e senhor do mundo; Omolu, filho do Senhor; Obalibô, rei da floresta.
32. Nanã Buruku é a mãe mais antiga, representada pelas águas paradas dos lagos e pela lama dos pântanos, de onde tudo se originou. É o princípio da fertilidade.
33. Orumilá, Elá ou Abomiregum é o orixá da adivinhação, intimamente ligado a Exu.
34. É o dono da escrita, porque escreve pelos outros orixás e ensinou aos babalaôs escreverem seus textos em opanifás, bandejas de adivinhação.
35. É um erudito, um sábio, por causa de toda a sabedoria e de todo o conhecimento dos itans, parábolas reveladas pelos odus, que são os signos do oráculo Ifá.
36. Odudua é o Criador da Terra, o pai de todos os iorubás e o primeiro no mundo a governar, como rei de Ifé.
37. Orixalá ou Obatalá é o Criador da Humanidade, pois fez o primeiro homem e a primeira mulher e sua tarefa é dar forma aos seres humanos ainda no útero, antes de nascerem. Seu nome deriva do fato de ser considerado "o grande Orixá" (orixá nla) e "o rei das vestes brancas" (alá).

## VII – Bonocô

1. Bonocô ou Gunocô é um egungum do mato, uma entidade da nação tapa, em cuja língua gunoko quer dizer "trovão".
2. As oferendas a ele dedicadas devem ser entregues na noite de São João, no bambuzal onde mora, enfeitado de panos brancos. Bonocô aprecia cebola, galo, galinha e moedas de prata, níquel ou cobre; pamonha, canjica e caruru, além de muita luz de velas, água e acaçá branco sem sal.

3. Bonocô fala na língua dos tapas, com voz de criança, e, quando fala, seus atabaques, feitos de porrões de barro, devem calar, para dar lugar ao ritmo das cabaças, dos xequerés.
4. Quando Bonocô fala, as crianças devem ser colocadas à frente do grupo, numa esteira, de cabeças baixas, em sinal de respeito e adoração.
5. O chefe do culto de Bonocô é o zabá. Seus músicos rituais usarão sempre um ojá branco atravessado ao peito e turbante da mesma cor. E seus fiéis portarão sempre uma varinha, porque ele é um egungum.

## VIII – O batuque

1. No batuque gaúcho ou pará, assim como Exu, Bará, que se associa a Santo Antônio, deverá receber sacrifícios especiais, sendo invocado no início de todas as cerimônias. Sua capelinha será sempre um quarto fechado.
2. Mas Omolu e Oxóssi não serão assentados ao ar livre e, sim, no peji comum, junto aos outros orixás.
3. Quanto à iniciação, ela deverá ser realizada individualmente mediante cerimônias relativamente breves.
4. Os orixás, ao baixarem, ao som dos ilus, do aguê e do agogô, transmitirão seu axé aos fiéis em forma de passe. Essa transmissão poderá ser, como privilégio especial, em forma de "axé de fala", isto é, por meio de palavras que o orixá dirigirá ao filho ou fiel.
5. No batuque, Bará manifesta-se também nas qualidades de Exu Bi, que é velho, e Bará Abelu, que veste vermelho e preto, tem como flor predileta o cravo e, como objeto-símbolo, uma chave.
6. Ogum é associado a São Jorge e São Pedro. Seu objeto-símbolo constitui-se em uma espada; suas cores, a combinação de verde e vermelho; e sua planta votiva, a espada-de-são-jorge. Ele manifesta-se também na qualidade de Bará Lodé.
7. Associado a São Roque, Oxóssi tem como objeto-símbolo uma flecha, como planta votiva o manjericão, como cor predileta o azul marinho e manifesta-se por meio das qualidades de Odé Omi e Docô, que é velho. No rito jeje, reveste-se da forma feminina.

8. Ossãim manifesta-se também por meio das qualidades de Ossãim Bei e Ossãim Bi e associa-se a São Marcos e São Cipriano.
9. Loco tem como objeto-símbolo um espelho, como planta predileta a figueira, como cores a combinação de verde e branco e manifesta-se também como Lucum. Em alguns terreiros, Loco apresenta a forma feminina.
10. Associado a São Miguel, quando moço, São Jerônimo e São João Batista, Xangô tem como objetos-símbolos uma balança ou uma forquilha, como plantas votivas o bredo e a mostarda, como cores prediletas a combinação de vermelho e branco e manifesta-se nas qualidades de Xangô Dei (jovem) e Gedô (velho).
11. Sempre associada à Nossa Senhora da Conceição, Oxum tem como objeto-símbolo um espelho, como flor preferida a dália, como cor o amarelo suave e manifesta-se também como Oxum Miciê.
12. Iansã, associada a Santa Catarina, quando moça, e a Santa Bárbara, brande uma palma e gosta de rosas vermelhas.
13. Iemanjá, ligada à Nossa Senhora da Boa Viagem e à Nossa Senhora dos Navegantes, quando velha, tem como objeto-símbolo um navio, como flor predileta a hortênsia, e também se manifesta como Emirimi (moça) ou Iabossi (senhora).
14. Obá associa-se a Santa Catarina; da mesma forma que Nanã, à Nossa Senhora dos Navegantes e à Senhora Santana. Nanã tem como planta votiva a erva-de-bugre, gosta da cor amarela forte e pode manifestar-se como Atin Bami.
15. Omolu tem como símbolo uma vassoura, como planta votiva o bálsamo e desce também como Xapanã e Biteiê, sempre usando as cores preto e lilás, combinadas.
16. Oxumarê tem como símbolo também um navio; Beji, que também pode manifestar-se como Aganjum, tem como objetos simbólicos um livro e uma chave.
17. Obatalá, associado a São Francisco de Paula, tem como flores preferidas o lírio e a rosa branca, como objeto-símbolo uma estrela ou uma pomba, e manifesta-se também como Oxalá Falaquê.

18. Orumilá, em algumas vertentes, é cultuado como uma divindade feminina, sendo associado a Santa Luzia. Entretanto, no rito nagô, invocado como Ifá, mantém a forma masculina, é associado ao Nosso Senhor do Bonfim e pode ser também apresentado sob os nomes de Buzo e Abá Tuquê.
19. Em alguns aspectos, os nagôs da Bahia interagiram ritualisticamente com os jejes, inclusive fazendo nascer uma vertente de culto conhecida como nagô-vodum

## Capítulo 3   A mina e os cultos jejes*

### I – O negro no Maranhão

1. Na segunda metade do século XVIII, após a criação da Companhia Geral do Grão-Pará e Maranhão, os portos africanos de Santiago, Bissau e Cacheu, na antiga Guiné Portuguesa, foram os principais fornecedores de escravos, notadamente balantas, felupes e mandingas, para a antiga província maranhense.
2. Recebendo, ainda, contingentes de outras procedências, o Maranhão também é um dos mais importantes e tradicionais redutos da cultura daomeana nas Américas.
3. Concentrando expressiva população negra, no município de Codó e na capital, o estado conserva fortes e diversificados traços da religiosidade africana.

### II – Na Agotimé

1. No Daomé, dentre os filhos do rei Agonglo, que governou entre 1789 e 1797, Adandozan era o que reunia as condições legais para tornar-se sucessor de seu pai. Mas como suas condições morais não o recomendavam, Agonglo consultou Fá, que apontou seu filho Ghezo, meio-irmão de Adandozan, como o próximo e melhor rei do Daomé. Ghezo, contudo, era ainda muito menino quando seu pai morreu. Assim,

o reino foi entregue ao cruel e sanguinário Adandozan, que tiranizou seu povo por 22 anos.
2. Um dia, entretanto, a tirania terminou e o poder veio às mãos daquele que Fá apontara. Só que, antes de ser deposto e morto, o tirano havia vendido a mãe do rival, Na Agotimé, como escrava para as Américas.
3. Ao assumir o trono, Ghezo mandou embaixadores às Américas à procura de sua mãe. Uns dizem que ele a encontrou; outros, que não. O que se sabe é que Na Agotimé trouxe o culto dos voduns da família real do Daomé para o norte do Brasil.
4. Da mesma forma que está no Brasil o trono onde se sentou Adandozan (trono que Ghezo, no intuito de apagar toda a memória de seu antecessor, fez questão de enviar para bem longe, mandando de presente ao primeiro imperador do Brasil, quando de sua coroação), aqui também se encontram, em São Luís do Maranhão, os voduns da corte de Abomé, venerados e cultuados há mais de dois séculos.

## III – O tambor de mina

1. A mina é uma religião que tem no transe a forma principal de comunicação com o mundo dos espíritos e na qual se faz a transmissão dos conhecimentos rituais, principalmente, pela tradição, do pai ou mãe de santo para a filha ou filho.
2. Na mina, as entidades são conhecidas como "senhor ou senhora", "patrão ou patroa" ou "santo". Os caboclos são genericamente conhecidos como "gentio".
3. Cada membro da irmandade recebe normalmente um casal de entidades, um "senhor" e uma "senhora".
4. Os terreiros podem funcionar em prédios simples, com piso de terra batida e apenas um quarto para os santos.
5. As casas de mina podem abrigar também uma linha da mata (caboclo) e uma linha de cura. Mas essas linhas, com seus encantados, devem funcionar separadamente da mina propriamente dita, que só trabalha com voduns.
6. Tambor de mina é o ritual de chamada e louvação a entidades. Ele deve

ser realizado preferencialmente à noite, no pátio ou varanda da casa onde estão os assentamentos dos santos.
7. O calendário e a frequência das festas variam conforme as entidades cultuadas, as condições financeiras e as tradições de cada casa. E em cada festa deve-se colocar em destaque a imagem do santo do dia.
8. Os toques devem ser conduzidos por três tambores: dois abatás e um tambor da mata, que se tocará apoiado no chão, inclinado sobre um suporte de madeira. Esses tambores serão sempre acompanhados por cabaças.
9. Antes do toque, fazem-se as oferendas primordiais para Saçaboçam, ao pé de uma árvore, depois louva-se Gô e, numa sequência, reverenciam-se os senhores dos donos da casa, os voduns maiores e os gentios ou caboclos.

## IV – Mina, caboclos e santos
1. Caboclo é o nome que se dá, na mina, a todo invisível que não seja vodum ou orixá.
2. Não são voduns porque não são forças cósmicas nem ancestrais da família real de Abomé.
3. Eles são considerados caboclos porque, ao chegarem da Europa ou da Ásia, integraram-se à Aldeia de Caboclo Velho, o mais longínquo ancestral dos índios brasileiros.
4. No salão onde ocorre o tambor de mina deve haver um altar com as imagens dos santos católicos reverenciados pelas enidades da casa.

## V – Voduns
1. O Vodum Supremo, criador de todas as coisas, é Avievodum.
2. Os voduns da Mina pertencem a três famílias ou falanges: a de Davice, a de Dambirá e a de Quevioçô.
3. À família de Davice pertencem: Agongono, Dadarrô, Bidigá, Sepain, Dako, Bossu, Joti, Coicinacaba, Arronovissavá, Zomadono, Dossu, Tegpá, Dessé, Dossupé, Nani, Tossá e Tossé, Naiadono e Naité.
4. Da família de Dambirá, são: os velhos Borotoi, Lepon e Alogue; a moça Boçá; e os moços Poli-Boji, Reju, Aboeju e Boçucó.

5. Compõem a família de Quevioçô: os velhos Badé, Loko, Liçá e Ajautó; as velhas Sobô e Abê; e o moço Averequete.
6. Além dos voduns, existem os toquens, guias, meninos, que antecedem os voduns em suas incorporações. Mas, muitas vezes, um vodum, como Averequete, faz o papel de toquem ou guia.
7. Os voduns têm afinidades com santos católicos: Toi Averequete é amigo de São Benedito; Zomadono, de São João; Sobô, de Santa Bárbara. Eles pedem emprestadas as datas festivas dos santos católicos de que são amigos para nelas realizarem suas festas.

**VI – Espaço, ritos, festas**
1. O comé, gomé ou guma é o lugar sagrado e secreto onde se desenrolam as cerimônias privadas. Para entrar nele, o iniciado deve estar limpo de corpo e de espírito. Nele ficam as jarras com água lustral, cada uma privativa de um vodum. E, enterrado no chão, num local marcado por um triângulo simbólico, situam-se as pedras de fundamento de cada um deles.
2. A sala ao lado do comé pode abrigar um altar com imagens de santos católicos. E o pátio ou varanda consiste no lugar onde os voduns virão dançar e receber homenagens.
3. O quintal ou gumé deve ter sempre um cajazeiro, árvore de grande fundamento, cujas folhas são o principal componente do amaci.
4. O espaço sagrado, o querebetan compreende o comé, onde está assentado o pegi ou podone, o santuário dos voduns, e o gumé, o terreiro, com a cajazeira e demais árvores sagradas.
5. Os ritos de iniciação devem começar à noite, com o zandró, transe, e o narrunó, sacrifício. O zandró, que terá lugar no pegi, é antecedido pela purificação das cabeças das futuras filhas, realizada com o amaci, água na qual são maceradas ervas. Após as cerimônias de iniciação, as novas filhas deverão permanecer reclusas por oito dias.
6. Na noite do terceiro dia, uma porção do cabelo da iniciada será cortada e oferecida ao seu vodum como prova de submissão.
7. No último dia da reclusão, as iniciandas voltarão ao pegi para receberem

suas tobôssis (espíritos femininos infantis) pela primeira vez. E a partir daí devem cumprir um novo período de reclusão, durante o qual a tobôssi revelará seu nome e sua natureza.
8. Durante as cerimônias, as dançantes vestirão roupas sempre brancas. Incorporando o vodum, elas agregarão ao seu traje adereços identificadores da entidade, principalmente lenços de cetim usados à bandoleira (para os voduns masculinos, que também se identificam pelo uso de bengala) ou na cintura (para os voduns femininos).
9. Os voduns não têm comidas especiais. Todos comem, indistintamente, abobó, amió, agralá, acarajé, chossum, caruru, dovró, nonufon, além de partes cozidas dos animais cerimonialmente sacrificados.
10. A festa dos voduns deverá ter sempre uma parte privada, secreta, e outras duas públicas.
11. Na primeira, as invocações e os sacrifícios serão feitos. No chão do comé, sobre o triângulo simbólico, onde terão sido previamente espalhadas folhas de cajazeira, e onde estará o alguidar com o amaci, o animal do sacrifício terá suas patas lavadas por essa água lustral, para então ser sacrificado.
12. O ritual processa-se acompanhado pelos cânticos e toques dos tambores apropriados.
13. Na segunda parte da festa será rezada uma ladainha. E, na terceira, soarão os tambores e os cânticos de saudação e invocação aos voduns e tobôssis, para que eles venham confraternizar-se com seus filhos e visitantes.

## VII – Tambor de choro
1. Quando morre um filho ou um dignitário deve realizar-se o zelin ou tambor de choro. A primeira parte dessa cerimônia consiste na colocação, numa mesa com toalha preta, de um prato virgem ao lado do qual se acende uma vela branca.
2. Depois, as voduncirrês sentam-se em torno de uma grande bacia de metal com água até a metade. Emborcada nessa água encontra-se a metade de uma cabaça. Com aguidavis, elas batucam nas bordas da bacia, enquanto soam um atabaque, um gan e uma cabaça, tocados por músicos da casa.

3. Ao lado da bacia, deve haver sempre um grande pote de barro vazio; nas mãos de duas vonduncirrês, uma garrafa de aguardente e outra de vinho. Uma terceira vodúnsi dança levando na mão um chinelo da pessoa falecida. Durante a dança, a cachaça e o vinho são derramados na água da bacia e assistentes jogam moedas na bacia. No final do ritual, o pote, a cabaça e as varetas são quebrados e a bacia é levada para os fundos do comé.
4. E, na casa, são colocadas, nos cantos, desde o velório, bacias de água com folhas de cajazeira maceradas. Enquanto o corpo estiver presente, ninguém sai sem lavar as mãos nesse amaci.
5. Depois do enterro, as roupas e objetos pessoais do morto devem ser despachados no mar. E a vida voltará ao normal.

## VIII – Bonsus e guedevis
1. Em alguns terreiros de mina podem-se cultuar bonsus, que são espíritos de origem fanti-axanti e guedevis, entidades jejes de aspecto caboclo.
2. Os bonsus da Casa de Fanti-Axanti pertencem, principalmente, às famílias de Akan-Olissá, como Nayame Assopong; Tap-Beicile, como Tap-Kromanti e Agokoly-Okomfo; e Ḥudavice-Alladá.

## IX – O Bogum e Cachoeira
1. Reza a tradição que antes de levar para o Maranhão o culto do vodum Zomadono, o qual deu origem à mina maranhense, Na Agotimé, rainha-mãe de Abomé, teria sido escrava em terras baianas, onde também plantou a semente de sua tradição religiosa.
2. Segundo os mais-velhos, o Zoogodô Bogum Malê Rundó é o mais antigo terreiro jeje da Bahia. Dizem que ele foi fundado por gente vinda do Daomé, ainda na primeira década do século XIX. Sua criação está ligada à do candomblé do Ventura, fundado, segundo os mais-velhos, por volta de 1811, em Cachoeira, no Recôncavo Baiano.
3. No Recôncavo, região ao redor da baía de Todos os Santos, onde se localizam, além de Cachoeira, os municípios de Itaparica, Maragogipe,

São Félix etc., desde o início da colonização, o trabalho nos canaviais e nas plantações de fumo exigiu grande concentração de escravos.

4. Os jejes baianos chegaram também ao Rio de Janeiro, como ocorreu com Adapan Noeji-Akisi-Nobawu, conhecida como Rozena de Besseim, que em 1874 já estava na capital do Império; e Mejitó, sua sucessora, nascida em 1884.

5. O nome Bogum, conforme os mais antigos, vem de Agbo-gun, descendentes de Agbo, divindade protetora dos Guedevi, filhos de Guedê, de Abomé. Segundo eles, o nome completo da comunidade significa, em língua do Daomé, "os fundamentos dos descendentes do Daomé postos na casa".

6. Segundo outros, a palavra "malê", que entra na denominação da comunidade, em vez de significar casa (que se diz "ruê" e não "mlé") remeteria a uma ligação dos fundadores com os envolvidos nas revoltas malês da época da Regência. Entretanto, Malé é também o nome de um vodum.

7. Os voduns cultuados no Bogum de Salvador e em Cachoeira pertencem ou à linhagem de Dã ou à de Sobô. Os de Sobô são, principalmente, Badé, que é o mesmo Sobô, aqui evocado por um de seus títulos; Adequém; Pó ou Puó, vodum a quem são consagradas as raízes; Azanodô ou Zonodô. À linhagem de Dã pertencem Bafono, Besseim, vodum do arco-íris (aidô-ruedô), representado pela serpente Dã e identificado com São Bartolomeu; Quemquém, Coquem e Guedê, entre outros.

8. Zonodô é a terceira pessoa da trindade dos Reis Magos. Por isso, sua festa é realizada no dia 6 de janeiro. Outrora, nesse dia, os fiéis de todas as nações iam reverenciar Azanodô, depositando frutas ao pé de sua árvore que se erguia, havia mais de duzentos anos, na ladeira Manuel Bonfim.

9. Mas as festividades que sempre deverão abrir o calendário de festas do Bogum são as dedicadas a São Bartolomeu, em 15 de dezembro.

10. Além desses voduns, o povo de jeje deve cultuar ou pelo menos respeitar Lebá, dono das encruzilhadas; Olissá, o Senhor do Bonfim; Hevioçô, senhor do trovão; Águê, vodum das ervas medicinais e da caça; Gum,

vodum das guerras e demandas; Aziri Toboce, das águas doces e fontes; Aziri, do mar oceano; Loco, da árvore gameleira; Rorrô, dos gêmeos; e todos os voduns, orixás e santos, de todas as religiões.
11. Antes da feitura, o arruretê iniciando terá de submeter-se aos ritos de afastamento do Grá, manifestação selvagem, violenta, que apenas se comunica mediante grunhidos. Convenientemente despachado, por meio das obrigações adequadas, o Grá irá desaparecer, para nunca mais manifestar-se, podendo então proceder-se à iniciação.

## Capítulo 4   O culto malê

### I – Malês e muçurumins

1. O culto malê é a religião dos alufás, também conhecida como culto muçurumim ou muçulmi. Musulmi é o termo hauçá que designa o indivíduo islamizado; e muçurumim, um abrasileiramento dessa palavra. O vocábulo "malê", por sua vez, vem do iorubá "imòle", correspondente ao hauçá "mallami", originário do árabe "um'allium", ou seja, letrado, escriba, professor.
2. No Daomé, dava-se o nome de "malês" aos escravos que os muçulmanos iam vender em Ajudá. E no século XVIII o Islã já tinha chegado ao norte daquele reino.
3. Em terra brasileira, hauçás, fulas, kanuris, além de africanos islamizados de outras procedências, submeteram suas crenças a outros processos sincréticos e criaram a religião dos alufás ou culto malê, como era chamado na Bahia.

### II – Entidades espirituais

1. O malê só deve reconhecer duas entidades espirituais superiores: Olurum-Oluá ou Alá, que é o Deus Supremo, e Mariama, a mãe de Jesus Cristo.
2. Deve desprezar firmemente Satanás, que não tem nenhuma força no

mundo. E evitar, o máximo possível, qualquer tipo de contenda ou luta, esconjurando os provocadores e insultuosos com a expressão "au-su-bilai".

## III – Autoridades

1. Os malês devem obedecer a uma autoridade central, o lemane ou limamo, termo correspondente ao árabe "el imã" ou "almâni". Os sacerdotes subordinados a ele serão os alufás, em árabe "alfa", sábio. Para ser alufá é preciso realizar altos estudos.
2. O ladane é o secretário do lemane. O xerife, sempre um homem mais velho, é o profeta, o adivinho. O alikali é o administrador da justiça. E o assivaju é o mestre de cerimônias das festividades.

## IV – Usos e costumes

1. Logo após o suma, o batismo, o malê deve começar a ler o Corão e, paralelamente, aprender as orações, as quais devem ser rezadas com o auxílio do rosário de contas, teçubá, e sobre um pequeno tapete.
2. O homem malê deve sempre usar barba ao estilo cavanhaque, como sinal de sua crença.
3. Ele tem de reunir-se com seus irmãos para orar, aprender a ler e escrever na língua árabe e decorar versículos do Corão.
4. As ceias devem servir como cerimônias de aglutinação e solidariedade comunitária. Mas, nelas, só deve consumir comida preparada por mãos muçulmanas, para evitar o perigo da comunicação espiritual.
5. O malê deve sempre usar seu tira, seu amuleto, para proteger-se contra os agentes do mal e controlar as energias do mundo dos espíritos.
6. O malê nunca estenderá a mão à caridade pública: se tiver necessidade, seus confrades se cotizarão para ajudá-lo.
7. Por motivos profiláticos, higiênicos e de saúde pública, o malê deve adotar a monogamia.
8. O malê deve ser metódico em todos os seus atos, observando com grande apreço a higiene do corpo.
9. A água em que se dissolve a tinta usada para escrever, nas tábuas, as suratas

do Corão, deve ser bebida como proteção espiritual. As mulheres usarão essa tinta para realçar a sua beleza, principalmente na pintura das pálpebras inferiores.
10. O malê deve recolher-se cedo aos seus aposentos e acordar antes do sol.

**V – Magias e tabus**
1. Para proteger-se de más influências e malefícios, o malê deverá usar, preso ao pescoço, seu patuá contendo trechos do Alcorão convenientemente preparados.
2. Para devolver malefício, o fiel escreverá em uma tábua negra seu desejo com relação ao malfeitor, traçará os signos pertinentes, lavará a tábua e derramará a água servida no caminho por onde o malfeitor tenha passado.
3. O cão é sagrado para o malê. E isso porque, sendo ele novo e ainda sem contato com outros animais, a umidade de seu focinho, esfregada nas mãos e no rosto, faz com que o adivinhador obtenha maravilhosas revelações.
4. Mas se o animal já se tiver dado às práticas de seu instinto sexual, ele é inservível porque é impuro. Neste caso, ele não deve entrar no recinto dos lares.
5. O malê não comerá toucinho, linguiça ou carne de porco. E isso, não por repulsa, e sim por gratidão. Certo, dia percorrendo o deserto em pregação, um grupo de seguidores do Profeta foi acometido de sede intensa e, já quase desfalecendo, deparou-se com uma manada de porcos que revolvia a terra. Do lugar revolvido, brotou a água salvadora.
6. O corpo de um malê falecido nunca deverá repousar em decúbito dorsal, e sim de lado.

**VI – O calendário malê**
1. As festas e celebrações dos malês devem obedecer ao calendário muçulmano, que se baseia nas fases da lua. Os meses começam sempre na lua nova e os dias começam com o pôr do sol.
2. No dia 26 de Rajab, o sétimo mês do ano, comemora-se o Lailat-al-Miraj, a noite da ascensão do profeta Maomé ao céu, onde descansa em paz.

3. O nono mês do ano é o Ramadã, no qual se comemora o momento em que o profeta recebeu do anjo Gabriel as primeiras revelações do Corão.
4. No encerramento do Ramadã, deve celebrar-se o Lailat-al-Qadr, a Noite de Glória.

## VII – O Ramadã

1. No nono mês do calendário muçulmano, que corresponde, aproximadamente, ao período em que os católicos celebram o Espírito Santo, todo malê deverá observar os preceitos do Ramadã durante toda uma lunação: se começar, por exemplo, na lua nova, terminará na lua nova seguinte.
2. Durante esse período, do nascer do sol até o anoitecer, ele tem de jejuar e abster-se de relações sexuais e do uso de fumo ou perfumes.
3. Ao alimentar-se, apenas antes do sol e depois do ocaso, ele deve procurar ingerir alimentos leves, como efó com purê de inhame e afurá com leite e mel de abelha. Ao longo do dia e da tarde, o fiel não deve nem beber água.
4. O final do Ramadã deve ser celebrado com três dias de festas, nas quais os fiéis sacrificarão um carneiro e executarão cânticos e danças em louvor de Olorum-Oluá. Durante a festa, os fiéis trocarão presentes, como manifestação de amizade e fraternidade.

## VIII – Rituais e orações

1. Antes de todo e qualquer ritual que praticar, o malê deve pronunciar a frase "bissimilai!" (em nome de Alá, clemente e misericordioso!). E, diariamente, tem de realizar pelo menos duas orações, uma pela manhã e outra à noite.
2. Quando possível, as orações devem ser feitas cinco vezes ao dia, denominando-se açubá, a primeira; ai-lá, a segunda; aia-sári, a terceira; ali-mangariba, a quarta; e adixá, a quinta.
3. Nas cerimônias, o malê deve estar sempre vestido de abadá (túnica) branco, com seu filá (gorro) na cabeça; o lemane pode usar, além do turbante, um abadá que o destaque dos demais fiéis.
4. Antes de cada oração, o fiel, sem trocar palavra com ninguém, deve lavar,

seguidamente, o rosto, as plantas dos pés e, sendo possível, banhar-se por completo.
5. Depois, deve vestir seu abadá, colocar o gorro e pegar o teçubá, seu rosário de 99 contas, iniciando a oração, curvado em direção a Meca, sobre uma pele de carneiro.
6. Se realizada no massalassi, no templo, os homens colocam-se à frente das mulheres, já que a oração será rezada, ora de joelhos com a cabeça o chão, em reverência, ora de pé.
7. Em meio às preces, com as mãos abertas estendidas para o alto, os fiéis dão louvores, entoando a frase "Alá-u-acubaru!" (Alá seja louvado).
8. A oração é encerrada com a exclamação "aliramudo-lilai!" (louvor ao Senhor do universo!). Depois, os fiéis se cumprimentarão mutuamente com a saudação "barica-dá-subá!" ("seja bem-vindo").

## IX – O sará

1. Em ocasiões de grande regozijo, ou para sufragar a alma de crentes falecidos, os malês realizam o sará.
2. Pela manhã, é servida uma mesa, sobre uma toalha branca, na cabeceira da qual encontra-se o lemane. Antes do início da cerimônia, o dono da casa cumprimenta cada um que chega, cruzando os braços e, na atitude de quem dobra os joelhos, proferirá a seguinte saudação: "Barica da subá, motumbá", que quer dizer em hauçá e iorubá: "Seja bem-vindo! Meus respeitos".
3. Após a refeição, com todos munidos dos respectivos rosários, o lemane recita estas palavras: "La-i-lá-i-lau, mama-du araçu-lulai. Sa-lai lai alei-i-salama" ("Deus único e verdadeiro, o seu profeta é quem nos guia").

## X – Amurê, o casamento

1. Combinado o casamento, no dia aprazado, os noivos, vestidos de branco, padrinhos e convidados dirigem-se ao templo. Todos reunidos, o lemane fala aos nubentes, perguntando se o casamento é de livre vontade e aconselhando-os a refletirem maduramente para que não haja arrependimento futuro.

2. Ante a resposta afirmativa dos contraentes, o noivo entrega à noiva uma corrente de prata e ela coloca no dedo dele um anel, também de prata. E dizem um ao outro: "Sadaca do Alamabi" – que quer dizer: ofereço-vos em nome de Deus.
3. Então, o casal ajoelha-se e o lemane dá início ao casamento propriamente dito, enumerando os deveres de cada um, exortando-os a que procedam bem, sem fugir das obrigações de um para com o outro.
4. Por fim, os nubentes erguem-se e beijam a mão do lemane, concluindo a cerimônia; em seguida, todos se retiram para o local do banquete nupcial.
5. Lá, depois de todos acomodados, a noiva vai até o meio da sala, bate palmas, recita uma canção e volta ao seu lugar. Então, é servido o jantar, que deve constar de aves, peixes e frutas, e sem bebidas alcoólicas.
6. A união conjugal, entre os malês, assim como a amizade fraternal, deve ser sempre observada com o rigor de um culto. A mulher que faltar aos seus deveres conjugais deve ficar isolada de todos, principalmente do marido, que não poderá mais tocá-la. E só se ausentará de casa acompanhada por pessoa de confiança do marido.

## XI – O Islã e os orixás

1. A tradição malê encontra correspondência no culto aos orixás da cor branca, à frente dos quais se coloca Oxalá.
2. Os malês guardam a sexta-feira, dia de Oxalá, e vestem-se de branco como Ele. Além disso, fazem, em seus rituais, largo uso de água fresca, elemento vital do grande Orixá.
3. A tradição de Ifá, por meio do odu Otura Meji, assim conta a origem do Ramadã: "Nanã Buruku, a mais velha das divindades das águas, senhora das águas lamacentas e mãe de todos os malês, estava muito doente. O jogo de Ifá indicava que seus filhos deveriam fazer sacrifícios aos irumalês".
4. Entretanto, em vez de sacrifícios, os filhos de Nanã deram-lhe de comer apenas mingau de milho durante várias semanas. Ao final de trinta dias, prestes a morrer, o Nanã chamou seus filhos, dizendo: "De hoje em diante, quando se completar cada ano, vocês devem passar fome por trinta dias.

Não devem comer durante o dia, nem beber água". Esta, então, é a origem do jejum dos malês, segundo os iorubás.

5. Contam também os nagôs mais velhos que, em suas andanças pelo mundo, um dia, Xangô chegou ao país dos tapas e lá encontrou um grupo de malês, todos de branco, sentados ao redor de uma mesa cheia de velas acesas, rezando com seus teçubás.
6. Então, Xangô mandou que Iansã guardasse-lhe as costas e fez uma interpelação. Como os malês não se dignaram a responder, o poderoso Orixá, furioso, atirou um corisco.
7. O raio ficou faiscando e correndo pela mesa, derrubando e apagando as velas, enquanto Iansã, com sua espada, ia rasgando o ar e produzindo mais relâmpagos.
8. Os malês, que não conheciam o relâmpago, prostraram-se ao chão, apavorados, e finalmente reverenciaram Xangô.
9. Satisfeito, Xangô mandou os coriscos pararem. Então, o lemane dos malês, cantou: "E oba emodé emoté lacé", cantiga que reconhece a autoridade de Xangô e com a qual os muçurumins iniciam seus cultos.

## XII – O conselho dos assumânios

1. Para suas deliberações políticas e comunitárias, os dirigentes malês, ou seja, lemanes e alufás, à moda nagô, podem organizar-se em Conselhos dos Assumânios ou Mesa dos Nove.
2. A iniciação de cada um dos assumânios deve constar de juramento de fidelidade ao Corão e de aprendizado islâmico.
3. À Mesa dos Nove, presidida pelo balogum, tomam assento, depois das abluções rituais, quatro membros do lado esquerdo e quatro do lado direito.
4. Devem todos estar vestidos com seus abadás e filas brancos, o balogum usando uma faixa verde distintiva de sua condição.
5. Ao centro da mesa, encontra-se sempre uma vela acesa e um vasilhame contendo o azeite doce a ser usado nas unções rituais.
6. Assim, invocando a proteção de Santo Antônio do Categiró, os assumânios dão início à sessão.

## Capítulo 5   Angola

### I – Generalidades
1. O Angola reúne tradições de origem cambinda, moçambique, munjolo, congo etc. Nas senzalas, conviviam pessoas de várias origens. Os ritos foram, portanto, interpenetrando-se. E os santos aceitavam.
2. A diferença entre o Angola e outras linhas reside basicamente no uso das palavras, das cantigas, dos atabaques e das danças.
3. No Angola, o chefe do culto é o tata-inquici-ia-mi; a filha de santo é mona-inquici-ia-mi; a mãe-pequena é a cota sororó; o músico cerimonial é xicarangomo; o sacrificador é o quivonda; o coletor das folhas é o quinsaba; a responsável pelos santos incorporados é a macota; a responsável pela cozinha é a quifumbera.

### II – O terreiro
1. Os fundamentos do terreiro devem ser plantados no chão e na cumeeira da casa. Os de cima são diferentes dos de baixo.
2. O terreiro também deve ter, à direita da entrada, a morada dos vários Aluvaiá, onde ficam o da casa e os dos filhos.
3. Na frente, situa-se, também o poço de Zumbaranda e o assento de Tempo. Esse assentamento constitui-se em um tronco de coqueiro vestido com capuz de palha ou com uma esteira, dixisa.
4. Integram, ainda, o terreiro o Inzo Iombetá, a casa dos mortos; o Inzo Caçumbecá ou Gonzemo, onde ficam os assentamentos dos filhos; e o Inzombe, o quarto das cerimônias
5. de iniciação.

### III – Os inquices
1. No Angola, as entidades são inquices; o Pai Maior é Lemba ou Lembarenganga, que se manifesta como Cassulembá, Lembadilengo, Malembá, Migangan, Lembacutango, Micuçá, Ajalupongo, Dondo Quetala, Quibositala, Caçuté e Gangarumbanda.

2. O mensageiro e porteiro dos inquices é Aluvaiá, que se manifesta nas formas de Pambunguera, Sinzamunzila, Marambo, Malungu, Jujucu, Toroni Batola, Mavilutango, Mavile, Quijanjá, Ganga Burungangi, Bionatan, Navango, Etajelunji, Igo Mavam, Azeleju, Aluvá, Paraná, Embarujo, Naban, Sigatana, Niguerô, Apavenã, Dundo Salunga, Cuncurunguanje, Camungo e Jebelu.
3. O dono da varíola é Caviungo e mostra-se como Ajebelunje, Canjanjá, Cuango, Cualanvango, Iungo, Siengo, Apanango, Catulê, Quijenje, Uambo Quitungo, Caçuenzô, Quissanje, Pocoran, Dongo, Cafunje, Insúmbu, Quimbongo e Quitembo.
4. O ferreiro-guerreiro é Incoce Mucumbe que pode manifestar-se como Rossi Biolê, Rossi Mucumbo, Quitaguaze, Minicongo, Gongo Mucongo, Naguê, Mugomessá, Jambá, Nago, Mavalutango, Catembo Rucongo, Alunda e Quitongo.
5. O caçador dono das matas é Mutacalombo e desce como Catalambo, Gongojá, Tala Quevala, Cutala, Baranguanje, Mutalambo, Quitala Mungongo, Quitalande, Caitimba, Sibalaé e Burungunço.
6. O dono das folhas é Catendê ou Minipanzo e manifesta-se como Pondo Etango, Coropoçum, Luximo, Amocum e Apocã.
7. A dona dos rios é Dandalunda ou Quissimbi Quia Menha e manifesta-se como Quissímbi, Vinsin, Quitolomim, Nissalunda, Lundamudila, Danda dalu, Danda Simbi, Danda Belé, Danda Possu, danda Zuá, Danda Golungoloni, Danda Dila e Danda Maiombe. Seu filho com Mutacalombo é Congobila.
8. O dono dos raios é Zaze ou Lumbondo e pode ser invocado como Luango, Luvango, Zambará, Zambeze, Zaze Minanguanje, Zaze Mambembo, Zaze Kuambo, Catubelaguanje, Bataranguanje, Utalanguanje, Zaze Quiango, Quibalutango, Dondojo, Quitalango.
9. A senhora dos ventos e tempestades é Matamba e manifesta-se como Caiangomunhenho, Jonjurê, Bamburussema, Abasulemi, Mbana Katamba, Inda Matamba, Inda Kalu, Issa Mitoni, Gunga Cabolo, Iça Sitamba, Cuinganga, Angorosimangula, Caramose.

10. A dona das águas salgadas é Caiaia ou Caitumbá e pode apresentar-se como Micaia, Cacinga, Gãmicaia, Imboto, Imba Sitanga, Abilunda, Bonigu, Zinzá, Quembo Quibela, Imba Cuanza, Imbo Caiana.
11. A senhora das águas paradas é Zumbaranda e também se manifesta como Asamalunda, Barandá, Cambambê, Jejeçu, Taculandá, Impânzu, Imbalambo Gunzá, Ajassi, Cambalandá, Bejerundá, Cara naê, Cangazumba.
12. A serpente arco-íris é Angorô; e as crianças são Vúnji.
13. No Angola, obrigação fúnebre é camucondo; decocção de ervas é quijaua; banho é maianga; espaço ritual privado é baquice.

## Capítulo 6   Catolicismo popular

### I – O bom católico

1. O católico deve amar a vida e também o Autor da vida, respeitando a criação e o Criador. Deve viver em sintonia com a natureza, para assim gozar de equilíbrio e paz.
2. O católico deve manter sua dignidade e não se curvar diante de ninguém. Não se deve atemorizar pela presença de autoridades. E tem de conservar a liberdade em suas expressões religiosas, tratando padres e bispos com espontaneidade e desenvoltura.
3. O católico não deve viver solitário. Deve procurar as pessoas para com elas trocar experiências e sentir-se amparado.
4. Para o católico, Deus, em sua presença superior, única e misteriosa, como Pai amante de todos e fonte de toda a Força Vital, é a causa primeira e última de todas as coisas. Abaixo de Deus estão os santos, presidindo cada qual uma atividade humana ou mantendo sob seu controle determinadas doenças, as quais se encarregam de curar.
5. Independentemente de juízos morais, o bom católico é aquele que ajuda os mais necessitados, acolhe o hóspede e o forasteiro, protege o órfão como se fosse seu pai ou sua mãe. O bom católico é capaz de suportar

resignadamente as mais terríveis provas da vida, recebendo-as como obra da Vontade de Deus. Assim, no momento da morte, esse católico saberá despedir-se da vida em paz com Deus e com seus semelhantes.

## II – Manifestações religiosas

1. As manifestações religiosas podem ser individuais, domésticas ou coletivas.
2. O canto, sempre rítmico, acompanhado de tambores, deverá ocupar um lugar especial em todas essas manifestações.
3. As cerimônias devem ser preparadas com tempo e paciência. E, nelas, beber em grupo é um rito de comunhão e irmandade.
4. Em termos domésticos, a principal expressão de fé é o altar, dentro da casa, no qual estarão as imagens dos santos e onde se acenderão as velas votivas.
5. Expressões individuais de fé religiosa são: o sinal da cruz, tocando o chão com a mão antes de sair de casa; o sinal da cruz sobre o prato depois de comer; o uso de água benta com fins medicinais; a recitação de rezas especiais para determinados momentos; a aposição de cruzes na frente da porta e debaixo da casa.
6. As expressões coletivas são: os velórios de santos e mortos; a montagem do presépio no Natal; as encenações da Vida e da Paixão de Cristo na Semana Santa.

## III – Locais de culto

1. As celebrações e ritos poderão ser realizados nas próprias casas, nos altares, nas capelas e nos cemitérios. Um povoado que não possui uma capela não é sequer um povoado. A construção e a conservação da capela precisam servir para a integração da comunidade.
2. Ao participar de uma igreja maior, que congregue outras comunidades, para ter voz e vez dentro dela, o fiel pode organizar-se em torno de uma irmandade, sob a proteção do santo de sua especial devoção.
3. Em algumas festas as pessoas poderão reunir-se em casas particulares, ou seja, nas casas dos donos dos santos festejados.

4. Outro lugar muito importante é o altar doméstico, onde se reza e acendem-se velas
5. Desde que se destine ao culto, qualquer lugar pode transformar-se em espaço sagrado. No caso do terreno onde a capela será construída e que foi benzido com essa finalidade, terá de ser bem cercado para evitar a invasão de animais e também deverá ser mantido capinado e limpo.

## IV – Festividades

1. A festa é parte essencial da vida. Sem festa, a vida seria sem sentido e os 365 dias do ano, mais difíceis de levar.
2. A festa é a grande oportunidade de celebrar-se a vida em comunidade. Ninguém gosta de solidão nem silêncio e, para que a festa seja festa, é necessário ter gente e movimento.
3. Os católicos devem festejar o Natal, a Semana Santa, as festas dos santos e a festa dos mortos.
4. O guia, responsável ou líder da comunidade (de preferência um chefe de família, que goze da estima de seu povo) ocupa também um lugar especial. Esse guia é distinto do catequista, embora às vezes desempenhe ambas as funções.

## V – Culto aos mortos

1. Os anciãos que conhecem as tradições da comunidade e encarregam-se de transmiti-las devem sempre ser respeitados, sejam eles curandeiros, rezadores, músicos, cantores etc. Mas o principal lugar deve caber ao padre, mesmo que venha de longe e só de vez em quando. Depois dele, estão as irmãs missionárias.
2. Os mortos e sobretudo os antepassados fundadores das famílias estão mais perto dos santos. Do alto de sua superioridade e vontade, são eles que aconselham e apontam o melhor caminho a seguir.
3. Eles devem ser cultuados mediante o velório, assim que morrem, e por meio de missas – que resgatarão dívidas que eles por acaso tenham contraído com Deus, dando descanso às suas almas.

4. No momento de um velório ou de um sepultamento, a comunidade tem de estar junta. E ninguém precisará de convite para comparecer a uma cerimônia de despedida.
5. O cemitério também é um espaço sagrado. Em fins de outubro, toda a comunidade prepara-o convenientemente para a festa do Dia de Finados.

**VI – A Senhora do Rosário**
1. Nossa Senhora do Rosário é a grande padroeira desde o tempo da escravidão. Sua devoção vem de Angola, onde os habitantes de Luanda tinham, desde o século XVII, uma Igreja do Rosário, com uma estátua de São Benedito, muito antes da canonização do santo, ocorrida em 1807.
2. À Virgem do Rosário e a São Benedito é que se deve recorrer para pedir uma graça ou um benefício para um amigo ou parente. O pagamento da promessa pela graça obtida deve ser feito na sua festa.
3. Essa obrigação consiste em sair num terno de congada como brincador, algumas vezes ou para sempre; vestir um congo, fornecendo a vestimenta ou pagando a confecção de seu traje; vestir-se de congo e assistir à festa fardado; colocar uma contribuição em dinheiro ao pé da Santa, durante a festa; acompanhar o terno, de lado, sem fardamento, depois de ter feito uma peregrinação à Igreja do Rosário.
4. A dança dos brincadores do terno agrada à Santa e dançar para ela é uma das formas de agradecer por uma graça alcançada. Esse ritual pode operar milagres.

**VII – As festas de Natal**
1. As festas de Natal devem estender-se de 25 de dezembro a 6 de janeiro. No dia 25, comemora-se o nascimento do Menino Jesus; no dia 27, é celebrada Nossa Senhora do Rosário; dia 28, comemora-se o São Benedito; e 6 de janeiro é o dia dos Santos Reis.
2. As festas iniciam-se com o espocar de foguetes. Previamente reunidos em lugares determinados, os ternos de congos e moçambiques partem, então,

em direção às casas dos festeiros, para pegar as bandeiras de São Benedito e da Virgem do Rosário.
3. Já de posse das duas bandeiras, o cortejo segue em direção à Igreja do Rosário, dançando e cantando. De tempos em tempos, no entanto, cânticos e danças são interrompidos para que o grupo possa caminhar rezando a ladainha.
4. Chegando à igreja, os ternos posicionam-se, com as respectivas bandeiras, tendo à frente seus reis. Os festeiros pegam os mastros que ficaram lá guardados desde o ano anterior e levam-os para fora, a fim de que neles sejam colocadas as bandeiras. Durante esse ato, congos e moçambiques devem dançar brandindo suas armas de guerra em direção ao mastro que está sendo fincado no chão.
5. Depois disso, os grupos sairão dançando e cantando até a hora da procissão do menino Jesus. E os mastros, com as respectivas bandeiras, ficarão erguidos no adro da igreja até o dia 6 de janeiro.

## VIII – A festa do Rosário
1. Há muitos anos, na época da escravidão, um grupo de negros congos e moçambiques estava trabalhando no eito quando a Virgem do Rosário apareceu-lhes, oferecendo-se para libertá-los. Mas antes ela queria vê-los dançar e cantar.
2. Reuniram-se então os congos e começaram a dançar e cantar, segundo sua tradição. Nossa Senhora não gostou. Ressabiados, mas esperançosos, os moçambiques executaram, então, os cânticos e danças de sua nação, agradando imensamente à Mãe de Nosso Senhor. Por esse motivo, o grupo todo, entre expressões de louvor e regozijo, ergueu uma igreja para Nossa Senhora e entronizou-a.
3. Contam os mais velhos que a Princesa Isabel, que também era devota e muito amiga da Virgem Maria, tomando conhecimento do feito, assinou a Lei que aboliu a escravidão no Brasil. Libertos, os negros organizaram melhor seus grupos, cada qual com seu rei, rainha, secretário de estado, mestre de campo, arauto de armas, damas de honra etc.

4. É por isso que, há muitos e muitos anos, na manhã do dia 27 de dezembro, os foguetes anunciam a alvorada da Festa do Rosário. Então, antes do sol raiar, os ternos de moçambiques e congos saem cantando e dançando em direção à igreja onde, à sua chegada, os sinos repicam. Na igreja, os moçambiqueiros e congadeiros deixam de ser brincadores para tornarem-se fiéis, calando os toques de seus tambores e seus cânticos, a fim de participarem da missa reverentemente.
5. Daí, o cortejo segue até o Santo Cruzeiro, onde os devotos se ajoelham para cantar e rezar a ladainha em louvor das almas benditas e principalmente pelos espíritos dos escravos que morreram no cativeiro.
6. Terminada a reza, o grupo dirige-se até o local onde serão servidas as refeições, para tomar o café da manhã. Dali, segue para a casa do festeiro, a fim de buscá-lo para a missa do Rosário. Após a missa, todos vão, sempre em cortejo, cantando e dançando, para o almoço, durante o qual deve ser encenada a Embaixada.
7. As embaixadas podem representar as antigas lutas entre cristãos e mouros, como também podem invocar a epopeia, na antiga Angola, da Rainha Jinga e sua corte, em suas relações guerreiras ou amistosas com os reinos vizinhos, como o do Congo.
8. À noite, todos devem assistir a outra missa depois da qual seguem em procissão, levando e trazendo de volta à igreja a imagem de São Benedito e da Virgem do Rosário, que também é festejada no dia 13 de outubro.

## IX – A festa de São Benedito

1. São Benedito, o Preto, nasceu no século XVI, na Sicília, filho de etíopes, ex-escravos de poderosas famílias sicilianas. Mas alguns mais-velhos dizem que ele nasceu de uma angolana da região da Quissama.
2. Pastor de ovelhas, depois lavrador e eremita, um dia ingressou no convento de Palermo. Lá, trabalhando como cozinheiro, distinguiu-se por suas virtudes cristãs. Em 1578, apesar de leigo e analfabeto, tornou-se superior de sua comunidade religiosa e mestre dos noviços.

3. Sua festa é no dia 28 de dezembro e deve obedecer ao mesmo roteiro da festa de Nossa Senhora do Rosário.
4. Entretanto, nas procissões, os congos seguirão entre alas de acompanhantes, uma de cada lado da rua. À frente do cortejo, estende-se a bandeira do terno Verde, levada por um dos congos. E, no centro, encontram-se: a bandeira do terno azul, levada pela rainha; os festeiros de Nossa Senhora do Rosário, com as respectivas coroas; e o andor da Santa. No final, devem seguir as duas bandeiras do terno vermelho e a imagem de São Benedito.
5. Ao fim da festa deve ser realizado o Reinado de São Benedito, ritual em que as pessoas envolvidas levam a imagem do Santo da Igreja do Rosário à Igreja Matriz, onde houver, em meio a grande alegria, cânticos, danças e foguetório.

## X – A festa da Boa Morte
1. A Irmandade de Nossa Senhora da Boa Morte foi criada por africanas, alforriadas, da nação Queto. Localizou-se primeiro em Salvador, capital da Bahia e, mais tarde, transferiu-se para Cachoeira, no Recôncavo, para a Casa Estrela, onde em 1820 foi instalado o Zô Agodô Bogun Male Cejaundê, o primeiro candomblé da cidade.
2. Dizem os mais antigos que as fundadoras pertenciam à sociedade Gueledé e que a irmandade remonta a essa época.
3. A festa realiza-se em agosto. Começa com o traslado da imagem de Nossa Senhora, deitada, da casa da Irmandade para a igreja. Depois da missa, a imagem sai em procissão, as irmãs vestidas de saias pretas, em sinal e luto.
4. Voltando para a igreja, uma filha de Oxalá cobrirá a imagem com um véu branco, enquanto as filhas de Ogum ou Iansã, ficarão na porta, protegendo contra os eguns.
5. A festa deve durar vários dias e, em cada um deles, uma cerimônia especial é realizada, terminando com cânticos, danças, comidas, bebidas e júbilo, à maneira africana.

# Capítulo 7   A cabula e o omolocô

## I – A mesa e o Santé
1. A cabula é uma confraria de irmãos devotados à invocação das almas de cada um dos kimbula, os espíritos congos que metem medo. Também se dedica à comunicação com eles por meio do kambula, o desfalecimento, a síncope, o transe, enfim.
2. Toda confraria de cabulistas constitui uma mesa. O chefe de cada mesa é o embanda, a quem todos devem obedecer. Cada embanda é secundado por um cambone.
3. A cabula é dirigida por um espírito, Tata, que encarna nos camanás, iniciados.
4. Sua finalidade é o contato direto com o Santé, o conjunto de espíritos da Natureza que moram nas matas. Por isso, todos os camanás devem trabalhar e esforçar-se para receber esse Santé, preparando-se mediante abstinência e penitências.
5. Cada um dos espíritos que formam o Santé é um Tata. Todo camaná tem e recebe seu Tata protetor, seja ele o Tata Guerreiro, o Tata Flor de Carunga, o Tata Rompe Serra, o Tata Rompe-Ponte.
6. Na mata, moram também os Bacuros, anciãos, antepassados, que nunca encarnam.
7. A reunião dos camanás forma a engira.

## II – A engira
1. A engira deve ser secreta, realizando-se alta noite, ora numa casa, ora num camuxito, que é o meio da mata.
2. Os camanás devem estar todos vestidos de branco e descalços.
3. Chegados ao camuxito ou camucite, devem acender uma fogueira debaixo de uma árvore e estender uma toalha no lado do poente. Sobre essa toalha, são colocadas as imagens dos santos que serão invocados na engira.
4. Acendem-se, então, quatro velas: a primeira, no lado leste, em homenagem a Carunga, que é o mar; e as outras, respectivamente, a oeste, norte e sul.

5. O embanda deve ter sempre a cabeça coberta com um lenço, camulele, ou um gorro; deve usar também um lenço passado pela cintura.
6. Acesas as velas, ele entoará o primeiro cântico, nimbu, pedindo licença para quendar, caminhar, trabalhar: pede licença a Carunga, aos tatas e aos baculos, os mais-velhos, os ancestrais.
7. Enquanto o embanda canta, os camanás fazem coro, batendo quatan, liquaqua, palmas.
8. Os cânticos são executados ao som de um tambu, um engoma menor e uma puíta (tambores), ao redor de uma cabaça com água. Antes de iniciarem-se as cantigas, o tocador coloca o tambu no chão e, antes de sentar-se sobre ele, ajoelha, fazendo o sinal da cruz, dá ligeiros toques no tambor (no que é secundado pelo outro tocador), pede licença ao Santé e, só então, inicia a execução.
9. Aberta a engira, o cambone traz um copo de vinho e uma raiz, dando-os para o embanda comer e beber.
10. Feito isso, ele inicia a defumação, mordendo e soprando candáru, a brasa do incenso.
11. Nas cerimônias de iniciação, nesse momento o futuro camaná, ainda um caialo (neófito), aproxima-se com seu padrinho, vestido de branco e descalço, como mandam a prática e a tradição.
12. Ingressando no espaço sagrado, ele passa três vezes por baixo da perna do embanda, como símbolo de submissão e obediência.
13. O embanda, então, esfrega emba, o pó branco ritual, nos pulsos, na testa e nas frontes do caialo; e o faz mastigar a raiz, engolir-lhe o sumo e beber o vinho. Os camanás também provam do vinho e da raiz.
14. Em seguida, o embanda segura uma vela acesa, benze-se com ela e passa-a entre as pernas, por baixo dos braços e nas costas de cada um dos camanás.
15. Caso a vela apague-se em contato com algum camaná, ele será castigado com golpes dados na palma da mão com o quibandam, espécie de palmatória.
16. Nesse momento, todos os camanás estão com a cabeça coberta com o camulele.

17. O embanda atira emba no ar, para afastar os maus espíritos e cegar os caialos, profanos e infiéis. A partir desse dia, os espíritos do Santé, os guias, já podem baixar.
18. O camaná deve sempre dar um bocado de seu alimento e um gole de sua bebida para os tatas e bacuros. Por isso, em cada caneca de café ou prato de comida de que se servir, deve ficar sempre um bocadinho.

### III – O embanda

1. Um embanda forte e bem preparado pode estar em vários lugares ao mesmo tempo. É capaz de dominar pessoas e bichos perigosos e matar uma ave apenas com o olhar. Da mesma forma, ele encontra objetos perdidos; descobre causas de doenças; consegue boas caçadas e lavouras férteis; evita a detonação de armas de fogo; abre portas, malas ou gavetas trancadas, a menos que elas estejam fechadas com tramela, porque a cruz que se forma quebra o seu poder. Um bom embanda pode até fazer chover.
2. Por meio de um cachorro ou cobra "mandados", ele também pode "trabalhar" um inimigo ou desafeto.
3. Até mesmo as ervas, bem usadas por um embanda, podem enfraquecer, enlouquecer ou eliminar um inimigo. Usadas juntamente com um pouco de cabelo, um retrato, uma peça de roupa da pessoa que se quer "trabalhar", essas ervas, principalmente utilizadas em garrafadas, podem ser muito eficazes.
4. Uma garrafada bem preparada, além de curar os males do corpo, pode fazer, desfazer, impedir ou favorecer noivados e casamentos; também é capaz de levar a alguém fortuna ou miséria.
5. Os trabalhos mais fortes devem ser feitos na Sexta-feira da Paixão e na noite de São João, de preferência debaixo de uma figueira ou gameleira, que são árvores de grande poder. Neles, nunca poderão faltar marafo, pemba e fundanga (pólvora).
6. Para que tudo dê certo, risca-se na terra o signo de Salomão e, dentro dele, coloca-se a fundanga. Após sua explosão, solta-se dentro do riscado a cobra malina, pronunciando as competentes palavras rituais.

7. Na falta dos meios materiais, o embanda pode valer-se da força da palavra. Mas, para tanto, ele terá de encher a boca de marafo e "serenar" (borrifar) com ela o objeto, parte do corpo ou pessoa sobre os quais quer influir.
8. A aspersão de água de rio é o remédio adequado para neutralizar quase todos os tipos de influência.
9. A magia divide-se em muamba e mandraca. A primeira é a coisa-feita, o trabalho. A segunda é o poder superior que o indivíduo adquire com auxílio de rezas fortes e assumindo compromissos com o Santé.

## IV – Omolocô

1. Segundo alguns mais-velhos, a palavra "omolocô" vem de Angola, do quimbundo *muloko*, juramento, ou da língua do povo Bassuto, do termo *moloko*, com a ideia de genealogia, geração, família.
2. O omolocô é um ramo da cabula, da mesma forma que a cabula é um ramo do omolocô, ciência dos antigos nganga-ia-muloko, que controlavam a maldição dos raios.
3. O omolocô tem Zâmbi como Entidade Suprema. E cultua entidades como Canjira, o senhor dos caminhos e da guerra; Quimboto, o dono da varíola e das doenças; Caiala, senhora do mar; Pomboê, dona dos raios; Zambanguri ou Sambariri, senhor do trovão; Quixímbi ou Mamãe Cinda, dona das águas doces.
4. No omolocô todo pai é um tata; seus auxiliares são os cambones; todo filho é um caçueto; e toda médium, intermediária entre o Santé e o mundo dos vivos, é uma cota. E todos são malungos, amigos, companheiros.
5. A bandeira do omolocô é verde, atravessada em diagonal por uma linha branca e com uma pena branca no centro.
6. No omolocô a iniciação só pode ser feita na fase da lua correspondente à do nascimento do futuro caçueto (iniciando). Após a feitura, o resguardo deve ser de sete dias, três deitado e quatro de pé.
7. O camutuê, cabeça, do futuro caçueto não será raspado, recebendo apenas uma pequena tonsura, onde será vertida a menga, que é o sangue sacrificial, e onde serão apostas as macaias, as folhas rituais, depois de maceradas.

8. No sacrifício, o animal é sempre executado sob uma toalha branca, segura pelas quatro extremidades, ao som de corimbas executadas pelo coro de quatro cotas e sob o ritmo dos engomas.
9. A bebida ritual do omolocô é a marafa. Nas festas, os malungos poderão confraternizar-se, bebendo dela ou da gronga, feita à base de gengibre.

## Capítulo 8   A jurema e os caboclos

### I – A árvore sagrada

1. A jurema é uma árvore sagrada. De sua casca faz-se o vinho da jurema; de sua raiz talha-se o cachimbo, o "catimbó"; de sua flor fabricam-se o fumo e o defumador; e com sua semente inicia-se o filho e seguidor do Culto da Jurema.
2. Plantado por um não-iniciado, o pé de jurema não tem nenhum valor religioso. Para que surta seus sagrados efeitos, a jurema tem de ser plantada na lua apropriada, ao nascer do sol.
3. A semente deve vir da árvore-mãe e ser dada pelo mestre-juremeiro ao seu filho de fé. Quando brotar, o pé de jurema será aguado aos sábados, com uma mistura de água de carne, água de arroz, fumo, ervas e perfume.
4. Já crescido, plantam-se ao redor dele mais 14 sementes, todas vindas da árvore-mãe. À direita e à esquerda, cruzando e traçando a jurema, coloca-se um naco de fumo de rolo.

### II – Ensementação (inseminação)

1. Para tornar-se um filho da jurema, a pessoa tem de receber sua semente numa cerimônia de batismo.
2. O batismo, rito mais importante da jurema, exige uma cuidadosa preparação. Sobre uma toalha branca colocada na mata, ao redor de um pé de jurema, depois de um jejum de sete dias, o ensementado receberá a semente no corpo.

3. Esse ritual deve ser executado sem nenhum corte ou incisão: apenas com o poder da mente ou com a força espiritual do mestre a semente deverá penetrar em algum ponto do corpo do novo adepto. Se ela penetrar do lado esquerdo, será uma entidade de esquerda, pesada, o santo do novo fiel; do lado direito, será um mestre de direita, benfazejo.
4. Em um filho do sexo masculino, a ensementação, para ser mais forte, deve ser feita por uma senhora mestra; e em uma filha, por mãos masculinas.
5. Após a ensementação, a cabeça do novo adepto é lavada com o amaci, preparado com sete qualidades de folhas aromáticas.

## III – Os mestres

1. Um mestre-juremeiro pode ser velho, moço ou até mesmo uma criança. Caso tenha menos de 12 anos, ele será um "flor da jurema"; se tiver mais de 12, será um "flor de mesa"; se for idoso, gozará da condição de "cabeça de mesa".
2. Após sua morte, o mestre-juremeiro passa a ser cultuado como uma entidade.
3. Quando morre um mestre-juremeiro, seu corpo é enterrado na mata e, em sua cova, planta-se sempre um pé de jurema.
4. O conjunto dessas árvores, aos pés das quais repousam os restos dos mestres falecidos, formam as Sete Cidades da Jurema. Nelas moram mestres da direita e da esquerda, benfazejos ou perigosos, como Mestre Carlos, Mestre Heron, Mané Cadete, Mestra Maria da Glória, Tandá, Major do Dia e Mestre Zezinho do Acais, que também desce como Zé Pelintra, Zé Pretinho e Zé da Risada.

## IV – As entidades

1. Além desses mestres falecidos, a jurema cultua espíritos de caboclos, índios, ciganos e alguns orixás. Os orixás, entretanto, como Odé, Exu, Iansã, Oxum, Xangô e Ossanhe só baixam como caboclos ou representados por estes.
2. Os caboclos e índios comem carne de caça cozida no mel de abelha, sem sal. Os ciganos comem frango assado. As caboclas preferem frutos silvestres de diversas qualidades.
3. As oferendas para as entidades da jurema devem constar, preferencialmente,

de frutas, velas, perfumes, fumo e cachaça. Durante esses oferecimentos, a fumaça emanada do cachimbo desempenha um papel fundamental.
4. Os despachos exigidos pelas entidades, no entanto, envolvem o sacrifício de animais, sempre feito ao pé do juremeiro.
5. A mesa da jurema é o altar do culto, do qual não se deve aproximar mulher menstruada ou que tenha tido relação sexual recente. Nele, encontram-se sempre três taças, representando juçá, o mar; catucá, o rio: e jurema, a mata.
6. Atrás da casa do mestre-juremeiro deve estar a casinha da cabocla Maria Padilha, onde ficam depositadas as mirongas, os mistérios, os segredos.
7. O toré é a cerimônia da jurema dedicada especialmente aos índios e caboclos.
8. A jurema pesada é aquela em que são invocados todos os mestres de uma vez, tanto os da direita, quanto os da esquerda.

## V – Os caboclos da jurema
1. Os caboclos são ancestrais dos indígenas brasileiros. Portanto, são os verdadeiros donos da terra e, como tal, devem ser reverenciados e cultuados.
2. Mas os caboclos não são orixás, devendo ocupar lugares distintos. Nunca se assentam juntos caboclo e orixá.
3. O espaço sagrado do caboclo é o ar livre. Seu assentamento deve ser feito de um a três anos depois de sua primeira manifestação, preferencialmente na mata, ao pé de sua árvore, e nunca dentro de casa.
4. O caboclo não precisa de iniciação ou feitura. Ele vem até o cavalo diretamente por um incidente ou um sonho.
5. Caboclo tem as suas obrigações, seu fundamento, seu preceito e sua terra, suas raízes, suas folhas e cipós, seu barro apropriado.
6. No caboclo, a pessoa não é feita: ela é preparada. Seu cabelo é tosquiado e ela recebe o acatu, o designativo da tribo, da aldeia a que pertence.
7. Comida de caboclo é fruta, sua bebida é vinho e seu templo é a "cabana".
8. As datas festivas do caboclo são 2 de julho, 27 de abril e o primeiro dia do ano. Essas festas devem ser feitas preferencialmente à tarde.
9. Os cânticos são acompanhados apenas por cabaças, utilizando-se os caxixis para chamá-los.

10. Os cânticos de caboclo são sambas.
11. Caboclo saúda-se em pé, sem prostrar no chão.
12. O rito funerário, no caboclo, é o ijeampei. Nele só se cantam três cantigas, repetidas à exaustão.

## Capítulo 9  Umbanda e Quimbanda

### I – Fundamentos da Umbanda

1. A palavra umbanda vem do quimbundo, língua de Angola, do termo mbanda, lei, mandamento; mas também se liga ao verbo kubanda, "desvendar", significando arte de curandeiro, ciência médica, medicina.
2. A Umbanda tem por fundamento o culto aos espíritos, que gira em torno de dois objetivos: homenagear esses espíritos e invocar as almas, para que venham trabalhar no terreiro, atendendo aos pedidos dos filhos e demais consulentes.
3. O culto umbandista funciona por meio da manifestação desses espíritos, descendo do Reino da Luz, da Aruanda, no corpo dos cavalos, médiuns.
4. O corpo desses cavalos é o principal meio de comunicação entre a Aruanda e o mundo dos vivos. Mediante diversas etapas de aprendizado, eles irão aperfeiçoar sua capacidade de receber os espíritos.
5. Os espíritos, habitantes da Aruanda, ou são espíritos de luz ou das trevas.
6. A legião dos espíritos de luz compreende os caboclos, os pretos-velhos e as crianças. Os espíritos das trevas são os exus.
7. Enquanto os espíritos de luz trabalham unicamente para o bem, os exus podem realizar tanto o Bem quanto o Mal.
8. Os caboclos são espíritos de antigos guerreiros indígenas e representam a pujança da energia e da vitalidade.
9. Os pretos-velhos são os espíritos dos antigos escravos negros que, por seu sofrimento, humildade e suas boas obras, são hoje cultuados.
10. As crianças representam a pureza, a inocência e a alegria da infância.

## II – O universo umbandista

1. Só existe um Deus e seus nomes são Zâmbi ou Olorum.
2. Esse Deus criou o mundo e entregou seu governo a Obatalá, Oxalá e Ifá, a Santíssima Trindade.
3. Abaixo dessa trindade, estão os orixás chefes de linhas, que são: o próprio Oxalá, Iemanjá, Xangô, Ogum e Oxóssi.
4. Os orixás, à exceção de Xangô-Caô e Ogum Dilê, que um dia realmente tiveram vida material, não baixam à Terra. Por isso, eles são aqui representados. Oxalá é representado pelo Caboclo Urubatão; Iemanjá, pela Cabocla Iara; Oxóssi, pelo Caboclo Arranca-Toco. Os pretos-velhos, encabeçados por Pai Guiné, e as crianças, lideradas por Tupãzinho, também chefiam linhas ou legiões.
5. Cada linha subdivide-se em sete falanges, que se repartem em sete subfalanges e, assim, sucessivamente.

## III – Os orixás

1. Os orixás são forças da natureza. Como entidades da mais alta hierarquia, sua função no terreiro é de comando e limpeza. Sua vibração produz um deslocamento de energia que desmancha e afasta as cargas negativas de ambientes e pessoas.
2. Os santos católicos são orixás. Ambos possuem força vibratória, força do Astral, embora não desçam mais à Terra. O santo, no momento de sua morte terrena, não passou por Julgamento Superior, sendo imediatamente transportado para o Astral e transformado em orixá.
3. As falanges são grupos de espíritos ou almas de pessoas falecidas, vibrando na mesma intensidade.

## IV – O terreiro

1. O terreiro será chefiado e dirigido por um pai ou mãe de santo ou por ambos. Cada um desses chefes imprimirá à sua comunidade as suas características.
2. O filho de santo, depois de feito, à medida que cumpre suas obrigações

periódicas, vai subindo na hierarquia do terreiro. Completado seu aprendizado ritual, ele estará em condições de substituir o pai ou a mãe de santo em caso de necessidade.
3. A estrutura básica de funcionamento do terreiro, de um modo geral, compreende: um chefe espiritual, dirigente dos trabalhos e autoridade máxima da comunidade; o pai-pequeno ou mãe-pequena, segunda pessoa depois da chefia; um ou uma babá, que é a pessoa encarregada de dirigir os rituais; um cambono, pessoa que atende às entidades incorporadas, servindo-lhes de acólito; os ogãs, músicos e cantores da orquestra cerimonial; e os médiuns, encarregados de ministrar passes nas sessões de cura.
4. O médium que for escolhido como cambono não poderá entrar em transe. Ele deve estar sempre lúcido, em seu perfeito juízo, servindo como intérprete da entidade. Pela natureza de seu trabalho, tem de ser pessoa absolutamente discreta e correta, pois deve guardar sigilo absoluto sobre o que ouvir durante as consultas. Ele também deve ser o fiscal das prescrições da chefia do terreiro.

## V – O desenvolvimento

1. O aprendizado dos cavalos e demais filhos de santo faz-se nas sessões, nas giras de desenvolvimento, vedadas ao público. Aí, eles aprimoram seus dotes mediúnicos, para posteriormente trabalharem nas giras abertas.
2. O desenvolvimento, na prática, visa dar ao cavalo o total domínio sobre o transe, para que ele saiba entrar e sair dele com absoluto controle das reações do corpo. Na parte teórica, o médium recebe noções sobre a doutrina umbandística e sobre a natureza e o comportamento das entidades espirituais.

## VI – A gira

1. Cada reunião ritual de umbanda constitui uma sessão ou gira. Antes de cada uma delas, o pai ou mãe de santo acende velas diante da senzala dos pretos velhos, do cruzeiro das almas e do assentamento dos exus, colocando neste um pouco de marafo, aguardente.

2. Feito isso, será realizada a defumação com ervas aromáticas, para purificar, pela fumaça, o ambiente e o público presente, livrando-os das cargas negativas.
3. Concluída a defumação, chamam-se os filhos de santo para o salão, para onde devem ir sempre vestidos de branco e de pés descalços.
4. Ao entrar no recinto, os filhos de santo prostram-se no solo, batendo cabeça, para "saravar o gongá", o altar dos santos, e as autoridades do terreiro.
5. Enquanto houver filhos batendo cabeça, o pai e a mãe de santo estão fazendo soar o adjá, a sineta ritual, para "saravar" o anjo da guarda de cada um. Após bater cabeça, o filho beija a mão do pai e da mãe de santo, solicitando expressamente suas bênçãos.
6. O filho de santo também reverencia, na forma de costume, os atabaques, e saúda fraternalmente seus irmãos de terreiro e o público assistente. Só então, sob os aplausos de todos, começará a abertura dos trabalhos.
7. Abrindo os trabalhos, o pai de santo informa os presentes sobre os tipos de espíritos aos quais será dedicada a gira. Depois dessa introdução, ele profere a oração de abertura, quando saúda os espíritos da gira e os orixás no Astral, solicita sua proteção e roga pelo bom andamento da sessão.
8. Após essa oração, o pai de santo declara abertos os trabalhos e inicia os cânticos de saudação aos orixás, começando por Oxalá. Se ocorrer incorporação de uma ou mais entidades nessa fase das saudações, o pai de santo inclui um ou mais cânticos para "saravar" cada uma das entidades que baixou.
9. Havendo incorporação de entidade na mãe ou no pai de santo, os filhos entram em fila para prostrarem-se em reverência ao santo que baixou. A cada santo que chega são entregues suas insígnias rituais, como capacetes, espadas, arcos e flechas etc.
10. As giras festivas obedecerão ao calendário litúrgico de cada terreiro. No dia 6 de janeiro, costuma-se "saravar" o povo do Oriente; no dia 13 de maio, os pretos-velhos; no dia 13 de junho, os exus; a 16 de agosto, Omolu; a 27 de setembro, as crianças; a 4 de dezembro, Iansã, e a 8, Oxum.
11. As homenagens a Oxóssi, dia 20 de janeiro; a Ogum, dia 23 de abril; a Xangô, em 30 de outubro; e a Iemanjá, no último dia do ano, são realizadas ao ar livre, em contato com a natureza, em rios e cachoeiras ou no mar.

### VII – Rituais de purificação

1. Pelo menos duas vezes no ano, o terreiro deve realizar rituais de purificação, oferecendo ebó aos exus.
2. O ebó serve para limpar as pessoas e os ambientes das cargas fluídicas negativas. Deve ser feito segundo os conhecimentos do pai ou mãe de santo e as tradições que ele ou ela herdou.

### VIII – A quimbanda

1. A quimbanda trabalha, em princípio, exclusivamente com espíritos situados no plano mais baixo da escala espiritual. Mas, como o mal é um dado da realidade, esses espíritos também desempenham papel importante na vida cotidiana.
2. Jamais seria avaliada a importância do Bem se não se conhecessem os efeitos do Mal. Tudo o que se passa no Reino da Luz tem sua contrapartida no Mundo das Trevas. Assim, a quimbanda tem, também, as suas 7 linhas comandadas por exus, cada uma correspondendo a uma das 7 linhas da umbanda.
3. A linha correspondente à de Oxalá é comandada pelo Exu 7 Encruzilhadas; a que se relaciona à de Iemanjá, por Pombagira; a de Xangô, por Gira-Mundo; a de Ogum, por Tranca-Rua; a das crianças, por Tiriri; a dos pretos-velhos, por Pinga-Fogo.
4. Os espíritos das trevas vibram na energia dos espíritos da luz, porque na Quimbanda não há o Um, a vibração original.

## Capítulo 10   Candombe

### I – Os negros no Prata

1. Nos séculos XVIII e XIX, os escravos da região do Prata, entre Montevidéu e Buenos Aires, concentrados principalmente em bairros conhecidos como

barrios del tambor, organizavam-se em confrarias e por nações: congos, moçambiques, minas, mandingas, benguelas etc.
2. Cada nação tinha um rei e uma rainha e toda uma organização administrativa, com presidente, tesoureiro e empregados subalternos.
3. Essas nações praticavam, também, os rituais de sua origem, dissimulados em folguedos e sincretizados com práticas católicas.

**II – São Baltazar**
1. Assim que puderam organizar-se, os negros da Banda Oriental fundaram, em 1787, a Confraria de São Baltazar, o rei mago santificado.
2. Os irmãos fundadores foram: Antonio Peres, irmão maior; Antonio Belasquez, segundo; Ignácio Joaquim Rivero, terceiro; e mais Domingo Josefo Ramos, Pedro de Sais, Manuel de La Aya, Francisco Callero, Joaquim Santana, Juna Lusero, Francisco Duran, Francisco Gómez e Juan Custódio.
3. A memória desses ancestrais dos negros platinos será sempre respeitada e reverenciada.
4. As reuniões da Confraria, denominadas candombes, davam-se aos domingos. Suas principais comemorações festivas aconteciam nos dias de São Baltazar, Nossa Senhora do Rosário e São Benedito, bem como na Páscoa, no Natal e no Ano Novo.
5. A Confraria participava também da festa de Corpus Christi, abrindo a procissão católica, com os cânticos e danças de sua tradição.

**III – O candombe**
1. A cerimônia ritual do candombe é sempre presidida por um rei e uma rainha. Sentados em seus tronos, eles paraninfam a entronização da imagem do santo ou santos homenageados, saudando e abençoando seus súditos. O rei usa sempre coroa e cetro reluzentes, símbolos de sua autoridade, ostentando no peito medalhas e condecorações. A rainha traja vestido com saia-balão, coroa, jóias e adereços.
2. A entrada dos monarcas e de seu séquito na sala da cerimônia sempre se faz ao som dos tambores e ao compasso da marcha candombera. À

frente, num andor, encontra-se a imagem de São Benedito, seguida pelo rei, a rainha, os príncipes e, depois, o séquito, batendo palmas cadenciadas.
3. Fechando o séquito, aparecem os instrumentistas e, acompanhando o cortejo, mas circulando livremente e sem solenidade entre os participantes, vão o gramillero, imagem do curandeiro e ritualista; o escobillero, ministrador da justiça; e a mama vieja, símbolo de paciência, abnegação e sabedoria.
4. Instalada a cerimônia, são desenvolvidas as danças e as representações rituais, conforme a tradição de cada confraria.

## IV – Funerais

1. As cerimônias fúnebres dos membros da confraria devem ser oficiadas pelo rei, investido de autoridade patriarcal.
2. Chegando ao recinto do velório e recebido pelos presentes, ele executa ritos de purificação do cadáver, para livrar o morto de seus pecados e propiciar-lhe uma boa viagem até o outro mundo.
3. Depois, borrifa sobre o corpo a água sacramental e cobre o rosto do cadáver com um lenço.
4. À rainha, cabe receber em seu próprio corpo a alma do falecido, para, assim, livrá-la dos maus espíritos.
5. Após esse breve momento, o rei livra-a do transe, soprando em seus ouvidos palavras rituais, a fim de que o espírito tome, finalmente, seu caminho natural.
6. Então, sobre o corpo do morto, é soprado um pouco de sua bebida favorita, dando-se início às exéquias.
7. Agora, de pé e ao redor do cadáver, todos batem palmas ritmadas, cantando o "chambirá, chambiré, chambirá, changombé", em que membros de outras comunidades presentes também reverenciam e evocam nomes e memórias de seus falecidos.
8. À saída do féretro, deve-se dançar um candombe frenético, balançando-se o caixão para que o morto dance também.
9. Então, entre invocações a São Baltazar, São Benedito e Santo Antônio, a procissão levará o morto até sua última morada.

# LIVRO 7
# Caribe hispânico

# Introdução

O arquipélago das Antilhas localiza-se no mar do Caribe, entre o Atlântico e a América Central. Cristóvão Colombo, em nome da Espanha, batizou-o com o nome de Índias Ocidentais, distinguindo-o das Orientais, na atual Indonésia. A colonização espanhola na região concentrou-se nas ilhas de Cuba, Hispaniola e Porto Rico.

## Capítulo 1   Caribe e Antilhas

### I – Caribe

1. Caribe é o conjunto formado pelo arquipélago das Antilhas e parte do território da América Central e do Sul que o contorna.
2. As Antilhas formam o Caribe insular; e o Caribe continental é formado por partes litorâneas do México, Belize, Honduras, Nicarágua, Costa Rica, Panamá, Colômbia, Venezuela e Suriname.

### II – As Antilhas

1. Estendendo-se da foz do rio Orenoco, na Venezuela, até o golfo do México e o canal da Flórida, o arquipélago das Antilhas serve de barreira entre o Oceano Atlântico e o mar do Caribe e compreende três arquipélagos: as Bahamas, as Grandes Antilhas (Cuba, Haiti, Jamaica e Porto Rico) e as Pequenas Antilhas.
2. Estas, por sua vez, dividem-se em Ilhas de Barlavento (Trinidad, Tobago, Barbados, Grenada, Grenadines, Saint Vicent, Santa Lucia, Martinica e as

chamadas Ilhas do ABC – Aruba, Curaçao e Bonaire); e Ilhas de Sotavento (Dominica, Guadalupe, Montserrat, Antigua, Barbuda, Anguilla, Saint Kitts, Ilhas Virgens etc.).

### III – Cultos africanos

1. O tráfico de escravos levou para as Antilhas grandes contingentes de africanos, o que hoje faz da região um dos mais importantes núcleos concentradores e irradiadores das culturas africanas na Diáspora.
2. Muitos dos descendentes dos africanos escravizados nas Antilhas e no Caribe continental reverenciam divindades de origem conga, iorubana, daomeana e acã, em cultos bastante difundidos. Neles, o transe e a glossolalia são manifestações da presença dessas divindades africanas e crioulas.
3. Dentre essas modalidades de culto, além do imenso leque da santeria cubana e do vodu, sobressaem: o big drum, em Cariacu; as cerimônias do baquiné, em Porto Rico; o etu, de origem iorubana, na Jamaica; o kromanti e o kumanti play, praticado pelas comunidades cimarronas da Jamaica e do Suriname; a kumina dos congos jamaicanos; sobrevivência do myalismo também na Jamaica; o obeah, praticado em algumas ilhas de fala inglesa; o Shango cult, em Trinidad-Tobago; o rada, culto daomeano, também em Trinidad; o culto dos shouters, em Trinidad e Saint Vincent.

## Capítulo 2   Cuba

### I – Os africanos em Cuba

1. A República de Cuba localiza-se na extremidade norte do mar das Antilhas. Sua população compreende, segundo dados oficiais, cerca de 22% de "mulatos" e 12% de negros, a maioria concentrada na província de Oriente.
2. Em meados do século XVI, chegaram a Cuba os primeiros africanos, para servirem principalmente nas lavouras de café.
3. Provinham, majoritariamente, da região do Golfo da Guiné e do interior

do Congo. No auge da indústria açucareira, entre o fim do século XVIII e início do XIX, essa imigração forçada intensificou-se, estendendo-se até o fim do tráfico.
4. Graças a isso, as tradições iorubanas, daomeanas e bantas do povo cubano caracterizam o país como um dos mais importantes núcleos culturais da Diáspora africana.

## II – Santería e Reglas

1. Os cultos de origem africana, genericamente referidos como santeria, dividem-se em Regla de Ocha e Regla de Palo Mayombe (que se subdivide em mayombe judío e mayombe cristiano) ou Regla de Palo Monte ou, ainda, Regla de Palo.
2. A primeira tem procedência iorubana ou lucumí; a segunda tem origem conga.
3. A Regla de Ocha, por sua vez, comporta um ramo à parte, que é a Regla de Ifá, da mesma forma que a Regla de Palo Mayombe (ou simplesmente Mayombe ou Palo) compreende várias subdivisões, como Brillumba ou Vryumba, Kimbisa etc.
4. Juntamente com essas duas vertentes principais, convive, também com grande prestígio, principalmente na província de Matanzas, a Regla Arara ou Arara-Daomey; além da sociedade Abakuá.
5. Regla de Ocha é a linha ritual de culto aos orixás iorubanos, chefiada por um obá. Seus rituais são acompanhados pelos tambores batá.

## Capítulo 3   A Regla de Ocha

### I – Orixás da Criação

1. Olófin, Olodumare, Olorún, Odudua, Boromú, Obatalá, Oké, Ogán, Ogbon e Ori são os orixás da criação do mundo e dos seres viventes.
2. Olófin, Olodumare e Olorún são diferentes manifestações do mesmo

Deus Supremo. Olófin é o aspecto criador por excelência, causa e razão de todas as coisas, a personificação da Divindade, aquele que se relaciona diretamente com os orixás e os homens.
3. Olodumare é o Universo com todos os seus elementos, a manifestação material e espiritual de tudo quanto existe na Natureza.
4. Finalmente, Olorún é o Ser Supremo, a força vital e a energia impulsionadora do Universo, manifestada por intermédio do Sol que aquece e ilumina.
5. Como ato preliminar da Criação, Olófin criou Olodumare para dominar os espaços e Olorún para dominar a energia.
6. Ao contrário dos orixás propriamente ditos, Olófin, Olodumare e Olorún não têm culto ou filhos específicos; as pessoas podem rezar para Eles, mas nenhum sacrifício lhes é oferecido diretamente, assim como não têm templos nem assentamentos que lhes sejam especialmente dedicados.
7. Odudua, pai de todos os lucumís, representa os mistérios e segredos da morte. Boromú, que vive nos desertos, representa os ossos, o que resta do ser humano após a morte.
8. Obatalá é o criador da Terra e escultor dos seres humanos, dono de tudo o que é branco, da cabeça, dos pensamentos e dos sonhos.
9. Oké é o orixá dos morros e montanhas, bem como de tudo o que é elevado e alto.
10. Ogán é o secretário de Odudua, dono da enxada, e forma uma trindade com Ogbón e Ogboni. É o orixá que controla a inveja, a avareza e o egoísmo.
11. Ori ou Eri é o orixá pessoal de cada pessoa, representando o espírito que mora na cabeça do ser humano.

## II – Orixás guardiões

1. Os orixás responsáveis pela guarda dos indivíduos e de suas casas são: Ikú, a morte, que vem buscar o homem quando é chegado seu dia e Olófin pede sua cabeça; Egun, que representa o conjunto dos espíritos dos mortos e está sob o poder de Odudua.
2. Em seguida encontra-se Eleguá, orixá que detém as chaves do destino, abrindo e fechando a porta à desgraça ou à felicidade e manifestando-se por meio de mais de 200 avatares, qualidades ou caminhos.

3. Depois, vem Ogún, dono dos minerais, montanhas e ferramentas e patrono de todos os que trabalham com o ferro; e Ochósi, patrono dos que têm problemas com a justiça, mago, adivinho, guerreiro, caçador e pescador.
4. Por fim, vem Ósun, mensageiro de Obatalá e Olófin e sustentáculo dos poderes divinatórios e Orumilá.

### III – Orixás da natureza

1. Osáin, Orichaoko, Iroko, Ochumare, Aja e Aroni são os orixás da natureza propriamente dita.
2. Osáin é o dono da natureza, principalmente da flora. Orichaoko é o orixá da terra, da agricultura e das colheitas. Iroko é o orixá da ceiba, árvore de grande fundamento, pois que é o bastão de Olófin.
3. Ochumare é o orixá do arco-íris, serpente colorida que surge no céu como sinal de bênção.
4. Aja e Aroni são orixás ligados a Osáin e às plantas medicinais.

### IV – Orixás da maternidade

1. Os orixás diretamente ligados às questões da procriação e da maternidade são Yemayá, Dada Baldone, Obañeñe, os Ibejis e Kori Koto.
2. Yemayá é a mãe da vida e de todos os orixás.
3. Dada Baldone constitui-se no protetor dos recém-nascidos e das crianças que nascem com os cabelos muito crespos ou encaracolados. Obañeñe é uma qualidade de Dada.
4. Os Ibejis são os protetores dos gêmeos, macho e fêmea, filhos de Changó e Ochún, criados por Iemanjá.
5. Kori Kotô é o orixá feminino da fertilidade e da procriação, protetor das crianças que nascem predestinadas.

### V – Os orixás das águas

1. Ochún, Inle ou Erinlê, Olokum e Olosá são os orixás das águas correntes e paradas.

2. Ochún, mulher de Changó, amiga íntima de Eleguá, é o orixá da feminilidade, símbolo da coqueteria, da graça e da sexualidade feminina.
3. Inle, patrono da medicina, além de protetor dos médicos é também dono dos rios, amigo inseparável de Abatá. De sua ligação com Ochún nasceu Ologun Edé.
4. Olokum é o dono do oceano, metade homem, metade peixe. E Olosá, irmã e mulher de Olokum, é a dona dos lagos e lagoas.

## VI – Orixás do fogo

1. Os orixás ligados ao fogo e às suas diversas manifestações são Agayú Sola, Changó, Ogué e Oroiña.
2. Agayú Sola é um gigante, divindade da terra seca, dos desertos e dos vulcões, protetor dos caminhantes.
3. Changó é o orixá do fogo, do raio, do trovão e da guerra, mas também da dança, da música e da beleza masculina.
4. Ogué é companheiro de Changó, protetor de todos aos animais com chifre. E Oroiña é a manifestação do fogo universal, o centro incandescente do globo terrestre, onde nascem os vulcões e os terremotos.

## VII – Orixás da adivinhação

1. Orumilá ou Orula, Chugudú e Orungã presidem os segredos do destino.
2. Orumilá é o orixá da adivinhação, reverenciado no culto de Ifá.
3. Chugudú é uma espécie de Exu, só invocado e cultuado em ocasiões muito especiais. E Orungan é o orixá do meio-dia.

## VIII – Os orixás da saúde e da morte

1. Oyá Iansá, Oba, Euá, Nana Burucu, Babalú Ayé e Ajé Chalugá são os orixás ligados à morte e à saúde.
2. Oyá Iansá é a dona dos raios, dos temporais e dos ventos, de caráter voluntarioso e violento. É também dona do cemitério. Além de ter grande poder sobre os eguns, juntamente com Eleguá, Orula e Obatalá, domina

os quatro ventos. Oba é um orixá guerreiro e ligado aos mortos. Também é a guardiã das tumbas dos cemitérios e o símbolo da fidelidade conjugal.
3. Euá é outro dos orixás femininos dos cemitérios, encarregada de entregar os cadáveres a Oiá Iansá. Orixá de grande respeitabilidade, na sua presença ninguém pode desnudar-se, falar alto ou comportar-se de forma rude.
4. Naná Burucu é a divindade misteriosa e terrível que vive em forma de serpente em mananciais, rios e pântanos.
5. Babalú Ayé é o orixá da varíola, da lepra, das doenças venéreas e das afeções de pele em geral. E Ajé Chaluga, por sua vez, é o orixá da saúde, das primeiras riquezas e da sorte

## Capítulo 4 – Ifá Lucumí

1. Na África, assim como nagôs são os iorubás que se estabeleceram mais a oeste de Oió, lucumís são os que foram mais para leste.
2. Em Cuba, em contato com africanos e crioulos de outras origens, os lucumís recriaram suas tradições, muitas vezes reinterpretando-as. Assim, no Caribe, talvez mais que na África, a denominação do oráculo Ifá confundiu-se com a da divindade que o rege, Orumilá. Mas ambos os nomes servem para designar essa Força Divina. E nas Américas hoje o nome Orumilá costuma ser carinhosamente abreviado como "Orula".
3. O culto de Ifá ramificou-se em Cuba através de várias linhagens de *babalaos* e seus respectivos afilhados. A do venerável Adechina, da qual se derivou a de Taita Gaytan, chegou ao Brasil no início da década de 1990 com o babalaô cubano Rafael Zamora (Ogunda Kete).
4. De Ifá é que partem todos os fundamentos do culto aos orixás. Através de Ifá é, por exemplo, que se identificam quais as divindades guias e protetoras de uma pessoa, seus símbolos, características, temperamentos, cores, preferências etc., bem como as melhores providências para que essa pessoa, conjurando os perigos, atinja com sucesso os objetivos de sua existência.

5. Acima de Orula (Orumilá), vibram apenas Olofim, Olodumare e Olorum, três aspectos da mesma Força Suprema. Como fonte do culto a todos os Orixás, Orumila é cultuado em separado, em destaque, em rituais sem incorporação, possessão ou transe, pois Orula comunica-se através de Ifá, que é sua manifestação como oráculo.
6. O culto de Ifá é dirigido pelo babalawo. Awô é a designação de cada um dos iniciados masculinos. Oluwo é o comandante de um grupo de babalaôs. Apetebi é a mulher iniciada, cuja iniciação dá-se apenas no primeiro grau. Entre os homens, o primeiro grau de iniciação no culto é o de awofá.
7. A primeira cerimônia da iniciação consiste no recebimento da Mão de Orumilá ou de Orula. Essa cerimônia da Mão de Orula serve para indicar, entre outras coisas, o caminho da pessoa dentro da religião e para apontar seu orixá de cabeça. Ainda nessa cerimônia, pergunta-se ao orixá da pessoa se ele deixa-a passar pela terra de Ifá.
8. A Mão de Orula é importante, também, porque estabelece uma orientação para a vida secular. A pessoa que conhece seu odu, seu signo em Ifá, sabe por onde deve andar e que maus caminhos evitar.
9. Mesmo no caso de um abiku, criança que nasce fadada a morrer prematuramente, o recebimento da Mão de Orula é determinante para que se façam os necessários trabalhos que evitarão a perda.
10. Na iniciação, o adepto recebe os 21 adele Ifá ou ikines, que simbolizam os apóstolos e são a própria presença de Orumilá. Repousando em um bonito recipiente, o Igbá Orumilá, colocado em um lugar importante da casa, o Mestre é reverenciado e cultuado segundo a tradição.
11. A Ele podem-se oferecer peixe defumado ou assado, frutas, doces, carnes passadas no mel ou no dendê, sempre em número de dois e tendo-se o cuidado de provar, antes, em Sua presença.
12. Os símbolos da iniciação e do compromisso são o idé, pulseira, e o ilekê, colar, verde-amarelos, usados pelo awo. Por meio deles, Orumilá lembra a Iku, a morte, o pacto que fizeram, e adverte-lhe para que não toque em um filho seu sem a devida autorização, sem que Ele diga-lhe que a trajetória terrena daquele filho terminou.

# Capítulo 5   Mayombe*

## I – Generalidades

1. Mayombe é um vocábulo congo que significa magistrado, chefe superior, governador, além de ser também o nome de uma região.
2. Mayombero é o oficiante dos cultos na Regla de Palo Monte, de "paus da mata", que reverenciam os mortos e os espíritos da natureza.
3. Em resumo, mayombe é a íntima relação de uma pessoa com o espírito de um morto que, junto com os animais, as águas, os minerais, as terras, os paus e as ervas compõem o universo.
4. Os espíritos dos cativos que, na época colonial, rebelaram-se contra a escravidão e morreram assassinados pelos capitães do mato constituem parte essencial dos fundamentos ou prendas dos mayomberos, os quais tomam os nomes desses espíritos.
5. As práticas do mayombe, herdadas desde o século XVI, devem ser guardadas com zelo e transmitidas de geração a geração. Elas baseiam-se na inter-relação com os espíritos dos mortos e ancestrais e com as vibrações de tudo quanto há na natureza. Por isso, o mayombero deve amar e respeitar a natureza, além de fazer-se respeitar por sua memória e seus profundos conhecimentos sobre os segredos e mistérios do mundo natural e dos seres humanos, com todos os seus defeitos e virtudes.

## II – O mundo

1. O mundo é regido por uma substância espiritual universal que tem a faculdade de materializar-se, tomando forma animal, mineral, vegetal ou humana.
2. Todas as coisas têm origem nesse espírito universal, chamado Sámbia (Nzambi), que dota sua criação da indispensável força vital.
3. Os animais, como os seres humanos, são dotados dessa força, uns mais (como o boi, o cabrito, a cobra e o galo), outros menos.
4. A natureza explica a vida e as forças naturais estimulam o pensamento.

## III – A ganga e a prenda

1. A prenda é um presente, uma jóia, uma dádiva que o mayombero recebe para sua proteção e orientação. Toda ganga é uma prenda, mas nem toda prenda é uma ganga.
2. Qualquer objeto pode ser sacralizado e dado como prenda. Mas a prenda, no sentido estrito, é uma força secundária em relação à ganga.
3. Prenda, no sentido lato, é, resumidamente, um amuleto ou talismã composto de vários ingredientes. É também o receptáculo onde habita o espírito.
4. Espiritualmente, é um objeto animado pelo espírito de um morto, de um nfumbi ou vumbe; a força mágica, o fetiche. Sua denominação vem da expressão "prenda de muerto", ou seja, presente que o morto dá ao vivo como garantia de sua intercessão nos eventos em que essa presença seja necessária.
5. A ganga é a prenda maior, o assentamento onde mora a totalidade do nvumbe (espírito do morto), com base na qual se produzem as prendas menores.
6. A ganga é o eixo central da liturgia do Palo. Tudo nela é força mágica, telúrica, concentrada segundo o tempo que tenha permanecido dentro dela. Ela é uma força sobrenatural, colocada num recipiente, que, assim, adquire e participa dessa força. Como um microcosmo, nela condensam-se todas as forças sobrenaturais.
7. A prenda domina a vida do padrinho e de seus afilhados, exercendo sobre eles o mesmo poder que o orixá tem sobre o babalorixá e a ialorixá.
8. Como as pessoas, para ser completa e efetiva, a prenda deve ter um nome. Como o nome acha-se sempre intimamente relacionado com o caráter, elas recebem nomes como "Acaba Mundo", "Viento Malo", "Tumba Cuatro", "Tiembla Tierra" etc. Às vezes, podem-se dar às prendas nomes que disfarcem seu grande poder.
9. As prendas dividem-se em gangas cristianas e gangas judias. As gangas têm também suas predileções e seus tabus alimentares. Há prendas que trabalham debaixo de um jagüey, espécie de morácea, aparentada com a gameleira e a guaxindiba brasileiras.

10. Quando se recolhe a ganga sob a árvore ou no cemitério, deve-se andar de costas um trecho.
11. As prendas judias devem ser lavadas com cascarilha, alfavaca, água, vinho seco e águas do rio, do mar e do poço. Desmontada, deixa-se secar ao sol e depois se esfrega manteiga de corojo. Quando estiver seca, risca-se a firma e monta-se ela de novo.
12. As prendas ou gangas só podem trabalhar durante o dia, com o sol. Porque o sol, principal fonte de energia do universo, é a força e a inteligência dos homens, como a lua é das mulheres. Mas o sol é mais importante, porque é ele que dá vida à lua.
13. Entre os dias da semana, a terça-feira é o dia mais forte, assim como a hora é a meia-noite. Os trabalhos mais pesados devem ser sempre realizados às terças-feiras, ganhando, dessa forma, mais eficácia.
14. As gangas têm mãe e descendência. Nos dias de festa, o Tata para sobre sua prenda com as pernas abertas, apresenta a ela uma bacia com água para refrescá-la e uma vela. Dá-se água a ela e o resto põe-se em uma encruzilhada, com o seu direito (tributo em dinheiro). Mas antes de dar-lhe alguma coisa, deve-se deixá-la quieta com a vela.
15. Antes de mais nada, será dada comida ao quício (inquice) da porta. Depois, com um galo seguro pelas patas, faz-se a limpeza dos filhos. Se o galo morrer, a limpeza é interrompida, embrulhando-se o galo e mandando despachá-lo no cemitério ou no mato. Todos devem colocar algum dinheiro no embrulho. Além disso, uma pedra deve ser colocada na boca do transportador do despacho, que só poderá ser retirada quando ele voltar, ocasião em que apresentará a uria, o alimento, à prenda. Então, começa-se a cerimônia propriamente dita.

## IV – Nsasis e prendas

1. No Mayombe, o principal fundamento é Nsasi Siete Rayos, sendo nsasi o nome genérico que se dá a toda prenda mayombera. Essas prendas são sempre acompanhadas de um nkuyo ou lucero, boneco feito de madeira

dura, iteque, com o qual se abre o quarto onde se "joga" palo e ao qual se pode descrever como uma prenda em miniatura.
2. As prendas ou gangas contêm em seu interior tudo o que tem vida terrena, pois tudo vibra, mesmo aquelas coisas que outras culturas consideram mortas.
3. Além do nkuyo, espírito ou espectro, compõem as prendas uma mpaka, objeto montado em um chifre de cabrito ou touro, que é um dos instrumentos auxiliares da adivinhação.
4. A prenda ou nsasi é o microcosmo que contém o quício principal. Ela deve ficar dentro de uma panela de barro, lacrada com terra, e incluir ossos humanos e de diversos animais, bem como água de vários lugares. Em ocasiões especiais, recebe sacrifícios de carneiros e cágados. Sarabanda, porém, nutre-se de sangue de bode.
5. Com base na prenda, funciona a totalidade do conjunto. Ela simboliza a unidade do clã e outorga ao seu dono hierarquia e poder sobre quem o cerca. Todas as manifestações sociais – arte, economia, política, guerra e religião – subordinam-se aos conselhos do possuidor de uma prenda ou ganga.
6. A prenda contém o quício, o qual, por sua vez, contém o nsasi, a energia.

## V – Consagração – Rayamiento

1. A consagração irmana os homens e agrupa-os em torno da prenda. Seu princípio consiste no intercâmbio de sangue como a forma mais expressiva de manifestar os sentimentos de vínculo familiar e solidariedade. Mas o mayombero precisa ser muito cuidadoso ao aceitar um novo afilhado. Ele deve guardar com cuidado seus conhecimentos e zelar para que aqueles que os recebam saibam guardá-los igualmente bem.
2. O verdadeiro e escrupuloso Tata ou Yayi Nganga (padrinho ou madrinha) deve zelar para que seu afilhado observe rigorosamente boas normas de conduta em sua vida particular e pública. O aprendizado do iniciando tem de desenvolver-se ao longo dos anos, num processo, ao fim do qual ele deverá ter acumulado um grande conhecimento sobre a mata

e as propriedades dos paus que emitam mais fortes vibrações e se terá convertido num verdadeiro sábio sobre as virtudes da flora.

## VI – Iniciação – Preliminares

1. O rito de iniciação do mayombe consiste em rayar (riscar) o corpo do iniciando, ou seja, em fazer marcas com um objeto cortante sobre seu corpo, extraindo pequena quantidade de seu sangue para vertê-lo sobre a ganga e adicioná-lo à bebida sacramental. Assim, o iniciando é consagrado ao vumbe (espírito) que comanda aquele fundamento, aquela ganga.
2. Trata-se de um sacrifício, de uma oferenda em que se transfere parte da energia vital da pessoa para fortalecer a prenda e o espírito do indivíduo. Essa consagração não obedece unicamente a motivações de caráter religioso, mas também a profundas convicções a respeito do papel desempenhado pelo indivíduo em seu contexto social. No Mayombe, o compromisso religioso é um pacto social.
3. Antes de chegar à consagração, entretanto, devem-se realizar: a consulta ao vumbe, para saber se a pessoa necessita e pode iniciar-se; os banhos purificadores; a matança dos animais e a preparação do yamboso ou chamba, que é a bebida sacramental; a entrada no quatro; a cerimônia de reafirmação; o rayamento; e, por fim, o brinde e a saudação.
4. Para saber se um indivíduo necessita e pode iniciar-se, o ngangulero deve usar os recursos da adivinhação, utilizando, para isso, a mpaka mensu, chifre de cabrito ou touro, tapado com um pedaço de espelho. O futuro padrinho, depois de fazer algumas invocações rituais, verá o que o destino reserva ao indivíduo, comunicando-lhe verbalmente e confirmando a veracidade do que lhe diz, mediante pergunta à ganga com pólvora (fula) ou búzios (chamalongo).
5. Recomendada a iniciação, o padrinho fixará a data da cerimônia, levando em conta as condições sociais, a conduta moral e o estado de saúde do indivíduo, que deverá ser irrepreensível; doenças, caso as tenha, devem ser conhecidas. Também serão considerados os fatores naturais, como a posição dos astros e, sobretudo, a fase da lua.

**VII – Iniciação – Preparação**

1. Nunca se deve proceder a uma iniciação quando a lua estiver em quarto minguante; a época mais propícia é o quarto crescente. Data que se torna melhor ainda quando o dia da iniciação cai numa mudança de estação.
2. O iniciando deve chegar de véspera à casa de sua iniciação e lá permanecer, se possível, 21 dias e noites.
3. Para a iniciação, serão necessários os animais do sacrifício, em geral dois galos, aguardente, vinho seco, mel, tabaco e pano branco. O banho purificatório será preparado, minutos antes da cerimônia, em uma panela de barro ou bacia grande. No recipiente são colocadas a água e as ervas, para serem maceradas com as mãos, acrescentando-se, depois, a cachaça, o vinho, o mel, a chamba, a pólvora e um ovo.
4. Chamba é a bebida composta de cachaça, pimenta da costa, malagueta, canela, gengibre, alho e pólvora com a qual, depois de três dias enterrada, borrifa-se a ganga, para fortalecê-la.
5. O ngueyo (iniciando) deve ser levado para o banho, de olhos vendados, sem camisa e com as calças amarradas acima do joelho. Enquanto se banha, devem ser entoados os cânticos alusivos àquele momento. Terminado o banho de folhas, seu corpo é borrifado com a chamba e o vinho.
6. Após o banho, o iniciando é levado até o quarto do fundamento. Deve-se bater três vezes e fazer-se as perguntas rituais, só então abrindo-se a porta. Antes de transpor o umbral, o condutor gira o ngueyo sobre si mesmo. Só o conduz, então, sempre ao som dos cânticos apropriados, até o pé da ganga, onde permanecerá ajoelhado.

**VIII – Iniciação – Consumação**

1. A iniciação deve ser feita no mato, na presença apenas dos padrinhos e do bakonfula, auxiliar do tata. Pode, também, ser realizada num quarto especial, revestido de paus, gravetos, galhos, ervas e folhas, cujo piso é também recoberto com ervas finas, tudo representando a mata.
2. Nesse quarto, deve ficar também a ganga principal, rodeada por outras prendas, castiçais com velas e receptáculos de outros tatas.

3. Ao som dos cânticos rituais, o animal do sacrifício, um galo, com as patas, esporas e penas do rabo limpos e em perfeito estado, é apresentado à prenda principal antes do sacrifício. Em seguida, o sacrificador ritual, segurando o galo pela cabeça, lhe arrancará as penas do pescoço e das patas, das asas e do dorso. Com uma espora de gavião ou galo, ou com a faca previamente autorizada, ele sacrificará a ave, derramando o sangue sobre as gangas, até que esse sangue caia na xícara que contém o yamboso, a bebida sacramental.
4. A cabeça do animal sacrificado deve ser colocada sobre a ganga, sendo o corpo depositado novamente no chão, de frente para ela.
5. Então, a ganga é coberta com as penas da ave; as que caírem ao chão servem para limpar o sangue e, assim, formar um pequeno bolo que também deve ser colocado aos pés da prenda. O piso é limpo de imediato, para que tudo fique em ordem.
6. Após o sacrifício, o oficiante da cerimônia indaga ao iniciando os motivos que o levaram até ali e instrui-o sobre como devese comportar a partir da iniciação, de acordo com os princípios da comunidade na qual está ingressando. Depois dessas preliminares, a prenda será colocada sobre a cabeça do ngueyo.
7. Em seguida, o padrinho toca a ganga com o mbele, a faca, e, entoando a reza apropriada, flamba a lâmina com que se efetuarão as marcas rituais e borrifa-a com aguardente, que é também borrifada no peito do iniciando (e nas costas, se for mulher), fazendo-se, então, as incisões do rayamento, constantes de uma pequena cruz, ladeada por duas colunas de três pequenos riscos paralelos.
8. Está então selado o pacto do iniciando com o seu vumbe, porque, no momento em que foi rayado, recebeu as emanações e a proteção que esse vumbe projeta sobre ele.

## IX – Consagração

1. Já rayado, o novo iniciado será então consagrado. Para tanto, verte-se o sangue que ficou na lâmina, juntamente com aguardente, na ganga e no

yamboso, que deve ser bebido pelo iniciado. Se ele vomitar, é porque, em algum momento, alguém tentou envená-lo com comida ou bebida. Então, já limpo e renascido, ele deve beber novamente.
2. Por fim, ele é posto de pé e libertado da venda dos olhos, que serão convenientemente esfregados para abrir-lhe a visão. Saudará, então, a ganga, cruzando as mãos três vezes no peito, cumprimentando, por fim, à moda conga, seus padrinhos e os demais presentes.
3. A cerimônia é encerrada ao som dos cânticos de estilo e seguida por momentos de confraternização, nos quais, de forma descontraída, conversa-se, come-se e bebe-se marafo, chamba e café.

## X – Firmas (Patipembas)

1. As firmas constituem a inter-relação das vibrações da natureza com os seres pensantes sensíveis a elas. Cada ser humano identifica-se com uma firma, do mesmo modo que cada ganga e seu nfumbe são personificados por um desenho cujos traços básicos serão muito semelhantes entre afilhados de um mesmo padrinho.
2. Quando um ngueyo inicia-se, seus padrinhos, da mesma forma que lhe dão um nome iniciático, criam para ele uma firma que o distinguirá dos iniciados em outras casas. Esse nome indicará, de alguma forma, sua linhagem ritual, devendo fazer referência à ganga de seu padrinho. Mais tarde, se consagrado como Tata ou Yayi, ele acrescentará, ao seu nome e à sua firma, elementos identificadores da nova ganga que receberá. Cada iniciado, então, tem sua própria firma, que é sua identificação, pois informa quem é o indivíduo, qual o seu caráter, quem são seus pais, quais suas relações espirituais, a qualidade de sua ganga e a casa a que pertence.
3. Na presença de terceiros, um bom palero (iniciado) nunca deve traçar sua firma completa, pois desta forma ficará sujeito a tê-la copiada e usada por alguém que lhe deseje causar dano. Quando um ngueyo visita outra casa, deve traçar sua firma no solo e, se por acaso esquecê-la, traçará uma parte da firma do seu padrinho.
4. Sem firma não se pode fazer nada. Quando um Tata Nganga vai fazer

um trabalho, depois de pedir permissão a Zambi, aos mortos e a Lucero, chama o santo (nkisi) assentado na ganga mediante o traçado de sua firma no chão.

5. As firmas devem ser riscadas com pemba branca, amarela ou preta. Detalhe: a cor preta só será usada em ações que objetivem dano.
6. Cada movimento nos ritos da Regra de Palo deve ser precedido pelo traçado da firma, sendo esse o modo principal de comunicação entre o fiel e seu guia. Quando se desenha uma firma, o santo vem a ela.
7. Deve-se também queimar fula (pólvora) para despertar não só as vibrações de todos os elementos da natureza, mas também o nfumbe que está dormindo à espera de ordens e das oferendas que lhe são devidas.
8. O traçado da firma inicia-se sempre de um círculo, dividido em quatro partes iguais. No alto desse círculo está o céu, nsulo; no meio da linha horizontal encontra-se a terra, ntoto; e no resto da linha situa-se o mar, kalunga. Na parte inferior do círculo, está kumangongo, o interior da terra, o país dos mortos, sua morada. Mas Zambi, os heróis, os ancestrais divinizados, os mpungu, moram no nsulo.

## XI – Comunicação com os espíritos

1. A comunicação com o espírito do nfumbe deve estabelecer-se de forma direta: o dono da prenda fala, faz reflexões, consulta, em estrita união espiritual com a força sobrenatural de que é possuidor.
2. Seus instrumentos para a adivinhação são o mpaka mensu, chifre de boi ou caprino; a fula, pólvora, inflamada diretamente ou com o nkulo (cabaça); o prato branco; e o transe mediúnico, que ocorre quando o "perro de prenda" (médium) é possuído pelo espírito que mora na ganga.

## XII – Consulta à ganga

1. A consulta feita com o mpaka mensu é a forma mais direta de apreciar as vibrações que emanam do nfumbe que mora nele. A mpaka mensu é um chifre contendo em seu interior os ingredientes apropriados e cuja boca fica coberta por um espelho esfumaçado. Enquanto pergunta, o adivinho vai

lustrando o espelho e interpretando, como resposta, as figuras que vão-se formando na superfície do vidro.
2. De uma forma simples e reflexiva, com a vidência que é própria de todos os seguidores dessas manifestações, o nfumbe fala ao consulente e faz-lhe as recomendações para seu desenvolvimento futuro. As mpaka, quando bem invocadas, despertam, movem-se e pulam, pondo em evidência a vida espiritual que anima seu interior.
3. Quando são perguntas simples, para as quais se deseja uma resposta imediata, deve-se riscar a firma da ganga, colocando sobre ela sete montinhos de pólvora. Sopra-se sobre a prenda uma fumaça de tabaco e borrifa-se com aguardente. Em seguida, formula-se a pergunta, pedindo à ganga, por exemplo, que, em caso positivo, queime três desses montinhos ou que faça arder três, pule um e queime outros três.
4. Uma demonstração mais difícil consiste em tapar um ou mais montinhos de pólvora com uma cabacinha. Depois de chamar o espírito da ganga, sussurrando rezas na língua do Congo, a pólvora deve ser inflamada. Se a chama não atingir a cabaça, essa será uma forma de resposta.
5. Outra forma de adivinhar é a seguinte: quando se realiza uma sessão ou jogo, põe-se em pé a pessoa que quer consultar (o consulente). O tata toca com um prato branco a cabeça, os ombros, o peito e as pernas da pessoa e, depois de mostrá-la aos quatro ventos e aos quatro pontos cardeais, passa-o sobre a chama de uma vela acesa ao pé da ganga, para esfumaçá-lo. No prato, irão aparecendo diversas figuras que o tata interpretará, formulando suas recomendações com base nelas.

## XIII – O transe

1. Quando se prepara um filho cujos dons extra-sensoriais para comunicar-se com o espírito da prenda de seu padrinho sejam evidentes, deve-se submetê-lo a certos ritos probatórios diante do conjunto de afilhados mais chegados. Caso, ao fim deles, chegue-se à conclusão de que o afilhado está apto para esta função, ele passará a ser instruído para trabalhar como "perro de prenda".

2. Quando o indivíduo recebe em seu corpo o espírito de uma entidade, convertendo-se em um perro de prenda, a força desse morto transformado em entidade espiritual atua com toda a sua força sobre ele, que deve receber em seu corpo esse espírito até que possa neutralizá-lo com a força e o poder de sedução das pessoas preparadas para tal.
3. No transe, o iniciado deve ter sempre alguém que o ajude com muito cuidado a sair desse estado violento, para que não se machuque nem mesmo seja vítima de ocorrência fatal.

## XIV – Ritos funerários

1. Um morto não pode ficar com os olhos abertos, porque isso é um mau sinal. Além disso, todo palero morto tem de deixar sua ganga para alguém. Se o herdeiro não tem como cuidar dela, deve despachá-la num rio, porque aquele que não se comunica bem com uma prenda e não cuida bem dela corre sérios riscos.
2. Quando morre um tata ou uma yayi, seus padrinhos e afilhados reúnem-se para a cerimônia de despedida.
3. O primeiro passo é traçar a firma da ganga do morto e queimar pólvora para afastar os maus espíritos. Ao redor da ganga, já coberta com um pano preto e algodão, são colocados quatro troncos de bananeira e quatro velas. Sacrifica-se, então, um galo, batendo-o com força contra o chão, e verte-se seu sangue sobre a ganga, que ficará aberta durante nove dias.
4. No recinto onde se velar o morto, é tirada, com um barbante ou uma fita, a medida da estatura de todos os que participam do velório e, então, são iniciadas as rezas rituais.
5. Tira-se, então, o cadáver do caixão. Dança-se ao som dos cantos apropriados, revezando-se os carregadores do defunto, enquanto se golpeia o solo com uma vara. Um dos cantos chama o morto por seus nomes, o público e o privado, para que o espírito reconheça seus irmãos em vida. Feito isso, o corpo deve voltar ao caixão. Os presentes limpam-se com as respectivas medidas e depois as colocam dentro do ataúde.
6. Em seguida, queima-se pólvora até fora da casa, para dar conta de que o

morto vai ser sepultado. Seu espírito, sem dúvida, irá para junto de sua ganga. E sua família consanguínea e religiosa terá nove dias para pranteá-lo e obrigá-lo a afastar-se dos lugares em que viveu e cumpriu sua devoção.
7. Passados os nove dias, procede-se ao sacrifício de um bicho de quatro patas. Ainda vivo, o animal deve ser lavado com a mamba, o banho ritual, preparado com folhas frescas, pedacinhos de charuto, velas, cachaça e vinho seco. Antes de sacrificá-lo, roça-se o animal nos ombros das mulheres e nos genitais dos homens.
8. Em seguida, abre-se um buraco no chão, no fundo do qual depositam-se algumas velas, em cujo redor são colocados maços da erva kimbansa (capim pé-de-galinha) amarrados com fitas pretas. Por fim, é feito um montículo com terra de cemitério e de formigueiro, sobre o qual sacrifica-se o animal (de quatro patas, para um tata ou yayi; uma ave, para um ngueyo).
9. Sacrificado, o animal será colocado sobre o pano preto que cobre a ganga, junto com os maços de kimbansa e as velas. Faz-se um embrulho com tudo isso e enterra-se na tumba simbólica que, depois de convenientemente tapada, é enfeitada com flores frescas. Toda essa cerimônia deve ser conduzida pelos cânticos de estilo.

## Capítulo 5  Abakuá*

### I – A sociedade Abakuá

1. Abakuá é a sociedade secreta dos filhos homens de Abakpa, antiga aldeia do povo ekoi, na região de Usagaré, no Velho Calabar, em Wanantú, a África.
2. A sociedade abakuá será sempre chefiada por um obón, rei. Os primeiros quatro obones foram Iyamba, o grande rei; Mokongo, força e justiça de Ekué; Isué, o grande sacerdote; e Isunekwé.
3. Cada membro da sociedade abakuá que completou os rigorosos ritos de iniciação é um obonekué. E o simples praticante dos ritos é um ñañigo. O ñañigo deve tratar a cada um dos seus pares como ekóbio, amigo, companheiro.

4. As seções ou ramificações da sociedade representam, cada qual, uma potência (jurisdição). E cada uma dessas potências terá, além do obón, seu ritualista, o ekueñón, a quem todos também devem obediência.
5. O ritual abakuá compreende sempre o plante (cerimônia de iniciação, de promoção de obones ou de criação de novas potências); o pranto ou choro (cerimônia fúnebre pela morte de um obonekué, um confrade); o rito de "refrescar" liturgicamente as peças sagradas; as assembléias de plazas (dignitários); e as assembléias gerais, tudo obedecendo a rigorosas regras.

## II – Ekué

1. O segredo de Abakuá, que precisa ser cuidadosamente guardado por todos os membros da sociedade, reside em Ekué, o tambor sagrado. Seus cânticos e danças rituais serão realizados ao som dos enkómo (tambores) bonkóenchemiyá, biankomé, obí-apá e kuchi-yeremá; de sineta (ekón); bastões (itón); e chocalhos (erikundi). Esses rituais ou plantes serão sempre comandados pelo Íreme, diabinho que representa as forças naturais e dos antepassados.
2. Ekué tem três patas: a primeira pertence a Iyamba, a segunda, a Mokongo e a terceira, a Isué. Mas a anaforuana, a firma ou assinatura de Isunekué, vale pelas desses três chefes.
3. Ekué não gosta das mulheres. Por isso, só quem tem acesso ao seu segredo são os homens. Em Abakuá nada pode pertencer ao gênero feminino. Nem a madeira da qual Ekué é feito pode ser de árvore fêmea.
4. Como houve um tempo em que os animais falavam como nós, houve outro tempo em que as mulheres mandavam no mundo.
5. No Velho Calabar havia mulheres que trabalhavam como os homens. Certa vez, quando as mulheres começavam uma cerimônia, metidas no mato, em uma cova às margens de uma lagoa, os homens roubaram-lhes o segredo de Ekué, mataram as velhas, começando pela chefe que sabia o que ia acontecer, e escravizaram as que não mataram.
6. Juntamente com os espíritos dos grandes mortos abakuá, Ekué concentra

todo o poder da Mãe Natureza; todas as forças da terra, da água, do céu; toda a energia do vento, do sol, das estrelas e da lua.

## III – O mundo espiritual

1. O universo é movido por uma força superior, impessoal. Além dessa força, cada ser humano tem, no mundo dos vivos, um acompanhante espiritual, o chi, que, unido ao indivíduo desde a concepção, é a força responsável não só por suas qualidades pessoais, como talento, defeitos, mas também pelos eventos de sua vida, como conquistas e perdas, alegrias e infortúnios.
2. Ao mundo dos vivos contrapõe-se Kindo, o país dos mortos. Dele, os antepassados, que são os mortos ilustres, proeminentes, comandam o mundo dos vivos, como donos da terra e guardiões. Eles vigiam seus descendentes e podem socorrê-los: sem sua ajuda nenhum empreendimento teria êxito.
3. Os antepassados vivem em estreito contato com as divindades. Os grandes líderes vivos são reencarnações dessas divindades. E os sacerdotes são seus porta-vozes e representantes, com a função de assegurar o bem-estar do seu povo.
4. As divindades são comandadas por uma Entidade Superior, um espírito universal, e outros menores relacionados com o Sol, a criação, a Terra etc. Essa entidade superior é Abasi, Eromina Abasí, Deus Todo Poderoso, ou Eremabiósina Abasi Okampo, o Deus Velho do Calabar.
5. Os ibos chamam Abasi pelos nomes de Chiuku, o grande Chi; Chuku Oke; ou Abiama, o Criador Universal.
6. Mas existem dois Abasi: um maior e mais forte, que está mais perto da Terra; e outro, o Altíssimo, tão velho que já não precisa mais de alimentos e oferendas.
7. As divindades, colocadas abaixo e sob o poder de Abasi, falam por meio do oráculo. Elas são: Ekwensu, o pai de todo o mal; Obunike, o morto que pode causar dano; Ale, a Terra e a fertilidade (Ala, Ani); Anyahu, o Sol; Igwe, o céu; Amade Onhia, o raio; Anansa, que habita a paineira gigante; Agbala; Abara.

8. Outras divindades são: Obebé, Eramina, Ndibó, Onibiabamusa, Yinikó, Okún, Okánde, Yarina Bondá, Sontenú, Ofó, Obiná, Onifoná Eferiepá, Efisá, Oñurofae Sinón. Além delas, devem-se reverenciar Ebión, o Sol; Nfé, a Lua; Atrogo Kiren, a Mãe Natureza; a paineira e a palmeira sagradas; e também as pedras.
9. A água é mãe dos espíritos. Os grandes segredos da sociedade abakuá, quando não se encontram no uson guayaká, o cemitério, estão na água dos rios.
10. Os peixes, serpentes e jacarés são grandes forças em abakuá, pois representam os espíritos das águas.
11. Os íremes, que se manifestam como diabinhos brincalhões, são representações dos antepassados, estabelecendo um vínculo entre os vivos e os fundadores originais.

## IV – Os espíritos dos mortos

1. Os espíritos dos mortos, nánsugas, além de fortalecer os humanos que vão nascer, amparam os que morrem. Por isso, não se deve ver com maus olhos a morte de um animal que se vai para que se salvem mil: um sacrifício não é um assassinato mas, sim, uma obrigação religiosa.
2. Os espíritos dos ñañigos andam juntos na outra vida. Não perdem sua hierarquia e continuam comparecendo aos plantes, às celebrações rituais. Os abakuás sempre estarão unidos durante a vida, continuando unidos e bem depois da morte.
3. Alguns espíritos podem ser transportados e fixados em um objeto, como os amuletos em que ficam presos, à disposição da vontade de seu possuidor.
4. Todo espírito tem prazer em voltar à sua antiga morada. Sendo o corpo a morada da alma, o retorno a ele é apreciado pela alma. Além disso, tudo o que nos rodeia – árvores, águas, pedras, animais e seres humanos – não é nada mais que isso: a morada de um espírito.
5. Embora os espíritos naturalmente busquem o que foi seu, como seu crânio, ossos, restos de seu corpo, a terra de sua sepultura e bens terrenos

que possuiu, o musi, manipulador das forças sobrenaturais, tem poder para levá-lo e fixá-lo onde quer que seja: em uma pedra, um tambor, uma cabaça, um boneco, um corpo.
6. Quando Abasi leva um irmão de religião, o corpo morre, apodrece, transforma-se em nada, mas a alma continua por aí, vivendo.
7. Nkéne é a essência espiritual que faz mover os corpos. Nkéne Nkéne é a sombra do corpo. A sombra é o que se vê de Nkéne, que é invisível. Quando se morre, o corpo perde a sombra, pois Nkéne leva-a embora.

## V – Baroko, cerimônia em honra de Ekué

1. No isaroko, o terreiro, haverá sempre uma praça, pátio ou espaço livre, ao lado do fambá, o templo. Em outro ponto do isaroko existirá sempre um pé de ceiba, a paineira gigante.
2. No isaroko é que dançarão os íremes, ao lado de Nasakó, o mago congo que deu voz aos tambores; de Isué, o grande sacerdote; de Ekueñón, escravo de Ekué, responsável pelas ervas sacramentais; de Moruá Yuánsa, que faz soar a sineta mágica, o cencerro ekón; de Mokongo, Enkríkamo e Mosongo, todos vistosamente trajados.
3. O rito começa sempre à meia-noite. Antes, dentro do fambá, o quarto do segredo, são feitas as oferendas; riscados no chão os traços das anaforuanas que formam a escrita sagrada; e realizados os sacrifícios. Ekué, embora invisível, se manifestará por meio de sua voz, que lembra um ronco de leopardo.
4. A preparação da cerimônia é feita em segredo. Um de seus requisitos essenciais é traçar com giz amarelo, ou branco em caso de exéquias fúnebres, as anaforuanas sobre todas as pessoas e objetos que vão interferir na liturgia.
5. Sem as anaforuanas, não há força sagrada: o Ekué não se manifesta e a liturgia será em vão.
6. Terminada a preparação, sairá o Ekuéñón. Com o tambor empegó e acompanhado pelo Moruá Yuánsa, batendo o ekón, ele iniciará a cerimônia, com o cântico apropriado, ao som do tambor.

## VI – O sacrifício

1. O sacrifício, embori mapa, deve acontecer sempre à luz do sol e, de preferência, ao meio-dia.
2. Saindo do fambá, os sacerdotes Embákara e Ekueñón irão até a árvore onde está amarrado o bode que vai ser sacrificado. Embákara o desamarrará, entregando-o ao Ekueñón. O animal será então levado para dentro do fambá e o sacrifício será convenientemente executado; sua cabeça e uma cuia com seu sangue serão recolhidas ao fambá e o resto de seu corpo encaminhado à preparação para o banquete comunal.
3. O animal deve ser despelado, cuidando-se para que fiquem inteiros e unidos à pele os testículos no escroto e as quatro patas, até a rótula. Assim, ao oferecerem-se os testículos a Ekué e uma pata a cada um dos quatro chefes ou Obones, ficará provado que foi sacrificado um macho "inteiro" e não um castrado.
4. Deixando a cabeça e o sangue no quarto secreto, Ekueñón, Empegó, Nasakó e íreme Aberisún, o sacrificador, dirigidos pelo Enkríkamo, virão para o terreiro, onde, por meio dos cantos, danças e dramatizações da tradição, darão sequência à cerimônia.
5. Enquanto isso, no fambá, longe dos olhos do público, o sangue do animal será dado de beber a Ekué; e a cabeça, preparada e carregada com força mágica, e já com "a voz do mistério", servirá como recipiente na comunhão sacramental, na qual os presentes beberão, para que ela renove sua vitalidade. Feito isso, ela será ofertada ao Ekueñón, sendo colocada no corpo do seu tambor.
6. Aberta a porta do fambá, dele sairá o beromo, o cortejo. À frente deverá vir dançando o Enkóboro, o íreme principal, encarregado de abrir e purificar o caminho; atrás dele seguirá o grande sacerdote Isué, levando na boca a cabeça do galo que foi previamente oferecido ao tambor Eribó, o qual agora sustenta em suas mãos.
7. Seguindo Isué, virão Mokongo, no centro, Mosongo e Abasongo, à sua direita e esquerda, respectivamente, cada um portando seu itón, o bastão

que simboliza a condição de dignitário, muito enfeitado e impregnado da força sagrada dos antepassados.

8. Quando o cortejo chegar ao lugar do baroko, da cerimônia, o Ekueñón, diante do tambor Eribó, levantará o couro do bode sacrificado apresentando-o ao céu, a Abasí e aos astros, e envolverá o Eribó com ele.
9. No caso de consagração de um novo Embákara, alto grau da hierarquia sacerdotal, o couro deverá envolver o candidato, como um manto.
10. Terminada essa cerimônia, o candidato será levantado e, ao som do coro "baroko nandibá baroko", a procissão retornará ao fambá para a consagração do sacerdote ou novo membro da sociedade.
11. No fambá, o novo membro, ou graduado, receberá a unção consagratória, cujo final merecerá nova procissão, desta vez mais solene.
12. Em seguida, será servido o banquete comunal, no qual a carne será consumida numa refeição ritualizada. Diante da árvore sagrada, o Empegó desenhará na terra, com giz, a anaforuana que comandará a cerimônia. E o Nasakó lançará, sobre os grafismos amarelos, um borrifo de ikún, pólvora, o pó negro de mais forte magia.
13. Então, o Enkandemo, cozinheiro ritual, trará a carne já cozida e, depois de oferecê-la aos ancestrais e divindades, com cânticos evocativos da primeira comida que seus antepassados fizeram na África, no rio Usagaré, colocará uma vasilha grande, cheia de alimentos, em um signo circular da figura mágica e outra pequena, vazia, em outro ponto dela.

## VII – Ofertendas

1. O ovo é uma oferenda muito importante por seu profundo significado. Do mesmo modo que do ovo nasce a ave, da pele redonda de Ekué, redonda como um ovo, nasce o obonekué, o ecóbio, o ñañigo, o membro da seita.
2. O homem é como uma ave. O embrião que o gera é como a gema que se transforma em ave; e que, como a pemba amarela, tanto pode ser usada para o bem quanto para o mal.
3. A casca que envolve o embrião que vai transformar-se em ave é como o universo que envolve o homem e a natureza. Por isso, a cabeça do iniciando

deverá ser pintada com tinta feita de casca de ovo dissolvida em água. O desenho feito será um círculo, simbolizando seu nascimento para abakuá, assim como da gema redonda nasceu a ave.
4. O inhame é também uma oferenda importante. Tanto que, quando morre um obón, um membro da sociedade, o vegetal deve ser colocado dentro do caixão.
5. A mokuba, bebida sacramental dos rituais de abakuá, deverá ser feita da substância da banana e do inhame acrescida de caldo de cana, vinho de palma e um pouco de sangue sacrificial. Tudo isso lembrando as primeiras oferendas feitas pelos antigos íremes no Velho Calabar.

## VIII – Obrigações e tabus
1. Cada grupo de ñañigos constitui um juego, uma potência, tierra ou loja, compostos por numerosos associados ou ekobios, estreitamente vinculados por solenes juramentos de iniciação e por uma permanente hierarquia de muitos funcionários ou plazas, todos eles jurados e com um papel importante e exclusivo nas cerimônias litúrgicas.
2. Quem jura Ekué tem de dar sangue, pois o sangue é o elemento principal. Com ele, todos os espíritos e forças ficam contentes e fortalecidos; e, mais fortes, protegem-nos melhor.
3. Quando um homem fere o outro, este tem o direito de revidar até o limite de suas forças. Mas, leves ou graves, todas as faltas cometidas por um obonekué são passíveis de punição, principalmente as que atingirem mulheres, sobretudo mães.

## IX – Anaforuanas
1. Os signos criam e dominam: o que não está marcado com um signo não é sagrado nem tem realidade.
2. Do signo é que nasce o obonékué. Do signo é que nasce a religião.
3. Assim como têm vida todos os seres do universo, as divindades têm seu signo, sua assinatura, sua anaforuana. A assinatura do obonekué será revelada e ensinada à pessoa quando de sua iniciação.

# Capítulo 6   Arará

## I – A diáspora daomeana

1. Durante seu apogeu, o antigo Daomé exportava, através de Ajudá, cerca de dez mil escravos por ano. Integravam esses estoques numerosos contingentes de povos vizinhos, como iorubás e mahis, conhecidos no Brasil como jeje-marrins e em Cuba como arará magino. Durante a época em que esteve sob o domínio de Oyó, para fazer face aos pesados encargos tributários, o reino intensificava cada vez mais a sua atividade de venda de escravos.
2. Mesmo com a proibição do tráfico e apesar da repressão inglesa, a crescente demanda de mão-de-obra, não só para as plantations do sul dos Estados Unidos mas também para os engenhos brasileiros e cubanos, alimentava o comércio.
3. Somente a partir de 1818, sob o comando de Ghezo, a economia do reino – embora dependente do tráfico até os anos de 1860, quando o eixo do comércio de escravos desloca-se para a costa oriental africana – começa a diversificar-se, principalmente por meio da exportação de azeite de dendê, até o domínio total do Daomé pela França.
4. Os escravos vendidos no Daomé eram predominantemente indivíduos dos ewes e fons, vítimas de um processo de submissão que convertia uns em súditos de outros e que possibilitava aos dominantes a venda de indivíduos de seus próprios grupos étnicos – o sistema institucional vigente permitia escravizar súditos, de forma temporária ou permanente, por diversos motivos. E apenas os escravizados por dívidas não podiam ser vendidos.
5. Um dos países que mais usaram, em suas colônias, escravos procedentes do Daomé, foi a França. Daí vem a predominância de tradições jejes (ewe e fon), como o vodu, no Haiti e na Louisiana, embora esse legado seja também notório no Brasil, São Domingos e Trinidad.

## II – A regla arará

1. Arará é a denominação cubana dos negros ardas, do antigo Daomé e de

todos os produtos de sua cultura. Osararás cubanos dividem-se em arará agicón, arará magino (mahi nou = habitantes do país Mahi; provenientes de uma pequena região do norte do Daomé), arará abopá, arará cuatro ojos, arará cuévano, arará sabalú, arará nezeve, arará dajomé e minas.
2. A regla arará é o conjunto de práticas religiosas desenvolvidas a partir do culto aos voduns, realizados em diversas regiões do antigo Daomé e países vizinhos.

## III – Voduns

1. Uma das mais respeitadas divindades africanas é o dono dos caminhos e portas, mensageiro das divindades, detentor das chaves do destino. Todos estes atributos, bem como o de abrir e encerrar qualquer celebração, pertencem, no culto arará, a Tocoyo Yonó, também invocado como Afraní.
2. Mas a força principal da Regla Arará é o vodun Dasoyi, que deve ser sempre invocado com profundo respeito. Dasoyi gosta de descansar à sombra do pé de chirimoyo, uma espécie de melão, ou na terra semeada de erva-de-santa-maria. Por antigos caminhos exibe humildemente suas calças de saco, sua camisa de caroá e as várias cores do xale que leva na cintura. Balança seu ajá com a mesma mão que abençoa seus filhos. Médico e guerreiro, Dasoyi manifesta-se por meio das seguintes qualidades ou caminhos: Aggidai, o mensageiro; Agrosometo, Osumayá, Daida, Ofido, Adrapete, Emergundé, Agramano, Son-Poná, Azoiy e Aluá. E é também invocado sob os nomes de Ojundegara, Afrimaie Ganayú, Azojano, Awó Aggrónica e Sódyi.
3. Hebioso, também chamado Oluoso, Anamá, Zaká ou Ibó, é o rei de Oyó, dos Ararás, da África e do mundo. Tem as coroas de Akrombé e de Ayrá. Nascido do fogo, foi criado por Nana-Nú, um vodum parecido com Iemanjá. É o dono do pinheiro, do acaju e do mamey. Gosta de bananas, carneiros e galos. Formoso, valente, mulherengo, dono da música e bom dançarino, embriaga as mulheres com sumo de flores de flamboaiã. Outros caminhos ou qualidades de Hebioso, que pode também se manifestar como Dambalá, são: Ajokéi, Akrifoddú, Akodá, Fedyú Okundayo, Alabáloke e Janú Yemoró. Mas o maior Hebioso é Daddá Maggalá.

4. Todos os voduns comem amió, que se faz cozinhando feijões pretos até que fiquem secos, bem grudados, para serem comidos com rodelas de cebola e muito azeite. Mas a comida preferida de Hebioso é o tapi-tapi, feito com arroz cozido, dando-lhe forma de bolotas amassadas, como tortas, a que se adicionam quiabo ou caldo de galinha; e come-se com as mãos. Essa comida é também muito apreciada por Saborissá, senhor dos vulcões e dos campos, e usada em diferentes ritos.
5. Yewá Afirimako é o vodum da morte e dos desamparados, dona dos cemitérios.
6. Agró é um vodum identificado com uma qualidade de Dasoyi. É sempre o último a comer, pois não gosta de fazê-lo junto com nenhum outro vodum.
7. Acutorio mói até o aço, pois é dono dos metais. Também é conhecido como Achibirikí, Alailúo e Gamu-Gamu. Mora na mata. Alguns de seus caminhos são Togó, Ibo Buá, Ibo Cui e Gambúa. Entretanto, existem mais de 170 avatares ou caminhos associados a este vodum. Em um deles, Acutorio e Hebioso fundem-se em uma só entidade, muito bem definida, amenizando a tradicional rivalidade existente entre os dois. Um outro caminho de Acutorio é Balindjo, o dono do fogo.
8. Somadonu, Ojosí ou Juguerdá, pai e mãe de todos, é o vodum que deu ao homem o pensamento e é dono de todas as cabeças. Tem as lagartixas como mensageiras. Manifesta-se por meio de 24 caminhos: em 12 como homem e em outros tantos como mulher. A ele oferecem-se pombas brancas e arroz, bem como flocos de algodão e suspiros. Conta-se que um dia, embriagado, criou os albinos e os cegos. Identifica-se com Erzili ou Erzulie, vodum haitiano, e aí é invocado como Metré Sili.
9. Mase é um vodum que vive no rio; é a mãe do rio. Naná Burukú, poderosa entidade de origem magino, marrim, é um dos principais fundamentos do culto Arará. Ela é também uma divindade dos rios e tem sua representação em uma serpente. Sua comida não pode ser cozinhada em panela de ferro, só de barro. E os animais de seu sacrifício devem ser mortos sem derramamento de sangue, por asfixia, com um pano colorido.

10. Uma grande oferenda para Naná Burukú é um caramanché, que são sete espécies distintas de bebidas a que se adiciona um pouco de azeite. Ela deve ser invocada às seis da manhã, ao meio-dia, às seis da tarde ou à meia-noite. Ela é também chamada de Bukú e às vezes confunde-se com o Mawu do povo de Abomé.

11. Malé é a força do mundo subterrâneo. Seu dia principal de culto é o primeiro do ano.

12. Aferequete, dona do mar, é uma poderosa força. Outro vodum associado a ela é Nan-Nú, que pariu 17 divindades. Nan-Nú é sete em uma e um de seus mais poderosos caminhos é Olokum, que vive no fundo do mar.

13. Sechemé é a divindade suprema, correspondente ao Mahou de Abomé. Entre os fons é conhecido como Dada Legbo, sendo também invocado como Bobbadé.

14. A entidade do raio, do vento e das tempestades é Dañé. Sua terra é Otá, embora alguns achem que ela nasceu em Tapa. Dañé usa colar de contas vermelhas, raiadas de branco e preto.

15. Uma das qualidades desse vodum é Naé. Naé vive nas tumbas, junto aos mortos. Possui um espanador de rabo de cavalo, que todos os iniciados presentes a um funeral devem passar no caixão do falecido.

16. Naé ou Dañé foi mulher de Hebioso e o segue por todos os lugares. É muito bonita e nada maternal, não gostando da companhia de crianças. Um valioso agrado a Dañé é oferecer nove vagens ou favas de flamboaiã secas e uma beringela.

17. Saborissá é o pai de Hebioso. É o dono dos campos e dos vulcões. Veste-se de vermelho e seus filhos recebem-no nos ombros e não na cabeça. Saborissá é mais forte que o ferro e domina a saudade e a tristeza.

18. A palmeira real é o bastão de Saborissá. Quando ela empina-se, enxerga o mundo inteiro.

19. Tokuno é o vodum que descobre tudo. A qualquer momento ele é capaz de conseguir o que é necessário. Se não existe nenhuma necessidade, ele a inventa.

## IV – Plantas sagradas

1. A mata representa o maior santuário natural e é onde moram as forças mais poderosas. O dono da mata é Yebú, que detém o poder sobre as ervas e todas as plantas. Este espírito saiu da terra, não sendo, portanto, filho de ninguém. Aparece como um ser torto, coxo e manco. Tem um só pé, o direito; e um só braço, o esquerdo.
2. Yebú tem uma orelha muito grande e outra muito pequena. Por esta última é que ouve tudo. Caminha aos saltos, apoiando-se em um bastão de raízes trançadas. Quase não se entende o que fala. Não deseja mulheres: não precisa delas. E tem Hebioso como seu grande amigo.
3. Afimaye, a paineira ou sumaúma (ceiba), é uma árvore sagrada. Os ararás cultuam-na porque nela vive o vodum Aremú. E aquele que ofender ou cortar uma paineira merecerá o castigo eterno. A paineira foi a única árvore que o dilúvio universal respeitou. O primeiro morador da paineira foi Hebioso, mas Bokú, outro vodum, vive nela.
4. Os ararás também cultuam Loko, que mora na paineira, em companhia de Asabá.
5. Afimaye recebe oferendas. Os tambores e cantos não cessam enquanto o mensageiro da oferenda não voltar. Quando chega, é tranquilizado por meio de rezas e limpezas, e com folhas de artemisa, alfavaca e vencedor.
6. Várias plantas são utilizadas no culto e reverenciadas por seus poderes: as plantas de Tocoyo Yonó são trevo, campainha, peônia; as de Acutorio, aroeira, malva branca, acaçu; as de Aggidai, rabo de gato, crista-de-galo, folha de guaxímba; as de Afrequete, língua de vaca, sálvia, agrião; as de Somaddonu, pinhão de pito, gervão; as de Dasoyi, balsamina-de-purga, maravilha branca, escova amarga; as de Hebioso, platanillo (*Caássia lineata*); cajazeira, folha de paineira; as de Dañé, folha de cainiteiro, ameixa; as de Mase, alcaçuz, alecrim do mato, alface.

## V – Outros poderes

1. Os ritos em louvor de Patasola, o vodum-serpente, impõem banhos de limpeza açucarados, com frescura, salvadeza e rompezaragüey (*Vernonia*

*remotiflora*), para evitar possíveis malefícios. No último dia do ano, Patasola deve ser aplacada com doces e guloseimas em uma cabaça, pedindo-se para que a paz reine no lar no novo ano que se avizinha.
2. As potencialidades mágicas dos gêmeos também devem ser objeto de culto. O nascimento de dois irmãos em um só parto preserva a família de infelicidades. Eles devem ser representados por dois bonequinhos vestidos, respectivamente, de vermelho e preto e vermelho e branco, aos quais se oferecem comidas e doces. Devem ser enfeitados com chaves, medalhas e moedas. Eles provêm de Zoun, a terra dos mortos. Nasceram no rio, filhos de Mase e Hebioso, e não temem nada sobre a terra.

## VI – Cerimônias fúnebres

1. Itútu é o conjunto de cerimônias fúnebres que se oficiam por ocasião da morte de um praticante do culto. Do itútu resulta o conhecimento do destino dos santos e objetos rituais que pertenciam ao falecido.
2. Quando morre um praticante do culto arará, deita-se seu corpo numa esteira e corta-se um pouco dos seus cabelos, que são colocados em uma tigela. Adicionam-se quiabos secos ou linha de costura e tampa-se a tigela com um pano branco e preto. A cerimônia fúnebre continua depois, quando soa o jobá pakututó, que é um alguidar com água e aguardente no qual é posta uma meia cabaça emborcada, que se toca com duas varetas. Seu ritmo vai conduzir os cânticos fúnebres, que somam mais de cinquenta.
3. Em todas as cerimônias da regra arará, primeiro deve-se cantar para o morto, que é o mais importante. "Sem morto, não há santo", dizem os mais velhos.
4. O primeiro ser humano enterrado em um cemitério converte-se em um ente sobrenatural, tendo como símbolo a cruz.

## VI – Provérbios afro-cubanos

1. A culpa de tudo é do totí (um pássaro preto).
2. Cabrito que rasga tambor, paga com o couro.
3. Com que bunda a barata vai se sentar?
4. Com que cintura a tartaruga vai requebrar?

5. De sapato fino não se anda na lama.
6. Eles são brancos, eles se entendem.
7. Em assembleia de galinha, a barata não tem voto.
8. Filho de cachorro não perde o caminho.
9. O bode só se castra uma vez.
10. O cachorro tem quatro patas, mas só segue um caminho.
11. O homem honrado ronca de noite.
12. O inhame entope, o quiabo escorrega.
13. Pau torto não se endireita.
14. Por mais alto que o urubu voe, o pardal sempre o pinica.
15. Por mais que um rio corra, ele vai sempre morrer no mar.
16. Porco enlameado procura lugar limpo para se espojar.
17. Quem nasceu para cabeça não pode ser rabo.
18. Tanto batem no boi que um dia ele escoiceia.
19. Tartaruga não anda junto com veado.
20. U'a má língua sempre encontra um ouvido complacente.
21. Um par de tetas puxa mais que uma carreta.
22. Um pau só não faz u'a mata.

## Capítulo 7   Caribes negros

### I – O povo garífuna

1. Em 1635, dois navios negreiros espanhóis naufragaram próximo a São Vicente, nas Antilhas.
2. Os cativos que conseguiram escapar acabaram por ser escravizados pelos índios do povo caribe ou caraíbas, donos da ilha.
3. Três décadas depois, o mesmo ocorreu com um navio inglês.
4. Mas como no tipo de escravidão vigente entre os caraíbas, os escravos eram parte das famílias, iniciou-se aí a miscigenação que deu origem ao povo garífuna ou "caraíbas negros".

5. Os descendentes desses primitivos garífunas hoje estendem seu habitat natural por boa parte da América Central, chegando até os Estados Unidos.
6. Nos anos 1960, um brasileiro, Ruy Coelho, estudou seus costumes religiosos e sua espiritualidade, como vão descritos a seguir.

## II – A alma e seu destino

1. A alma humana compõe-se de três partes. A primeira, o anigi, é uma força real, embora um tanto fluida. Ela mora no coração e começa a extinguir-se logo após ou pouco tempo depois da morte. Esta força vital manifesta-se por meio das funções dos órgãos principais e, por isso, precisa estar sempre protegida contra ameaças externas.
2. O segundo componente da alma, o iuani, mora na cabeça e abandona o corpo imediatamente após a morte. Entre o anigi, que é físico, e o iuani, espiritual, está o áfurugu, corpo astral. Durante a vida, o áfurugu fica completa e absolutamente ligado ao corpo físico, não podendo separar-se dele. Quando isso ocorre, acarreta consequências terríveis para a saúde da pessoa.
3. O áfurugu possui faculdades de discernimento e de clarividência que o tornam capaz de perceber os perigos que ameaçam a pessoa a quem está ligado, antes que ela tenha-os percebido. Ele avisa por meio de sinais bem corriqueiros que, às vezes, não são tão claros e precisam ser interpretados com o auxílio de alguém mais íntimo do mundo dos espíritos. As pessoas nervosas e facilmente impressionáveis são possuidoras de áfurugu leve; e aquelas de maior estabilidade emocional assim são porque têm um corpo astral mais denso.
4. O afastamento prolongado do áfurugu pode causar a morte ou, no mínimo, a perda permanente das faculdades mentais, transformando o indivíduo em um morto-vivo, fato que também pode ocorrer por ação de um feiticeiro. O afastamento temporário do áfurugu, como acontece nos sonhos, dá aos feiticeiros a oportunidade de apoderarem-se dele. Assim, as pessoas que possuem um corpo astral "leve" nunca devem dormir sozinhas, para não serem vítimas de feitiços.

5.  As pessoas dotadas de áfurugu pesado, que estão menos expostas a tais perigos, podem entregar-se às experiências dos sonhos, que são um meio eficaz de comunicação com os mortos. A inspiração para boas realizações e obras dignificantes também vem dos espíritos ancestrais, por intermédio dos sonhos. Entretanto, para colher todos estes benefícios, a pessoa deve cumprir os deveres religiosos, porque o intercâmbio entre os vivos e os mortos exige reciprocidade: por meio de seus rituais e oferendas, os vivos ajudam os mortos recentes em sua nova caminhada; e estes fazem progredir a vida de seus parentes aqui na Terra.
6.  Depois da morte, a alma (iuani) vai para o céu ou para o purgatório. As almas do purgatório não precisam de muitos cuidados. Mas o áfurugu dos mortos permanece na Terra e deve ser tratado com as maiores precauções. Os áhari, os que morreram recentemente, são irritáveis e caprichosos. Eles ficam ainda presos aos prazeres terrenos, dos quais, em geral, não querem nem podem desvencilhar-se.
7.  O maior ou menor apego do espírito pela vida terrena se dará conforme tenham sido sua vida e as circunstâncias de sua morte. Todos aqueles cujas personalidades foram marcadas por ambições e desejos violentos ou por práticas condenáveis demonstram maior relutância em aceitar o novo estado. Entretanto, mesmo os pacíficos e humildes ainda ficam, depois da morte, ligados aos hábitos e costumes terrenos. E, independentemente de suas características psicológicas, se os parentes deixarem de executar os ritos funerários adequados o espírito sempre permanecerá na Terra.
8.  Os recém-falecidos (áhari) não se deixam ver; apenas sugerem sua presença por meio de ruídos e rumores casuais que provocam. Mas quando são muito irritados, podem causar transtornos e acidentes. À noite, eles vagueiam pelas ruas da aldeia e podem, às vezes, ser reconhecidos. Estes espíritos errantes são os ufies. Os ufies de pessoas violentas, ou que morreram em circunstâncias trágicas ou anormais podem atacar qualquer indivíduo que, inadvertidamente, deles aproxime-se.
9.  Para defender-se, a pessoa deve saber e usar orações e encantamentos. Mais frequentemente, entretanto, os espíritos são vistos à distância e parecem

ignorar a presença dos vivos. As pessoas que possuem um áfurugu "pesado" e que mantêm a calma podem observar essas aparições, sempre envoltas em tênue vapor e deslocando-se sem tocar o chão. Com o passar do tempo, os ufies vão-se desfazendo até não serem mais vistos.

10. A atitude adequada em presença da aparição é a impassibilidade, uma vez que qualquer manifestação emocional dar-lhe-ia oportunidade de apossar-se do duplo espiritual da pessoa.
11. As pessoas que carregam culpas na consciência são as mais expostas aos ataques dos ufies. Entretanto, qualquer pessoa pode deparar-se com um deles.

### III – Espíritos, ancestrais e entidades malévolas
1. Os espíritos ancestrais (gubidas) são como anjos protetores. No mundo espiritual, são eles que cuidam dos interesses de seus parentes na Terra, pois a extinção da linhagem poria fim aos rituais e oferendas com que são propiciados.
2. Quando contrariados, contudo, os gubidas retiram a proteção aos descendentes e cessam de agir como mediadores entre eles e as autoridades supremas do Universo. Muitas vezes, o abandono dos modos de vida tradicionais, como a venda de uma propriedade familiar e a mudança sem motivo forte e justo, também pode provocar o mesmo resultado. Assim, antes de qualquer decisão importante, é preciso consultar o búiai, o xamã.
3. As relações do búiai com os gubidas em geral não se estabelecem diretamente e, sim, por meio de uma outra classe de espíritos chamados hiúruhas, que ocupam uma posição inferior em relação aos ancestrais. Entre os hiúruhas estão, também, as almas dos que morreram em épocas remotas e os espíritos da natureza. Estes últimos são os kolubias que governam forças naturais, como o mar, a terra produtiva e o vento. Mas os hiúruhas também podem morar na terra ou no mar, elementos sobre os quais exercem influência. Portanto, por ocasião dos banquetes rituais, as mesmas qualidades e porções dos alimentos devem ser oferecidas conjuntamente aos hiúruhas e aos kolubias.

4. Os hiúruhas também ajudam a investigar as causas das doenças, a receitar os remédios adequados, a desvendar as tramas dos inimigos, a descobrir empecilhos ocultos, e a dotar os amuletos de força mágica. Nos casos graves, o adivinho cairá em transe e enviará um grupo de hiúruha sob a direção de seu próprio duplo espiritual em busca do devido socorro.
5. Qualquer pessoa pode tornar-se presa das entidades malévolas, pois os espíritos malignos são inúmeros e estão de tocaia aos mortais, em todos os caminhos da vida.
6. Algumas entidades malévolas originam-se no cemitério ou da força vital (anigi) de pessoas que morreram em circunstâncias estranhas ou de qualquer acúmulo de matéria orgânica em decomposição.
7. O mar é também a morada dos úmeus, pequenas criaturas que vivem em cavernas submarinas profundas e que não gostam de crianças. Quando não convenientemente conjurado, o úmeu pode instalar-se nas casas, causando doenças graves nos bebês.
8. Para livrar-se de um úmeu é necessário queimar no interior da casa ossos de arraia e de sardinha e banhar o doente numa infusão de diversas ervas, sendo a principal delas a pimenta gorda.
9. Entretanto, muito mais perigoso que os úmeus é o ogoreu, entidade maligna que aflige as mulheres. O ogoreu geralmente aparece como um lagarto azul ou qualquer outro animal pequeno, que faz sua toca em um canto da casa e exige alimentos e cerveja de mandioca. Quando se deixa de alimentá-lo, ele entra no corpo das moças, como os espíritos, e provoca distúrbios. Se não for convenientemente amarrado pelo buiái, o ogoreu continuará a provocar malefícios até a extinção da família e da linhagem.
10. Os máfias são espíritos maléficos responsáveis por acidentes domésticos e podem estrangular as pessoas durante o sono. Também atacam as mulheres, principalmente se excitados pelo cheiro de sangue menstrual.
11. Existem também espíritos de animais fantásticos que rondam as aldeias. Essas criaturas aumentam de tamanho quando se aproximam de alguém, desmanchando-se no ar poucos segundos depois.
12. Entidades malévolas vivem também dentro de árvores de grande porte, como

as paineiras e as figueiras bravas, das quais saem ao meio-dia por algumas horas e, de novo, à meia-noite. São procuradas por indivíduos ambiciosos ou por aqueles que desejam firmar um pacto ligando-os a esses espíritos.

## IV – Amuletos e sortilégios

1. Além de ter a seu favor a proteção dos seres espirituais, toda pessoa pode e deve dispor de fórmulas mágicas conhecidas desde o tempo de seus ancestrais. Mas sempre se devem consultar os especialistas. Alguns seres humanos podem adquirir o poder de se transformarem em animais e, em certos casos, apenas através de orações fortes carregadas de energia dos antepassados ou das entidades espirituais.
2. Qualquer pessoa que deseje influenciar outra pode lançar mão de orações. Muitas vezes, entretanto, além das fórmulas recitadas, são necessários certos rituais para dar eficácia à magia.
3. Para neutralizar um encantamento ou feitiço, em alguns casos, basta colocar uma moeda de prata dentro do sapato, debaixo do calcanhar. Outra contramagia ou defesa consiste em colocar o chapéu sobre a cama, com a copa virada para baixo.
4. Quando a pessoa é, de fato, poderosa, ela não necessita de orações ou rituais para atingir o adversário; basta rogar uma praga (iaruni). Além disso, determinados objetos podem tornar-se "carregados de feitiço" (abiaragole) e produzir malefícios por si sós. O dinheiro, por exemplo, é um dos veículos maléficos preferenciais. A pessoa que receber dinheiro de alguém tido como feiticeiro deve embrulhá-lo num pedaço de papel e levá-lo imediatamente a um ritualista, para que seja purificado dos maus fluidos. Mas um abiaragole pode também ser usado como instrumento de defesa.
5. Os abiaragoles usados como proteção contra feitiçaria são chamados iari. Colares, medalhas religiosas, relíquias de santos católicos e amuletos contendo orações escritas podem ser usados como iari. Assim como o são, também, os luiana buras, amuletos protetores confeccionados pelos búiai. Outros tipos de "guardas" vão servir para proteger as casas, os barcos e as plantações.

6. As pessoas que nascem "empelicadas" (gágaitis) não precisam usar nenhum iari, mas para tanto são necessárias algumas precauções quando do nascimento. A placenta deve ser conservada em sal e uma pequena parte dela, pulverizada e dissolvida n'água, é dada ao filho todas as manhãs em jejum, até que tenha sido totalmente consumida.
7. Além de proteção contra a magia maléfica, os iaris têm também papel positivamente ativo, contribuindo para o bom êxito de todos os empreendimentos. Por isso, devem ser muito bem cuidados. Em alguns casos, esses amuletos precisam ser alimentados e banhados ritualisticamente.
8. Os iaris mais poderosos são, em geral, herdados da mãe ou do pai, mas podem também ser confeccionados por qualquer pessoa, não necessariamente por um xamã, e às vezes pelo próprio usuário para sua proteção, após uma revelação sobrenatural ou muitos anos de estudo.
9. Além do uso dos amuletos, quase todos os atos da vida diária devem ser acompanhados de algum tipo de sortilégio, como por exemplo, mascar determinada folha e pronunciar certas palavras. Deve-se também usar a magia para dominar as forças naturais e sair vitorioso em qualquer tipo de disputa ou competição.

## V – Os agentes da magia

1. Um ritualista, mago ou xamã, é um especialista, formado em anos de prática e observação dos fenômenos mágicos. O principal deles é o búiai ou búiei, que tanto pode ser homem como mulher, e que desempenha vários papéis: dirige os ritos maiores, é adivinho e curandeiro, além de mestre de doutrina.
2. Os ritos de "descida", cujo objetivo é esclarecer as causas da zanga e do aborrecimento dos antepassados para com seus descendentes são, obviamente, de caráter privado.
3. A consulta, além do planejamento e da preparação de cerimônias religiosas, pode ser feita também com outras finalidades. Qualquer pessoa que se sinta ameaçada por entidades ou forças malfazejas pode recorrer ao búiai. Mas isso apenas em casos graves; as dificuldades menores devem ser encaminhadas a um gariahati ou a um curandeiro.

4. O gariahati é um xamã que ainda não dispõe de grande força de comunicação com os seres espirituais e, por isso, tem que descobrir por si mesmo as causas dos males dos que o procuram, olhando em cabaças com água ou em espelhos.
5. Os curanderos ou surusiês são aqueles que conhecem as propriedades curativas das ervas e sabem como preparar com elas banhos, defumações e beberagens. Eles conhecem as fases da lua e os horários em que as ervas devem ser colhidas para fazerem efeito. Além das doenças naturais, alguns problemas de saúde podem ter como causa a inveja, que se precipita sob a forma de um fluido denominado udahadu ou fiafia. Nesse caso, os banhos de ervas devem sempre incluir as "folhas de fiafia".
6. O udahadu corre pelo ar como um raio. Seus efeitos, se tratados de imediato, podem resumir-se a pequenos e simples achaques; caso contrário, podem produzir moléstias graves e até a morte.
7. O udahadu ou fiafia não deve ser confundido com "mau olhado" (uburagudinã), que se origina do pai durante o primeiro mês de vida da criança, se este olhar fixamente para qualquer recém-nascido, inclusive o seu, durante aquele período. Os efeitos do "mau olhado" podem ser curados embrulhando-se o corpo da criança numa peça de roupa usada pelo pai.
8. Os feiticeiros, pelo seu poder desagregador, são os piores inimigos da sociedade. São piores que os criminosos comuns, que agem movidos por suas paixões, pois se dedicam, fria e deliberadamente, às suas atividades malfazejas. Traidores da espécie humana, os feiticeiros são, no plano espiritual, excluídos de qualquer possibilidade de redenção.
9. Ao contrário do feiticeiro, o xamã representa o elo vital, a ponte entre o plano espiritual e o mundo terreno, promovendo a harmonia nas relações entre os homens e os espíritos. Seu objetivo é propiciar aos que o procuram saúde, fertilidade e prosperidade, trabalhando, assim, para a estabilidade e o desenvolvimento do grupo.

## VI – Os funerais e os ritos menores

1. Quando uma pessoa morre, devem ser realizados em sua honra, além do

beluriu, o velório propriamente dito, o "velório do nono dia", missas e rezas coletivas. Os ritos de "banhar" a alma, alimentá-la e dançar para ela devem ser executados de acordo com os recursos da família. Os áhari dão a conhecer sua vontade por meio de um xamã (búiai), que os invoca e consulta.

2. Confirmado o falecimento, o corpo deve ser lavado por parentes (que não sejam descendentes diretos, irmãos ou esposos) ou amigos íntimos do mesmo sexo que o finado. É importante que essas pessoas sejam de idade madura e experientes, pois o cadáver desprende uma emanação que pode causar danos se não forem tomadas as necessárias precauções. Depois de lavado o corpo, deve-se cortar as unhas e o cabelo; e se o defunto for um homem, deve-se fazer-lhe a barba pela última vez; depois, colocando-se moedas de prata sobre as pálpebras e espalhando-se cal sobre o ventre e o peito, então o cadáver será enrolado com uma faixa de algodão e vestido com sua melhor roupa. Finalmente, será depositado no caixão, juntamente com as aparas das unhas e os restos de cabelo enrolados num papel.

3. A fim de aliviar a tensão emocional, pode-se passar uma garrafa de rum entre os presentes. Quando tudo tiver sido feito, um último gole de bebida será despejado pela garganta do morto, antes de amarrar-lhe o queixo com um lenço.

4. O ataúde não deve ser colocado sobre uma mesa, e sim sobre cavaletes de madeira armados na sala principal da casa. Deve-se construir também um altar provisório, no qual a família colocará todas as imagens de santos e crucifixos que possua, juntamente com dois ou mais castiçais com velas grandes, que devem queimar durante nove noites, até o "velório do nono dia".

5. De manhã cedo, o corpo será levado à igreja e, depois da missa, para o cemitério, onde será enterrado de acordo com a tradição católica. O transporte do caixão e a abertura da cova é responsabilidade dos parentes masculinos do morto.

6. Durante as nove noites seguintes, as rezas serão realizadas na mesma sala onde o corpo foi velado. As velas serão novamente acesas e recitados o rosário, as ladainhas e outras orações sob a direção de um homem ou

de uma mulher escolhidos entre os mais velhos. A primeira reunião não precisa ser necessariamente no dia imediato ao enterro.

7. Durante todo este período, como o duplo espiritual do morto permanece na casa, uma garrafa de água fresca deverá ser posta à sua disposição sobre o altar, assim como objetos de seu uso cotidiano; e na cozinha, um fogo deverá permanecer aceso. No último dia, depois da missa, o afilhado mais velho do finado pegará os tições semi-consumidos, os levará para o quintal e acenderá uma fogueira na qual suas roupas serão incineradas. A tesoura que aparou as unhas e que cortou os cabelos, a navalha que fez a barba e o rosário que conduziu as rezas, todos esses objetos serão presenteados às pessoas que os manusearam. Essas lembranças representam sinais de amizade que o espírito não deixará de reconhecer quando a sua ajuda for solicitada. O "velório do nono dia", que se realiza à noite, é a despedida do áhari, marcando o início da viagem para o outro mundo.

## VII – A jornada para o além

1. Depois de um ano ou um ano e meio, o áfurugu de um morto inicia viagem para reunir-se à alma (iuani) na morada permanente. Os que morreram em idade avançada, e já não estavam tão fortemente ligados à Terra, em geral começam a jornada imediatamente após os funerais.
2. A jornada envolve várias etapas. Nessa longa estrada, uns vão a largas passadas, outros caminham lentamente. Mas se não se retiverem em lugares ruins, mesmo os áharis mais vagarosos chegam ao destino final. E, até que o espírito reúna-se aos gubidas, a família, por meio de presságios e sonhos, vai-se manter informada sobre sua viagem.
3. No decorrer de sua jornada para o além, depois de transcorridos seis meses, o espírito sente-se às vezes cansado e com calor; por meio de sonhos e presságios, pede aos parentes um banho. Esse "banho da alma" (amuiedahani) é íntimo: apenas a viúva e os filhos tomam parte. É desnecessária a presença de um ritualista ou xamã.
4. Na véspera do dia marcado, os parentes masculinos do morto abrem uma cova no chão do quarto, que é sempre de terra batida. A água para o banho

será preparada desmanchando nela um beiju meio cru, pois a farinha de mandioca é um alimento "frio", de propriedades refrescantes.
5. Se, por intermédio de sonhos, o morto pedir um banquete (cugu) antes da missa de aniversário pelo descanso de sua alma, deve-se procurar atendê-lo. Caso contrário, os sonhos transformam-se em pesadelos, aos presságios se seguirão acidentes domésticos, os pescadores se defrontarão com perigos de natureza misteriosa no mar; as hortas produzirão colheitas pobres. Se todos esses sinais de nada valerem, os membros da família podem ser afligidos por grandes calamidades, inclusive doenças mortais.
6. Se os ancestrais estão muito irritados com seus descendentes, levará muito tempo até que consintam em baixar e expressar suas queixas, o que constitui o rito denominado arairagua. Como resultado das muitas discussões que se seguem, os membros vivos da família fazem a promessa solene de realizar um banquete (cugu) ou uma cerimônia com danças (dogo) com data e detalhes a serem combinados.
7. Nas semanas que precedem um grande ritual, como um cugu ou um dogo, os músicos da comunidade recebem, por meio de sonhos, inspiração para compor e arranjar as músicas cerimoniais. Essas canções obedecem a três tipos principais: o úianu, melodia suave e lenta, uma invocação ou um louvor aos espíritos; o abaimahani, cantado por um coro de mulheres, e o arumahani, executado apenas por homens. Todas elas dispensam o acompanhamento de tambores.

## VIII – O cugu

1. O cugu consiste em um banquete cerimonial oferecido pelos membros de uma família extensa a seus ancestrais divinizados. Mais importante e solene que ele, só o dogo. Todos os membros da família devem reunir-se para realizar o cugu na aldeia "onde se originou a linhagem".
2. Quando muitos membros de uma família moram numa única aldeia, mesmo que não seja aquela em que a família originou-se, pode-se realizar aí o ritual. Nesse caso, alguém do grupo deve ser enviado ao lugar onde os ancestrais nasceram ou passaram a maior parte de suas vidas, de lá trazendo

terra dos caminhos, água dos riachos e algumas moedas que tenham passado por suas mãos. Tudo isso vai formar o "coração do cugu" (lanigi cugu), um montinho de terra feito pela parenta mais velha do morto, na casa destinada ao ritual. O lanigi cugu é feito na véspera do dia marcado para o cugu pela anciã encarregada do rito, no menor dos quartos da casa, o qual, a partir de então, passa a ser um santuário (gule).

3. A finalidade desse ritual é atrair e reter os espíritos dos ancestrais que estão espiritualmente ligados à terra que calcaram sob os pés, à água que beberam e em que se banharam, e ao dinheiro que manipularam. A razão de esse ritual caber unicamente às mulheres idosas está no fato de que elas, por acharem-se mais próximas do mundo espiritual, podem ter contato com objetos que, por sua associação com a morte, tornaram-se perigosos.

4. Quando ancestrais pertencentes a diferentes famílias extensas são homenageados na mesma cerimônia, haverá um montinho de terra para cada uma das famílias, mas só o principal será o "coração do cugu".

5. No dia principal, bem antes do amanhecer, os homens sairão para o mar e as mulheres e suas crianças irão pegar mariscos, caranguejos e lagostas, que são os alimentos preferidos pelos espíritos dos ancestrais. Quando retornarem com o produto da pesca, homens, mulheres e crianças deverão dirigir-se à igreja para assistir a uma missa, trajando suas melhores roupas. Após a missa, os castiçais e os restos de velas serão retirados e levados para a casa onde se realizará o cugu.

6. O cugu deverá ser iniciado pela invocação dos espíritos. Ao chamado do búiai, que cantará acompanhado pelo pequeno chocalho (sisire) ou pelo estalar dos dedos, os espíritos vão baixar, um após o outro, e fazer sentir sua presença. Depois de uma troca de cortesias, se tiverem de ser homenageados espíritos de outras famílias que sejam, também, ancestrais do grupo organizador do ritual, eles serão invocados e assentados nos montinhos de terra preparados para tal fim.

7. Então, devem ser trazidas as mesinhas com as ofertas de alimentos frios, como doces, queijos e frutas. A maior delas é colocada sobre o lanigi cugu,

enquanto as outras são distribuídas sobre os outros montes, se houver, colocando-se os alimentos sobre elas.

8. Na sala principal, logo após o término do rito introdutório, uma fila de mulheres deverá iniciar a execução do abaimahani. Os tocadores de tambor, sempre em número de três, darão início ao ritmo, para que as danças comecem. Durante o cugu, se o espírito de um antepassado pedir a execução de uma dança antiga que foi sua favorita na mocidade, as pessoas mais velhas deverão fazer sua vontade com alegria.

9. Este rito, denominado ámalihani ("apaziguamento"), requer a participação de todos os membros da família. No local das danças, ficarão somente eles, o búiai e os tambores. Quando todos estiverem em silêncio, o oficiante, fazendo soar os grandes chocalhos (maraka), dançará em direção aos tambores, cantando juntamente com todos os membros da família. Conduzido pelo sacerdote, o cortejo dará duas voltas em torno da sala, primeiro na direção dos ponteiros do relógio e depois no sentido inverso.

10. Quando os pratos a serem servidos quentes (caranguejos, lagostas e peixes do tipo apreciado pelos antepassados, preparados da maneira habitual, mas sem sal) estiverem prontos, são colocados sobre as mesas. Então, o sacerdote principal, com acompanhamento de pequenos chocalhos, entoará um uianu, um cântico suave.

11. Depois de meia hora, quando já terá sido consumida a essência espiritual das oferendas, poderão encher-se travessas com os alimentos, a fim de levar para casa, para oferecer aos amigos. O que sobrar será colocado em folhas de bananeira e levado para a sala da frente que estará vazia. Durante todo esse tempo prosseguirão os cânticos no gule.

12. A um sinal do búiai, o canto se interromperá e as crianças invadirão a casa, cada qual tentando conseguir o melhor quinhão. O objetivo desta fase do cerimonial (abaiuhani, "pilhagem") é dar à geração mais nova oportunidade de familiarizar-se com os espíritos dos ancestrais, ao mesmo tempo em que os gubida divertem-se com a vivacidade dos netos e seus camaradas.

13. Depois que se retirarem as crianças, os restos de comida serão cuidadosamente reunidos, enrolados em folhas de bananeira e postos

dentro das cestas rituais (guagai). Algumas delas deverão ser levadas pelos homens para as canoas, a fim de serem jogadas ao mar. Outras serão entregues aos velhos da família, que sairão para um local separado, no quintal, acompanhados do oficiante, para cumprir o rito de "revirar a terra" (lafumucu mua ou afumucuni). Então, devem-se purificar as mesas, para que voltem ao uso diário, no ato de "queima" (agúdahani), que consistirá em derramar rum sobre elas e atear fogo. As chamas assim ateadas servirão para fazer um ponche (funsu), que adquire sentido muito especial.

14. No dia seguinte, a mulher mais idosa da família, agindo como a "avó da terra" (luiáiaua mua), irá sozinha ao santuário pegar o montinho de terra e jogá-lo no mar, não deixando nenhum vestígio dele no aposento.

## IX – O dogo

1. A dança é parte indispensável das cerimônias religiosas. Entretanto, as danças que estimulam e propiciam a possessão pelos espíritos nunca devem fazer parte das festividades maiores, nem também os sacrifícios, que precisam ser íntimos e até secretos.
2. Para "receber" um espírito, é preciso que a pessoa submeta-se a um período de iniciação, com aprendizagem dos rituais e cânticos. Sem essa preparação, a possessão pode ser perigosa e é sempre indesejável.
3. Um dogo deve ser planejado com a máxima antecedência, já que nunca dura menos de três dias e sempre envolve os recursos econômicos de muitas famílias.
4. Para a festa, deve-se primeiro construir uma casa para os ancestrais (debuiaba ou gaiunare), que é a característica especial deste rito. Os cânticos de invocação e louvor (uianu), as canções interpretadas por gestos pelas mulheres (abaimahani) e pelos homens (arumahani) fazem parte tanto do ritual maior como do menor. O rito de apaziguamento será realizado de modo diferente na maioria dos cugu, sendo às vezes idêntico ao que se realiza nos dogo.
5. Todos os atos relacionados às comidas, tais como preparação e "pilhagem" pelas crianças, além da purificação das mesas dos rituais pela queima de rum são realizados também nos dogo.

6. Se uma "casa dos antepassados" for, depois, utilizada para fins cotidianos, em vez de ser derrubada ou abandonada como se faz comumente, deve-se executar o rito de "revirar a terra" do piso sem removê-la. Depois de quatro ou seis semanas volta-se à casa, aplaina-se o chão e bate-se para que este fique duro. A casa está pronta para ser usada novamente.
7. Enquanto no cugu as aves que compõem a refeição são abatidas normalmente na cozinha, dançar com galos debaixo do braço antes de sacrificá-los é uma característica exclusiva da cerimônia dogo.
8. A parte principal da cerimônia maior é a dança adogorahani. Os passos desta dança, que consistem em um esfregar de pés, devem reproduzir a vagarosa progressão dos espíritos em direção à morada final.
9. No acagaruni, rito que consiste em levar parte das oferendas de alimento para lançá-la em alto-mar, a comida deve ser simplesmente enterrada na praia, num lugar que será coberto pela maré enchente, para ser aí recebida pelos ancestrais anônimos e hiúruha.
10. Finalmente, após três dias de danças, às vezes os espíritos expressam sua necessidade de um "refrescamento"; então, um banho é preparado, dissolvendo um beiju na água. Feito isso, estão prontos para iniciar a viagem de volta ao seu próprio mundo.

## Capítulo 8   Palenque de San Basílio*

### I – História
1. Por volta de 1599, Domingo (ou Dionísio) Bioho, líder escravo aquilombado nas montanhas de Cartagena, Colômbia, fundou o palenque da Matuna e assumiu o título de Rei Benko.
2. Objeto de investidas das tropas coloniais em 1603, esse reduto foi parcialmente destruído, mas de sua resistência nasceu o Palenque de San Basílio, reconhecido em 1713 como território livre.

## II – O mundo espiritual

1. O mundo espiritual é comandado por divindades e espíritos aquáticos. A travessia entre o mundo material e o espiritual é feita através de um rio: o caixão do morto é uma canoa, que segue sem nenhum tipo de remo.
2. Nesse mundo, os antepassados formam uma comunidade unida, que sai à noite para conviver com os vivos e que pode intervir para causar o bem ou o mal.
3. A ira de um antepassado ofendido ou desobedecido pode causar a morte. Da mesma forma que a má influência de alguém que morreu mal ou, mesmo, um malefício provocado por outrem.
4. Para curar seus males e proteger-se contra eles, as pessoas devem recorrer a sábios, cujas ervas, pedras sagradas, amuletos e remédios poderão fazer com que o indivíduo e a comunidade escapem dos intermináveis perigos da vida.
5. Um homem que anda no mato, por exemplo, deve ter consigo um mamey (espécie de abricó ou sapoti), mastigando sempre um pedaço, para adquirir resistência contra o veneno de cobras.
6. Recorrer à magia defensiva para proteger-se contra um mal não é garantia absoluta de que o organismo resistirá a um feitiço. Mas a falta de proteção ou resistência é a causa principal de uma morte antes da hora.
7. Uma casa protege-se colocando, quando da construção, cruzes de madeira sobre o poste principal de cada uma das quatro quinas da casa.
8. A prática religiosa é motivada pela crença; e a crença é fruto da experiência. Acreditar é participar e participar é acreditar.
9. A pessoa nasce com a religião e a religião nasce com ela. Nenhuma pessoa é mais religiosa que outra. Participar ativamente de um ritual não significa que a pessoa seja mais devota que as demais.
10. O kankamaná é o ritualista versado na preparação de poções mágicas, benéficas ou maléficas.
11. Já o feiticeiro trabalha apenas com malefícios e, para isso, pode valer-se de espíritos perversos, como o chimbumbe, entidade aquática que come suas vítimas.

12. Os santos católicos são uma continuação lógica e natural da tradição religiosa africana. Suas imagens e atributos físicos, como escapulários, crucifixos etc, convenientemente sacralizados, podem realizar milagres.
13. Um mal iminente anuncia-se às vezes por meio de mensageiros sobrenaturais ou mesmo naturais, como o pássaro lombo-lombo, cujo canto é um indício seguro de que alguém vai morrer.

### III – Lumbalú

1. Muito mais que um instrumento musical, o tambor é a voz dos ancestrais, ditando os padrões morais da vida da comunidade.
2. O lumbalú é uma instituição de caráter funerário. Sua denominação provém do tambor principal utilizado para conduzir o ritmo dos cantos fúnebres entoados em honra de alguém que faleceu na comunidade.
3. Outro tambor utilizado no lumbalú é o yamaró, também cônico, encourado de um só lado e tensionado com cunhas, como o tambor lumbalú.
4. Uma comunidade que não organiza ou negligencia cantorias ou batucadas e danças comunitárias está fadada a morrer.
5. Quando de um falecimento, imediatamente os familiares devem informar o ocorrido ao chefe da comunidade, que convocará o povo a toques de tambor.
6. A morte deverá ser anunciada de duas maneiras: primeiro, por gritos das anciãs da comunidade, que sairão pelas ruas com as mãos no peito ou na cabeça, em sinal de luto. Em seguida, familiares e amigos do defunto levarão a notícia de casa em casa.
7. O sepultamento se dará dentro de 24 ou 48 horas, mas as cerimônias fúnebres deverão estender-se por nove dias.
8. O enterro deverá ser simples, acompanhado apenas pelos homens da comunidade.
9. O último adeus antes do sepultamento, a "vista do caixão", deverá incluir uma breve exposição do corpo em várias casas da comunidade.
10. Então, na casa do falecido, os rituais e cânticos serão cumpridos por nove dias, no despontar da aurora, ao meio-dia e no início da noite.

## IV – Os rituais do lumbalú

1. Nos rituais que precedem o sepultamento, o oficiante se posicionará no cômodo onde estiver repousando o corpo, diante da cabeça do morto. Ao seu lado estará o encarregado de tocar o yamaró. O chefe do lumbalú cavalgará o seu tambor para tocá-lo.
2. Entre a cabeça do morto e o chefe, ficarão as mestras cantoras, numa roda, no centro da qual dançará uma de cada vez.
3. A tarefa de dançar é uma atribuição das mulheres idosas. Elas e os tamboreiros velhos são os verdadeiros mestres que sabem executar os ritmos mais tradicionais, porque muitos chegaram a conviver com alguns dos antepassados hoje divinizados.
4. As mestras cantoras do lumbalú deverão ser sempre senhoras idosas, que receberão como retribuição por seu desempenho uma quantia em dinheiro, tabaco e rum.
5. Os cantos do lumbalú, além de servirem como expressão de dor e saudade, devem ser encarados também como instrumentos de preservação da memória e da genealogia da comunidade.
6. Por isso, neles são sempre citados nomes de antigos membros falecidos, hoje reverenciados como ancestrais.
7. As mulheres da família dançarão e cantarão ao redor do caixão, ritmando seu canto com palmas.
8. O canto será iniciado pela mestra mais velha e respondido pelas outras em coro. Durante os rituais, bebidas e charutos serão consumidos em honra da memória do falecido.
9. A cerimônia e o canto não precisam ter formato rígido, importando, apenas, a adequação das emoções e dos sentimentos, ao momento que se está vivendo.
10. O canto e a dança ajudam o defunto a partir deste mundo mais tranquilo e contente.
11. Assistir a um velório e principalmente às cerimônias da nona noite é obrigatório para qualquer familiar, amigo, companheiro de idade,

vizinho próximo ou qualquer outra pessoa que, de alguma forma, tenha compartilhado da vida do morto.
12. A morte reforça os laços comunitários e, por isso, é o evento mais importante do grupo. Um funeral é a ocasião que se oferece ao indivíduo para que demonstre seu pertencimento à comunidade. As cerimônias do lumbalú devem reforçar ainda mais essa importância.
13. O primeiro dia do lumbalú é dedicado às formalidades sociais, condolências etc; os dias subsequentes, à celebração, com abundância de comida e bebida. Os rituais podem incluir dramatizações de passagens da vida da pessoa falecida.
14. A manifestação de antepassados, por meio da incorporação em pessoas em transe, deve ser recebida com carinho e reverência.

# LIVRO 8
# Caribe francês

# Introdução

Desde a descoberta espanhola, as Índias Ocidentais tinham-se tornado alvo de investidas de outras potências. Em 1635, uma expedição vinda da França funda o primeiro estabelecimento colonial francês na região, mais precisamente na Martinica. Mais tarde, parte de Hispaniola torna-se francesa também.

## Capítulo 1  Os franceses no Caribe

### I – Martinica e Guadalupe

1. Antes domínio natural dos índios caribes, as ilhas de Martinica e Guadalupe começaram a ser colonizadas pelos franceses na década de 1630.
2. Em 1664, sob Luís XIV, o ministro Colbert criava a Companhia das Índias Ocidentais. No ano seguinte, os franceses instalavam-se em Saint Domingue, o atual Haiti, onde o cultivo da cana-de-açúcar dava fim à colheita extrativista e trabalhadores nativos eram substituídos por escravos africanos.
3. Cerca de trinta anos depois, eram iniciadas as atividades da Companhia do Senegal, o que estabelecia uma linha direta no tráfico de escravos do oeste africano para o Caribe. Os descendentes desses escravos constituem, hoje, 90% da população no Haiti e na Martinica.

### II – Os africanos no Haiti

1. Localizado no mar das Antilhas, ocupando a parte ocidental da ilha de Hispaniola (a parte oriental é ocupada pela República Dominicana), o

Haiti tem uma população declarada de 95% de negros e 4,9% de "mulatos" e uma história que é uma das mais eloquentes e trágicas da diáspora africana.
2. Primeira colônia espanhola na América, Hispaniola, já ocupada por franceses, teve a parte ocidental de seu território formalmente cedida à França em 1697, constituindo-se, aí, a colônia de Saint Domingue. Transformada em centro de trabalho escravo, Saint Domingue acabou por experimentar maior prosperidade que todas as treze colônias que deram origem aos EUA.
3. A partir de 1791, foi palco de uma série de eventos, inspirados pela Revolução Francesa, que culminaram com a tomada do poder pelos ex-escravos. Esses fatos constituem o marco inicial da extinção da escravidão negra nas Américas.
4. Única nação da História a ser criada por uma revolta de escravos negros, o país, já chamado Haiti, foi alvo de ocupação pelos Estados Unidos entre 1915 a 1934.
5. Esse fato moldou decisivamente a imagem externa dos cultos africanos no país, explorados com grande sensacionalismo pela indústria cultural internacional.

## II – A societé de sucri

1. Há muitos anos, vivia no Haiti um fazendeiro francês chamado Danache, cuja filhinha era adorada por todos os escravos da fazenda. Certo dia, a menina caiu muito doente, com febre altíssima, e a família não sabia mais o que fazer. Foi então que um velho escravo, chamado Figaro, veio oferecer-se para curá-la. O negro velho tinha fama de feiticeiro. Por isso, Danache entendeu sua atitude como um abuso e mandou colocá-lo no tronco.
2. Passaram-se os dias e a febre começou a provocar delírios e convulsões. Ao mesmo tempo, na masmorra, Figaro era possuído por um espírito, um luá.
3. Desesperado com o estado da filha, Danache mandou que libertassem o negro velho do tronco e trouxessem-no à sua presença. Figaro veio manifestado, montado por seu luá guinen, chamado Noc-Lufiatú-Cangá, que pediu para ver a menina. Reconhecendo sua impotência diante do

caso, o médico da família insistiu com o patrão para que deixasse Figaro ir até os aposentos da doente. Ela mesma, parecendo estar em seus últimos momentos, chamou-o.

4. Durante três dias e três noites, Figaro e seu luá cuidaram da menina, com banhos e rezas, e ela foi melhorando. Quando a febre cedeu por completo, Danache consentiu em deixar o negro velho a sós com a menina, para alguns rituais secretos.

5. Dias depois, a filha do fazendeiro estava completamente curada, bonita e bem disposta como antes. Então, em reconhecimento, Danache doou a Figaro uma porção de terra no lugar chamado Pogaudin, próximo ao seu engenho de açúcar, e lhe concedeu carta de alforria. Os herdeiros do velho escravo seguiram sua tradição religiosa e tornaram-se conhecidos como o povo da "Sucri" (da sucrerie, do engenho de açúcar). É por isso que o Vodu é também conhecido como "La Societé de Sucri". E é para Figaro de Pogaudin e sua família que se canta no rito congô até hoje: "Figarrô Pogodan/ Obazu minã/ Lu pamb/a/ Iaê! Elê iaê! / fami auê!/ Fami Figarrô Pogodan! "

## IV – Guedé Makandal

1. A primeira grande revolta de escravos no Haiti foi conduzida por Makandal, em 1758. Makandal era um africano criado na religião muçulmana e que dominava a língua árabe. Feito prisioneiro de guerra em seu país, foi vendido como escravo a traficantes europeus, que o trouxeram para Saint Domingue.

2. Notabilizando-se, entre seus companheiros de infortúnio, como profeta e chefe de culto, Makandal, profundo conhecedor do segredo das plantas e de outros mistérios, passou a exercer grande influência sobre os escravos a tal ponto que mantinha, espalhados por toda a Colônia, agentes que lhe obedeciam ao menor sinal.

3. Senhor da vida e da morte entre os escravos de Saint Domingue, o profeta tinha concebido o plano de envenenar todos os senhores. Mas foi preso em Limbé e queimado em praça pública. Possuído por um luá,

no momento em que as chamas atingiam seu corpo, emitiu um brado eletrizante e escapou magicamente do lugar do suplício, apesar dos laços que o prendiam.
4. E desde esse dia Makandal tornou-se um luá também, ou melhor, um guedê, um ancestral, senhor da vida e da morte.

## V – O sermão de Bois-Caïman

1. Nascido na Jamaica, Boukman era um hougan, um líder religioso. Assim, na noite de 14 de agosto de 1791, reuniu um grande número de escravos, numa clareira da floresta conhecida como Bois-Caïman, perto de Morne Rouge.
2. Todos reunidos, uma terrível tempestade caiu sobre a floresta. Em meio a esse cenário apocalíptico, uma velha começa a balançar-se, seu corpo sacudido por insistentes tremores. Ela canta, rodopia sobre si mesma, girando um grande cutelo por sobre a cabeça enquanto outros participantes trazem um porco preto. Com um gesto vivo, a sacerdotisa aplica uma cutelada certeira no pescoço do animal. Unidos num pacto de sangue, os escravos juram executar fielmente as ordens do líder. Então, Boukman, olhando firmemente nos olhos de cada um de seus seguidores, exclama:
3. "Escutem, camaradas! O Bom Deus que fez o sol, que nos ilumina lá do alto, que encrespa as águas do mar e faz soar o trovão... Escutem bem! Esse Bom Deus olha por nós, lá de cima da Sua nuvem! Ele vê o que os brancos fazem! O Deus dos brancos incentiva o crime, camaradas! E o nosso quer nos ver praticando boas ações! Mas, mesmo sendo tão bom e complacente, nosso Deus não suporta mais tanta injúria e, agora, exige nossa vingança! Ele dirigirá nossos braços! Ele nos acompanhará! Joguem fora a imagem do Deus dos brancos, que tem sede de nossas lágrimas! Escutem o clamor de liberdade que grita em nossos corações!" Assim contou Mennesson-Rigaud.
4. Então, todos os luás, mesmo aqueles para quem a carne de porco é tabu, vieram participar da festa. E, a partir daí, os luás aconselharam diretamente e abriram os caminhos dos guerreiros construtores da nação haitiana, como Dessalines e Toussaint L'Ouverture.

## VI – O Guedé Dessalines

1. Jean-Jacques Dessalines foi um dos grandes comandantes da Revolução Haitiana. Em 1803, lugar-tenente de Toussaint L'Ouverture, tomou parte na revolta contra os proprietários franceses, tornou-se governador geral e expulsou da ilha as tropas de Napoleão.
2. No ano seguinte, proclamou a independência do país e autoproclamou-se imperador, com o título de Jacques I, num gesto de provocação aos franceses que insistiam em manter um governador geral na ilha.
3. Dessalines foi o gênio da guerra reencarnado. Dono de uma energia que nada podia abater, gozou de um prestígio sem fronteira.
4. Dessalines nada fazia sem consultar os luás. E foi ele quem, de acordo com as cores dos seus guias espirituais e protetores, criou a bandeira dos rebeldes. Os luás de Dessalines eram Ogu e Xangô, por isso ele usava sempre algo vermelho.
5. Quando montava seu fogoso corcel em direção às batalhas, a cabeça envolta num turbante vermelho, era Xangô que insuflava seu ardor guerreiro, possuindo-o e assumindo, Ele mesmo, o comando dos combates.
6. Mas Dessalines cultuava também Aloumandjá (e por causa dela levava sempre o lenço amarelo, ornado de marrom) e Loko-Atissou, em honra de quem usava também um madras amarelo. Entretanto, os luás um dia repugnaram-se de ver tanto sangue derramado à toa. E castigaram severamente Dessalines, morto em 1806, durante uma rebelião. Mas Dessalines tornou-se também um luá. Um guedê, como Makandal e outros senhores da guerra.

## Capítulo 2    Vodu*

### I – O Gran Met e os luás

1. O mundo foi criado pelo Gran Met, o Grande Mestre, pai de todas as coisas, que depois de completar sua obra, cansado, retirou-se para bem longe. Distante e inacessível, Ele entregou o controle do mundo aos luás, os mestres, os senhores.

2. Os luás ou são guinens, africanos, ou crioulos, nascidos no Haiti. Têm como seu domínio, conforme sua natureza, a água, o ar, o fogo ou a terra, o chão onde pisamos. E podem trabalhar, de acordo com sua preferência, nas linhas rituais africanas radá (aradá) e congô, ou na petrô, de ritos crioulos.
3. Entre os principais luás guinens das águas estão: Dambalá, Adaunzô, Mama Bukú, Símbi, Mestra Sirena, Zaú Pembá e Culev.
4. Luás guinens do ar são, entre outros, Agon Tonerre e Aidá-Ruedô.
5. Luás guinens do fogo são Xangô e todos os Ogu, como Ogu Balindjô, Ogu Chatarrá, Ogu Badagris; Ogu Batalá, marido de Erzulie; Ogu Guerreiro, que usa gorro vermelho e porta sempre uma espada; Ogu Chal, que rouba para dividir com seus irmãos; Ogu Buá, que leva sempre uma machadinha e uma garrafa de aguardente; Ogu Gran Buá, que é o dono da mata; Ogu Criminel, extremamente violento; Ogu Togó, o carniceiro, dono das armas brancas; Ogu Cemichê, filho do guedê Cemichê; e Ogu Yodon, guia dos outros luás.
6. Luás guinens da terra são: Legbá, Lokô, Aizan, Avreketê etc. Entre eles estão também os luás dos caminhos e estradas, como: Legba, Luá Chemín, Luá Calfu (das encruzilhadas), Lentô e Colê-Cord.
7. Luás haitianos das águas são, entre outros, Juan Dantó, Faró Dantó, Erzulie Dantó, Philonise Dantó, Anaise Dantó, Erzulie Dobá e Erzulie Fredá.
8. Luás haitianos da terra são todos os guedê, inclusive Makandal, além de Dessalines, Ti Juan Feró, Ti Juan Lorenzo, Ti Houê-Houê etc.
9. Luás que trabalham preferencialmente na linha aradá são, entre outros, Legbá, Dambalá, Aizan, Lokô, A-Dan-Uzô, Erzulie Fredá Dahomeny, Agom, Samedi e alguns Gue.
10. Luás ligados ao rito congô são, por exemplo, Mondongue, Biliki e Congô-Demelê.
11. Luás petrôs são, entre outros, Ti Jean Pie Fin, Jean Kitá, Erzulie Zieux Rouge, Langlessu, Bandeja-Sangue.
12. Independentemente das linhas em que trabalhem, os luás compõem famílias, como a dos ogus, dos Ibôs, dos luás das águas, dos guedês, que são os ancestrais e mortos ilustres, e outras.

13. Na família dos ibôs, encontram-se, entre outros, Ibô-buá, Ibô-cai e Ibô-la-fami.
14. Os Guedês são luás ao mesmo tempo ligados à morte e à sexualidade, sendo por isso os mais fortes e respeitados. Entre eles, encontram-se: Lacruá, que representa o espírito da primeira pessoa enterrada em um cemitério; Zumbi e Cemichê.
15. Constituindo um outro núcleo, encontram-se, entre outros, Division (chefe do grupo), Lenglessú, Djab, Montanhe, Saint Michel Arcangel, Macuto, Ciclón, Aborí, Mamá Guá e Obá Lomi.
16. Além dos principais luás, voduns ou mistês, a corte dos seres espirituais compreende os marassás ou massás, espíritos gêmeos, que se distinguem em Marassá Guinen e Marassá Crioulos; os santos silvestres, que não trabalham, mas vêm às festas para se divertir; e os man-festês, que vêm para atrapalhar e criar confusão.
17. Afora os de índole maligna, perturbadora ou simplesmente zombeteira, esses seres espirituais comandam o destino do praticante do vodu, desde a época pré-natal até sua vida além da morte, protegendo-o na infância, curando suas doenças, ajudando-o no trabalho. Em contrapartida, o voduísta deve-lhes obediência e oferendas, num compromisso que não cessa com a morte, já que suas obrigações são herdadas por seus descendentes. Assim, o vodu une gerações, estabelecendo um elo entre os que morreram e os que vivem; e entre estes e os que ainda vão nascer.

## II – O corpo e a alma

1. O ser humano compõe-se de um corpcadav e uma n'ame. O primeiro é o corpo que se decompõe após a morte. A segunda é o espírito que faz o corpo vivo desempenhar suas funções e que, após a morte, vai para o fundo da Terra, em forma de energia.
2. Além desses componentes, o ser humano tem a z'etoile, que é seu destino, sua estrela. Porém, mais importante que essa estrela são o tibonanje (pequeno anjo bom) e o grobonanje (grande anjo bom), que são as partes constituintes da alma.

3. No momento em que o ser humano é concebido, parte da força vital do universo é a ele transmitida. Essa força, compartilhada por todos os seres vivos, reúne todos numa grande teia de energia.
4. O grobonanje conserva o corpo vivo e sensível; e, após a morte, retorna ao reservatório de energia do cosmos. Sem ele, a pessoa perde sua força vital.
5. É possível separar o grobonanje de uma pessoa e colocá-lo num recipiente, de onde a energia poderá ser dirigida para outras finalidades.
6. Por sua vez, tibonanje, é a fonte da personalidade. Ele representa o acúmulo de conhecimento e experiência; e é o que determina as características individuais, a personalidade e a vontade.
7. O tibonanje pode abandonar o corpo durante o sono ou quando da possessão por um luá. Ele é a parte do ser humano mais vulnerável à feitiçaria e aos malefícios.

**III – A morte**
1. A morte não interrompe a cadeia vital. Pelo contrário, na morte as atividades apenas passam de uma condição a outra. O corpo, que é a carapaça onde se deposita a força vital, simplesmente se desfaz, enquanto a n'ame, que o anima, retorna ao interior da Terra, em forma de energia. Mas a alma, constituída pelo tibonanje e o grobonanje, permanece, embora em forma diferente.
2. Com a morte, o grobonanje retorna às altas regiões astrais, de onde proveio sua energia cósmica. Lá, ele junta-se aos luás e torna-se um deles também. Já o tibonanje permanece em torno do corpo por algum tempo, até ser encaminhado para o mundo dos mortos, graças aos rituais conduzidos pelo houngan, o sacerdote voduísta.
3. Os rituais funerários, então, têm várias finalidades. A mais importante é encaminhar o grobonanje para a Guinen, a comunidade cósmica dos espíritos e ancestrais, onde ele será visto e cultuado pelos membros vivos de sua família, como um luá. Se isso não for feito, o grobonanje pode ficar preso à Terra, trazendo desgraças a seus familiares.
4. O tibonanje também deve ser convenientemente conduzido ao seu novo

lugar. Durante nove dias, ele permanecerá junto ao seu antigo corpo físico. Mas, após esse tempo, deverá ter lugar um ritual para assegurar sua permanência na sepultura, debaixo da terra. Se isso não ocorrer, o tibonanje pode também ficar vagando e causando perturbações e malefícios.

5. Entretanto, algumas pessoas carregam o mal dentro de si. Nelas, enquanto vivas, esse mal é controlado pelo coração e pelo cérebro. Com a morte, porém, a força malévola pode se libertar-se, sendo capaz de praticar os atos mais terríveis. Mas se for convenientemente cumprido o ritual da nona noite, esse mal ficará na sepultura, juntamente com o corpcadav.

6. O bom hougan saberá, também, como separar o tibonanje do corpo e colocá-lo para repousar em águas escuras por um ano e um dia. Após esse tempo, a família despertará o espírito que, depois disso, será colocado num govi, uma quartinha de barro, onde será alimentado e cultuado como um luá.

## IV – Cerimônias funerárias

1. No dessounin, que é o ritual de separação do grobonanje do corpo, as narinas do cadáver devem ser tapadas com algodão e os joelhos e dedões do pé, unidos e amarrados. A boca deve também ser tapada e os bolsos vazios da roupa têm de ser postos para fora.
2. Durante a cerimônia, o hougan deve borrifar, soprando, aguardente na direção dos quatro pontos cardeais e sobre o cadáver. Sacudindo seu asson, seu chocalho, e acendendo velas, ele sussurrará nomes de outros mortos nos ouvidos do falecido. Depois, riscará no chão o vevê, o grafismo identificatório do luá do morto e procederá aos sacrifícios de estilo.
3. Por meio do luá do hougan, que já terá descido, o grobonanje do morto tomará seu caminho para o Guinem. Mas esse é um momento muito perigoso, que exige cuidados redobrados, pois espíritos malignos podem interferir.
4. Para se controlar o tibonanje, ele deve ser primeiro colocado num jarro ou num govi. Se for o caso, ele será assentado ali, para ser alvo de culto. Em caso contrário, o hougan queimará o jarro numa cerimônia chamada

bulezan. Essa queima do jarro enviará o espírito para o mundo dos mortos, debaixo da terra, onde é sua morada mais apropriada.

5. Um outro meio de afastar o tibonanje é quebrar a jarra e atirar os pedaços numa encruzilhada.
6. Preso no govi, entretanto, o tibonanje pode ser empregado em atos maléficos, de feitiçaria, podendo até mesmo ser usado para possuir um inimigo. Baron Cemitière, o luá da morte, costuma também ser invocado para tirar o tibonanje de mortos das respectivas tumbas.
7. Durante o período em que o tibonanje paira sobre o corpo, após a morte, um feiticeiro pode capturá-lo e transformá-lo num zumbi do astral, que nada mais é que a alma de um morto sem o corpo, ao passo que um zumbi propriamente dito é um corpo morto sem sua alma. Tanto um como outro são resultado de manipulação e controle do tibonanje.
8. Mas existem vários meios de evitar ou neutralizar essas intervenções malévolas. E o hougan bem preparado saberá usar todas elas, em proveito próprio, de sua comunidade e do equilíbrio das forças vitais no universo.

## V – Hierarquias sacerdotais

1. O oficiante do culto voduísta é o hougan ou a mambô. O hougan, também chamado papaluá, tem como seu principal ajudante o bagigan. Sob suas ordens, estão o hunguenikón, chefe do coro; o confiance, administrador do templo; o bocô ou divinó, adivinho; e todas as hunsí, as filhas do templo. Essas podem ser recrutadas entre mulheres não iniciadas, as quais, com a gradativa participação nas festas, cantando e dançando, vão aos poucos se aproximando da iniciação. Sua adesão é importante, pois quanto mais luás o hougan tiver assentados em seu templo, mais forte ele será.
2. Importante também é a participação dos músicos, os quais necessitam não só de ter talento artístico na execução dos toques, como também de terem sido submetidos a um rito básico de iniciação.
3. Tanto o hougan quanto a mambô têm direito a usar, além da sineta, o asson, que é o chocalho cerimonial distintivo de sua posição. Um e outro podem iniciar novos adeptos, mas só o hougan pode portar e outorgar a

faca, a lâmina com que se realizam os sacrifícios rituais. Essa lâmina, que deverá repousar sempre sobre o altar, ao lado dos assentamentos dos luás, só poderá ser usada após um longo processo de iniciação e aprendizagem.

4. No transcurso do culto, o sacerdote é o fator central, devendo por isso saber executar todas as cerimônias e tarefas rituais necessárias, mesmo as mais difíceis e complexas. Seu correto aprendizado e seu contato perene com os luás o dotarão de poderes excepcionais.

5. Entre esses poderes está o de transmitir ensinamentos, sempre que for necessário. Um hougan terá sempre força para entrar no fogo e não se queimar e até submeter outros a essa prova.

6. Durante as cerimônias, o hougan usará sempre um apito, com o qual irá marcando as situações de clímax e indicando o momento em que a bateria de tambores deve aumentar ou diminuir a intensidade de seus toques.

7. Os luás também podem servir-se de apitos para, em geral sentados sobre as oferendas que receberam, emitir silvos em sinal de júbilo e satisfação.

8. Para destacar a importância de sua posição, o hougan deve portar distintivos, como lenços vermelhos, pretos ou brancos, usados à bandoleira, cruzados sobre o peito. Esses lenços podem ser enfeitados com as cores e os símbolos de luás, aos quais o hougan pertence ou afeiçoou-se.

## VI – O espaço sagrado

1. Quando um praticante do vodu adquiriu experiência e condições para exercer o culto de forma independente, ele poderá fazê-lo, se o quiser. Para tanto, deve construir uma cai-misté, uma casinha, destinada exclusivamente aos mistérios dos seus luás, separada de sua casa de moradia. Esse templo será construído com os materiais disponíveis, de acordo com as possibilidades do fiel.

2. Nele, serão arrumados o altar e o móvel destinados a guardar os materiais usados nas cerimônias. Se for possível, haverá um compartimento privado para consultas etc.

3. No altar deverão estar as pedras ou fundamentos dos luás, recipientes com

água lustral e outros objetos de uso religioso. E não deve faltar nele a garrafa com tifei ou outra boa aguardente.
4. O espaço sagrado deve compreender também um local para as oferendas e sacrifícios, além de um espaço público, coberto, para as celebrações festivas.

## VII – O Potô-Mitan

1. Nesse espaço público, será erguido sempre o potô-mitan, o poste central, ligando o chão ao teto e, consequentemente, a Terra ao Céu. É por meio desse poste, caminho dos espíritos, que os luás descem para possuir seus cavalos e receber suas oferendas.
2. Na sua parte superior, deve ser colocada a vasilha, devidamente preparada, para amarrar os "quatro caminhos", a encruzilhada, tornando-a propícia e menos perigosa. Um pouco mais baixo, as bandeiras com as cores das divindades e, em certas ocasiões, os lenços que as identificam. Ao seu redor, no chão, serão traçados os vevês simbólicos dos luás, que servem para invocá-los e sobre os quais serão depositadas as oferendas.
3. Junto ao potô-mitan devem ficar, também, os tambores e outros instrumentos musicais; os materiais empregados nos trabalhos; potes com moedas queimadas e outros objetos.

## VIII – O manjê-luá

1. O manjê-luá é o ato de alimentar a força vital das divindades por meio dos sacrifícios e das oferendas de alimentos. Esses rituais de revitalização realizam-se, principalmente, por ocasião das festas públicas.
2. As oferendas podem ser feitas com intenção propiciatória ou em agradecimento por um benefício alcançado por meio do luá.
3. A oferenda é privilégio do iniciado. O não iniciado pode fazê-la, sim, mas por intermédio de um hougan ou de um pití-fei, de um filho de santo devidamente preparado.
4. Os oferecimentos devem ser feitos nos momentos apropriados, nos lugares onde a divindade mora, no altar que lhe é dedicado ou mesmo na casa de moradia. Certas divindades exigem que lhe seja entregue seu alimento na

mata. São luás que comem ao pé de árvores em que vivem e ali gostam de receber as invocações e honrarias que lhes são dirigidas. Da mesma forma, porteiras e encruzilhadas ou "quatro caminhos", além de córregos e rios, são também lugares de culto e oferendas.

5. Mas, em qualquer caso, o que não pode faltar são as invocações, acompanhadas, sempre que possível, de cânticos, toques de tambores e danças rituais. É por meio desses elementos que o luá aproxima e incorpora.
6. Há luás que comem no altar ou na mesa; outros que só comem no chão ou na mata. Existem, ainda, outros que comem no chão, embaixo da mesa.
7. O ritual de oferecimento de comida no altar ou na mesa é o manjê-lesan. Mas existe também um manjê-lesan que se oferece no chão, debaixo da mesa. Há divindades, também, que recebem oferendas nas águas; e outras, ainda, debaixo da terra ou aos pés de determinadas árvores.

## IX – O sacrifício

1. No ritual do sacrifício, o animal deve ser da cor que o luá exige. Ele requer preliminares que incluem a apresentação do instrumento, dos objetos a serem usados e do animal ao luá; invocações, por meio de orações e cânticos; e também danças, executadas ou não com o objeto da oferenda.
2. O animal a ser sacrificado não pode ter sido adquirido por meios ilícitos ou fraudulentos.
3. Pode-se sacrificar animais sem derramamento de sangue, apenas usando a palavra, falada ou cantada. Mas, para isso, é necessário que o hougan ou mambô tenha profundo conhecimento das invocações e dos cânticos que deslocam a força vital.

## X – Partes dos animais

1. No corpo do animal oferecido em sacrifício, tudo pertence à divindade que se homenageia. Ele é o meio natural do qual se serve a pessoa não só para entrar em contato com o luá mas até para integrar-se nele.
2. Nos animais com chifres, o oficiante do ritual coloca uma vela acesa em cada um desses apêndices; e só então lhes serve os alimentos e bebidas preferidas pela divindade.

3. Do corpo, só algumas partes são, na verdade, as oferendas propriamente ditas. Mas o sangue do animal, agente primordial de fortalecimento e revitalização, constitui o principal elemento.
4. Há luás que recebem o sangue em uma tigela ou num prato, colocado em um local específico, ao pé de uma árvore, na mata, ou no próprio templo. Há outros, como os da família dos ogus e dos ibôs, que preferem bebê-lo diretamente na ferida do animal, no momento mesmo em que jorra.
5. Além do sangue, as principais partes do corpo oferecidas são a cabeça, as quatro patas, o rabo, as vísceras e a genitália. A escolha dessas partes está estreitamente ligada à natureza do luá que se homenageia, podendo, aí, incluir outras.
6. O resto do corpo do animal pode ser enterrado, no caso de oferendas feitas a alguns luás violentos e perigosos, ou, então, cozinhado para a refeição comunal festiva.
7. A alguns luás muito fortes, como os da família petrô, sacrificam-se bodes e porcos "inteiros", velhos e não castrados, dos quais se oferecem especialmente os órgãos genitais. A força excepcional de ditos luás é incrementada com a energia que lhes transmitem esses animais em pleno domínio de suas propriedades naturais.
8. Preferem-se animais adultos, velhos, porque essa maturidade corresponde ao grau de ancestralidade ou poder descomunal dos luás a que são consagrados. Trata-se, em geral, daqueles que pertencem ao panteão africano e que, por isso, são chamados, cada um, de Luá Guinen, ou seja, da Guiné, da África.
9. Há luás que sacrificam, eles próprios, o animal depois de dominá-lo, cavalgando-o e degolando-o, numa espécie de dança, executada com as pernas em força sobre o pescoço da vítima. Outros matam de um só golpe de facão ou machadinha.

## XI – Cerimônias de fortalecimento

1. Os dias 4 e 25 de dezembro são os mais indicados para propiciar todos os luás, com sacrifícios, toques e libações. Mas as cerimônias de

fortalecimento podem ser realizadas fora do calendário litúrgico, nas datas tradicionalmente fixadas para honrar as entidades.
2. O calendário deve privilegiar, principalmente, o dia 6 de janeiro, o 24 de junho, o 2 de novembro e o 25 de dezembro. Dan Wedê é especialmente festejada a 27 de abril e 27 de agosto; Agüê, a 30 de agosto; Ogu, em 25 de julho; Erzulie, em 28 de junho etc.
3. As cerimônias de fortalecimento consistem em verter sangue de galinhas, galos, pombos, cabritos ou carneiros sobre o fundamento que representa o luá. Nele se verterá, também, aguardente e esparzirá fumaça de tabaco.
4. Quando um praticante do vodu vai mudar de residência, ele deve, antes de fazê-lo, proceder à cerimônia de levantamento de seus santos. Nessa cerimônia, serão oferecidos alimentos e bebidas que não são do agrado do luá, para que ele saiba que, ali, naquele lugar, ele não receberá mais as coisas a que estava acostumado.
5. Nas oferendas, deve-se observar a seguinte ordem: primeiro, comem os mortos, depois os anjos, depois os gêmeos e, finalmente, Legbá, Calfu, Ogu e os Guedê.
6. Quanto aos dias da semana, na segunda-feira propiciam-se Legbá e os mortos; na terça, os Ibô; na quarta, os Marassá (gêmeos); na quinta, os Luás brancos; nada se fazendo nem no sábado nem no domingo.

## XII – Os vevês

1. O vevê é o grafismo identificatório do luá. Riscado no chão ou em outro lugar, ele tem o poder de invocar, de chamar o luá para vir participar do ritual ou da festa.
2. Na preparação de uma cerimônia, o chefe da comunidade deve invocar primeiro o luá principal da casa, o dono da cabeça do sacerdote. Ele estabelecerá todos os detalhes da festa, como os animais que devem ser sacrificados, os lugares em que devem ser mortos e tudo o mais.
3. Em toda cerimônia, o traçado do vevê, que identifica e chama o luá, é fundamental e indispensável. Esse procedimento pode ser feito com fubá,

cinza, borra de café ou raspa de tijolo. Traçando no chão ou em outros lugares esses desenhos atraem todos os luás, tanto bons como maus.

4. Na primeira cerimônia de um ciclo, ao traçar o vevê, deve-se apresentar a ele um ovo, que será colocado em uma cabaça e partido em duas metades idênticas.
5. Os animais a serem sacrificados deverão, antes, ser purificados ao pé do potô-mitan, o poste central, com água, perfume e vários tipos de ervas, principalmente alfavaca, ao som de cânticos e toques de tambor.
6. Depois de lavados, os animais serão enxugados com um pano limpo; e, no caso dos quadrúpedes, os pelos devem ser penteados.
7. Depois do banho dos animais, deve-se fazer a segurança do potô-mitan. O houngan ou a mambô colocarão uma peneira no chão, cobrindo-a com um pano branco. No centro da peneira coberta, coloca-se um copo no qual toda a comunidade irá despejando um pouco de água, cinza e farinha. Quando todos os fiéis já tiverem cumprido essa parte, o hougan levantará o copo, sem derramar seu conteúdo, e o envolverá no pano, juntando as quatro pontas e amarrando o nó com uma fibra de coqueiro ou um barbante. Então, com copo de boca para baixo, a ponta do fio será atada no teto, encostada ao potô mitan. Assim, amarrados os "quatro caminhos", a cerimônia transcorrerá segura, livre de qualquer influência maléfica.
8. Havendo perturbação, as causas poderão ser apontadas por meio do jogo de cartas, búzios, pedras, fogo, folhas de plantas, já que cada luá tem sua predileção por esta ou aquela forma de adivinhação.

## XIII – Iniciação e batismo

1. Na iniciação, o primeiro passo é identificar o luá que deseja a pessoa como seu cavalo. Feita essa identificação, os oficiantes, apenas o hougan e a mambô, vestem o iniciando com a roupa do luá, sentam-no ao redor de uma mesa, diante de uma bacia virgem com água, perfume, alfavaca (que dá firmeza) e açúcar (que adoça e acalma). O hougan agita sua sineta ritual e a mambô sua cabaça, ambos fazendo invocações para provocar o transe.
2. Descido o luá, apresentam-se a ele seus objetos distintivos, suas

ferramentas, bem como os animais e as bebidas que lhe serão ofertados. Aceitas as oferendas, inicia-se o batismo, lavando-se a cabeça do iniciando com o líquido da bacia e, em alguns casos, quebrando-se e esfregando-se nela um ovo.

3. A partir daí, o novo filho cumprirá um período de reclusão de três dias, aprendendo a render culto e a conviver com seu luá. A este, por sua vez, devem-se mostrar os lugares de seu trabalho e de sua morada, sua arbe-reposuá.

# LIVRO 9
## Suriname, Caribe Britânico e Estados Unidos

# Introdução

A História dos africanos nas Índias Ocidentais, nas antigas Guianas e mesmo nos Estados Unidos está profundamente ligada a das comunidades formadas por escravos fugitivos. Internando-se nas matas, serras e outros rincões inacessíveis, esses resistentes foram genericamente conhecidos pelo termo inglês maroon, derivado do espanhol cimarrón e correspondente ao brasileiro quilombola.

## Capítulo 1    Maroons

### I – Os africanos no Suriname

1. Em 1663, proprietários portugueses esconderam seus escravos nas matas da Guiana, para fugirem ao pagamento de impostos que incidiam sobre esse tipo de propriedade.
2. Aproveitando-se da inesperada liberdade, esses negros, em boa parte provenientes da Costa do Ouro, que caíra sob o domínio holandês vinte anos antes, embrenharam-se na densa floresta tropical e nela constituíram suas aldeias.
3. Em 1712, com a invasão da região do futuro Suriname por tropas navais da França, os proprietários locais transferiram-se em debandada para Paramaribo, a capital da Guiana holandesa.
4. A partir daí, os aquilombados fortaleceram-se até formarem, em 1749, sob a liderança de Adoc, a primeira comunidade maroon independente da região, a do povo Djuka ou Aúca, cuja autonomia, entretanto, só foi reconhecida pelas autoridades holandesas em 1761, depois de violentos confrontos.

5. Um ano depois, a comunidade do povo saramaka também se tornava independente, com algumas concessões feitas aos holandeses. Essas concessões fizeram nascer um grupo dissidente, que foi repelido para o alto Maroni e, após a morte de seu líder, Boni, colocou-se sob a proteção da França.

**II – Na Jamaica**
1. País situado no mar das Antilhas, ao sul de Cuba e a oeste do Haiti, a Jamaica, desde os primeiros tempos da colonização inglesa, no século XVII, tinha comunidades de escravos fugidos que já se organizavam nas suas montanhas.
2. Em 1690, um grande grupo de coromantis rebelou-se em Clarendon, na região central da ilha, escapando para a floresta. Liderados por Cudjoe, eles juntaram-se aos refugiados e deflagraram a primeira Guerra dos Maroons, que se estendeu até 1739.
3. Meio século depois, inspirada na Revolução Haitiana e no movimento abolicionista, estourava a segunda guerra. Mas as autoridades coloniais reagiram da forma mais truculenta, utilizando centenas de ferozes cães de caça na perseguição aos rebeldes. Esse procedimento forçou a rendição, com a deportação de seiscentos deles para Serra Leoa.

## Capítulo 2   O mundo espiritual*

**I – Práticas religiosas**
1. Os descendentes dos maroons das antigas Guianas e da Jamaica mantêm vivos os laços que os ligam à ancestralidade comum.
2. Os cultos que praticam guardam fortes marcas das culturas Akan e Congo. E a pregação do líder pan-africanista Marcus Garvey, já no século XIX, incorporava elementos etíopes ao seu conjunto de práticas religiosas.

## II – Kromanti – Bons e maus espíritos

1. O espírito que reina sobre todas as coisas é Gran Gadu, também invocado sob os nomes de Gran Tata e Old Nengre. Abaixo d'Ele, está Apuku, o espírito da floresta. Além deste, está Tonai, Amuku ou Uatra Mama, que é o espírito do rio. E depois, Papa Gadu, a grande serpente.
2. Na floresta, vive Kromanti, o espírito maligno por excelência. Ele mora na árvore Concondri, a paineira, que é sagrada e, por isso, não pode ser cortada. Concondri é irmã da árvore Kotu Concondri e quem causar dano a qualquer uma delas atrairá sérios problemas.
3. O espírito bondoso, que protege contra as forças invisíveis que vivem na floresta, é Aflamu. Ele é tão vigilante que tem um olho mirando à frente e outro atrás, assim espreitando o perigo de todas as direções.
4. Os bakrus são anões disformes, com a cabeça muito grande em relação ao corpo. Os yorkas, almas de mortos e principalmente de inimigos que voltam para causar danos, são figuras fantasmagóricas, assim como os lybbas.
5. Os azemans são os mais terríveis. Todas as noites, eles largam a pele do corpo e ficam vagando pela escuridão, numa visão muito pavorosa e aterradora, só assumindo de novo a pele quando raia o dia.
6. Quem encontrar a pele de um azeman deve jogar nela um punhado de sal. Dessa forma, ela encolherá até ficar menor que o corpo do dono, que assim não poderá entrar nela, perdendo a força e sucumbindo.
7. Outro método para destruir um azeman é espalhar arroz em volta dele. Como detestam arroz, vão parar para tirá-lo do caminho, catando-o grão por grão. Ocupados com a catação, acabam esquecendo-se de voltar para a pele. O dia clareia e isso lhes é fatal.

## III – Veneração dos bons espíritos

1. Os bons espíritos, divindades e ancestrais, devem ser venerados ao abrigo das chuvas. Assim, devem ser construídas para eles pequenas choupanas, onde receberão os sacrifícios e as oferendas de alimentos e bebidas, sempre colocados aos seus pés.

2. Aos pés de seus assentamentos, para que se alimentem convenientemente, deverá haver sempre uma cabaça com cabo ou colher de pau, decorada com carinho e sempre pintada com tinta branca, de pó de pemba.
3. Cada aldeia também deverá ter, ao ar livre, o mastro em forma de cruz, com uma bandeira branca tremulando, símbolo de Gadu. Aos pés dele, serão feitos sacrifícios e depositadas as oferendas.
4. Como proteção contra os espíritos malfazejos, também se podem plantar krontikis, galhos de videira dispostos de forma a crescer em ziguezague.
5. Quando alguém começa uma pescaria ou uma caçada, deve pedir a licença e a ajuda das divindades e dos ancestrais. A reza tem de ser entoada na boca do rio, na entrada da mata ou onde o mastro de Gadu estiver plantado. De joelhos, olhos fechados, o caçador rezará, pedindo sucesso para sua empreitada, com as mãos unidas apertando o obeah pendente do pescoço.
6. O obeah, objeto de defesa espiritual, carregado da força vital do ancestral ou da divindade, pode ser usado como bracelete ou colar.
7. O pó de pemba não pode faltar em nenhuma cerimônia, devendo ser espargido ou pintado em todos os objetos rituais. Para o indivíduo conseguir comunicar-se bem com as divindades, ele deve antes pintar-se com esse pó, pois a pemba aproxima os seres humanos das divindades.
8. Em cada aldeia devem existir dois ou três ritualistas, cuja função é propiciar o contato com os espíritos por meio da magia e da religião. A magia dos obeah-man deve ser altamente secreta.
9. Para sacralizar um obeah ou outro qualquer objeto, o ritualista deve, primeiro, com grande solenidade, encher a boca com a obeah watra, a bebida ritual, e esparzir no chão com um sopro, numa libação com a divindade da terra, esguichando outro bocado no objeto. Depois disso, todos os presentes tomarão um gole da bebida e o oficiante rezará a prece apropriada.

**IV – Tabus**
1. Na vida cotidiana, muitas proibições de ordem espiritual devem ser

observadas. Sentar no chão, por exemplo, é um tabu; para tanto devem-se ter sempre bancos ou banquetas que, quanto mais artisticamente trabalhados, mais agradarão aos ancestrais e às divindades.
2. Outro grave tabu é o relacionamento sexual de uma mulher com alguém de fora de seu grupo social.
3. Também é tabu maltratar ou hostilizar um jacaré. Se acontecer, por alguma circunstância, de alguém matar um espécime desse animal, seu fantasma retornará e destruirá todas as crianças da família.
4. Se um homem atingir uma preguiça, sua arma se estragará. Mas, uma vez ferida, qualquer um poderá matá-la, sem consequências.
5. A tartaruga, logosu ou kaw, personagem da tradição ancestral, ao morder uma pessoa, só a largará se trovejar. Por sua ligação com as forças do trovão, sua carne é um tabu alimentar absoluto: ninguém pode comê-la.

## V – O poder das plantas

1. A floresta dá ao homem várias raízes, ervas e sementes para serem usadas de várias formas. O ritualista ou curandeiro saberá sempre utilizar as propriedades das plantas no preparo de todo tipo de remédio.
2. O snake-kutti, por exemplo, é uma poderosa infusão de ervas que tanto cura mordidas de cobras e répteis como imuniza contra futuros ataques. Pessoas que tomam essa poção tornam-se tão fortes que, às vezes, com apenas uma machadada, podem cortar todas as folhas de uma árvore.
3. O banho de ervas é outra forma de adquirir energia vital e poder. Três banhos com uma infusão de folhas da planta bimbe, convenientemente tomados, podem conferir à pessoa o poder de segurar na mão uma brasa incandescente sem se queimar.
4. Banhar-se durante nove dias em água na qual foram fervidas cascas de amendoim junto com pedaços oxidados de ferro pode tornar uma pessoa impenetrável ao corte de uma faca. Seus músculos passam a ser capazes de entortar uma lâmina.
5. Dor de estômago trata-se bebendo uma infusão de miolo do fruto da cabaceira.

## VI – A cidade sagrada

1. Acima do rio Surinam, está a cidade sagrada de Dahomey. Em seus arredores também sacralizados, onde o homem branco não pode entrar, paira um espírito chamado Hini. É ele, e não os habitantes que, talvez evocando os tempos do escravismo, ofende-se com a presença de brancos.
2. Em Dahomey, ritualistas, sempre anciãos, anciãs e, ocasionalmente, moças virgens, atendem pessoas doentes e com problemas, às vezes vindas de muito longe.
3. É para lá também que se deve dirigir o Granman, chefe da tribo dos Saramacas, a fim de cumprir rituais sagrados antes de sua vista anual à cidade dos brancos. Em Dahomey, ele submete-se a rituais de purificação, com o objetivo de preparar-se para sua estada entre os bahkras. A cerimônia, que visa propiciar as divindades, é chamada makee suka.

## VII – Cura e adivinhação

1. Em Dahomey, em caso de necessidade, o paciente deverá ser recolhido a uma cabana onde, na intenção de sua recuperação, serão feitas oferendas e sacrifícios de aves a Amu, a divindade da terra.
2. Acompanhando paciente, haverá sempre uma ave, de preferência um galo, que será tratada como se fosse seu duplo.
3. O tratamento poderá prolongar-se por muito tempo e o paciente só será liberado depois de plenamente restabelecido. O anúncio desse restabelecimento será feito pelo canto do galo.
4. Antes do tratamento ou de qualquer outra situação, o ritualista deverá consultar Amu por meio do oráculo, usando para tal uma das aves sacrificadas. Se a moela apresentar a cor clara, o prognóstico será bom; e mau, em caso de cor escura.
5. Em outro método de adivinhação tradicional, uma tábua será sustentada na cabeça por dois homens e nela serão colocados vários pequenos pacotes. O intérprete ficará de pé diante da tábua e fará as perguntas, enquanto os carregadores a sacudirão. A posição dos pacotes em cada deslocamento dará a resposta.

6. As perguntas serão feitas metaforicamente e de tal forma que excluam a possibilidade de os carregadores da tábua influenciarem deliberadamente as respostas. Depois que um homem fez várias perguntas, os carregadores vão com a tábua para outra parte da aldeia, onde mais perguntas serão feitas.
7. Carregar a tábua deverá ser sempre uma prerrogativa de certos indivíduos; e somente alguns serão iniciados na técnica de feitura dos pacotes e na sua colocação correta.

## Capítulo 3   Kumina e Rastafari

### I – Kumina

1. Kumina é o conjunto de procedimentos rituais por meio dos quais reverenciam-se os ancestrais bantos vindos para o Caribe como escravos.
2. É a oportunidade que se tem de conversar com esses ancestrais, na sua língua africana, recebendo deles conselhos e orientações.
3. Por intermédio do transe, retorna-se à terra dos ancestrais; e, na vida diária, através da energia deles, pode-se conversar com as plantas e os animais como também conjurar as doenças e más influências.
4. As Montanhas Azuis, em Saint Thomas, são a morada dos ancestrais.
5. Ao som dos tambores kbandu, canta-se e dança-se em homenagem a eles, porque no tempo da escravidão, era o som desses tambores que levava os mais-velhos até as terras dos ancestrais.
6. É também ao som desses tambores, e louvando os ancestrais, que se brinda a uma nova família que se forma, a uma nova vida que nasce, à memória de um ente querido que se vai.
7. A kumina é poderosa; pode fazer quase tudo.

### II – O sonho de Garvey

1. Marcus Mosiah Garvey nasceu em 1887 na Jamaica e faleceu em Londres, no exílio, em 1940. Grande orador, firme e inteligente, foi o primeiro líder

a formalizar a ideia pan-africanista de soberania política das nações negras e de retorno dos afro-descendentes ao continente de origem.
2. Em 1914, fundou a UNIA, Universal Negro Improvement Association (Associação Universal para o Progresso do Negro), entidade que chegou a ter entre quatro e seis milhões de membros distribuídos por vários países. Dois anos depois de sua fundação, teve sua sede transferida para os Estados Unidos.
3. Para criar um estado negro na África, ante a constatada impossibilidade de os descendentes de africanos gozarem de direitos plenos nos EUA, Garvey criou a Black Star Shipping Line, uma companhia de marinha mercante que faria a rota EUA-África.

### III – Rastafari

1. "Olhem bem para a África! Quando um rei negro for coroado, a libertação estará próxima!"
2. Essa profecia, verbalizada por Marcus Mosiah Garvey, realizou-se em novembro de 1930, quando o ras (príncipe) Tafari Makonnen foi conduzido ao trono da Etiópia sob o nome de Hailé Selassié, que quer dizer "a força da Trindade" e com o epíteto de "o leão conquistador da Tribo de Judá".
3. O ras Tafari Makonnen descendia de Menelik, filho de Makeda, a rainha de Sabá, com o rei Salomão de Judá. Menelik era o guardião da Arca da Aliança, onde estão guardadas as duas placas de pedra contendo os dez mandamentos e que simbolizam o compromisso dos humanos com o Deus Supremo.
4. O ras Tafari, depois Hailé Selassié, foi um avatar de Jah, o Deus Supremo, que é negro e solidariza-se com os africanos. Ele foi o próprio Jah reencarnado, o Rei dos reis, assim como o leão é o rei dos animais.
5. As escrituras profetizaram Jah como alguém cujo cabelo parecia com a lã, cujos olhos brilhantes lembravamo fogo e cujos pés brilhavam como o bronze refinado na fornalha.
6. O ras Tafari seguiu os mandamentos da Igreja Etíope, que prega a

circuncisão e o vegetarianismo. Na Igreja Etíope, os fiéis devem jejuar todas as quartas e sextas-feira, além de fazê-lo na quaresma e na Páscoa. Também nessa Igreja, os serviços religiosos, exceto nos dias de jejum, começam às seis horas da manhã e vão até as nove. Durante a Páscoa, estendem-se da sexta-feira até a meia-noite de domingo. Enquanto se realizam esses serviços, ninguém pode sentar-se, exceto os doentes.

7. Por isso, os rastas devem levar vida frugal e morigerada, comendo e bebendo apenas alimentos e bebidas naturais, sem conservantes, condimentos ou elaboração química.
8. O ras Tafari seguiu a Igreja Etíope, cujo culto centra-se na Arca da Aliança e reconhece o batismo, a penitência, a eucaristia, o casamento, a unção dos enfermos e a ordenação sacerdotal.
9. O ras Tafari veio para libertar seu povo da nova Babilônia, que escravizou e traficou os negros, fazendo-os cativos nas Américas. E hoje ainda imobiliza-os com os grilhões da pobreza, do analfabetismo e da exclusão social.
10. Todo rasta deve lutar para lembrar os negros de sua herança e libertá-los da Babilônia.
11. A África, como um todo, e a Etiópia, em particular, são para os rastas Céu na Terra. E Jah enviará o sinal, na hora de os negros empreenderem sua volta à África, que é seu lar original.
12. As cores do rastafarianismo traduzem essa volta: o amarelo-ouro representa a riqueza da terra prometida; o verde, a beleza de sua vegetação; e o vermelho, o sangue de todos os mártires negros.
13. Os rastas devem orgulhar-se de suas origens e de suas características físicas. Seus cabelos, que são como a juba do Leão de Judá, nunca devem ser cortados, para que a energia vital neles se mantenha. Mesmo porque os rastas são como sacerdotes. E, como acentua o Levítico, sacerdotes não podem raspar os cabelos do corpo.
14. Traço de sua identidade e de seu inconformismo, seus cabelos devem ser penteados em tranças, que simbolizarão as raízes da frondosa árvore de sua existência.
15. Os rastas serão sempre pacifistas, rejeitando qualquer forma de violência.

Seus rituais deverão ser mais de meditação do que de celebrações, que, entretanto, também deverão ocorrer ao som dos tambores rastas e com os cânticos apropriados, principalmente no aniversário da coroação do ras Tafari, na data de nascimento do profeta Garvey e no dia da Abolição da Escravatura.

16. Nestes rituais, a ganja será fumada coletivamente, em comunhão. Porque, como diz o Salmo, Jah faz crescer capim para o gado e verduras e cereais para as pessoas; e faz a terra produzir o vinho que deixa a gente feliz.
17. Em 1975, o ras Tafari desencarnou. Desde então, Ele e a Imperatriz Menem estão sentados no ponto mais alto do Monte Sião, à espera do dia do Juízo.

### IV – Provérbios jamaicanos
1. Caranguejo que anda muito perde a carapaça.
2. Tartaruga só dá importância ao mangue quando o pântano pega fogo.
3. O porco pergunta à mãe porque a boca dela é tão grande. Ela diz que, quando crescer, ele vai ter uma boca igual à dela e vai ver que não é tão grande assim.
4. Cabrito no pasto berra; na cozinha, quer subir o morro.
5. Tem gente que chora quando mata uma galinha, mas não chora pela morte do pai.

## Capítulo 4   Shango Cult e Shouters

### I – Trinidad-Tobago
1. Localizadas no mar das Antilhas, próximo ao litoral da Venezuela, as ilhas de Trinidad e Tobago foram colonizadas a partir do século XVIII.
2. Data dessa época a chegada dos primeiros escravos africanos, importados para o trabalho nas fazendas e no meio urbano, entre eles muitos oriundos do Antigo Benim, região do povo Edo, na atual Nigéria, a sudeste do país dos iorubás.

3. Com o passar do tempo, esses africanos incorporaram às suas práticas religiosas elementos de outras origens, notadamente católicas, além de intercambiarem com os batistas Shouters diversos elementos rituais.
4. Entretanto, o nome de Xangô, de origem iorubana, permaneceu na denominação do principal culto africano de Trinidad-Tobago, o Shango Cult.

**II – Os espíritos dos mortos**
1. A sombra do espírito de um morto recente deve ser trazida de volta ao lugar onde viveu para ser convenientemente despachada. Se isso não ocorrer, o espírito ficará perambulando por perto da casa, podendo desestabilizar as pessoas ou fazê-las cometer atos reprováveis.
2. Entre esses espíritos estão os dwines e as diablesses. Os dwines são espíritos de crianças pagãs, falecidas antes de completar nove meses. As diablesses são espíritos do mal que vivem nos matos e nas florestas.

**III – Espíritos maléficos**
1. Sukuyana é o nome de cada um dos espíritos malfazejos femininos que se despojam da pele à meia-noite, põem-na em um barril de água para que permaneça fria e voam em busca de vítimas, das quais chupam o sangue. Ao amanhecer essas mulheres voltam a adotar a aparência humana.
2. O correspondente masculino da Sukuyana é o Leggawus.
3. Outro espírito malfazejo, chefe de legião, é Doctor Steel. Por sua extrema malignidade, deve ser tratado com grande deferência.

**IV – As divindades**
1. A divindade maior é Elephon, Ochaluphon, Daluphon ou Shakbear. Veste-se de branco ou bege claro e recebe em sacrifício touros e pombas brancas.
2. O mensageiro e guardião das divindades é Eshu, que participa, igualmente, de atividades maléficas ou benfazejas. É relacionado a São Ezequiel ou São Gabriel, sendo celebrado a 17 de janeiro ou 19 de abril.
3. O guardião das portas e porteiras, que trabalha com uma espada, violento e irascível, é Ologba, Olopelophon, Oromelay, Olomené ou Oloremay.

4.  Ajajá ou Ayakbea é ao mesmo tempo caçador e divindade do mar.
5.  Adoweh, Ahmeeoh, Airecahsan ou Airrelay, relacionado a São Benedito e São Miguel, assim como Obalophon ou Abalophon, veste branco ou bege e reveste-se de características e gostos semelhantes aos da divindade maior, Elephon. Quando se manifesta em um fiel, deve ser coberto com uma manta branca, aspergindo-se óleo e água de colônia a seus pés.
6.  Emanjah ou Amanjah é a senhora do rio, sempre vestida de branco e azul. É a enfermeira e a professora das crianças.
7.  Dono do trovão e do raio, Shango veste-se de vermelho e amarelo, trabalha com um chicote e dança sobre brasas. Manifesta-se sob as formas de Abakuso, Guroon e Saja.
8.  Senhora do oceano, serena e tranquila, Girebete ou Demorlé trabalha com um remo ou um machado alado e é associada a Santana e Santa Filomena.
9.  Deusa do vento e da chuva, de temperamento ardente, trabalhando com uma cabaça e uma taça, Oyá é sincretizada com Santa Catarina e Santa Rosa.
10. Beji ou Belelé são os gêmeos divinizados, associados aos santos católicos São Pedro, São Rafael e São Benedito.
11. Osain é o dono do fogo, ao qual se sacrificam tartarugas e galos e oferecem-se mingau branco e arroz sem sal. Suas cores são o amarelo, o vermelho e o castanho; relaciona-se a São Francisco e é chamado a curar certos tipos de enfermidades.
12. Mahadoo ou Mamalatai, a senhora da Terra, recebe como oferendas cabrita, galinha, vinho, caramelos e bolos. Suas cores são castanho e branco; em sua manifestação, trabalha e escreve com uma pequena lâmina de aparar penas.
13. Erale é divindade da caça e dos rios. Associa-se aos heróis bíblicos Moisés e Jonas.
14. Sakpana ou Sopona é o encarregado de controlar os espíritos diabólicos. Trabalha com uma vassoura chamada chay-chay.

## V – Os shouters
1.  O culto dos shouters mescla práticas protestantes com outras da tradição africana.

2. O templo deverá ostentar um poste central; seu corpo sacerdotal compreenderá toda uma hierarquia especializada: pregadores, que interpretam a Bíblia; senhores, que interpretam os sonhos dos fiéis; líderes, que batizam; profetas, que predizem o futuro; e enfermeiras, destinadas a cuidar das divindades incorporadas. A sacerdotisa será sempre chamada de "mother", mãe.
3. O ingresso na seita é feito por meio de iniciação processada na mata. O iniciado recebe um "poder" que se expressa no uso de um objeto litúrgico e o ritual público compreende danças, ao redor do poste central, que culminam com a manifestação do "Espírito Santo" e de outras divindades no corpo dos fiéis preparados para tal.
4. Em alguns casos, os cultos poderão ser familiares, as divindades sendo invocadas na própria casa da família para responder a algum pedido de saúde, desenvolvimento ou solução de problemas.

**VI – O transe entre os shouters**
1. Durante o transe, o shouter incorporará os atributos da divindade que recebe, adotando comportamento peculiar.
2. Ao manifestar-se a entidade, deve-se ungir a cabeça do médium com azeite doce, para que fiquem nela o poder e a graça da divindade que se manifestou.
3. Então, o médium dançará ao som do chamado de sua entidade, mas não cairá no chão, como na primeira vez em que o transe ocorreu.

## Capítulo 5    Os africanos nos Estados Unidos

**I – Introdução**
1. Nas primitivas colônias inglesas que constituíram os Estados Unidos, os primeiros escravos negros desembarcaram na Virgínia em 1619, procedentes das Antilhas. A mão-de-obra escrava serviu principalmente

às grandes fazendas do sul, nas quais, em 1760 trabalhavam cerca de 90 mil negros, o dobro da população branca.
2. Quinze anos depois, estourava a guerra pela independência, declarada em 1776 e reconhecida pela Inglaterra na década seguinte. Com a independência, as fazendas do sul tiveram acrescida sua população escrava. E, nos estados do norte e do noroeste, o avanço da industrialização motivou um grande surto de progresso.
3. Após a Revolução Haitiana, o vodu chegou também ao sul dos estados Unidos, principalmente a Louisiana. A partir dos anos de 1950, chegava também a santería afro-cubana.

**II – Protestantismo negro – Origens**
1. Os primeiros escravos africanos levados para as colônias inglesas na América eram considerados seres irracionais, meros animais de carga. Daí ninguém inicialmente pensar em convertê-los à fé cristã. Entretanto, suas práticas espiritualistas, tidas como feitiçaria e, portanto, perigosas, foram sempre temidas e consequentemente alvo de forte repressão.
2. Com o convívio e o passar do tempo, os religiosos americanos foram percebendo o potencial emocional dos negros e vendo neles elementos passíveis de conversao ao cristianismo.
3. Mas enquanto isso não acontecia, a reação da maior parte dos africanos escravizados foi a de tentar adorar suas divindades em segredo, abandonando ou efetuando clandestinamente as práticas mais espetaculares e praticando apenas os rituais íntimos e cotidianos.
4. Entretanto, como na guerra que levara à sua escravização na África e culminara com o trabalho forçado no Novo Continente, eles eram os derrotados; e como, por tradição, sempre devotavam respeito pelos deuses dos vencedores – reconhecendo a força vital que emanavam –, esses escravos resolveram tomar o Deus dos senhores brancos também para si, ao seu modo.
5. Foi assim que muitas práticas africanas conservaram-se, misturando-se com a religiosidade cristã, como o uso de talismãs, raízes, ervas, provérbios, além de tabus e de modos de interpretação de sonhos.

6. No novo ambiente, o grupo de trabalho, sob o poder do dono da fazenda, substituía o clã e a tribo.
7. E os conhecedores das ervas medicinais, das fórmulas ritualísticas, das práticas de adivinhação, do conjuro dos malefícios, substituíam médicos, juízes e sacerdotes. Quase sempre conhecendo os Evangelhos e interpretando-os à luz da Verdade de seu povo, foram esses líderes que criaram, no século XVIII, as "Igrejas Etiópicas".

## III – Reinterpretação do Evangelho

1. Então, os pastores, muitos deles escravos, pregaram aos seus irmãos de infortúnio: "Assim como os filhos de Israel foram escravizados no Egito e libertados por Moisés, os filhos da África também terão um dia o seu Libertador".
2. "Da mesma forma que esses mesmos foram novamente cativos na Babilônia, os Espíritos dos Apóstolos mostrarão o caminho da Salvação, através deste rio Mississippi, que é o nosso rio Jordão e cujas águas nos levarão à nova Canaã, onde não há escravidão"
3. "Aqui na Terra, a vida é cheia de pesares e dificuldades, de provações e tribulações. Mas logo à nossa frente desdobra-se a perspectiva da terra da promissão".

## IV – Batismo

1. Para renascer espiritualmente, o fiel precisa ser batizado. Mas a água tem que ser viva, ou seja, livre, corrente, do rio ou do mar.
2. Após o batismo, o novo adepto tem de ser recolhido, afastado da comunidade, para experimentar o contato divino.
3. Esse recolhimento não é um castigo e sim um rito de passagem no qual o neófito deve ficar deitado, de olhos vendados e recluso num quarto próximo ao templo, por vários dias, às vezes até três semanas. Durante essa reclusão, o iniciando descobrirá seus dons, por exemplo, como curador, ou orador.
4. Na festa de júbilo pela iniciação serão servidas comidas e bebidas. Água

com flores será aspergida. Bandeiras, especialmente vermelhas, verdes e amarelas, cores da Etiópia (símbolo da Terra Prometida), enfeitarão o salão. Símbolos serão riscados no chão com giz. Azeite de oliva ungirá o poste central, no meio do salão, encimado por dois discos giratórios: um com velas acesas; outro com pequenas bandeiras.
5. As velas serão acesas e incensos queimados. Os sermões, pontuados por tilintar de sinos, serão lidos. Tradicionais hinos serão entoados ao som de tambor e pandeiro.

## V – O culto e a música

1. O serviço de culto pode estender-se por três ou quatro horas, sempre com muita música.
2. As canções serão sempre de duas categorias básicas: hinos e refrões.
3. Os hinos serão aqueles dos hinários tradicionais com possíveis inclusões de breques entre uma frase melódica e outra.
4. Os refrões, da tradição oral, terão sempre ritmo bem marcado e serão acompanhados por pandeiros.
5. Durante um extenso período de retiro no quarto de recolhimento, aprendendo sobre a igreja e seu lugar nela, todo irmão adquire um instrumental espiritual.
6. Da mesma forma que o recolhimento, a música e seu ritmo também têm o poder de elevar a alma a altos planos espirituais.
7. Através do som dos instrumentos, os fiéis podem, individualmente, viajar aos altos planos e às verdes paragens.
8. Por isso, os cânticos serão sempre acompanhados por dois tambores, um baixo fazendo a marcação e outro tocado com baquetas, executando as variações de ritmo e podendo eventualmente ser substituído por um pandeiro.

## VI – Dança

1. Ao término de uma reunião formal, os bancos serão sempre empurrados para trás e encostados na parede. Todos, moços e velhos, homens e

mulheres, ficarão de pé no meio da sala. Então, quando o "sperichil" (spiritual) começar a ser tocado, o grupo vai formar a roda, andando em fila indiana, arrastando os pés, no ritmo lento da música.
2. Os pés mal se levantarão do chão. Mas, de repente, um movimento brusco poderá sacudir um, outro e mais outro irmão. E aí, o ritmo cada vez mais se acelerando, a roda dançará, cantará e baterá palmas, em louvor ao Senhor...
3. Em geral, os melhores cantores, além dos mais cansados, ficarão fora da roda, a um canto da sala. Caberá a eles animar o canto e a dança, cantando e ritmando com palmas e com os pés.
4. Nas reuniões revivalistas, as pessoas são, comumente, tomadas de convulsões mais fortes; e, se tentam resistir, ficam muito perturbadas, o olhar no alto, como que fixado no invisível, perdidos para o mundo cá embaixo.

## VII – Sacerdócio e liturgia

1. Para ser um sacerdote ou pastor, ninguém precisa formar-se em teologia: basta ter uma revelação ou ser chamado, principalmente por meio de uma visão ou de um sonho.
2. O pastor típico é um peregrino que viaja pelo deserto, carregado dos pecados do mundo, mas desfrutando do espetáculo da Terra da Promissão, que está do outro lado do Jordão. Ao chegar lá, poderá depositar o seu fardo: todos os seus males terão findado.
3. A conversão por meio da imersão na água é também um tributo aos influentes espíritos que nela habitam. E a música é um poderoso agente de aproximação do ser humano com os espíritos.
4. Foi por meio do movimento revivalista dos antigos metodistas que o cristianismo dirigido diretamente aos escravos transformou-se num ritual africano.

## VIII – Revivalismo – Transe

1. O revivalismo é um encontro ou uma série deles, realizados com o propósito de reavivar a fé religiosa.

2. Nas reuniões revivalistas, a posse pelo Espírito Santo pode ocorrer durante a interpretação de um hino ou de um sermão em que se invoque esse alto Poder.
3. Mas a descida natural do Espírito só tem lugar durante o canto do hino das "Trombetas". Nesse momento, o solitário toque do tambor acelera-se dramaticamente, a mudança de ritmo é acompanhada do bater de palmas e o canto em fervor crescente tem como contraponto exclamações de júbilo e agradecimento.
4. O júbilo de velhos santos, os gritos dos neófitos, os clamores dos aflitos que pedem misericórdia poderão fazer as reuniões prolongarem-se por toda a noite.
5. Nos acampamentos revivalistas, é à noite que o fervor costuma alcançar sua máxima intensidade. Ao clarão das fogueiras que rodeiam o campo, os pregadores irão por entre a turba exortando os pecadores a arrependerem-se para escapar ao fogo do Inferno.
6. O canto se avolumará, transformando-se em portentoso rugido, para que os brados abalem a Terra. Homens e mulheres se sacudirão, saltarão ou rolarão pelo chão até que desmaiem e tenham de ser carregados. Entre soluços, gemidos e gritos, homens e mulheres apertarão as mãos uns dos outros e darão vazão a todas as suas frustrações e emoções com grandes transportes vocais que culminarão no êxtase do canto.
7. O pregador se agitará à medida que as palavras jorrem de seus lábios e, por força de sua eloquência, atinjam os fiéis. Estes, assim, gemerão e se agitarão. Então, o Espírito do Senhor descerá e possuirá o devoto, enchendo-o de uma alegria sobrenatural.
8. Quando, durante um culto, as "Trombetas" forem cantadas, uma simples linha melódica deverá ser repetida indefinidamente, para que a congregação agite-se, balançando-se de um lado para outro.
9. Se algum iniciando, dançando de olhos fechados, começar a tremer, uma sacerdotisa o protegerá com sua estola, para que ele não caia. Ele será posto a rodar num sentido, depois no outro. Nesse momento, alguns fiéis, incorporados, poderão falar línguas estranhas, o que é absolutamente normal. Mas se algum espírito maléfico manifestar-se, ele deverá ser expulso com severidade e firmeza.

# Capítulo 6   Spiritual Churches*

**I – Negros e índios**

1. Ao tempo da escravidão, no sul dos Estados Unidos, principalmente na região do Mississippi, os negros mantiveram estreitos laços de amizade e cooperação com os índios. Os líderes e ritualistas de ambas as partes intercambiaram riquíssimas experiências. Os índios não só ensinaram aos negros os segredos da flora local, suas propriedades alimentícias, mágicas e curativas como também os tomaram como irmãos na luta contra o inimigo comum.
2. Os índios eram respeitados pelos negros por sua tenaz resistência à escravização. E havia uma natural e progressiva ligação entre os respectivos conhecimentos espirituais e artes curativas.
3. Muitas nações indígenas incorporaram negros fugidos às suas comunidades. Em 1730, por exemplo, quando os conflitos de terra entre os colonos franceses e os índios Natchez fizeram eclodir uma guerra sangrenta, um grande número de escravos fugitivos lutou ao lado dos indígenas em uma malfadada resistência, visando salvar as terras sagradas das montanhas Natchez. Mas os donos da terra foram aniquilados e reduzidos à escravidão, junto com seus amigos negros.
4. A história norte-americana registra inúmeros outros casos de nações indígenas que deram asilo a escravizados em fuga. Os do grupo Seminole, da Flórida, foram célebres aliados dos negros. As guerras contra eles tiveram como pretexto tentativas da cavalaria dos Estados Unidos de recuperar escravos fugidos, protegidos pelo cacique Osceola.
5. A primeira Spiritual Church da região de New Orleans foi criada em 1920 por Mother Leaf Anderson, de origem afro-indígena, meio negra e meio Mohawk, vinda de Chicago, onde fora cantora lírica.

**II – Fundamentos**

1. As Divine Spiritual Churches são a face religiosa dessas antigas alianças. Elas se baseiam em tradições do culto aos espíritos nativos africanos e de suas

resultantes americanas, como o vodu, fundidas com crenças ameríndias, do cristianismo fundamental, do catolicismo antigo e de tradições religiosas de outras origens.
2. Os membros das Spiritual Churches devem ajudar-se uns aos outros, tanto econômica quanto espiritualmente.
3. Nas Spiritual Churches tudo deve ser espontâneo. Tudo o que vem de dentro da pessoa é legítimo. Quando se sente vontade de dançar, deve-se dançar. Vontade de gritar, deve-se gritar. Quando se sente a visita do espírito, deve-se fazer o que achar que deve, não havendo nenhum problema. Recebendo um espírito, a pessoa estará mais perto de Deus e irá mais fundo em seus mistérios.

### III – O templo e o culto

1. As igrejas devem ser dotadas de altares bem organizados, tendo à frente um tanque para batismo, construído ou colocado abaixo do nível do piso, com um amplo espelho posicionado acima, de modo que toda a congregação possa testemunhar os batismos sem sair de seus lugares. Também, por meio desse espelho, os maus espíritos poderão ser detectados e expulsos.
2. Nos altares estarão dispostos os paramentos litúrgicos bem como imagens dos espíritos guias e peças de adorno. Neles, também, serão encontrados água benta, alimentos finos, flores, perfumes, incensos e candelabros com velas votivas.
3. A ordem dos trabalhos pode variar de acordo com o que dispuser o pastor, cujos poderes pessoais imprimirão o caráter e a organização de sua comunidade religiosa, a qual poderá manter médiuns curadores e evangelizadores trabalhando fora da Igreja, dando atendimento aos necessitados, onde quer que eles se encontrem.

### IV – Comunicação com os espíritos

1. Como ensinava Mother Anderson, grande líder espiritual na Louisiana, o espírito retorna: os entes queridos voltam para guiar seus descendentes.

Quando se ouve uma voz interior dizendo o que se deve fazer, essa voz é do espírito guia. E deve-se prestar atenção ao que Ele quer dizer.
2. Os guias de Mother Anderson foram Rainha Ester, os caciques Falcão Branco e Falcão Negro, patrono da paz e da justiça, e Padre Jones. Outros guias fortes e grandes mestres são Touro Sentado e John, o Revelador.
3. A comunicação com os espíritos guias pode ser estabelecida por meio de um médium ou da oração. Desse modo, aqueles que transmitem mais verdade e inspiração tornam-se parte integrante do subconsciente das pessoas, podendo falar de dentro ou do além. Por meio dos médiuns, tem-se acesso ao mundo espiritual e à mão curadora de Deus.
4. A exteriorização de uma consciência sobrenatural é comum. A existência de uma outra espécie de mundo onde líderes especialmente abençoados têm acesso a visões ou se tornam, afinal, possíveis veículos do poder divino, é a extensão natural do conceito de espírito. Num contexto apropriado, esses fatos estabelecem um outro tipo de sentido, que vai além das leis naturais deste mundo.
5. O guia John, o Revelador, foi o único que viu Jesus como aquele que poderia retirar os selos e abrir o livro da vida, para que se possa ter direito à vida eterna.

## V – Profecia e cura

1. Nem todo médium é um profeta. O dom da profecia é algo que provém da força divina do espírito. Pode-se perceber o espírito e o espírito dirá quem somos, de onde viemos e se são boas nossas intenções.
2. Muitas pessoas buscam a cura, porém, só serão curadas se tiverem fé.
3. Às vezes, um corpo está doente e os médicos não conseguem achar a causa. Mas Deus pode alcançar o motivo da queixa.

## VI – O Templo do Sangue Inocente

1. O Temple of Innocent Blood (Templo do Sangue Inocente) é uma organização espiritualista fundada em New Orleans, LA, nos Estados Unidos, em 1922, por Mother (Mãe) Catherine Seals, falecida em 1930.

2. Associa elementos de cultos africanos, práticas e invocações do Velho Testamento, como as feitas a Jeová, o Deus Supremo, e adoração de santos católicos, como São Benedito e São Miguel Arcanjo.
3. A sucessora de Mother Catherine foi Mother Rita, ainda ativa nos anos 1980.

## Capítulo 7   Nação do Islã

### I – O inimigo comum

1. "Não há outro Deus que não Alá! Ele não tem igual! A Alá cabe todo louvor e autoridade! O bem emana d'Ele e só Ele tem poder sobre todas as coisas!" Assim reza o Corão.
2. Baseado nesses princípios, em 1930, Fard Muhammad criou a Nação do Islã, para que ela se tornasse uma trincheira na luta pela redenção do homem africano na América.
3. A Fard Muhammad sucedeu Elijah Muhammad, dito "o Mensageiro", "o Pequeno Cordeiro". E, depois dele, veio Abdul Farrakhan.
4. Para seus seguidores, a Nação do Islã, cujos membros são conhecidos como Black Muslims, é a única sociedade que pode erradicar o problema racial da sociedade americana. Segundo eles, se os racistas brancos pudessem aceitar a Unidade de Deus, talvez pudessem também aceitar a Unidade do Homem e deixar de avaliar as pessoas por suas diferenças físicas.
5. A Nação do Islã acredita que os africanos da América, são, neste Planeta, o único grupo de pessoas que permanece ignorante sobre si mesmo, sobre suas origens, sobre sua verdadeira história, sobre seu maior inimigo.
6. Mas os membros da Nação do Islã não se consideram "negros" – porque, segundo eles, não existe nenhuma raça de "negros" – e, sim, membros da grande nação asiática, da tribo de Shabbaz. "Negro", para eles, é um rótulo falso, baseado em apenas uma das aparências epidérmicas.
7. "Mais do que as várias gradações de nossas peles e da tessitura de nossos

cabelos" – dizem os chamados Black Muslims –, "nós temos uma origem comum e um grande inimigo comum também".
8. "Quando todos nós reconhecermos quem é esse inimigo" – dizia Malcolm X, depois Malik El-Shabbaz – "ele não poderá mais nos submeter a nenhuma lavagem cerebral; não mais poderá colocar uma venda diante de nossos olhos para que não vejamos que estamos vivendo o inferno nesta terra, enquanto ele vive no paraíso aqui nesta mesma terra".

## II – Malik El-Shabbaz

1. Nos anos de 1960, Malcolm Little, filho de um pastor batista, militante pelos direitos civis, torturado e morto pela Ku Klux Klan, transformou-se, de delinquente que era, em um dos líderes da Nação do Islã.
2. Por seu próprio exemplo pessoal, tornava-se a prova de que era possível a um negro pobre e envolvido com o crime sair da marginalidade e ocupar lugar de responsabilidade e destaque na sociedade.
3. Rejeitando seu sobrenome de origem inglesa, herdado do avô materno, derrogatório de sua identidade africana, passou a assinar-se "Malcolm X".
4. E, depois de uma peregrinação a Meca, como deve fazer todo muçulmano pelo menos uma vez na vida, adotou o nome de El-Hadj Malik El-Shabazz, que carregou até o fim da existência terrena.

## III – A lavagem cerebral

1. No século XIX, após a emancipação dos escravos e o período de reconstrução da sociedade americana, o racismo anti-negro organizou-se, principalmente nos estados do sul, por meio de duras leis segregacionistas.
2. Em algumas regiões, a separação entre negros e brancos era tão absoluta, que as crianças temiam os brancos como se fossem entes sobrenaturais, pois sabiam de sua existência e seu poder, mas não conheciam sua aparência física, pois jamais os viam.
3. Os pais dessas crianças, para educar seus filhos em uma sociedade que não os considerava seres humanos, muitas vezes os moldavam como se realmente fossem despidos de quaisquer atributos de humanidade.

4. A Nação do Islã, então, denuncia a lavagem cerebral de que teriam sido vítimas os africanos da América. Denuncia a destruição do passado africano na memória dos afro-descendentes, destroçando suas identidades. Denuncia a imposição de um Deus concebido à imagem dos brancos. Denuncia o temor incutido nos negros e mostra que o medo é o maior inimigo do ser humano.
5. "Os escravagistas trouxeram nossos ancestrais para a América e destruíram todo o nosso passado" – disse Elijah Muhammad. "Fizeram-nos esquecer nossa verdadeira língua. Apagaram de nossas mentes os nomes de nossa terra e de nosso povo. Por isso, a maioria de nós nada conhece de nossa verdadeira cultura. Nem mesmo sabemos o verdadeiro nome de nossas famílias. Usamos o nome do senhor de escravos que torturou e humilhou nossos ancestrais".
6. "Nossos tataravós, bisavós e avós trabalharam nos campos dele; cozinharam a comida da família dele; lavaram suas roupas" – falou Muhammad. "Nossas avós tomaram conta das mulheres e dos filhos dele, quando ele estava fora de casa, viajando. Em muitos casos elas até alimentaram os filhos dele em seus seios".
7. "O racismo que nos oprime e que se diz tão generoso; que financia até seus próprios inimigos, por que ele não financia um Estado separado, um território livre, para nós, netos e bisnetos de escravos e servos tão fiéis?" – Assim falou, um dia, Elijah Muhammad.

## IV – A reforma

1. "O racismo quer nos ver imorais, depravados e ignorantes" – disse Elijah Muhammad. "Enquanto muitos de nós permanecerem nessas condições, continuaremos a suplicar e o racismo nos controlará. Jamais poderemos conquistar liberdade, justiça e igualdade enquanto não estivermos fazendo algo por nós mesmos".
2. "Um inferno especial aqui na Terra é o da dependência química das drogas" – proclamam os Black Muslims. "Por isso a Nação do Islã estará sempre desenvolvendo um programa especial para combater essa praga".

3. "Todo viciado droga-se para fugir de alguma coisa. Mas o africano americano que se droga está apenas fornecendo elementos ao branco para acreditar e alardear que nenhum de nós vale nada" – ensina a Nação do Islã.
4. "Para tanto, primeiro, o viciado será levado a admitir para si mesmo que é um viciado. Depois, ser-lhe-á explicado porque ele consome tóxicos. Mais tarde, ser-lhe-á mostrado que há um meio para romper os grilhões do vício. Depois então, a auto-estima do viciado será reconstruída até ele compreender que dispõe de forças para vencer o vício. Como passo seguinte, ele se submeterá voluntariamente a um tratamento de choque, com a brusca suspensão das drogas, auxiliado por medicamentos. Finalmente curado, ele trabalhará para a recuperação de outros viciados que conhece". – Assim estabeleceram os Black Muslims.

## V – A pior morte
1. Dizem mais os Black Muslims: "O racismo nos ensinou a esperar por algum vago paraíso na outra vida, depois que estivermos mortos".
2. "Onde quer que nos encontremos, a morte nos alcançará, ainda que nos abriguemos em fortalezas inexpugnáveis. Mas a pior morte é essa a que o medo e a ignorância nos condenam".
3. "A maioria dos africanos na América está mentalmente morta. Mas a Nação do Islã veio para nos ressuscitar dessa morte".
4. "A Nação do Islã é o símbolo da reforma mental, moral e espiritual dos pretos da América. Pertencer à Nação do Islã é crer que não existe outro Deus que não Alá e que Maomé é seu maior profeta" – estabelece a doutrina islâmica dos negros americanos.

## VI – Mandamentos da Nação do Islã
1. "Nenhum membro da Nação do Islã usará os sobrenomes dos proprietários de seus ancestrais escravizados. Eles nada significam. Então, até que o fiel receba um nome islâmico, seu sobrenome será substituído por um "X".
2. "O muçulmano não beberá álcool e não cometerá adultério, sob pena de ser banido da Nação do Islã por cinco anos. E deverá, sempre que possível,

vestir-se em estilo não ocidental e usar a língua árabe nos cumprimentos e saudações".
3. "O membro da Nação do Islã será punido se mentir, jogar, trapacear ou fumar. Para quem prevaricar ou praticar adultério, a pena será de um a cinco anos de isolamento ou expulsão. A pena para os ministros será sempre mais severa do que para os fiéis".
4. "O homem africano da América exige respeito, que só pode ser conseguido se primeiro respeitar suas próprias mulheres. Precisa levantar-se e livrar-se das fraquezas impostas pelo senhor de escravos. O africano da América precisa hoje começar a defender, proteger e respeitar as suas mulheres negras".
5. "A música e a dança fazem parte das estratégias que o racismo usa para alienar e dominar. Então, o membro da Nação do Islã não dançará nem cantará".
6. "O membro da Nação do Islã desenvolverá seu autoaprimoramento e o de sua família, frequentando seminários e cursos mantidos pela organização".
7. "Os chefes de família deverão ser bons maridos e excelentes provedores. Mesmo tendo de trabalhar para patrões brancos racistas, o membro da Nação manterá a altivez e a consciência de sua superioridade".
8. "Para se proteger, a si, sua mente e seu corpo, a mulher muçulmana deve deixar à mostra somente as mãos e o rosto. Não deverá usar roupas masculinas ou masculinizadas, da mesma forma que o homem só usará trajes apropriados à sua condição".
9. "A mulher muçulmana deve se vestir de modo que se possa identificar facilmente sua opção religiosa. Entretanto, diante da sociedade externa, para não ser desqualificada em termos de emprego ou promoção, por exemplo, ela poderá usar o véu somente durante as cerimônias no musallah, a casa de Alá".
10. "O muçulmano não deverá contar com nenhuma promessa de felicidade no paraíso, devendo, portanto, lutar para ser feliz aqui e agora".
11. "Para tanto, deverá rezar as cinco orações diárias, com a cabeça devidamente coberta".

12. "Alá planejou um mundo onde os negros terão ao seu lado uma legião de grandes irmãos. O islamismo é uma religião digna para o povo negro, pois dá a ele uma voz e um meio de se expressar publicamente". – Assim falaram Fard Muhammad, Elijah Muhammad e seus seguidores."

## Capítulo 8   Vodu e Santería

**I – Origens caribenhas**
1. O vodu chegou à Louisiana, então território francês, no século XVIII, com negros provenientes de Martinica, Guadalupe e Saint Domingue, depois Haiti. Seus primeiros cultores eram principalmente mulatos livres.
2. As sacerdotisas-chefes, encarregadas de presidir as cerimônias e as danças rituais, ao som de tambores, além de desempenharem tarefas de cura, adivinhação e aconselhamento, recebem, desde aquele tempo, o tratamento de "rainha".
3. Os rituais do vodu em New Orleans, por força de suas origens, têm como epicentro o culto à serpente, relacionado a tradições religiosas daomeanas.

**II – Marie Laveau e Malvina Latour**
1. Marie Laveau foi a mais célebre rainha do vodu em New Orleans. Mulata livre, nasceu na cidade em 1794; em 1819, casou-se com o carpinteiro Jacques Paris; em torno de 1826, uniu-se ao capitão Christophe Duminy Glapion, também homem de cor e livre, com o qual teve 15 filhos.
2. Por volta de 1829, trabalhava como cabeleireira para senhoras da elite de New Orleans, tornando-se popular entre elas por seus poderes paranormais. Em 1855, ficou viúva de Glapion, falecendo, finalmente em 1881.
3. Sob o mesmo nome, Marie Laveau, foi conhecida sua filha, falecida em 1897, aos 62 anos de idade. Assim, o túmulo no cemitério St. Louis I, onde os adeptos do vodu sempre renderam homenagens a Marie Laveau, não é efetivamente o dela, que foi enterrada no St. Louis II.

4.  Outra importante rainha foi Malvina Latour, nascida por volta de 1836. Segundo um assistente da cerimônia de vodu por ela presidida na noite de São João, 24 de junho de 1884, Malvina era uma vibrante mulata que tinha uma figura extremamente elegante e digna e revelava uma aparência denotativa de organização e inteligência. Usava frequentemente uma impecável túnica azul com bordados brancos e um turbante graciosamente arranjado.

### III – A diáspora afro-cubana

1.  Em 1938, a coreógrafa e pesquisadora afro-americana Katherine Dunham, visitando Cuba, iniciou-se na religião dos orixás. Com o objetivo de manter em sua companhia de dança um pólo irradiador da diáspora africana, incorporou às suas produções o saber de pesquisadores da cultura e da arte afro-cubana.
2.  Depois, em 1952, não encontrando atabaquistas para sua companhia, Dunham voltou a Cuba e recrutou os olubatás, músicos rituais, Julito Collazo e Francisco Aguabella.
3.  Collazo se tornaria um dos membros pioneiros de uma pequena comunidade de adeptos que foram o veículo da introdução do culto aos orixás na cidade de Nova York.
4.  A partir de 1959, a comunidade de exilados cubanos em Miami foi responsável pela grande expansão da tradição dos orixás em território norte-americano.

## Capítulo 9  A Filosofia Kemética

### I – Conceituação.

1.  "Filosofia Kemética" é expressão que designa o corpo de conhecimentos oriundo do antigo Egito, país chamado *Kemet* ou *Kemit* na época pré-helênica. Difundida principalmente por cientistas e filósofos africanos e

afro-americanos contemporâneos, como Molefi Kete Asante e Maulana Karenga, entre outros, esse corpo de saberes, conhecido a partir do sábio Imhotep (c. 2700 a.C.), comprova a anterioridade da filosofia kemética sobre os cânones que nortearam algumas das mais importantes religiões mundiais. Tais foram os casos do cristianismo e do islamismo e, certamente, das religiões da chamada "África Negra", porção do planeta e complexo etnocultural do qual o antigo Egito foi parte integrante, como prova, sobretudo, a obra de Cheikh Anta Diop.

## II – O Egito Negro.

1. Muitas testemunhas oculares afirmaram que os egípcios da Antiguidade eram negros. Heródoto, historiador grego do século V a.C., em diversas ocasiões, insistiu em afirmar a aparência negra dos nativos do Egito.
2. Além dele, dois outros gregos, o filósofo Aristóteles, cerca de um seculo antes, e o historiador Diodoro da Cecilia, já no último século anterior à Era Cristã, testemunharam a evidencia de que os antigos egípcios eram negros e não mestiços ou brancos de pele amorenada. Heródoto pensou que os cólquidos, povo do sudoeste asiático, por terem pela negra e cabelos lanosos, crespos, fossem egipcios; e Aristóteles, em sua obra Physiognomica, escreveu que a cor preta marcava os covardes, como comprovavam os egípcios e etíopes (Asante e Abarry, 2006, p. 3-4).
3. Segundo a Bíblia, nos tempos primordiais, o Egito foi habitado pelos descendentes de Cam, tido como ancestral dos povos negros. E os egipcios chamavam seu país de *Kemet* ou *Kemit*, palavra traduzida na língua egípcia como "negro", e que provém do nome desse ancestral.
4. A história do Egito mostra que a mestiçagem da população original do país com pessoas vindas de fora, como mercadores ou conquistadores, do período do domínio persa ao greco-romano, foi transformando cada vez mais a aparência da população, à medida que aproximava o fim do Egito faraônico.
5. Então, a história da África compreende tanto a história da Etiópia quanto a do Egito. Observando essa conexão, percebemos que o legendário Império

do Gana surgiu no interior do continente no momento do declínio do Egito da mesma forma que, no Ocidente, os grandes impérios floresceram com o declínio de Roma. Isto posto, o antigo Egito está para a África como a Grécia está para a Europa.
6. Assim escreveu Cheikh Anta Diop ( 1979, p.35-47).

## Capítulo 9 – Maat.

1. Entre os egípcios antigos, Maat, ao mesmo tempo filha e mãe de Áton ou Amon-Ra, era a deusa da justiça e da verdade; e a personificação da ordem cósmica. Reunindo esses predicados, vemos que, na verdade, Maat era um princípio sacralizado na figura de uma divindade feminina.
2. O objetivo dos adeptos e seguidores da Filosofia Kemética é a manutenção do princípio Maat, concentrado nos conceitos de ordem, equilíbrio, harmonia, justiça, retidão e reciprocidade, fundamentais para o bem-estar comum.
3. A essência de Maat é a manutenção da Força Vital, tanto na vida terrena quanto na outra vida. Pois a Morte é apenas o caminho entre as duas dimensoes da Existência. Assim, viver Maat é vivenciar a existencia terrena, o *ankh mdw* dos antigos egípcios, observando as condições fundamentais.
4. Este é o grande caminho para o *ankh neheh*, a vida eterna. E é o único meio para se alcançar o grande objetivo da vitória contra o Mal, o qual era considerado também um aspecto da Existência, que apenas deveria ser harmonizado para tornar-se um caminho em direção ao Bem.
5. A grande força de Maat é a palavra viva, o verbo atuante. Assim, a palavra jamais deve ser vista ou sentida como um artefato morto ou uma abstração sem vida. A palavra é ativa, dinâmica, em todos os momentos e circunstâncias da existência humana, tanto no trabalho e no lazer, quanto nos momentos de reflexão do ser humano com sua consciência ou diante do Sagrado.

6. Deste modo, o adepto ou seguidor do princípio Maat naturalmente começa cada dia reconhecendo seu pertencimento ao mundo em que vive e buscando o melhor modo de criar efetivas condições de justiça, integridade, retidão, equilíbrio e trocas benéficas, reciprocidade, enfim. E Maat é que ajusta o alcance da visão, organiza o pensamento e governa as ações de quem procura o caminho.
7. Entre os egípcios, Maat era a grande barreira que impedia os humanos de mergulhar e sucumbir no *Nun*, o Caos. Era uma muralha de respeito e honradez contra as forças destruidoras do desregramento e da desonra atuantes na outra dimensão da existência. Com Maat o indivíduo encontrava a real possibilidade de tornar heroica sua busca. Porque Maat, mais que uma ideia, é uma essência a ser absorvida.
8. Maat representa o equilíbrio graças ao qual o mundo não sucumbe; pois é a norma dentro da qual tudo deve seguir. Por isso, diversos povos africanos têm, em suas concepções filosóficas, elementos que remetem aos princípios de Maat. Entre os iorubás, o axé; e entre os axântis os conceitos de okra, sunsun etc. são exemplos vivos deste fundamento.
9. Assim disse, entre outros, Molefi Kete Asante (2000, p.118), fazendo eco às altas vozes de Imhotep, Kagemni, Merikare, Sehotepibre e outros sábios da Antiguidade egípcia.

\*\*

# Posfácio

Estigmatizadas como um corpo de crendices e superstições, as religiões africanas e afro-originadas pagam o preço de sua complexidade e de sua antiguidade. Complexidade que se traduz, por exemplo, na definição do termo "vodum", que os padres franceses Segurola e Rassinoux (Benin, 2000) entendem como "toda manifestação de uma força que não se pode definir, toda monstruosidade, tudo o que ultrapassa a imaginação ou a inteligência, ou seja, toda coisa misteriosa e que reclama um culto".

No continente africano, o primeiro panteão de divindades e a criação dos primeiros templos é atribuída aos egípcios. Entretanto, esses mesmos egípcios consideravam o coração do continente, notadamente a Núbia e a Etiópia, a terra sagrada de onde tinham vindo seus ancestrais. E, levando em conta que o saber e o espírito egípcios são anteriores às civilizações judaica, greco-latina e árabe, afirmamos, sem medo de errar, que o pensamento do antigo Egito, enraizado na África profunda, foi a matriz de pelo menos três das principais religiões mundiais.

Os ventos históricos, entretanto, encarregaram-se de desenhar outros contornos. E, hoje, o culto aos antepassados, tendo por símbolo principal o fogo em torno do qual se reunia o grupo, dando origem à família e as primeiras leis, é apenas uma referência arcaica.

Felizes, entretanto, aqueles que, no mundo conturbado de hoje, conseguem recriar no seu cotidiano essas referências. E isto, intercambiando força vital com sua ancestralidade e com o Universo no qual se inserem; rejeitando não só a magia ofensiva, por seu caráter intrinsecamente negativo e destruidor, como qualquer outro agente de destruição; e servindo-se daquelas práticas que, por só emanarem coisas boas (mesmo tidas como antiquadas ou simplórias), são sempre vetores de saúde, paz, equilíbrio e desenvolvimento.

# Guia de leitura

## Novo Legado:

Livro 6, Cap. 2, O culto aos orixás – Ver Antigo Legado, Livro 2 (Mina), Cap. 1 a 9;
Idem, Cap. 3, A mina e os cultos jejes – Idem (Mina), Cap. 9 a 13;
Idem, Cap. 4, O culto malê – Idem, Livro 3 (Takrur e Senegâmbia), Cap. 1 a 6;
Idem, Cap. 5, Angola – Idem, Livro 1 (Congo), Cap. 1 a 4;
Idem, Cap. 7, A cabula e o omolocô – Idem, ibidem;
Livro 7, Cap. 3, A Regla de Ocha – Ver Antigo Legado, Livro 2 (Mina), Cap. 1 a 9;
Idem, Cap. 4, Mayombe – Idem, Livro 1 (Congo), Cap. 1 a 4;
Idem, Cap. 5, Abakuá – Idem, Livro 2 (Mina), Cap. 16;
Idem, Cap. 6, Arará – Idem, Livro 2 (Mina), Cap. 10 a 13;
Idem, Cap. 8, Palenque de San Basílio – Idem, Livro 1 (Congo), Cap. 1 a 4;
Livro 8, Cap. 2, Vodu – Idem, Livro 2 (Mina), Cap. 10 a 13; Livro 1 (Congo), Cap. 1 a 4;
Livro 9, Cap. 1, Maroons – Idem, Livro 2 (Mina), Cap. 14 a 15;
Idem, Cap. 3, Kumina e Rastafari – Idem, Livro 2 (Mina), Cap. 14 a 15; Livro 4 (Etiópia);
Idem, Cap. 4, Shango Cult e Shouters – Ver Antigo Legado, Livro 2 (Mina), Cap. 1 a 9;
Idem, Cap. 6, Spiritual Churches – Idem, Livro 4 (Etiópia);
Idem, Cap. 7, Nação do Islã – Idem, Livro 3 (Takrur e Senegâmbia), Cap. 1 a 6;
Idem, Cap. 8, Vodu e Santería – Idem, Livro 2 (Mina), Cap. 10 a 13; Cap. 1 a 9.

## Elucidário

Nominata de pensadores africanos citados.

ALADJI, Victor – Romancista togolês, autor de *Akossiwa, mon amour* (1971), *L'equilibrité* (1972) e *La voix de l'ombre* (1985).

AKINJOGBIN, Isaac Adeagbo – Professor emérito do Departamento de História da Obafemi Awolowo University, de Ile-Ifé, Nigéria. PhD em História Política e Cultural da África Ocidental.

BALOGUN, Ola – Diretor cinematográfico e escritor nigeriano, ex-consultor da Unesco na área de cinema.

BUAKASA, Tulu kia Mpansu – Sociólogo zairense nascido em 1937, professor na Universidade de Kinshasa, autor de obras sobre crenças de povos africanos, notadamente os da região do Baixo-Zaire. É autor de "Croyances et conaissances", artigo publicado em *Racines bantu* (orgs. Th. Obenga e S. Souindoula), Libreville, Ciciba, 1991.

DIOP, Cheikh Anta – Antropólogo e físico senegalês nascido em 1923 e falecido em 1986, foi um dos artífices principais do renascimento da historiografia africana. Professor de Egiptologia da Universidade de Dacar, fundador e diretor do Laboratório de Radiocarbono e Medição de Radioatividades Fracas do Instituto Fundamental da África Negra, foi um dos membros mais atuantes do Comitê Científico Internacional para redação da História Geral da África em oito volumes, publicada sob os auspícios da Unesco.

HAMPATE BÂ, Amadou – Escritor, historiador e filósofo malinês nascido em 1899 e falecido em 1991. Trabalhando pelo reconhecimento internacional das culturas orais africanas, deu a púbico alguns dos mais belos textos dessas culturas. Legou à posteridade monumental acervo sobre essas tradições, hoje reunido no Fundo que leva seu nome, sediado em Paris.

KAGAME, Aléxis – Sacerdote católico ruandense nascido em 1912 e falecido em 1981. É autor, entre outras inúmeras obras, de *La philosophie bantu comparée*, Paris, Présence Africaine-Unesco, 1976, sendo considerado o iniciador do comparativismo banto no plano da cultura.

MBABI-KATANA, Solomon – Musicólogo ugandense, diretor de departamento na Universidade Makerere em Kampala e colaborador da Unesco.

MBITI, John Samuel – Sacerdote anglicano nascido no Quênia em 1931. Reconhecido como um dos renomados filósofos da religião no século XX, é autor, entre outras obras, de *Religions et philosophie africaine*, Yaoundé, CLE, 1972.

MULAGO, Vincent – Abade católico, escreveu, entre outras obras, *La religion traditionelle africaine* (Kinshasa: Bibliothèque du Centre d'Études des Religions Africaines, 1972) e *La religion traditionelle des Bantu et leur vision du monde* (Kinshasa: Presses Universitaires du Zaire, 1976).

MVENG, Engelbert – Jesuíta camaronês falecido em 1995, aos 65 anos, professor na Universidade de Iaundê, historiador e especialista em Estética Africana. Publicou "La symbolique dans l'art negro-africain", em *Racines Bantu*, cit.

NWOKO, Demas – Ator e escritor nigeriano, especialista em teatro e cultura entre os povos africanos.

NYANG, Sulayman S. – Educador gambiano, professor do centro de Estudos Africanos da Universidade de Howard, Washington, D.C., e autor do livro *Christianity, Islam and African identity*.

OBENGA, Théophile – Historiador e linguista congolês, foi professor de Língua Faraônica e História Antiga da África na Universidade Marien Ngouabi, em Brazzaville, e mais tarde diretor de pesquisa do Centro Internacional das Civilizações Bantu, Ciciba, em Libreville, Gabão. É autor de vasta obra científica.

PRISO, Manga Bekombo – Etnólogo camaronês, pesquisador do CNRS – Centro Nacional de Pesquisas Científicas da França, coordenador da edição de *Défis et prodiges: la fantastique histoire de Djéki-la-Njambé*, 1994.

SENE, Alioune – Diplomata e escritor senegalês, foi chefe de gabinete do presidente Léopold Senghor.

SENGHOR, Léopold Sédar – Escritor e político senegalês, falecido em 2001 aos 95 anos. Poeta militante do movimento da negritude, escreveu e publicou, também, numerosos ensaios, como "L'esprit de la civilisation ou des lois de la culture negro-africaine", Paris: *Présence africaine*, 1956; "Fundamentos de la africanidad", Madrid: ZYX, 1972 etc.

# Referências bibliográficas

SILVA, A. da C. *A manilha e o libambo*: a África e a escravidão de 1500 a 1700. Rio de Janeiro: Nova Fronteira, Fundação Biblioteca Nacional, 2002.

CABRERA, L. *Anagó*: vocabulário lucumí. Miami: Universal, 1986.

LOPES, N. *Bantos, malês e identidade negra*. Rio de Janeiro: Forense-Universitária, 1988.

FERRETI, M.M.R. *Desceu na guma*: o caboclo no tambor de mina. São Luís: EDUFMA, 2000.

LOPES, N. *Dicionário da Antiguidade Africana*. Rio de Janeiro: Civilização Brasileira, 2011.

VERGER, P.F. *Ewé, o uso das plantas na sociedade yorubá*. São Paulo: Cia. das Letras, 1995.

SENGHOR, L.S. *Négritude, arabisme et francité*. Beyrouth: Dar Al-Kitab Allubnani, 1967.

BASTIDE, R. *O candomblé da Bahia*. São Paulo: Brasiliense, 1978.

ABRAHAM, R. C. *Dictionary of modern yoruba*. Londres: Hodder & Stoughton, 1981.

AFRICAN PROVERBS Compiled by C. & W. Leslau. Nova York, Peter Pauper Press, 1985.

AHYI, P. "Para além da aparência". In: *Correio da Unesco*, ano 5, n. 7. Rio de Janeiro: Unesco, jul. 1977, p. 21.

AKINJOGBIN, I. A. "Le concept de pouvoir dans l'Afrique traditionelle: l'aire culturelle yoruba." In: *Le concept de pouvoir en Afrique*. Paris: lles Presses de l'Unesco, 1981.

ALONSO, G.A. *Losararás en Cuba*: Florentina, la princesa dahomeyana. La Habana: Ed. de Ciencias Sociales, 1995

ALTUNA, P. R. R. de A. *Cultura tradicional banto*. 2.ed. Luanda: Secretariado Arquidiocesano de Pastoral, 1993.

ARAGÃO, M. S. S. de. *Linguagem religiosa afro-indígena na Grande João Pessoa*. João Pessoa: Fundação Casa de José Américo, 1987.

ARÓSTEGUI, N. B. *Los orishas en Cuba*. La Habana: Edic. Unión, l990.

ARÓSTEGUI, N. B.; POTTS, V. P. *Orisha ayé*: unidad mítica del Caribe al Brasil. Guadalajara (España): Edic. Pontón, 1996.

ARÓSTEGUI, N. B.; VILLEGAS, C. G. D. de. *Ta Makuende Yaya y las reglas de palo monte*. La Habana: Ed. Unión, 1998.

ASANTE, M. K.; ABARRY, Abu S. "African sources: an introduction". In: *African intellectual heritage*: a book of sources. Asante & Abarry (orgs.): Philadelphia, Temple University Press, 1996, p. 1-7.

ASANTE, M. K. *The egyptian philosofers*. Chicago: Il. African American Images, 2000.

AUGRAS, M. *O duplo e a metamorfose*. Petrópolis: Vozes, 1983.

AZIZ, P. *Os impérios negros da Idade Média*. Rio de Janeiro: Otto Pierre Editores, 1978.

BAINIER, P. F. *La géographie*: Afrique. Paris: Librairie Classique d'Eugène Belin, 1878.

BALANDIER, G. *La vie quotidienne au royaume de Kongo du XVIe. siècle*. Paris: Hachette, 1965.

BALOGUN, O. "A escultura dos signos." In: *Correio da Unesco*, ano 5, n. 7. Rio de Janeiro: Unesco, jul. 1977, p.12-20.

BARNET, M. *Cultos afrocubanos*: la regla de ocha; la regla de palo monte. La Habana: Edic. Unión, 1995.

BARRETTO, M A. P. *Os voduns no Maranhão*. São Luís: Fundação Cultural do Maranhão, 1977.

BARROS, J. F. P de. *O segredo das folhas: sistema de classificação de vegetais no candomblé jeje-nagô do Brasil*. Rio de Janeiro: Pallas/UERJ, l993.

BARTOLUCCI, Dom E. "Orientações pastorais para o trabalho com grupos afro-americanos." In: *Os grupos afro-americanos*, São Paulo, Edições Paulinas, 1982.

BASCOM, W. *The yoruba of southwestern Nigeria*. Nova York: Holt, Rinehart and Winston, 1969.

BASTIDE, R. *As Américas negras*. São Paulo: Difel/Edusp, 1974.

BEIER, U. "The egungun cult among the yorubas." In: *Presence Africaine*, n. 17-18. Paris: fev-maio, 1958, p.33-36.

BENGHIAT, N. *Traditional Jamaican cookery*. Londres: Penguin Books, 1985.

BENISTE, J. *Jogo de búzios*: um encontro com o desconhecido. Rio de Janeiro: Bertrand Brasil, 2001.

BERNAL, S. V. *Las lenguas del África subsaharana y el español de Cuba*. La Habana: Editorial Academia, 1987.

BÍBLIA SAGRADA, A. *Tradução na linguagem de hoje*. São Paulo: Sociedade Bíblica do Brasil, 1988.

BLACK MUSLIMS CRY GROWS LOUDER. "The white devil's day is almost over." Life International,

BOAHEN, A. A. *Topics in the West African history*. Londres: Longmans, Green and Co., 1968.

BRANDÃO, C. R. *A festa do santo de preto*. Rio de Janeiro/Goiânia: Funarte/UFGO, 1985.

BUAKASA, T. K. M.. Croyances et connaissances. In: Obenga, T.; SOUINDOULA, S. (orgs). *Racines Bantu*. Libreville (Gabon): CICIBA, 1991, p.175-186.

CABRERA, L. *El monte*. La Habana: Ed. Letras Cubanas, 1993.

CACCIATORE, O. G. *Dicionário de cultos afro-brasileiros*. 3. ed. rev. Rio de Janeiro: Forense-Universitária, 1988.

CARNEIRO, E. *Candomblés da Bahia*. Rio de Janeiro: Edições de Ouro, [s.n.].

CASTRO, J. G. da C. (org.) *Miguel Santana*. Salvador: EDUFBA, 1996.

CASTRO, Y. P. de. *Falares africanos na Bahia*. Rio de Janeiro: ABL/Topbooks, 2001.

CHASE, G. *Do salmo ao jazz*: a música dos Estados Unidos. Rio de Janeiro/Porto Alegre/São Paulo: Globo, 1957.

CHESI, G. *Vaudou*. Paris: Fournier, 1982

COELHO, R. "Os karaíb negros de Honduras". In: Revista do Museu Paulista, N.S., v. XV, (separata), São Paulo, 1964.

CONSELHO EPISCOPAL LATINO-AMERICANO (CELAM). *Os grupos afro-americanos*. São Paulo: Edições Paulinas, 1982.

CORNEVIN, R. *Le Dahomey*. Paris: Presses Universitaires de France, 1970.

COSTA, J. R. da. *Candomblé de Angola*. Rio de Janeiro: Pallas, 1989.

COSTA, V. C. da. *Umbanda*: os seres superiores e os orixás/santos. São Paulo: Loyola, 1983, 2v.

CUNHA, S. *Aspectos dos movimentos associativos na África negra*, v. I. Lisboa: Junta de Investigações do Ultramar, 1958.

DE LA TORRE, I. *Le vodu en Afrique de l'Óuest*: rites et traditions. Paris: L'Harmattan, 1991.

DEPESTRE, R. "Um arco e suas flechas." In: Correio da Unesco, Rio de Janeiro, fev., 1982, p.16-20.

HOWAT, G.M.D (Ed.). *Dictionary of world history*. London: Thomas Nelson and Sons Ltd., 1973.

**DIOP, C.A.** *Nations nègres et culture*, 2 v. Paris, Présence Africaine, 1979.

DOBIE, K. "Muçulmanas negras se reencontram na fé". In: *Cadernos do Terceiro Mundo*, n. 161, Rio de Janeiro maio, 1993.

DOPAMU, P. A. *Exu, o inimigo invisível do homem*. São Paulo: Oduduwa, s/d.

DU BOIS, W. E. B. *As almas da gente negra*. Rio de Janeiro: Lacerda Editores, 1999.

ELBEIN DOS SANTOS, J. *Os nàgó e a morte*. Petrópolis: Vozes, 1976.

ESPINOSA, Félix; PIÑERO, Amadeo. *De Olofín al hombre:* cosmogonía yoruba.

Habana-CU: Ediciones Cubanas, 1997. (Coleção em 3 v.: Ifá y la creación; La leyenda de Orula; El hijo de Ifá).

FAGAN, B. *África austral*. Lisboa: Verbo, 1970.

FERREIRA, A. M. "Candomblé-de-caboclo." In: *Encontro de nações do candomblé*. Salvador: Ianamá/UFBA, 1984.

FERRETTI, M. M. R. *Mina*: uma religião de origem africana. São Luís: Sioge, 1985.

FERRETTI, S. F. *Querebentan de Zomadonu*. São Luís: UFMA, 1986.

FISHER, R. B. *West African – Religious traditions*: focus on the Akan of Ghana. Nova York: Orbis Books, 1998.

FONSECA, A. *Sobre os Kikongos de Angola*. Luanda: União dos Escritores Angolanos, 1985.

FROBENIUS, L. *Mythologie de l'Atlantide*. Trad. F. Gidon. Paris: Payot, 1949.

FU-KIAU, K. B. *Self healing power and therapy*. Nova York: Vintage Press, 1991

GARCÍA-CORTEZ, J. P. *Leyendas y misterios de los orishas africanos*. Miami: Ediciones Universal, 1980.

GIRARDELLI, E. C. *Ternos de congos*: Atibaia. Rio de Janeiro: Funarte, 1981.

GLASGOW, R. *Nzinga*. São Paulo: Ed. Perspectiva, 1982.

GRIAULE, M. "Philosophie et religion des noirs". In: *Présence Africaine*. nº spécial 8-9. Paris, s/d.

HAGAN, G. "Le concept de pouvoir dans la culture akan." In: *Le concept de pouvoir en Afrique*. Paris: lles Presses de l'Unesco, 1981.

HALEY, A. *Negras raízes*. São Paulo: Círculo do Livro, s/d.

HAMPATE BÂ, A. "A palavra, memória viva na África". In: *Correio da Unesco*, ano 7, n. 1.011. Rio de Janeiro, Unesco, 1979, p. 17-23.

HERNÁNDEZ, A. S. *Echu-Elegguá*: equilíbrio dinâmico de la existencia. La Habana: Ediciones Unión, 1998.

HERSKOVITS, M. D. *An ancient West African kingdom*. Nova York, 1938, 2v.

HOFER, H. (org.). *Jamaica*: insight guides. Londres: APA Publications, 1997.

JAMES, J. et alii. *El vodú en Cuba*. Santiago de Cuba: Editorial Oriente, 1998.

JONES, L. R. *O jazz e sua influência na cultura americana*. Rio de Janeiro: Distribuidora Record, 1967.

KAGAME, A. *La philosophie Bantu comparé*. Paris: Présence Africaine, 1976.

KAHN, M.; DJUKA, C. *The bush negroes of Dutch Guiana*. Nova York: The Viking Press, 1931.

KI-ZERBO, J. *História da África negra*. Portugal: Publicações Europa-América, s/d, 2v.

KOBICHANOV, I. M. "O sincretismo do cristianismo monofisista com as religiões kushitas na Etiópia". In: GROMIKO, A. A. (org.). *As religiões da África, tradicionais e sincréticas*. Moscou: Edições Progresso, 1987.

KOSSOU, B. *La notion de pouvoir dans aire culturelle aja-fon*. Paris: Unesco, 1981.

KOTCHAKOVA, N. B.. A religião dos Fones (Benim). GROMIKO, A. A. (org.). *As religiões da África, tradicionais e sincréticas*. Moscou: Edições Progresso, 1987.

KOTEY, P. A.. *Twi-English/English-twi* – hippocrene concise dictionary. Nova York: Hippocrene Books, 1996.

LAITANO, D. *A igreja e os orixás*. Porto Alegre. Edições da Comissão Gaúcha de Folclore, n. 29, 1967.

LESTRANGE, M. *Les coniagui et les bassari*. Paris: PUF, 1955.

LIMA, V. da C. *A família de santo nos candomblés jeje-nagôs da Bahia*: um estudo de relações intragrupais. Salvador: Corrupio, 2003.

LOPES, N. *Enciclopédia brasileira da diáspora africana*, 4 ed. rev. São Paulo: Selo Negro, 2011.

LOPES, N. Ifá Lucumí: o resgate da tradição. Rio de Janeiro, Pallas, 2020.

LVOVA, A. S.. As religiões dos povos da África Ocidental Equatorial. GROMIKO, A. A. (org.). *As religiões da África, tradicionais e sincréticas*. Moscou: Edições Progresso, 1987.

MALCOLM, X. *Autobiografia de Malcolm X* (com a colaboração de Alex Haley). 2 ed. Rio de Janeiro: Record, 1992.

MAQUET, J. *Les civilisations noires*. Paris: Marabout Université, 1966.

MBABI-KATANA, S. "Uma música para acompanhar a vida." In: *Correio da Unesco*, ano 5, n. 7, Rio de Janeiro, jul. 1977, p. 26-28.

MBITI, J. *Religions et philosophie africaine*. Yaoundé: CLE, 1972.

MENNESSON-RIGAUD, O. "Le rôle du Vaudou dans l'independence d' Haïti". In: *Presence Africaine*, fev-mai, 1958, p. 43-67.

MONTAÑO, O. D. *Umkhonto*: história del aporte negro-africano en la formación del Uruguay. Montevidéu: Rosebu Ediciones, 1997.

MONTEIRO, A. *Notas sobre negros malês na Bahia*. Salvador: Ianamá, 1987.

MOREIRA, J. M. *Fulas do Gabu*. Bissau: Centro de Estudos da Guiné Portuguesa, 1948.

MULAGO, V. *La religion traditionelle africaine*. Kinshasa: Bibliothèque du Centre d'Études des Religions Africaines, 1972.

MVENG, E. "Structures fondamentales de la prière negro-africaine". In: *Personalité africaine et catholicisme*. Paris: Présence Africaine, 1963.

NIANE, D. T. *Sundjata ou a epopéia mandinga*. São Paulo: Ática, 1982.

NWOKO, D. "Por um novo teatro africano". In: *Correio da Unesco*, ano 5, n. 7. Rio de Janeiro, jul. 1977, p. 2-33.

NYANG, S. S. "Deuses e homens da África". In: *Correio da Unesco*, ano 10, n. 4 . Rio de Janeiro, abr. 1982, p. 27-32.

OBENGA, T. *La cuenca congolesa*: hombres y estructuras. La Habana: Editorial de Ciencias Sociales, 1988.

OBENGA, T. *Les Bantu:* langues, peoples, civilisations. Paris: Présence Africaine, 1985.

OKEKE, Chika. *Fante*. Nova York: The Rosen Publishing Group, 1998.

OLIVEIRA, C. R. *Os tauaras do Vale do Zambeze*. Lisboa: Junta de Investigações do Ultramar, 1976.

ORTIZ, R. *A morte branca do feiticeiro negro*. Petrópolis, Vozes, 1978.

PAQUES, V. *Les Bambara*. Paris: Presses Universitaires de France, 1954.

PÉREZ PÉREZ, A. et al. (org.) *Abakuá, una secta secreta*. La Habana: Publicigraf, 1993.

PIRAUX, M. *Le Togo aujourd'hui*. Paris: Ed. Jeune Afrique, s/d.

POPOV, V. A. "O sistema polidemonista e o culto dos ancestrais entre os Akãs". In: GROMIKO, A. A. (org.). *As religiões da África*: tradicionais e sincréticas. Moscou: Edições Progresso, 1987.

PRANDI, R. (org). *Encantaria brasileira*: o livro dos mestres, caboclos e encantados. Rio de Janeiro: Pallas, 2001.

PRANDI, R. *Mitologia dos orixás*. São Paulo: Companhia das Letras, 2001.

PRISO, M. B. "Um produto da palavra". In: *Correio da Unesco*, ano 25, n. 6. Rio de Janeiro, jun. 1997, p. 25-27

PRISO, M.B. "Um produto da palavra". In: *Correio da Unesco*, ano 25, n. 6. Rio de Janeiro, 1997.

RAMOS, A. *O folclore negro do Brasil*. 2 ed. Rio de Janeiro: Livraria Editora da Casa do Estudante do Brasil, 1954.

REIS, J. J. *Rebelião escrava no Brasil*: a história do levante do malês em 1835. São Paulo: Companhia das Letras, 2003.

RIBAS, Ó. *Uanga*. Luanda: União dos Escritores Angolanos, 1985.

ROMAIN, J. B. "O Vodu". In: *Os grupos afro-americanos*. São Paulo: Edições Paulinas, 1982.

SALAMI, K. S. *A mitologia dos orixás africanos*. v. I. São Paulo: Oduduwa, 1990.

NASCIMENTO. E. L. (org.). *Sankofa*: matrizes africanas na cultura brasileira. Rio de Janeiro: Eduerj, 1996.

SANTOS, E. *A questão do barotze*. Lisboa: Instituto de Investigação Científica Tropical, 1986.

SANTOS, J. T. dos. "O caboclo no candomblé". In: *Padê*, n. 1, Salvador: julho, 1989.

SAUVANT, Mgr. *Dictionnaire Bambara-Français et Français-Bambara*. Maison-Carré (Alger): Missions d'Afrique des Pères Blancs, 1926.

SAXON, L. *et alii*. *Gumbo Ya-Ya*: a collection of Louisiana folk tales. Boston: Houghton Mifflin, 1945.

SCHWEGLER, A. *Chi ma Kongo*. Lengua y ritos ancestrales en el Palenque de San Basílio (Colômbia). Madrid: Iberoamericana, 1996.

SEGUROLA, B. *et al*. *Dicctionaire fon-français*. Cotonou: Societé des Missions Africaines, 2000.

SÉNE, A. *Sur le chemin de la négritude*. Beirute: Dar Al-Kitab Allubnani, 1969.

SENGHOR, L.S. *Fundamentos de la africanidad*. Madrid: ZYX, 1972.

SILVA, A. da C. *A enxada e a lança*: a África antes dos portugueses. 2 ed. Rio de Janeiro: Nova Fronteira, 1996.

SILVA, O. J. da. *Culto omoloko*: os filhos de terreiro. Rio de Janeiro: Rabaço Editora Impressora Ltda, s/d.

SLEDZEVSKI, I.V.. O sincretismo do Islão com as religiões tradicionais: Nigéria Setentrional e Central". In: GROMIKO, A.A. (org). *As religiões da África*: tradicionais e sincréticas. Moscou: Edições Progresso, 1987.

SMITH, M. P. *Spirit world*: pattern in the expression e folk culture of afro-american. New Orleans: Urban Folklife Society, 1984.

SORET, M. *Les Kongo nord-occidentaux*. Paris: Presses Universitaires de France, 1959.

SOSA, E. El *Carabalí*. La Habana: Editorial Letras Cubanas, 1984.

SUNSHINE, C. *et al*. (edit.) *Caribbean Conections*: Jamaica. Washington: Epica/NECCA, 1991.

THOMPSON, R. F. *Flash of the spirit*. Toronto: Random House, 1984.

TOQÜENO, G. "Entrevista". In: *Orunmilá*, ano 1, n. 4. Rio de Janeiro, 1996. v. 35, n.5, s/l, Sept. 9, 1963.

VERGER, P. F. *Orixás*. São Paulo: Circulo do Livro / Salvador: Corrupio, 1981.

THE WHITE DEVIL'S DAY IS ALMOST OVER. In: *Life International*. v. 35, n.5, Sept., 1963.

\*\*

Esta obra foi composta para a Editora Malê em Arno pro light 13 e impressa na Trio Gráfica, em março de 2025.